既判力理論の再検討

松本博之

既判力理論の再検討

信 山 社

はしがき

　本書は，著者が過去15年ほどの間に公表した判決効に関する論考を一書に纏めたものである。1つの章を除き既判力に関するものであるので，書名を「既判力理論の再検討」とさせていただいた。既判力理論は民事訴訟法学の基礎理論として歴史のある重要な基本的な法理論である。しかし，困難で未解決の問題が多数残されている。本書は，このような既判力理論の諸問題のうち主として既判力の失権効（遮断効），一部請求訴訟における確定判決の既判力の範囲，消極的確認訴訟における確定判決の既判力問題および実体法上の従属関係による既判力拡張論ないし反射的効力論を取り上げ，判例学説を検討し，その問題点を指摘するとともに私見を明らかにしようとするものである。

　ところで，日本の民事訴訟における確定判決の既判力の範囲は母法であるドイツ法におけると同様かなり狭いため，確定判決の紛争解決機能を拡げようとする方向に関心が向かい，争点効理論による後訴裁判所の拘束や信義則による後訴の不適法却下が論じられている。最高裁は争点効理論を斥けたけれども，信義則を理由に後訴を不適法として却下した最高裁判所の判例も存在する。これは既判力理論とどのような関係に立つのか。既判力理論を補充するものなのか，それとも既判力理論と緊張関係に立つのか。当事者の矛盾挙動を理由に後行の訴訟行為が不適法とされるのとは異なり，権利失効の原則により後訴を排斥することは，既判力が既判力の及ばない後訴を不適法としないことに鑑み，既判力理論と緊張関係に立つと思われる。本書はこのような視角から既判力理論を再検討しようとするものである。

　旧稿を本書に収録するに当たり，この間，法律の改廃が行われたものについては引用条文や用語を改正法に合わせた。また，引用文献の新版が刊行されているものはこれによることにして，引用文献の刷新を図るとともに，既発表論文に若干の修正を施した。旧稿の収録につき快諾いただいた大阪市立大学法学会，日本民事訴訟法学会，株式会社有斐閣および株式会社法律文化社には厚く

お礼申し上げる。また，採算を度外視して本書の刊行を引き受けてくださった信山社の渡辺左近さん，丁寧な校正を担当してくださった柴田尚到さんにも心からお礼申し上げたい。

2006年盛夏

松本博之

目　次

はしがき

凡　例

初出一覧

序　章　民事訴訟における既判力理論の諸問題──本書の課題 ………1
- 　　　1　はじめに（1）
- 　　　2　既判力の作用態様（1）
- 　　　3　既判力と信義則（5）
- 　　　4　本書の構成（10）

第1章　請求棄却判決の確定と標準時後の新事実による再訴 ……13
- 　Ⅰ　標準時後の新事実の主張に関する学説の現状（13）
  - 　　　1　はじめに（13）
  - 　　　2　同一訴訟物の後訴に対する既判力の作用に関する請求棄却説（18）
  - 　　　3　標準時後の新事実と訴訟物との関係（23）
  - 　　　4　本章の課題（26）
- 　Ⅱ　再訴の適法性──既判力と標準時後に生じた新たな事実の限定（27）
  - 　　　1　再訴の適法性を基礎づけ得る標準時後の新事実（27）
  - 　　　2　理由説（28）
  - 　　　3　理由説に対する批判的見解（32）
  - 　　　4　一時的棄却に対する被告の控訴の適否等（39）
  - 　　　5　まとめ（42）
- 　Ⅲ　再訴の理由具備性──既判力の拘束力の範囲（42）
  - 　　　1　前訴判決の認定は後訴裁判所を拘束するか（42）
  - 　　　2　拘束力否定説（47）
  - 　　　3　制限的拘束力説（47）

　　　　4　相対的既判力肯定説（51）
　　　　5　一時的棄却と終局的棄却の峻別説（58）
　　　　6　ドイツ法における解釈論の到達点と日本法（63）
　　　　7　ま　と　め（68）
　　Ⅳ　請求の一時的棄却と終局的棄却（68）
　　　　1　請求の一時的棄却（68）
　　　　2　ドイツ判例における一時的棄却の例（69）
　　　　3　分　析（88）
　　　　4　一時的棄却と終局的棄却の区別の基準（93）
　　　　5　棄却理由の変更だけを求める上訴と当事者の審理順序の指定権（95）
　　Ⅴ　最終的考察（97）
　　　　1　請求棄却説の批判（97）
　　　　2　標準時後の新事実への限定（103）
　　　　3　標準時後の白地手形の白地補充と再訴（109）

第 2 章　既判力の標準時後の形成権行使について　………………111
　　Ⅰ　問題の所在（111）
　　　　1　既判力の失権効（遮断効）（111）
　　　　2　標準時後の形成権の行使（112）
　　　　3　本章の課題（114）
　　Ⅱ　判例の展開と現状（115）
　　　　1　判例の変遷（115）
　　　　　⑴　相殺権（116）
　　　　　⑵　取消権（123）
　　　　　⑶　解除権（128）
　　　　　⑷　白地補充権（141）
　　　　　⑸　建物買取請求権（142）
　　　　2　判例の分析（146）
　　Ⅲ　請求異議事由の制限と既判力の失権効との関係（148）
　　　　1　既判力の失権効（148）

　　　　2　請求異議事由の制限は既判力の失権効の範囲を超えるか（149）
　Ⅳ　学説の展開（152）
　　　1　形成権成立時説＝失権説（152）
　　　2　形成権行使時説＝非失権説（159）
　　　3　「提出責任」説（161）
　　　4　「形成権行使責任」説（163）
　　　5　「要件プログラム」説（165）
　　　6　ドイツにおける理論展開（166）
　　　7　近時のドイツにおける中間説（171）
　　　　(1)　Karsten Schmidt（カールステン・シュミット）の見解（171）
　　　　(2)　Weinzierl の見解（174）
　　　8　私　見（176）
　　　　(1)　個々の形成権についての個別的評価の必要性（176）
　　　　(2)　親実体権的解釈（178）
　　　　(3)　武器対等の原則との関係（180）
　　　　(4)　私　見（181）
　Ⅴ　標準時後に行使された形成権の行使効果の主張と既判力（182）
　　　　──個別的検討
　　　1　標準時後の相殺権の行使（182）
　　　2　標準時後の取消権の行使（185）
　　　3　標準時後の解除権の行使（189）
　　　4　標準時後の建物買取請求権の行使（192）
　　　5　標準時後の白地手形の白地補充権の行使（195）
　Ⅵ　む　す　び（198）

第3章　一部請求訴訟後の残部請求訴訟と既判力・信義則　……201
　Ⅰ　問題の所在（201）
　　　1　一部請求訴訟の概念（201）
　　　2　「公然の一部請求訴訟」と「隠れた一部請求訴訟」（203）
　　　3　訴訟物理論との関係（204）
　　　4　本章の課題（204）

Ⅱ　請求認容判決確定後の残部請求の後訴と既判力・信義則（205）
　　　1　公然の一部請求訴訟の場合（205）
　　　2　隠れた一部請求訴訟の場合（207）
　　Ⅲ　請求棄却判決確定後の残部請求の後訴と既判力・信義則（220）
　　　1　公然の一部請求訴訟（220）
　　　　(1)　判例と学説（220）
　　　　(2)　ドイツ法の歩み（223）
　　　　(3)　検　討（230）
　　　2　隠れた一部請求訴訟（243）
　　Ⅳ　結　び（243）

第4章　消極的確認訴訟における請求棄却判決の既判力の範囲…245
　　Ⅰ　はじめに（245）
　　　1　真偽不明判決（245）
　　　2　消極的確認訴訟（246）
　　　3　問題の所在と本章の課題（247）
　　Ⅱ　消極的確認訴訟における証明責任の分配（248）
　　　1　証明責任の分配（248）
　　　2　消極的確認訴訟における証明責任の分配（249）
　　Ⅲ　消極的確認訴訟における確定判決の既判力（249）
　　　1　消極的確認訴訟における請求認容判決の既判力（249）
　　　2　消極的確認訴訟における請求棄却判決の既判力（249）
　　Ⅳ　消極的確認訴訟における証明責任判決の既判力（252）
　　　1　ドイツ連邦通常裁判所の判例（252）
　　　2　文献における見解の対立（257）
　　　　(1)　既判力否定説（258）
　　　　(2)　既判力肯定説（262）
　　　　(3)　判決理由中の判断への既判力の否定（264）
　　　3　検　討（265）
　　Ⅴ　おわりに（266）

第5章　反射的効力論と既判力拡張論 …………………267
　　I　問題の所在 (267)
　　　1　先決的法律関係に対する確定判決の既判力 (267)
　　　2　第三者が従属的法律関係の主体である場合 (268)
　　　3　本章の課題 (269)
　　II　第三者への既判力の拡張と判決の構成要件的効力 (270)
　　　1　拘束力の法的性質の問題 (270)
　　　2　構成要件的効力と反射的効力 (274)
　　III　実体法上の従属関係に基づく既判力の拡張 (278)
　　　1　既判力拡張の理由づけ (278)
　　　　(1)　既判力の本質に関する実体法説 (278)
　　　　(2)　実体法上の従属関係に基づく既判力の拡張 (279)
　　　2　既判力拡張説の理由づけに対する疑問 (284)
　　IV　個別事案の検討 (289)
　　　1　他人の債務に対する附従的責任 (290)
　　　2　無限責任社員の責任 (293)
　　　3　責任訴訟の判決と保険関係 (294)
　　　4　連帯債務者──求償事例 (297)
　　　5　賃借人と転借人間の従属関係 (297)
　　　6　債務者と第三者間における第三者の権利を確認する判決の，債務者の一般債権者に対する拘束力 (298)
　　　7　執行法上の自称債権者訴訟 (299)
　　V　結　語 (301)

第6章　国際民事訴訟法における既判力問題 ……………303
　　I　はじめに (303)
　　　1　外国判決の承認の必要性 (303)
　　　2　法　状　態 (303)
　　　3　テーマの限定 (304)
　　II　外国判決の承認の意義（概念と範囲）(305)

1　承認の概念に関する諸説（305）
　　　(1)　効力拡張説（306）
　　　(2)　等置説（306）
　　　(3)　重畳説（306）
　　2　問題解決の視点と私見（308）
　　3　既判力の承認と準拠法（313）
　Ⅲ　裁判の抵触（314）
　　1　問題提起（314）
　　2　判決の衝突が存在する場合にいずれの判決が優先されるか（315）
　　　(1)　裁判例（315）
　　　(2)　学　説（316）
　　3　検　討（319）
　　4　どのような場合に判決の抵触・衝突が存在するか（320）
　　5　抵触の防止（321）
　　　(1)　裁判例（321）
　　　(2)　学　説（322）

第7章　日本の民事法・民事訴訟法における先例効の問題　……325

　Ⅰ　はじめに（325）
　Ⅱ　先例の拘束力の問題（326）
　　1　問題提起（326）
　　2　拘束力に関する諸説（328）
　　　(1)　事実上の拘束力説（328）
　　　(2)　法律上の拘束力説（329）
　　　(3)　慣習法説（331）
　　　(4)　私　見（331）
　Ⅲ　主論（ratio decidendi）と傍論（obiter dictum）の区別（334）
　　　　——先例価値の範囲
　Ⅳ　判決効としての先例価値か（337）
　Ⅴ　法形成と手続（339）

事項・人名索引
判例索引

凡　例

1　新民事訴訟法（平成8年法律109号）は，単に「民事訴訟法」または「現行民事訴訟法」と表記し，「民訴法〇〇条」と引用する。新民事訴訟規則（平成8年最高裁規則5号）は「民訴規則」と表記し，「規〇〇条」と引用する。

　大正15年改正による民事訴訟法は，旧民事訴訟法と表記し，「旧民訴法〇〇条」と引用する。明治23年の民事訴訟法に言及する場合は，明治23年民訴法と表記する。

2　主要な法令名の略語は一般に用いられているものによった。引用文献の略語は次に掲げる略語表による。

文献略語表

伊藤	伊藤眞・民事訴訟法〔第3版再訂版〕（2006年・有斐閣）
上田	上田徹一郎・民事訴訟法〔第4版〕（2004年・法学書院）
上田・判決効	上田徹一郎・判決効の範囲（1985年・有斐閣）
梅本	梅本吉彦・民事訴訟法〔新版〕（2006年・信山社）
兼子・体系	兼子一・新修民事訴訟法体系〔増訂版〕（1965年・酒井書店）
兼子・研究Ⅰ～Ⅲ	兼子一・民事法研究Ⅰ～Ⅲ（1950～1964年・酒井書店）
ガウル・ドイツ既判力理論	ハンス・F・ガウル（松本博之編訳）・ドイツ既判力理論（2003年・信山社）
木川・重要問題（上）（中）（下）	木川統一郎・民事訴訟法重要問題講義（上）（中）（下）（1992～1993年・成文堂）
菊井＝村松・全訂Ⅰ〔補訂版〕ⅡⅢ	菊井維大＝村松俊夫・全訂民事訴訟法Ⅰ〔補訂版〕・Ⅱ・Ⅲ（1986年～1993・日本評論社）
基本法コンメ新民訴（1）～（3）	小室直人＝賀集唱＝松本博之＝加藤新太郎編・基本法コンメンタール新民事訴訟法〔第2版〕1～3巻（2003年・日本評論社）

講座民訴（1）～（7）	新堂幸司編集代表・講座民事訴訟1～7巻（1983～1985年・弘文堂）
講座新民訴法（1）～（3）	竹下守夫編集代表・講座新民事訴訟法1～3巻（1998～1999年・弘文堂）
小室・訴訟物	小室直人・訴訟物と既判力〔民事訴訟法論集（上）〕（1999年・信山社）
小室・上訴・再審	小室直人・上訴・再審〔民事訴訟法論集（中）〕（1999年・信山社）
小室＝小山還暦（上）（中）（下）	小室直人先生＝小山昇先生還暦記念・裁判と上訴（上）（中）（下）（1980年・有斐閣）
小山	小山昇・民事訴訟法〔5訂版〕（1989年・青林書院）
小山・著作集（2）	小山昇・判決効の研究，小山昇著作集第2巻（1990年・信山社）
コンメンタール民訴ⅠⅡ	秋山幹夫＝伊藤眞＝加藤新太郎＝高田裕成＝福田剛久＝山本和彦〔菊井維大＝村松俊夫原著〕コンメンタール民事訴訟法ⅠⅡ（第2版，2006年・日本評論社）
斎藤	斎藤秀夫・民事訴訟法概論〔新版〕（1982年・有斐閣）
坂原・既判力	坂原正夫・民事訴訟法における既判力の研究（1993年・慶応通信）
佐々木追悼	佐々木吉男先生追悼論集・民事紛争の解決と手続（2000年・信山社）
実務民訴講座（1）～（10）	鈴木忠一＝三ケ月章監修・実務民事訴訟講座1～10巻（1969～1971年・日本評論社）
条解民訴［執筆者］	兼子一＝松浦馨＝新堂幸司＝竹下守夫・条解民事訴訟法（1986年・弘文堂）
新実務民訴講座（1）～（14）	鈴木忠一＝三ケ月章監修・新実務民事訴訟講座1～14巻（1981～1984年・日本評論社）
新堂	新堂幸司・新民事訴訟法〔第3版補正版〕（2005年・弘文堂）
新堂・訴訟物（上）（下）	新堂幸司・訴訟物と争点効（上）（下）

	（1988 年・1991 年・有斐閣）
新堂・判例	新堂幸司・判例民事手続法（1994 年・弘文堂）
新堂編著・特別講義	新堂幸司編著・特別講義民事訴訟法（1988 年・有斐閣）
新堂古稀（上）（下）	新堂幸司先生古稀祝賀・民事訴訟法理論の新たな構築（上）（下）（2001 年・有斐閣）
鈴木古稀	鈴木正裕先生古稀祝賀・民事訴訟法の史的展開（2002 年・有斐閣）
高橋・重点講義〔上〕〔下〕	高橋宏志・重点講義民事訴訟法〔上〕〔下（補訂版）〕（2004 年・2006 年・有斐閣）
谷口	谷口安平・口述民事訴訟法（1987 年・成文堂）
谷口古稀	谷口安平先生古稀祝賀・現代民事司法の諸相（2005 年・成文堂）
注解民訴〔第 1 版〕(1)～(7)［執筆者］	斎藤秀夫編・注解民事訴訟法〔第 1 版〕1～7 巻（1968 年～1981 年・第一法規）
注解民訴〔第 2 版〕(1)～(11)［執筆者］	斎藤秀夫＝小室直人＝西村宏一＝林屋礼二編著・注解民事訴訟法〔第 2 版〕1～11 巻（1991～1996 年・第一法規）
注釈民訴 (1)～(9)［執筆者］	新堂幸司＝鈴木正裕＝竹下守夫編集代表・注釈民事訴訟法 1～9 巻（1991 年～1998 年・有斐閣）
中野・民事執行法	中野貞一郎・民事執行法〔増補新訂 5 版〕（2006 年・青林書院）
中野・論点ⅠⅡ	中野貞一郎・民事訴訟法の論点ⅠⅡ（1994 年・2001 年・判例タイムズ社）
中野ほか編・講義〔第 3 版〕［執筆者］	中野貞一郎＝松浦馨＝鈴木正裕編・民事訴訟法講義〔第 3 版〕（1995 年・有斐閣）
中野ほか編・新講義［執筆者］	中野貞一郎＝松浦馨＝鈴木正裕編・新民事訴訟法講義〔第 2 版補訂版〕（2006 年・有斐閣）
林屋	林屋礼二・新民事訴訟法概要〔第 2 版〕（2004 年・有斐閣）

福永古稀	福永有利先生古稀記念・企業紛争と民事手続法理論（2005年・商事法務）
松本＝上野	松本博之＝上野泰男・民事訴訟法〔第4版補正版〕（2006年・弘文堂）
松本・証明責任	松本博之・証明責任の分配〔新版〕（1996年・信山社）
松本・人訴	松本博之・人事訴訟法（2006年・弘文堂）
三ケ月・全集	三ケ月章・民事訴訟法〔法律学全集〕（1959年・有斐閣）
三ケ月・双書	三ケ月章・民事訴訟法〔法律学講座双書・第3版〕（1992年・弘文堂）
三ケ月古稀（上）（中）（下）	三ケ月章先生古稀祝賀・民事手続法学の革新（上）（中）（下）（1991年・有斐閣）
民訴講座（1）～（5）	民事訴訟法学会編・民事訴訟法講座1～5巻（1954年～1956年・有斐閣）
山木戸・論集	山木戸克己・民事訴訟法論集（1990年・有斐閣）
山木戸還暦（上）（下）	山木戸克己教授還暦記念・実体法と手続法の交錯（上）（下）（1978年・有斐閣）
山本・基本問題	山本和彦・民事訴訟法の基本問題（2002年・判例タイムズ社）
Baumbach/Lauterbach/Albers/ Hartmann, 64. Aufl.	Baumbach/Lauterbach/Albers/Hartmann, Zivilprozessordnung, 64. Aufl., München 2006
A. Blomeyer	A. Blomeyer, Zivilprozessrecht, Erkenntnisverfahren, Berlin/Göttingen/Heidelberg 1963
Grunsky, 2. Aufl.	Grunsky, Grundlagen des Verfahrensrechts, 2. Aufl., Bielefeld 1974
Jauernig, 28. Aufl.	Jauernig, Zivilprozessrecht, 28. Aufl., München 2003
W. Lüke, 8. Aufl.	W. Lüke, Zivilprozessrecht, 8. Aufl., München 2003

MünchKommZPO/*Bearbeiter*, 2. Aufl.	Münchener Kommentar zur Zivilprozessordnung, 2. Aufl., München 2000 ff. ~
Musielak/Bearbeiter, 4. Aufl.	Musielak, Kommentar zur Zivilprozessordnung, 4. Aufl., München 2005
Rosenberg/Schwab/Gottwald, 16. Aufl.	Rosenberg/Schwab/Gottwald, Zivilprozessrecht, 16. Aufl., München 2004
Schellhammer, 9. Aufl.	Schellhammer, Der Zivilprozess, Gesetz-Praxis-Fälle, 9. Aufl., Heidelberg 2001
Schilken, 5. Aufl.	Schilken, Zivilprozessrecht, 5. Aufl., Köln/Berlin/Bonn/München 2006
Stein/Jonas/Bearbeiter, 21. Aufl.; 22. Aufl.	Stein/Jonas, Kommentar zur Zivilprozessordnung, 21. Aufl., Tübingen 1993ff.; 22. Aufl.,Tübingen 2002 ff.
Thomas/Putzo/Bearbeiter, 27. Aufl.	Thomas/Putzo, Zivilprozeßordnung, 27. Aufl., München 2005
Wieczorek/Bearbeiter	Wieczorek, Zivilprozeßordnung und Nebengesetze, 2. Aufl., Berlin/New York 1975 ff.; 3. Aufl., Berlin/New York 1994 ff.
Zeuner	Zeuner, Die objektiven Grenzen der Rechtskraft im Rahmen rechtlicher Sinnzusammenhänge, Tübingen 1959
Zöller/Bearbeiter, 25. Aufl.	Zöller, Zivilprozessordnung, 25. Aufl., Köln 2005

雑誌略語

家月	家庭裁判月報
金商	金融商事判例
金法	金融法務事情
ジュリ	ジュリスト
司研	司法研修所論集
曹時	法曹時報
判解民	最高裁判所判例解説民事篇
判時	判例時報

判タ	判例タイムズ
判評	判例評論
法協	法学協会雑誌
法教	月刊法学教室
法時	法律時報
民商	民商法雑誌
民訴雑誌	民事訴訟雑誌
リマークス	私法判例リマークス
百選	我妻栄編・民事訴訟法判例百選（1965年・有斐閣）
続百選	我妻栄編・続民事訴訟法判例百選（1972年・有斐閣）
百選〔2版〕	新堂幸司＝青山善充編・民事訴訟法判例百選〔第2版〕（1982年・有斐閣）
百選ⅠⅡ	新堂幸司＝青山善充＝高橋宏志編・民事訴訟法判例百選ⅠⅡ〔新法対応補正版〕（1998年・有斐閣）
百選〔3版〕	伊藤眞＝高橋宏志＝高田裕成編・民事訴訟法判例百選〔第3版〕（2003年・有斐閣）
争点〔旧版〕	三ケ月章＝青山善充編・民事訴訟法の争点〔旧版〕（1979年・有斐閣）
争点〔新版〕	三ケ月章＝青山善充・民事訴訟法の争点〔新版〕（1988年・有斐閣）
争点〔3版〕	青山善充＝伊藤眞編・民事訴訟法の争点〔第3版〕（1998年・有斐閣）

初 出 一 覧

第1章 「請求棄却判決の確定と標準時後の新事実による再訴 (1) ～ (4)」
　　　　大阪市立大学法学雑誌 48 巻 4 号 1016 頁以下；49 巻 1 号 69 頁以下；49 巻 2 号 245 頁以下；49 巻 3 号 489 頁以下 (いずれも 2002 年)

第2章 「既判力の標準時後の形成権行使について」
　　　　民事手続法研究創刊 1 号 (2005 年) 1 頁以下

第3章 「一部請求訴訟後の残部請求訴訟と既判力・信義則」
　　　　鈴木正裕先生古稀祝賀『民事訴訟法の史的展開』(2001 年・有斐閣) 193 頁以下

第4章 「消極的確認訴訟における請求棄却判決の既判力の範囲」
　　　　原井龍一郎先生古稀祝賀『改革期の民事手続法』(2000 年・法律文化社) 683 頁以下

第5章 「反射的効力論と既判力拡張論」
　　　　新堂幸司先生古稀祝賀『民事訴訟法理論の新たな構築 (下)』(2001 年・有斐閣) 395 頁以下

第6章 「国際民事訴訟における既判力問題」
　　　　石部雅亮＝松本博之＝児玉寛編『法の国際化への道』(1994 年・信山社) 105 頁以下

第7章 「日本の民事法・民事訴訟法における先例効の問題」
　　　　石部雅亮＝松本博之編『法の実現と手続』(1992 年・信山社) 77 頁以下

序　章　民事訴訟における既判力理論の諸問題
―― 本書の課題 ――

1　はじめに

　民事訴訟の第一審手続において当事者と裁判所の訴訟行為の結果，原告の訴えに対して判決が言い渡され，この判決に対する上訴による不服申立ての手段が尽き，判決が確定するに至ったとしよう。この後なお当事者が確定判決の判断を争うことができるとすると，当事者間の争訟はいつまでも決着を見ることができず，訴訟制度の存在理由が疑われることになる。そのため，確定判決には当事者間の争訟を終局的に終結させる効力が必要であり，そのため，民事訴訟法は当事者間の法的安定を確保すべく民訴法114条において既判力の生じる事項（既判力の客観的範囲）について，民訴法115条において既判力の生じる人的な範囲（既判力の主観的範囲）について，それぞれ定めている。

　この確定判決の既判力は，民事訴訟法の基礎理論として，従来から多くの研究者によって研究対象とされてきた。既判力の本質論，既判力の客観的範囲，既判力の主観的範囲，既判力の時的限界・失権効などが中心問題であり，その他これらの問題と関連して，争点効，判決の反射的効力と既判力の拡張の関係，相殺の抗弁に対する裁判所の実体判断の既判力の問題などがある。また，国際民事訴訟においても外国判決の承認として外国判決の既判力の承認が行われる。このように，既判力をめぐる問題は多方面にわたり，かつ極めて困難である。

2　既判力の作用態様

　既判力は，①前訴と後訴の訴訟物が同一の場合と，②前訴確定判決の判断を先決事項とする後訴に対して作用することについては，学説・判例上異論を見ない。そして，③後訴が確定判決の判断と全く矛盾する事項を対象とする場合（矛盾関係の場合）には，訴訟物の同一性は存在しないけれども，訴訟物が同一の場合と同様に扱うことにも争いはない。

問題は、①の訴訟物の同一の場合と、②の先決関係の場合で、既判力は同じように作用するのかどうかという点である。②の場合に、既判力は後訴裁判所を拘束し、後訴裁判所は前訴確定判決の既判力のある判断を後訴の訴訟上の請求についての自己の判断の基礎にしなければならないという形で、後訴裁判所に対する拘束力として作用することに異論はない。この拘束力の範囲内で、前訴確定判決の判断が誤りであることを主張して既判力の標準時前に存在した事実を主張することは既判力によって失権させられる（既判力の失権効または遮断効）。ところが日本の学説は、①の場合にも、既判力が後訴に及ばないことは後訴が適法であるための訴訟要件ではなく、すなわち、既判力は一事不再理としてではなく、後訴裁判所に対する拘束力として作用すると説く。具体的には、既判力を受ける当事者その他の者は前訴と同一訴訟物をもつ後訴において、前訴の事実審の最終口頭弁論終結時に存在していた事実を主張して前訴確定判決の判断が誤りであると主張することは既判力に反して許されず、後訴裁判所も他の訴訟要件が具備している限り、既判力ある判断を前提に後訴請求について本案判決を下すべきであるとする。その上で、既判力の及ばない事由、とくに事実審の最終口頭弁論終結後に生じた新たな事由の主張の当否を判断することは既判力により妨げられないとし、裁判所は当事者に対してこのような新たな事由の主張を促し、そのような主張があればこれについて判断し、そのような主張がなければ主張責任によって、そのような事由がないものと仮定して請求棄却判決を下すべきであるとする（請求棄却説）。この見解は、その利点を、既判力の標準時を後訴の事実審の最終口頭弁論終結時に移動することができることに求める。この請求棄却説は、私法上の権利関係は時の経過とともに変動するので、厳密な意味では同一事件は存在しないという認識を前提に、たとえば売買代金請求の前訴において請求棄却判決を受けた原告が既判力の標準時後に締結された売買契約を主張して前訴と同額の売買代金の支払いを求めて提起した後訴は前訴と同一の訴訟物をもつと見なし、既判力は、その標準時においてすでに存在していた事実が後訴において主張されることを遮断するが、後訴を不適法ならしめないとして一事不再理説を否定する。

しかし、この見解には種々の問題が含まれている。まず、訴訟物の理解の点で問題がある。前訴確定判決の標準時後に生じた新たな権利取得原因事実が原

告自身によって主張される場合，形の上では同一訴訟物の後訴のように見えても，実際には前訴と後訴の訴訟物は異なっている。この場合，後訴裁判所がこの新たな事実（たとえば前訴の事実審の最終口頭弁論終結後に同一当事者間で締結された，前訴で主張された契約と同一内容の契約）に基づく請求の当否を判断することは別の事件の裁判であって，前訴確定判決の既判力は及ぶかどうかという問題は生じない。それにもかかわらず通説は，このような事案において前訴と後訴の訴訟物を同一と扱っているが，これは既判力の失権効をめぐる議論を極めて不透明にする。このような場合に訴訟物が同一であると断ずることは，前提となっている訴訟物理論と訴訟物の同一性の判断基準に問題があることを明瞭に示している。また，当事者が標準時後に生じた新事実によって法律状態の変動が生じたことを主張するのではなく，標準時前の事実関係に基づいて前訴確定判決が誤っていると主張して同一訴訟物について後訴を提起している場合に，裁判所が前訴の事実審最終口頭弁論終結後の新事実の主張を当事者に促すことは単に事実主張の釈明にとどまらず，別個の訴訟物をもつ訴えの提起を促すことを意味する。そして当事者が標準時後に生じた新事実を主張しない場合に主張責任に基づき請求棄却判決をすることは，当事者の申し立てない事項について裁判することになり，民訴法246条違反になると考えられる。また，この見解が利点とする点，すなわち既判力の標準時を後訴の事実審の最終口頭弁論終結時までずらすことができるという点も問題である。同一訴訟物に関する後訴において請求棄却判決を受けた当事者は，この判決が確定した後に更に同一訴訟物について，第2の判決の標準時前の事実を主張して第3の訴えを提起することは不適法として排斥されず，第3の訴えの提起を受けた裁判所も第2の訴えの時と同様に新たな事実の主張を促し，そのような事実の存否を確かめた上で本案判決をすることになる。そして理論的には，第4，第5の訴えと無限に続くことが可能である。また，私法上の権利関係の変動可能性を重視すれば，私法上の権利関係は多かれ少なかれ絶えず何らかの点で変動しているものであるから標準時後の事情の展開により確定判決が変動した事情に完全にぴったりとは適合しないことが生じ得るが，このような場合に標準時後に発生した新事実として顧慮されるとすれば，既判力は全く容易に脇に置かれることになろう。また，仮に既判力の標準時をずらすことに重要な意味があるというの

であれば，一事不再理説を否定する見解は，前訴で勝訴し，確定判決を取得した原告が前訴と同一内容の再訴を提起した場合にも，訴えの利益の欠缺を理由に訴え却下判決をするのではなく，標準時を後訴の事実審の最終口頭弁論終結時にずらすために，請求認容の本案判決をするよう，なぜ提言されないのであろうか。この場合にも既判力の標準時を後訴の事実審の最終口頭弁論終結時にずらしておけば，後に被告が請求異議の訴えや消極的確認の訴え等によって抗弁事由を主張することを容易に排斥できる利点があるであろう。このような判決をしても，前訴判決の既判力の矛盾禁止効に抵触することはないのである。しかし，そのような主張がなされていないことは，同一訴訟物について既判力の標準時にすでに存在した事実を主張して再訴を提起することが，後訴裁判所が既判力に拘束される以上，無益な訴訟の繰返しだからであろう。このような無益な訴訟の繰返しを防止するには，請求棄却判決に対する再訴の場合にも，請求認容判決に対する再訴の場合にも，一事不再理に基づき訴えを却下することが最も適切である。

　他方，この請求棄却説は，判決確定後の後訴の棄却を理由づけることに重点が置かれているため，新事実を主張する再訴がいかなる場合に適法であるかという逆の問題については，殆ど関心を払っていない(1)。これは極めて奇異なことである。問題は，標準時後の新事実であれば，どのような事実であっても後訴の適法性を基礎づけることができるかどうかである。たとえば前訴確定判決が原告の主張する契約が無効であることを理由に原告の売買代金請求権を否定した場合にも，標準時後に履行期が到来したことを主張して再度売買代金の支払いを求める後訴を提起することができ，裁判所もこのような再度の審理・裁判ができるとすると，紛争の蒸返しはいとも容易になり，既判力は全く意味をなさなくなる。多数説は標準時後の新事実であれば，どのようなものでも，後訴裁判所はその存否を審理判断すべきであるというのであるから，この例においても標準時後の履行期の到来の有無を審理判断すべきであるというのであろう。これでは既判力とは一体何なのか，全く無意味な制度に堕すであろう。そこで，新事実を主張して再訴が許されるのは，当該新事実が前訴確定判決の

（1）たとえば，新堂 625 頁；コンメンタール民訴 II 448 頁は再訴の棄却にのみ言及する。

基礎とされた請求棄却事由に関係していることを必要とすると考えられる。また新事実の発生により再訴が適法な場合に，前訴確定判決において確定された事実判断は後訴裁判所を拘束するかという問題も存在する。これらの問題は詳細に検討し，解明されなければならない。

3 既判力と信義則

(1) 従来の判例や学説によって訴訟物理論の役割の低下がもたらされている原因の1つに，信義則による後訴の遮断がある。すなわち最近の判例では，前訴と後訴の間に既判力が及ばない場合にも，前訴と異なる訴訟物に関する後訴を信義則の適用により排斥する裁判例が増加している。そのような判例は，いくつかの類型において考察することができる。①前訴において後訴請求を提起することに支障がなかったにもかかわらず，そうしないで係争事実関係の発生から非常に長期間経過して後訴が提起されることにより，相手方およびその承継人の法的地位を長期間不当に不安定的な状態におくことになる場合，②公然の一部請求訴訟において請求を全部または一部棄却する判決が確定した後，原告が残部請求権を主張してその履行を求める訴えを提起する場合が重要である。

(2) ①の場合について，判例は信義則の適用により後訴を不適法とする[2]。Aの相続人X_1は，もとAの所有で自作農創設特別措置法による買収処分がなされ，Bに売り渡された本件農地をBから買い受ける契約が成立したと主張して，B死亡後，その子であるY_1Y_2およびBの妻に対し農地法上の許可申請手続および知事の許可を条件とする所有権移転登記手続等を求める訴えを提起し，請求棄却判決を受けた。この判決が確定した後，X_1は，$X_2X_3X_4$を原告に加え，Y_1Y_2およびY_3（係争土地の一部譲受人）に対して，昭和23年6月頃に行われた農地買収処分から約20年も経過してから同処分の無効等を主張して，真正名義の回復のための所有権移転登記手続を請求して訴えを提起した。第一審裁判所はY側の時効取得を理由に請求を棄却する判決を下したが，Xらの控訴に基づき，控訴裁判所は信義則違反を理由にXらの訴えを不適法と判断し，第一審判決を取り消し，訴えを却下する判決を下した。X側の上告に対し，

---

(2) 最〔1小〕判昭和51年9月30日民集30巻8号799頁。

最高裁判所は，X_1は，前訴においても農地買収処分の無効を主張し，買収処分は無効ゆえ当然本件各土地の返還を求めることができるが，「これを実現する方法として，土地返還約束を内容とする，実質は和解契約の性質をもつ前記売買契約を締結し，これに基づき前訴を提起したものである旨を一貫して陳述していたこと」，および，「X_1は，本訴における主張を前訴で請求原因として主張するにつきなんら支障はなかったことが，明らかである」と指摘した上で，次のように判示して上告を棄却した。

　　「右事実関係のもとにおいては，前訴と本訴は，訴訟物を異にするとはいえ，ひっきょう，右Aの相続人が，右Bの相続人及び右相続人から譲渡をうけた者に対し，本件各土地の買収処分の無効を前提としてその取戻を目的として提起したものであり，本訴は，実質的には，前訴のむし返しというべきものであり，前訴において本訴の請求をすることに支障もなかったのにかかわらず，さらに上告人らが本訴を提起することは，本訴提起時にすでに右買収処分後約20年も経過しており，右買収処分に基づき本件各土地の売渡をうけた右B及びその承継人の地位を不当に長く不安定な状態におくことになることを考慮するときは，信義則に照らして許されないものと解するのが相当である」。

　この判決は，当初かなり特異な事案に関するものと理解され，射程距離は広くないと見られたが[3]，争点効理論が判例により否定され，また争点効否定論者の一部が信義則の適用による判決理由の拘束力を肯定する中で，確定判決の紛争解決機能を高める方法の1つとして，有力学説によって注目された。

　また，原告から被告への贈与を原因として土地建物の所有権移転登記がなされている場合に，原告が贈与の無効を主張して土地建物の所有権移転登記の抹消登記手続を求めた訴訟において請求棄却判決を受け，この判決が確定した後に，被告による標準時後の負担付贈与の負担にかかる生活費支給義務の不履行を理由に贈与契約を解除し，解除によって土地建物の所有権が自分に復帰したことを主張して，解除に伴う原状回復義務の履行として本件土地建物の所有権移転登記手続を求めた事案につき，解除権行使効果を主張する後訴を，被告の

（3）　三ケ月・百選〔2版〕237頁。

紛争決着期待に反するとして信義則を理由に不適法として却下した大阪高等裁判所の判決も存在する(4)。この裁判例は，贈与契約の解除は前訴において再抗弁として主張するか，後訴請求のような訴えを前訴手続において併合提起することは容易であり，そうすることが親族間の紛争を早期に解決するために期待されていたし，被告らが本件物件の所有権をめぐる争訟は前訴において落着したものと信頼したとしても無理からぬものがあり，実質的には後訴は前訴の蒸返しだとして信義則を適用したものである(5)。この原審の判断は，第一審判決が認定した被告の贈与義務の不履行を問題にせず，被告の紛争決着期待を理由に後訴を不適法として却下するものであり，全く不当な判決であった。最高裁判所は原判決を破棄したが，権利失効の法理による後訴の遮断という考え方が認められると，紛争決着期待の観点は安易に適用され，後訴が許されるべき場合に不適法とされる危険が生じる。上記の大阪高裁判決もその一例である。

信義則の適用を支持し，「既判力を超えた確定判決の失権効（遮断効）」を肯定する新堂幸司教授は，前訴で争点を絞った趣旨，裁判所の訴訟指揮，ことに釈明権の行使，前訴判決確定から長期間の経過や反訴の提起のような被告側の対応策の有無を「手続事実群」と呼び，これを考慮して，訴訟物を異にする前訴と後訴の間にも「確定判決の遮断効」が働くと論じ(6)，注目を集めた。また，竹下守夫教授は，信義則の適用態様として，矛盾挙動禁止の原則と権利失効の原則を区別し，権利失効の原則を基礎に紛争決着期待を保護しようとする解釈論を提示した(7)。

しかし，このような判例および判例を理論化しようとする学説の試みには，重大な問題が潜んでいるように思われる。既判力理論は，基本として既判力が及ばない範囲では，後訴は前訴の確定判決よっては不適法でないということを当然の前提とした法理ではなかったのか。既判力規定は確定判決の後訴に対す

（4） 最〔1小〕判昭和59年1月19日判時1105号48頁＝判タ519号136頁の原審である大阪高裁判決。
（5） 後述137頁。
（6） 新堂・訴訟物（下）113頁，130頁以下；新堂661頁以下；中野ほか編・新講義468頁［高橋］。
（7） 条解民訴621頁以下［竹下］。

る効力の最小限を規定するものではなく，最大限を規定するものである。そうではなく，既判力が及ばないところで当事者の紛争決着期待が前面に出て，これを保護するために確定判決の拘束力が作用するというのであれば，訴訟上の請求についても紛争決着期待を基準に後訴の適否を判断すれば足りることになり，既判力という民事訴訟法上の基礎的な制度とこれに関する基礎理論を必要としないであろう。しかし，判決理由における判断の誤りがこの判断を先決事項とする，訴訟物を異にする後続訴訟に決定的な悪影響を与えることを避けるために判決理由の既判力を否定した実定法は，このような考え方を採用しておらず，既判力への後訴裁判所および当事者の拘束の存在しないところでは，再訴自体を不適法とは見ていないのである。

　また，争点を絞り込んだことが保護されるべき相手方の紛争決着期待を根拠づけるという観点も，問題である。なぜなら，当事者は訴訟上の請求に対する裁判所の判断の結論部分のみを考慮に入れて訴訟を追行し争点を絞り込むことが奨励されているのに，争点を絞って訴訟を追行したことが個別訴訟の具体的な事情のもとで相手方の紛争決着期待を基礎づけるとして信義則が適用されると，当事者はその前提に反して不意打ちを受けることになるからである。相手方の紛争決着期待のためには，立法者は中間確認の訴え（民訴145条1項）を用意して，これに対応した。すなわち，既判力の及ばない先決的法律関係について相手方が紛争の決着を図るためには，相手方自身が反訴（中間確認反訴）を提起し，その訴訟で再訴の登場の目を摘んでおけば再訴を回避することができるので，相手方の紛争決着期待が害されるという観点は信義則上後訴を不適法ならしめる事情とはいえないであろう(8)。上記の昭和51年の最高裁判決の事案でも，被告側が前訴において X_1 の所有権移転登記手続請求の本訴に対し，農地売渡処分による本件農地の所有権の取得を主張して所有権確認の反訴を提起すれば，X_1 は B の所有権取得の事実を認めている以上容易に請求認容判決を得ることができたはずである。また，この所有権確認判決は，標準時前に存

---

(8)　信義則の適用を肯定する見解は，このような中間確認の訴えの可能性を全く考慮に入れず，前提問題について当事者が争点を限定する自由は「決して相手方に対し信義則違反となる行動の自由まで保障するものではない」（条解民訴621頁［竹下］）と述べる。

在した X_1 の所有権取得原因事実および所有権保持事実の後訴における主張を既判力により失権させることができた。加えて，この事件では前訴と後訴が訴訟物を異にするかという問題もある。最高裁判所はこれを肯定するが，新訴訟物理論または二分肢説に立つ限り，少なくとも X_1 に関する限り，前訴と後訴は訴訟物を異にする訴訟ではないと解される(9)。訴訟の蒸返しを排除できないから直ちに信義則に依拠するのではなく，旧実体法説による訴訟物の把握を再検討することがまず必要なように思われる(10)。

(3) ②の場合についても本論で詳しく述べるように，判例は信義則により残部請求の後訴を不適法としており(11)，この結論を支持する見解が有力である(12)。ここでも残部請求についての相手方の紛争決着期待を重視して残部請求訴訟の適否を決定することができるであろうか。一部請求訴訟の被告は残部債権の不存在の確認を求めて反訴を提起することは容易であったのであるから，直ちに保護に値する紛争決着期待が存在するとはいえない。ここでも紛争決着期待の要保護性についての十分な検討を必要とするであろう。

(4) さらに，後訴裁判所が前訴の手続経過を評価して紛争決着期待を保護すべしとされる場合，その基準は明確かどうか，かつ，その判断に対する当事者の手続保障はどうあるべきかという問題がある。紛争決着期待の保護基準として示されている「手続事実群」は，その内容が手続上のものと長時間の経過のような実体的なものを含んでおり，充分な明確性を欠く嫌いがある。すなわち，評価規範の内容が明確でないのである。そのため，後訴が信義則に反するかどうかは，後訴裁判所が後訴を信義則に反すると感じるかどうかという裁判官の見方に大きく依拠することになり，裁判官により判断が異なり得る。また後訴の却下に結びつく後訴裁判所の判断に関して，当事者はどのような手続保障を与えられるのであろうか。当事者も加えて評価規範に基づき前訴の訴訟手続の

---

(9) 三ケ月・百選〔2版〕237頁参照。
(10) 小山昇「既判力か争点効か信義則か」同・著作集(2) 107頁以下，とくに117頁以下参照。
(11) 最〔2小〕判平成10年6月12日民集52巻4号1147頁。
(12) 条解民訴613頁以下［竹下］；中野・論点II 107頁，114頁以下；反対：小山昇「民事訴訟における信義則について」北海学園法学研究38巻1号（2002年）167頁以下。

経過を詳細に検討していくとなると，相当長い時間がかかり，訴訟経済の原則に反するであろう。しかも最終的には後訴裁判所が紛争決着期待を正当として保護すべきかどうかの判断において一定の裁量権を与えられるとなると，訴権が侵害される危険が大きくなることは前に見た大阪高裁の判決が示すところである。

4　本書の構成

　筆者は，これまで種々の機会に既判力をめぐるいくつかの問題を検討し，論文の形で発表してきた。本書はこれらの論文を一冊に纏めるものである。本書においては，第1章と第2章で既判力の失権効（遮断効）の問題を扱う。第1章は，請求棄却判決の確定後の新事実による再訴が許されるための要件を検討する。第2章は，既判力の標準時後の形成権の行使による新たな法律状態を主張する後訴は既判力の標準時後の法律関係の変動の主張として既判力により排斥されないか，形成要件が標準時前に存在する以上形成権の行使が標準時後になされても，形成権行使の結果生じた法律関係の主張は既判力の失権効により排斥されるかという長年論じられている問題を検討する。

　第3章は，一部請求訴訟の本案判決の既判力の問題，とりわけ一部請求訴訟を棄却しまたは一部認容・一部棄却する判決の既判力は残部請求の後訴を不適法ならしめるかという問題を扱う。判例は，上に述べたように，残部請求の後訴に既判力が及ぶことを否定した上で，この問題を信義則の適用による残部請求の適否の観点から捉え，後訴を不適法とするのであるが，信義則の適用による残部請求の排斥は理由づけとして十分根拠のあるものであるかどうかが検討される。

　第4章は，消極的確認訴訟の本案判決の既判力の問題を検討するが，とくに証明責任により請求を棄却する確定判決は通常の消極的確認訴訟の請求棄却判決と同じように債務の存在について既判力を生じるべきかという問題に焦点を合わせ論じる。

　第5章は，いわゆる判決の反射的効力を承認することができるか，反射的効力と称されるものは既判力の主観的拡張として捉えられるべきかという問題を扱う。日本では反射的効力を肯定する見解が多数であるが，なぜ反射的効力が

認められ得るのか，従来十分根拠づけられていないように思われる。またこれを既判力の拡張として位置づける見解にも基本的な問題があるように思われる。

　第6章は，民事訴訟法上の既判力に関する通常の問題とは異なり，国際民事訴訟法における外国判決の既判力の承認をめぐって生じる種々の問題を検討するものである。

　最後に，第7章において既判力からは離れるが，判決の先例効の問題を考察する。ある法律問題について裁判所が一定の判断を示すと，これが先例となって，同種の法律問題について裁判所が法適用を行う際考慮されることになる。最高裁判所の裁判の場合は，とくにそうである。そこから，先例は他の裁判官に対する拘束力をもち得るかという問題が生じる。もし，この問題が肯定に答えられるならば，この拘束力は判決の効力に数えられ得るかという問題も生じる。なお，第6章と第7章は，大阪市立大学法学部とフライブルグ大学法学部との共同シンポジウムにおける著者の講演を基礎にするものである。

第1章　請求棄却判決の確定と標準時後の新事実による再訴

I　標準時後の新事実の主張に関する学説の現状

1　はじめに

(1)　確定判決の既判力は，事実審の最終口頭弁論終結時（既判力の標準時）の事実関係に基づき言い渡された確定判決の主文中の判断に限って生じ，判決理由中の判断には生じないのが原則である（民訴法114条1項）。当事者は原則としてこの時点まで訴訟資料を提出することができ，裁判所はこの時点における訴訟資料を基礎にして訴訟上の請求（または反訴請求）の当否について判決をするからである。当事者が前訴の事実審の最終口頭弁論終結前に存在していた事実を後訴において主張して既判力ある判断と異なる判断を求めることは，後訴が前訴判決の既判力の及ぶ請求である限り，前訴においてその事実が提出されなかった場合にも既判力に反して許されず，それは当事者がその事実を前訴当時知らなかったために提出しなかったときも同じである(1)。この確定判決の効力が，既判力に内在する失権効（遮断効）である。

これに対して，敗訴当事者が標準時後に生じた新たな事実に基づく法律状態の変動を自己の有利に主張して，確定判決の判断と異なる判断を後訴裁判所に求めることは，既判力によって妨げられない（既判力の時的限界）。既判力は標準時における訴訟資料を基礎にしているので，判決の正当性はこの時点について保証されているだけであり，その後に生じた新たな訴訟資料との関係でも判決が正当であるとの保証はないからである。それゆえ，法律関係の変動をもたらす新事実は，後訴裁判所による新たな審理を受け得る可能性を有する。この点については異論を見ない(2)。請求異議の訴え（民執法35条）は，新事実を主張する訴えの典型例である。

しかし，前訴において請求棄却判決を受けた原告が前訴の事実審最終口頭弁論終結後に生じた新たな事実に基づき前訴と同じ権利または法律効果を主張して改めて訴えを提起する場合，新事実の主張は無制限に適法であるのか，それとも何らかの制限があるのか，あるとすれば，それはどのような内容であるかが問題となる。さらに，前訴判決の既判力はどのように作用するのか，前訴と後訴は同一の訴訟物に関する訴えであるのか，それとも後訴の訴訟物は前訴のそれとは異なるのか，標準時後に生じた新事実を主張する後訴が適法な場合，後訴では，前訴で判断されたか否かを問わず，すべての法律要件要素の完全な再審理が許されるのか，それとも標準時後に生じた新事実によって影響を受けない法律要件要素に関する前訴判決の判断はなお後訴に対しては既判力効を保持し，後訴の判決の基礎とされなければならないのか等，これまで解決されていない種々の問題が存在するように思われる。

（1） この点については周知のように，当事者が前訴において主張しておくことを期待できなかった事実は既判力によって遮断されないという見解が有力になっている。井上治典「判決効による遮断」井上治典＝伊藤眞＝佐上善和『これからの民事訴訟法』（1984年・日本評論社）217頁；新堂625頁；条解民訴636頁［竹下］；高橋宏志「既判力と再訴」三ヶ月古稀（中）521頁以下，551頁注（33）；注釈民訴（4）317頁［高橋］；高橋・重点講義〔上〕536頁以下；中野ほか編・新講義451頁以下［高橋］；吉村徳重ほか『講義民事訴訟法』（2001年・青林書院）365頁［井上治典］など。この見解の問題点について，鈴木正裕「既判力の遮断効（失権効）について」判タ674号（1988年）4頁以下；中野貞一郎「既判力の標準時」同・論点Ⅰ243頁，248頁以下；松本＝上野〔663〕などを参照。

　なお，BGH LM Nr. 16 zu § 553 BGB ＝ NJW 1998, 374 は大変興味深い判断を示している。事案は，前訴において契約違反を理由に建物用益賃貸借契約を解約して建物の明渡しを請求し，契約違反が否定され請求棄却判決を受けた原告が，判決確定後，被告がこの建物を売春をさせるために利用しているとして再度用益賃貸借契約の解約告知の意思表示をして建物の明渡しを請求した事件である。連邦通常裁判所は，「1　特別告知に基づく明渡請求の前訴の棄却は，賃貸人が新たな解約告知および明渡しの訴えを，前訴の最終口頭弁論終結後も賃借人が異議を唱えられた行態を継続したことに基礎づけることを妨げない。2　賃貸人は前訴の最終口頭弁論時に存在したが，この時点後になって知った理由に民法554a条による新たな解約告知を基礎づけることをも妨げない。」と判示した。これは標準時後も継続的に存在している事実を新たな告知理由のもとに主張することは既判力と抵触しないことを明らかにしたものである。

（2）　*Grunsky*, 2. Aufl., § 47 V 1a ; *Thomas/Putzo/Reichold*, 27. Aufl., § 322 Rdnr. 43.

(2) 問題を具体化するために，先ず，具体例を挙げよう(3)。

設例① 原告が被告に対して請負代金の支払いを求めた前訴において，裁判所は請負代金請求権の成立を肯定したが，契約主体としてこの請求権を取得したのは原告ではなく，第三者であったという理由に基づき請求棄却判決を言い渡し，この判決が確定した後，原告が前訴の事実審の最終口頭弁論終結後に請求権の帰属主体からこの請求権を改めて譲り受けたことを主張して再び請負代金請求の後訴を提起した場合。

設例② 前訴において原告は被告に対して貸金の返還を求めたところ，裁判所は金銭消費貸借契約の存在を認定したが履行期未到来を理由に請求棄却判決を言い渡し，この判決が確定した後，原告が前訴の事実審最終口頭弁論終結後に履行期が到来したと主張して前訴と同じ消費貸借契約に基づき再び貸金返還を求める訴えを提起した場合。

設例③ 原告が被告の占有する物が自己の所有物であると主張して提起した所有物返還請求訴訟において，原告の所有権を否定した請求棄却判決が確定した後，今度は，被告が標準時後に目的物の占有を取得したと主張して，原告が改めて所有物返還請求の訴えを提起した場合。

設例④ 2004年4月1日の金銭消費貸借契約に基づく貸金返還請求訴訟において期限の未到来を理由に請求棄却の判決がなされ，この判決が確定した後，原告が今度は2005年4月1日の同額の金銭消費貸借契約を主張して貸金返還請求の後訴を提起する場合。

設例⑤ 契約に基づく金銭支払請求訴訟が契約の無効を理由に棄却され，この判決が確定した後，原告が，前訴において本当は期限未到来を理由に請求棄却判決がなされるべきであったのであるが，その間に債権の履行期が到来したので支払いを求めると主張して再訴を提起した場合。

設例⑥ 不法行為による損害賠償請求訴訟において原告の主張する損害が未発生であることを理由に請求を棄却する判決が確定した後，原告が標準時後に同一不法行為による損害が発生したことを主張して損害賠償請求の再訴を提起

---

(3) 以下の設例は，*Kappel*, Die Klageabweisung "zur Zeit", Berlin 1999, S. 41 ff. (Buchbesprechung von *Assmann*, ZZP 113 (2000), 52) による。

した場合。

(3) 設例①の事例では、前訴の訴訟物と標準時後の債権譲渡を主張する後訴の訴訟物とは同一なのかどうかが、先ず問題となる。後訴の訴訟物は前訴のそれとは異なると解されるならば、後訴裁判所は請求権の成立自体について再度審理し、前訴裁判所とは異なり請求権の成立を否定することは既判力に反しないことになる。訴訟物が同一と解される場合、後訴裁判所は新事実である債権譲渡の有無および効力を審理できることには問題がないけれども、債権の成立についての前訴裁判所の判断が後訴裁判所を拘束するか否かが問題となる。したがって、この事例では訴訟物の異同が重要である。

設例②のケースにおいては、標準時後の履行期到来は前訴と同一の生活事実関係に属する出来事であり、これによって前訴の訴訟物と後訴の訴訟物が異なることにはならないと考えられている。このケースでは、前訴裁判所は、後に履行期が到来し得ることを当然の前提として差し当たり請求を棄却する判決を下していると見られる。ドイツでは、このような判決は請求の一時的棄却判決（die Klageabweisung als zur Zeit unbegründet）と呼ばれている。後訴が同一訴訟物についての訴えと見られる場合にも、前訴確定判決の既判力が再訴を排斥しないことについては見解の一致が見られる。もっとも、その理由づけにつき見解の対立がある。最近の日本では、確定判決が請求権の履行期未到来を理由に請求を棄却していること、すなわち請求権自体の不存在でなく、請求権が履行期未到来のゆえに現在請求できる状態にないことが判決主文中の判断内容であるので、後に履行期が到来すれば再訴が許されるのだという、この請求棄却理由の特殊性から説明されている(4)。しかし、後述のように、何が請求棄却理由であるかは新事実を主張する後訴の適法性を左右するが、履行期の到来が標準後の新事実であること、つまり既判力の時的限界の問題でもあり、その意味でこの請求棄却理由の特殊性から説明する見解は一面的である(5)。もう1つの問題は、ここでは、後訴裁判所は後訴請求の当否を判断するに当たり消費貸借契約の成立についての前訴裁判所の判断に拘束されるのか、それとも、後

---

(4) 条解民訴601頁[竹下]；高橋・前掲注(1)三ヶ月古稀（中）521頁；中野ほか編・新講義457頁[高橋]；伊藤487頁。

訴裁判所は自由に消費貸借契約の成立や効力について再度審理判断することができるかどうかである。

設例③の事例でも，前訴と後訴が同一訴訟物をもつ訴訟であるか否かが問題となる。前訴判決は原告の所有権を否定して確定的に請求を棄却しているが，後訴では前訴当時占有を失っていた被告が新たに占有を取得した旨主張されている。前訴判決の既判力は原告の所有権の不存在には生じていないので，原告が後訴において改めて所有権を主張することは既判力によって妨げられず，被告の占有取得を主張する後訴は前訴とは異なる訴訟物をもつ訴えと解される。

設例④の事例では，2005年4月1日の金銭消費貸借は前訴で確定された生活事実関係と全く関係のない事実関係であり，後訴は前訴とは異なる訴訟物をもつので，前訴判決の既判力は後訴には及ばない。前訴で所有権確認請求につき請求棄却判決を受けた原告が，標準時後に改めて被告から所有権を取得したと主張して再度同一物の所有権確認の訴えを提起する場合にも，訴訟物は異なるので，後訴は既判力に抵触しない。

設例⑤の事例では，前訴判決が請求を終局的に棄却しているが，原告は後訴において前訴判決の棄却理由には全く言及せず履行期の到来のみを主張している。この後訴が適法であるならば，前訴確定判決の既判力は殆ど無意味な存在となろう。

設例⑥の事例では，加害行為は続いていて，前訴において発生していなかった損害が既判力の標準時後に発生したのであるから，後訴が許されなければならないことに疑いはない。この場合，前訴と後訴は異なる訴訟物をもつ訴訟であるのか，標準時後の損害の発生という事実は前訴の事実関係に属する事実で，この事実関係を補充すべきもの，したがって前訴と後訴は同一の訴訟物をもつ訴訟であるかが問題となる。前者であるならば，前訴確定判決の既判力は後訴

（5） 高橋・前掲注（1）三ヶ月古稀（中）534頁は，標準時後の履行期の到来が新事実だとすれば設例⑤の場合にも期限の到来を理由とする再訴が許容されなければならないから，時的限界を持ち出すことはできないと論じる。しかし，一口に新事実といっても別の訴訟物を構成するもの，特定の棄却理由との関係で顧慮され得ないものもあるのであるから，これを区別し整序することが重要なのであり，この棄却理由の特殊性をいうだけでは不十分であろう。

に及ばない。後者だとすると，前訴確定判決における認定は後訴に既判力効を及ぼすか否か問題となる。

2 同一訴訟物の後訴に対する既判力の作用に関する請求棄却説

(1) 以上提起された問題は，日本の民事訴訟法学において既判力を論ずる文献が多いにもかかわらず，②の事例を例外として，不思議なことに最近までそれほど取り上げられなかった[6]。

従来の既判力論は請求棄却判決確定後の再訴を排斥することに力点を置いてきた，ということができる。これに対して，再訴を適法として本案の審理を行い，事情によって請求を認容すべき場合についての十分な検討を欠いていたように思われる。たとえば，兼子一博士は，既判力の作用は後訴裁判所に対する矛盾禁止だけだとされる。過去の特定の可罰行為を対象とする刑事訴訟とは異なり，民事訴訟では私法上の権利関係は時の経過とともに変更消滅の可能性がある以上，時的要素を容れて考えれば厳密には同一事件というものはないというのが，その理由である。そして，給付判決を受けた債務者が請求異議の訴え（民執法35条）を提起する場合，前訴の事実審の最終口頭弁論終結後に債務が消滅した等の事由が認められなければ，請求棄却の本案判決を受けるだけで，前訴において敗訴した原告が標準時後に発生した新事実を主張する後訴は無制限に適法であり，一事不再理として訴えを却下されるわけでないと説明される[7]。そこでは，原告の請求棄却判決後の再訴についての具体的な説明は見られない。この場合には，原告は既判力の標準時後の新事実を無制限に主張することができ，新事実によって請求認容の結論が得られないときは後訴請求が棄却されると考えられているのか，それとも，標準時にすでに存在していた旧事実の再度の主張・認定が当然許され，その結果と新事実とを合わせて再訴請求の当否を判断すべきものと解されているのであろうか。

(6) 近時この問題を論じるものに，高橋・前掲注（1）三ケ月古稀（中）521頁以下；中野・論点Ⅰ（1）249頁，261頁注（11）；越山和広「請求棄却判決と再訴の可能性(1)(2)」近大法学45巻3・4号（1998年）129頁，46巻4号（1999年）47頁がある。なお，松本＝上野〔702〕以下も参照。

(7) 兼子・体系348頁。

I 標準時後の新事実の主張に関するの学説の現状

また，最近の有力説は，既判力の作用を論じる際，既判力の拘束力説に立って，後訴の訴訟物が前訴の訴訟物と同一である場合であっても，一般的に，後訴裁判所は既判力の消極的作用（一事不再理）により後訴を不適法として却下すべきではなく，既判力の及ぶ前訴確定判決の判断を前提として，標準時後に生じた新事実の存否についての審理結果に基づいて，本案判決を下すべきであると主張する。すなわち，この説によれば，当事者は標準時にすでに存在していた事実を主張することを既判力の消極的作用により排斥され，後訴裁判所も前訴確定判決が確定した権利または法律関係を前提にして，当事者の主張する標準時後の新たな事実の存否を確定した上で請求の当否について判断を下すべきであり，また当事者が標準時後の新事実を主張していない場合にも，裁判所は釈明権を行使してかかる事実の主張を促すべきであり，その上で標準時後の新たな事実によっても請求が理由を有しない場合に初めて請求棄却判決をすべきであるとされる。ここでは，この見解を請求棄却説と呼ぶことにする。新堂幸司教授によって提唱されたこの学説[8]は，今や多数の文献の支持するところとなり[9]，通説であるかの感を呈するに至った[10]。

(2) しかし，請求棄却説自体に多くの疑問がある。第1に，この見解は，原告が標準時後に生じた出来事により前訴で主張された権利と同じ権利を新たに取得した場合にも，この事後的に取得された権利を主張する後訴は前訴と同一訴訟物をもち，したがって同一訴訟物をもつ後訴に対する既判力の作用が問題になっているのだとされている[11]。たとえば，所有権確認訴訟で敗訴の確定

---

(8) 新堂幸司『民事訴訟法』（1974年・筑摩書房）423頁。なお，新堂幸司「民事訴訟における一事不再理」同・訴訟物（上）125頁，135頁参照。
(9) 菊井＝村松・全訂Ⅰ〔補訂版〕1291頁；コンメンタール民訴Ⅱ448頁；条解民訴631頁〔竹下〕；注釈民訴（4）303頁〔高橋〕；鈴木正裕「既判力本質論の実益」争点〔旧版〕260頁以下；中野・論点Ⅰ250頁；高橋・前掲注（1）三ヶ月古稀（中）442頁；中野ほか編・講義〔第3版〕475頁，478頁〔吉村〕；中野ほか編・新講義445頁，451頁〔高橋〕；上田467頁；伊藤474頁；林屋468頁。最〔2小〕判平成9年3月14日判時1600号89頁①事件は，請求棄却説に立つ原判決を是認する。
(10) 一事不再理説を支持するものに，斎藤370頁以下；注解民訴〔第2版〕(5) 101頁〔斎藤＝渡辺＝小室〕；松本＝上野〔665〕以下がある。三ヶ月・双書26頁以下も参照。
(11) 鈴木・前掲注（9）262頁。

判決を受けた原告が標準時後に前訴被告から同一物の所有権を取得したと主張して再度同一物の所有権の確認を求める訴えを提起する場合，請求棄却説は，前訴と後訴の訴訟物は同一であり，既判力は後訴に及ぶとする。後訴裁判所は前訴口頭弁論終結時に存在していた事由を再度審理することを既判力により妨げられるが，既判力の及ばない事由，とくに標準時後に生じた新たな事実の主張の当否を判断することは妨げられないとして，当事者に対してこのような新事実の主張を促し，主張があればそれについて判断し，主張がなければ主張責任によってこのような事実は存在しないものと扱って請求棄却の本案判決を下すべきであるとされる。しかしながら，この事例で前訴と後訴は果たして同一の訴訟物をもつ訴訟であるということができるのであろうか。もちろん，この問題の答えは訴訟物とその特定基準をどう解するかに依存する。確認訴訟の訴訟物は特定の具体的な権利または法律関係の存否の確認を求める申立てであるが，標準時前の法律行為により新たに取得された権利（たとえば所有権）と標準時後の法律行為により取得された権利（所有権）とは異なる権利であり，したがって訴訟物は異なる。この事例とは異なり給付の訴えの場合には，訴訟物を一定の権利または法律効果の主張と捉える立場でも，標準時前の法律行為による法律効果と標準時後の法律行為による法律効果は，形の上では同一のように見えても実際には異なるから，訴訟物は別と見られなければならない。申立てとこれを基礎づける事実関係により訴訟物が特定識別されるとする二分肢説(12)によれば，前訴と後訴とで事実関係が異なるから訴訟物は当然異なる。いずれにせよ，上記の例では前訴と後訴の訴訟物が異なるのであり，――先決関係の場合を除き，訴訟物が異なる限り，既判力はもともと後訴に及ばないのであるから――請求棄却説の説明は妥当でない。原告が前訴の事実審の最終口頭弁論終結時に存在した事実にも後訴請求を理由づけているのでない場合，後訴裁判所は全く新たな事実関係を有する事件，したがって全く別個の訴訟物を有する訴えとして，その適法性および理由具備性の有無を判断すべきであって，――前訴判決の既判力によって確定された法律効果が後訴請求に対して先決関

---

(12) 二分肢説については，中野貞一郎「訴訟物概念の統一性と相対性」同・論点Ⅰ 20頁以下；松本＝上野〔240〕，〔251〕以下参照。

係に立つのでない限り——前訴判決の既判力が問題になることはない(13)。このことは，訴訟物も時的限界を有することを認識させる。

　第2に，原告が前訴の事実審最終口頭弁論終結後の新たな事実の発生を全く主張せず，前訴の最終口頭弁論終結時に存在していた事実のみを再度主張して，前訴の確定判決が間違っていると主張する場合にも，請求棄却説は既判力の拘束力説（矛盾禁止説）に立つので，この訴えを一事不再理により不適法とは見ない。この場合，裁判所は，後訴請求につき実体審理をすべきであり，当事者が既判力を受けない事実（通常は標準時後に生じた新事実）を主張しない場合には釈明権を行使してこれを主張させるべきだというのである。そして，それでも新たな事実の主張がない場合には，主張責任に基づき新たな事実は存在しないものと仮定して，請求棄却の判決を下すべきものとする。しかし，原告が標準時前の事実関係に基づき前訴の請求を繰り返しているだけで，何ら標準時後の新事実を主張していない場合に，なぜこれを適法な訴えと見なければならないのであろうか。

　請求棄却説は標準時に存在した事実の主張が後訴において遮断されるのを既判力の作用と見ているのであるが，——前訴と後訴の訴訟物が同じ場合に限られるにせよ——それによって判決理由に既判力を肯定したのと同じ結果になっている。たとえば，設例⑤の事案において，原告が標準時にすでに存在した事実に基づき契約が有効であると主張して前訴請求を繰り返す場合，契約の無効による支払請求権不存在の判断に反する事実主張が既判力により遮断されるといわれるのであるが，それは契約無効の判断（理由中の判断）に——同一訴訟物をもつ後訴に限定されるにせよ——既判力を認めたのと変らない。これは，既判力を判決主文中の判断に限定する民訴法114条1項と合致しない。この意味で，請求棄却説は，遮断効の形を取りながら，実質は判決理由の既判力を相対的であれ制限的であれ承認する見解ではなかろうか。また，裁判所はなぜ釈明権を行使して新事実の主張を促さなければならないのであろうか。新事実の主張を促すことは，上に挙げた所有権確認訴訟の例のように，後訴の訴訟物が前訴のそれと異なる場合には，単に事実主張を促す釈明に止まらず，実質的に

---

(13)　松本＝上野〔666〕。

別個の訴えの提起を促すことを意味する。したがって，新事実の主張のない場合に請求棄却判決をすることは当事者の申し立てない事項について裁判をすることになり，処分権主義（民訴法 246 条）に違反するはずである[14]。処分権主義違反をもたらし得る釈明権の行使がなぜ必要なのか，理解に苦しまざるを得ない。

　第 3 に，上記の請求棄却説によれば，たとえば設例②の場合，後訴裁判所は前訴裁判所の既判力のある判断，すなわち原告には現在の貸金返還請求権が帰属していないという判断を判決の基礎として，その上で履行期の到来の有無を判断して後訴請求の当否の判断をすべきこととされる。しかし，原告の請求を認容するためには――再審のように既判力が排除され，もとの訴訟が再審理されるのではないから――貸金返還請求権の成立の認定や，事情によっては被告の提出し得る権利障害事由や権利滅却事由の不存在の判断がさらに必要となる。請求棄却説は訴訟物同一の場合（これは後訴請求が前訴請求と矛盾関係にある場合を含む。）には，標準時前の事実の主張は既判力により遮断されるというのであるから，この説によれば，後訴裁判所は設例②における標準時にすでに存在する消費貸借契約の成立に関する事実や権利障害事実・権利滅却事実を認定することは既判力の失権効（遮断効）により許されなくなるとするのが論理的帰結でなければならない。しかし，これらの事実の認定ができなければ，標準時後の新事実を認定できても，それだけでは請求権の成立を根拠づけることができない以上，原告の再訴請求が理由を有すると判断する余地はないことになる。これでは再訴を許す意味がない。請求棄却説もこのような主張はしないのであろう。

　問題は，この場合，標準時前の事実の主張を許すための理由づけである。再訴原告は現在の（標準時における）給付請求権（設例②では貸金返還請求権）の不存在という前訴判決の判断を争っているのではないから，標準時にすでに存在した事実を主張することは既判力によって妨げられないというのであろう。たとえば，履行期の未到来による請求棄却の特殊性について述べ，ここでは，履行期未到来という棄却理由に例外的に拘束力が生じ，標準時後の履行期の到

---

　(14)　松本＝上野〔666〕。

来が再訴を許容すると主張する見解(15)がある。しかし設例⑤の場合にも，確定判決は正確には現在の給付請求権の不存在を確定しているのであるから，以上の論拠では，再訴原告が現在の給付請求権の不存在を前提に履行期の到来を主張することを許さない理由を説明することはできないであろう。このように標準時後の新事実の主張による，請求棄却判決後の再訴の許否の根拠と基準の検討が必要になることは，期限未到来による請求棄却の場合にも当てはまるし，またこの場合だけに限られるものでもない。それゆえ，期限未到来による請求棄却の場合の例外的処理をいうだけでは，問題が解決しないばかりでなく，いうところの例外的処理の根拠が明らかにされておらず，また請求棄却説との整合性も明らかでない(16)。

第4に，請求棄却説は，訴えを不適法として却下する訴訟判決の場合に困難を伴う。この説は既判力を（消極的）訴訟要件とは認めないので，訴訟判決の既判力は後訴の理由具備性の枠内で判断されざるを得ない。たとえば前訴において訴訟追行権を欠くという理由で訴え却下判決を受けた原告が，債権の履行期が標準時後に到来したと主張して再訴を提起した場合，訴訟追行権があるかどうかを前訴と同一の事実関係に基づき再度審理すべきでないとすれば，訴訟判決の既判力が後訴を妨げるという説明をしなければならない。一事不再理による訴えの却下を認めない請求棄却説は，訴訟追行権に関する標準時前の事実関係の主張や証拠の申出は既判力によって排斥されるというのであろうが，それだけでは後訴裁判所は訴訟追行権の存否について心証を形成できないであろう。それにもかかわらず，この説が訴訟判決に既判力を認める場合，それは一事不再理によってしかできないであろう(17)。

3 標準時後の新事実と訴訟物との関係

請求棄却説は，標準時後の新事実も前訴の訴訟物を補充する事実と見ており，異なる訴訟物を基礎づける事実とは見ていないように思われる。しかし，新事

---

(15) 高橋・前掲注（1）三ケ月古稀（中）535頁。
(16) 高橋・前掲注（1）三ケ月古稀（中）535頁は，履行期未到来による請求棄却判決の既判力自体の効力が再訴許容性に関わるとするが，この認識と請求棄却説とは相容れないのではないか。

実の中には，前訴の事実関係を補充するもの（請求補充的新事実）と，前訴の事実関係と一定の関係はあるけれども，それに属するのではなく別個の訴訟物を構成する事実関係をなすもの（請求変更的新事実）とを区別することができる。

設例①のケースでは，主張されている請求権は同一であり，判決申立ての内容も同じであるが，原告への権利の帰属原因（請求原因）が異なっている。法律効果の主張を訴訟物と解する見解（旧実体法説および新訴訟物理論）では，当事者の主張する法律効果が前訴と後訴において同一である以上，訴訟物は異ならないとする傾向にあり，請求棄却説の論者もこのような考え方に立っているように思われる。しかし，債権譲渡は，譲渡される権利の発生原因から独立し

---

(17) Vgl. *Kappel*, a.a.O. (Fn. 3), S. 49. 三ヶ月・全集 28 頁は既判力，したがって訴訟判決の既判力と一事不再理との結びつきを強調される。

　請求棄却判決後の再訴につき請求棄却説に立つ学説も，訴訟判決の既判力を承認する（新堂 620 頁；上田徹一郎「却下・棄却判決の既判力」実務民訴講座（2）75 頁，82 頁以下；上田 459 頁；高橋・重点講義〔上〕641 頁）。しかし，本文で指摘した問題には言及されていない。むしろ，訴訟判決においては本案審理がなされていないという「特殊性」を強調して，既判力対象は訴訟物ではなく，前訴裁判所が具備しないと判断した個々の訴訟要件であり，その結果，却下理由とされた訴訟要件さえ「補正」されれば再訴は適法だとされる。ここから，訴訟判決後の再訴では，原告が標準時前に存在していた事実をもちだすことを緩やかに扱ってよいとされる（高橋・重点講義〔上〕642 頁）。しかし，このような特殊性を承認すべき理由は，明確ではない。私見によれば，既判力対象は訴訟物であり，二分肢説では申立てと事実関係によって特定される裁判所に対する判決要求が訴訟物をなすので，訴訟判決も請求に対する判決であり，訴訟要件を欠く訴えまたは訴訟障害事由を被告が援用する訴えは不適法であり，訴訟判決の既判力は訴えの不適法性自体について生じる（松本＝上野〔713〕）。標準時後の新事実により訴訟要件が具備したことによる再訴について，いかなる新事実が顧慮されるかという問題も本書で扱う請求棄却判決後の新事実の問題と同じ判断枠組みで考えれば足りる。高橋宏志教授は，標準時に訴訟要件を具備していたのに原告がこれを主張しなかった場合や，非法人社団が規約を備えることが容易であったのにこれを備えなかったため訴え却下判決を受けた場合には，再訴は封じられないと論じるが，既判力の作用を標準時前の事実の主張や証拠の排斥に求めることと一貫しない。むしろ，前者の場合には標準時後の事情によって訴訟要件が具備していることが重要であり，後者の場合は標準時後の権利能力なき社団の要件具備として扱えば足りると考えられる。私見によれば，訴訟判決の既判力の問題は決して特殊ではない。

た事実関係であり，後者の事実関係を補充するに過ぎないものとは見られない。したがって，この見解によっても訴訟物は異なるのではなかろうか。

　二分肢説によると，申立てと並んで事実関係は訴訟物の要素であり，基本的な事実関係が異なれば訴訟物も異なる。いかなる基準により事実関係の異同を判断すべきであるかは，一般的には困難な問題であるが[18]，債権の発生原因をなす事実関係と，債権譲渡は異なる事実関係であるので，前訴判決の既判力は後訴には及ばない。ドイツ連邦通常裁判所の1985年9月19日の判決は，設例①のケースについて裁判した。事案は，建築請負契約に基づく報酬請求訴訟の被告Xが反訴を提起し，Xの妻Aが原告Yとの間の別件建築計画に関してYに対して取得した瑕疵担保請求権をAから譲り受けたと主張してその支払いを求めた事件である。前訴裁判所は，Aは問題の瑕疵担保請求権をXに譲渡する前に，建設された分譲アパートの取得者Zにこれを譲渡していたので，Xは瑕疵担保請求権者でないという理由で請求を棄却した。Xはこの判決を確定させた後，前訴の第一審判決言渡後にZからその瑕疵担保請求権を譲り受けたと主張してYに対して再度支払請求の訴えを提起した。原判決は請求を認容した。連邦通常裁判所は次のように判示して，Yの上告を棄却した。「新訴の訴訟物が前訴のそれと異なる場合，したがって本質的に他の事実関係が陳述される場合には——訴訟の目標が外面的には変わらなくても——判決の既判力は新訴の妨げとはならない（BGH, NJW 1981, 2306 m. Nachw.）。これに対して，原告が新訴において同じ訴訟上の請求を裁判に供する場合，裁判所は前訴判決の既判力により実体判断を阻止される（Senat, WM 1975, 1181 = LM § 322 ZPO Nr. 78)」とし，本件では，Xは前訴においてAからの債権の譲受を主張し，後訴においてはZからの債権の譲受を主張しているので，前訴と後訴の訴訟物は異なるとした[19]。この判例は，前訴と後訴の訴訟物が異なるとしながらも，なお，標準時後の債権譲渡が主張されていること，つまり既判力の時的限界を理由に後訴を適法としているため，この点で批判を受けた。訴訟

---

(18) 二分肢説については，松本＝上野〔240〕参照。
(19) BGH NJW 1986, 1046. この判決は，越山・前掲注（6）近大法学46巻4号56頁以下および，坂田宏「既判力による遮断効に関する一考察」新堂古稀（上）367頁，380頁においても言及されている。

物が別であれば，請求を基礎づける事実の発生が既判力の標準時前でも標準時後でも，後訴は適法なはずだからである[20]。また，前訴において原告がその者からの債権の譲受によって権利を取得したと主張した同じ譲渡人から既判力の標準時後に同じ債権の譲渡を受けたと主張する場合には，連邦通常裁判所は訴訟物にとって決定的な事実関係は本質的に同じと見ている[21]ことに対しても，批判がなされている。標準時前の譲渡人と標準時後の譲渡人が同一人であるか否かによって，事実関係が同じであったり，異なったりするのは根拠がない[22]。それゆえ，前訴で債権譲渡の効力が否定され請求棄却判決がなされた場合には，その判決は無制限に請求を棄却しているのであり，後訴において主張された債権譲渡は別の事実関係に基づく請求と解すべきであろう。

　請求棄却説に立ちながら，設例①のケースで前訴と後訴の訴訟物が同一だと見る見解では，前訴判決の既判力にもかかわらず，標準時後の債権の譲受けを主張する後訴原告が標準時に存在する，譲渡された債権の成立に関する事実を再び主張できることを，どのように説明するかが，問題である。

4　本章の課題

　以上述べたように，既判力の標準時後に生じた新事実を主張する後訴については，請求棄却説自体の問題のほか，種々の未解決の問題が存在する。前訴と後訴の訴訟物がもともと異なる場合には，前訴判決が後訴請求の先決関係にある場合のほかは，既判力は後訴に及ばない。前訴と後訴の訴訟物が同じ場合で，既判力の標準時後に発生した新事実が前訴判決において確定した法律効果を変動させ得る場合に，いかなる要件の下でこの新事実を主張する再訴が適法であるのかという問題を解明することが重要である。

　さらに，後訴が適法な場合，後訴裁判所が行う請求の理由具備の判断に当た

---

(20) *Leipold*, Zur zeitlichen Dimension der materiellen Rechtskraft, Keio Law Review 1990, 277 ff.; *ders.*, Einige Bemerkungen zu den zeitlichen Gedanken der Rechtskraft, in: Festschrift für Mitsopouls, Ahten-Komotini 1993, S. 797, 807.

(21) BGH MDR 1976, 136. この判決の批判的コメントは，*Greger*（グレーガー）によってなされている。ZZP 89（1976），330, 332 ff.

(22) *Kappel*, a.a.O.（Fn. 3），S. 78.

り前訴確定判決の理由中の判断は後訴裁判所の判断に拘束力を及ぼすべきか，及ぼすとすればいかなる根拠によるのか，またその範囲はどうかという問題もドイツの一部の文献において論じられているが，これまで十分解明されていない。これらの問題(23)について検討することが，本章の課題である。以上の検討を経て初めて，いわゆる請求の最終的棄却と一時的棄却の区別の可否およびその意義の問題についての答えが可能となろう。

II　再訴の適法性——既判力と標準時後に生じた新たな事実の限定

1　再訴の適法性を基礎づけ得る標準時後の新事実

　標準時後の新事実が法律状態の変動を生ぜしめる場合であれば，どのような新事実でも同一訴訟物の後訴の適法性を基礎づけることができるのであろうか。答えは明らかに否である。たとえば，設例⑤の事案において前訴裁判所が契約の無効を理由として請求を最終的に棄却している場合に，敗訴原告が判決確定後，単に標準時後に履行期が到来したと主張して再度支払い請求訴訟を提起することができ，再度の審理と裁判が許されるとすると，紛争の蒸返しは極めて容易となり，既判力は全く意味をなさなくなってしまう。それゆえ，新事実の発生を主張して再訴を提起することが許されるのは，当該新事実が確定判決の基礎とされた請求棄却理由に関係していること，すなわち，それが具備しないとして請求棄却判決がなされた，まさにその法律要件要素が今や新たな事実によって具備するに至った場合に限られると解することが必要であろう。設例②に即していえば，前訴で履行期未到来を理由に請求棄却がなされている，まさにその法律要件要素に関して新たな事実が生じ，それゆえ法律状態の変動が生

---

(23) 請求棄却判決確定後の同一訴訟物の再訴は実務上殆ど生じないというのが実務家からの指摘である（柏木邦良「棄却判決の既判力——その客観的範囲」判タ881号（1995年）32頁，58頁〔同『既判力の客観的範囲の研究』〔2001年・リンパック有限会社〕所収）。時間と費用のかかる訴訟が終了したのち，再び同一訴訟物の訴訟を提起するというのは，普通の当事者は避けたいところであると思われる。しかし，本章で扱うような事実関係の一部変動の場合もあるであろうし，いわゆる矛盾関係に立つ新請求も訴訟物同一の場合と同じように扱われるべきであるから，ここでは問題は理論上も実際上も重要性を有する。

じていることが主張される必要がある。

　以上述べたとおり，標準時後の新事実の主張は無制限に許されるべきではなく，制限は必要であるが，このことは法律上どのように根拠づけることができるのであろうか。既判力の時的限界は，既判力が標準時の事実状態を基礎にしているので，標準時後の新事実が顧慮され得ることを説明できても，顧慮される新事実の範囲およびその制限を既判力の時的限界自体によって根拠づけることはできない。したがって，既判力が時的限界を有することはこの問題の基礎にあるが，それだけでこの問題に対する解答は得られない。

2　理由説

　(1)　この問題をドイツにおいて逸早く取り上げ詳論したのは，Zeuner（ツォイナー）であった。彼は，すでに1956年に発表された論文において[24]，使用者が労働者を解雇する際法律上要求される（事業所組織法66条1項）経営協議会の事前の意見聴取を経ないで労働者を解雇告知し，これに対して労働者の提起した解雇制限訴訟の確定判決において，解雇が正当になされていないという理由で請求認容判決がなされ，この判決が確定した後に，使用者は改めて経営協議会の意見を聴取した後，前の解雇告知と同じ理由による解雇告知を繰り返すことができるかという問題を解決する前提として，標準時後の新事実と既判力との関係という一般的な問題を提起し，詳しく論じた。すなわち，Zeuner は，新たに提出された事実が部分的にのみ前訴判決の既判力の標準時後に生じたものであり，部分的には前訴においてすでに裁判所に提出されていた事実である場合に，既判力が前訴判決から離反する新たな判決の妨げとならないためには，事実関係がいかなる点で前訴時点の状況に対して個々的に変動したのでなければならないかという問題を提起した。そして彼は，あらゆる新事実が前訴判決と異なる実体判決を可能にするのではないとの結論に至った。たとえば，主張された債権が存在しないという理由で給付の訴えが棄却された場合，その後の時の経過を指摘して新たな訴えを提起することはできないが，

---

(24)　*Zeuner*, Wiederholung der Kündigung und Rechtskraft im Kündigungsschutzstreit, Zum Verständnis von Rechtskraft und neuen Tatsachen im Zivilprozeß, MDR 1956, 257; *Zeuner*, S. 33.

履行期未到来を理由に請求が棄却された場合には，その後に履行期が到来したことを主張するだけで新たな判決の適法性にとっては十分であるとした。Zeuner によれば，この例は，新事実が新たな本案判決を可能にするか否かは個々の前訴判決に即して検討されなければならないことを明らかにしている。その際，確定判決の立場から見て裁判にとって意味のある規範に包摂されないため，裁判にとって重要でない新事実は初めから除外されるという。しかし，残りの事実が事後的に発生する場合にも，どの場合にも新たな審理が可能になるわけではないという。たとえば原告がドイツ民法 323 条 1 項による解除を理由に，引き渡した物の返還を請求し，解除の意思表示はたとえば被告に到達しなかったため無効だという理由で請求棄却判決を受けた場合，原告は改めて有効に解除の意思表示を行った後に訴えを提起することができるが，被告が遅滞でなかったこと，したがって解除は効力を有しないという理由で請求棄却判決を受けた場合に改めて解除の意思表示を行い前訴と同じ内容の訴えを提起する場合には，事情は異なるとする。この例および類似の多数の例[25]は，このような方法で既判力が除去され得るならば，既判力は意味を失うことを示している。なぜなら，これらの場合には，その点に関して新たな事実が存在しない確定判決の部分から新判決が離反し，他方，新事実は新たな判決が離反すべきでない判決部分に関しているからであるという。Zeuner によれば，新たに生じた事実が裁判の既判力に対して有する意味は，いかなる規範が確定判決の立場から見て裁判にとって重要であるかということによって抽象的に判断することはできない。むしろ，裁判所が具体的ケイスにおいて，適用された法規範との関係で，裁判所に提出された事実をどう判断したかが問われなければならない[26]。「より正確にいえば，判決を担う理由（tragende Gründe）によって行われまたは拒否された，適用法規範の法律要件への個々の事実の当てはめが重要である」[27]。それゆえ，「異なる判決への道が開かれるのは，新たに提出された事実が，求められた異なる判決主文が理由づけられるべきだとすれば，その点に関して新たな認識が古い認識から離反しなければならないところの，適用

---

(25) *Zeuner*, a.a.O.（Fn. 24), MDR 1956, 258.
(26) *Zeuner*, a.a.O.（Fn. 24), MDR 1956, 258.
(27) *Zeuner*, a.a.O.（Fn. 24), MDR 1956, 258.

されるべき法律上の法律要件のその部分に関係している場合だけである」[28]。それに対して，「新たな事実の提出が，すでに調査された事実の包摂可能性を同義的法律効果（eine sinngleiche Rechtsfolge）に関して別異に判断することにのみ資することができる場合には，確定判決が決定的である」[29]。

　ドイツ法は，日本法と異なり，欠席判決制度を有するが，確定判決が原告の欠席による欠席判決である場合にはどうか。この場合には，原告の訴えの十分性（Schlüssigkeit）および理由具備性（Begründetheit）について裁判所は調査を行わず，請求の棄却は原告の欠席（懈怠）という事実のみに基づき行われ，標準時後の新事実が関係すべき法律要件要素についての裁判所の認定が存在しないため，問題が生じる。ドイツ連邦通常裁判所は，それが欠けるため請求棄却に至ったところの法律要件要素が欠席判決の場合には認定されていないので，請求棄却の欠席判決に対する新事実に基づく再訴は不適法だとしている[30]。これに対して Zeuner は，この判例から生じる結果は原告に酷であり，被告側の欠席判決との対比からも原告と被告の平等扱いに反することが明らかになると批判する。すなわち，被告に対して下される欠席判決にあっては，対席判決の場合と同じく，確定された法律効果が新事実の発生によって消滅したことを主張できるので，被告には対席判決の場合と比べ酷な結果は生じないので，請求棄却の欠席判決の場合には欠席（懈怠）原告に一方的に厳しい扱いだという疑念が生じ，この疑念は被告に不利な欠席判決の場合には十分性の意味での事実審理が行われるが請求棄却の欠席判決の場合には主張された事実資料に対する裁判所の態度決定は何ら行われないという差違によって除去できるものではないと指摘する[31]。Zeuner は，法律効果にとって必要な事実要件について裁判所はいずれにせよ完全に心証を得てはいないけれども，要件のどれが欠けているかを未定にしている判決と同様に請求棄却の欠席判決を捉え，法律要件に

---

(28) *Zeuner*, a.a.O. (Fn. 24), MDR 1956, 258.

(29) *Zeuner*, a.a.O. (Fn. 24), MDR 1956, 258f.

(30) BGHZ 35, 338, 340 f. = NJW 1961, 1005 = JZ 1962, 496; RGZ 7, 395; BGHZ 153, 239＝NJW 2003, 1044＝MDR 2003, 468＝ZZP 116 (2003), 491 mit Anmerkung von Reischl.

(31) *Zeuner*, Urteilsanmerkung, JZ 1962, 496, 497.

合致するあらゆる事情の事後的発生により前訴判決の基礎が動揺するという解決を提案した(32)。

(2) 後訴で主張できる新事実の範囲に関する Zeuner の見解は，Arens（アーレンス）(33)，Grunsky（グルンスキー）(34)，Dietrich（ディートリッヒ）(35) らによって，新事実が新たな本案審理のための顧慮性を有するために必要なルールを与えるものとして支持された。この見解は，理由説（Begründungstheorie）と呼ばれる。理由説は，今日，文献における支配的見解となっており(36)，判例によっても支持されている(37)。さらに，ドイツ民訴法 330 条による請求棄却の欠席判決についての Zeuner の見解も，今日では多くの文献において支持されている。訴状および被告の答弁書で述べられた事実関係が単に履行期未到来の請求権を示唆している場合にも，ドイツ民訴法 330 条の目的は欠席当事者の請求を終局的に排除することにあるという理由で，この欠席判決は最終的に

---

(32) *Zeuner*, a.a.O. (Fn. 31), 499.
(33) *Arens*, Streitgegenstand und Rechtskraft im aktienrechtlichen Anfechtungsverfahren, Bielefeld 1960, S. 72 ff., 116.
(34) *Grunsky*, Rechtskraft von Entscheidungsgründen und Beschwer, ZZP 76 (1963), 165, 167; *ders.*, Die Veräußerung der streitbefangenen Sache, Tübingen 1968, S. 128.
(35) *Dietrich*, Zur materiellen Rechtskraft eines klageabweisenden Urteils, ZZP 83 (1970), 201 ff.
(36) *Kion*, Eventualverhältnisse im Zivilprozeß, Berlin 1971, S. 116 f.; MünchKomm-ZPO/*Gottwald*, 2. Aufl., § 322 Rdnr. 144; *Musielak/Musielak*, 4. Aufl., § 322 Rdnr. 33; *Ohndorf*, Die Beschwer und die Geltendmachung der Beschwer als Rechtsmittelvoraussetzungen im deutschen Zivilprozeßrecht, Berlin 1972, S.133; *Rosenberg/Schwab/Gottwald*, 16. Aufl., Rdnr. 24; *Schwab*, Die Bedeutung der Entscheidungsgründe, in: Festschrift für Bötticher, Berlin 1969, S. 321, 334 f.; *Stein/Jonas/Leipold*, 21. Aufl., § 322 Rdnr. 247; *Zöller/Vollkommer*, 25. Aufl., vor § 322 Rdnr. 56 ff.
(37) BGHZ 35, 338, 340 f.; BAG AP § 322 Nr. 14 mit Anmerkung von *Leipold* = NJW 1984, 1710; BGH NJW 1984, 126; BGH NJW 1986, 2645. すでに，ライヒ裁判所 (RGZ 41, 63; RGZ 43,40) がこの旨を明らかにしていた。RGZ 43, 40 は，有効な裏書がないという理由で手形金請求が棄却された後に提起された新訴について，ライヒ裁判所は「T は，管理人の裏書を提示する場合にのみ，被告引受人に対して新訴を提起することができる。」と判示し，新事実が請求棄却を担う事由に関していることを要求していた。

請求を棄却するものと解する見解は今日では少数である(38)。

3 理由説に対する批判的見解

(1) 理由説に対して，確定判決の判決理由から見れば，新事実は重要でない（irrelevant）のであるけれども，適用された法規の法律要件上考えうる他の請求棄却理由によれば，それが重要性を有する場合にも既判力は後退すべきであると主張する，選択的棄却理由説（die Lehre von den sog. alternativen Abweisungsgründen）と呼ばれる見解がある。この見解は，*Rimmelspacher*（リムメルスパッハー）(39)および *Henckel*（ヘンケル）(40)によって主張された。

(2) *Rimmelspacher* は，原告の主張する新事実は必ずしも裁判所の選択した棄却理由に関することを要しないとする。彼は次のように論じた。すなわち，請求認容判決の場合と異なり，請求棄却判決においては，裁判所は，全請求権要件が重畳的に存在するのでないという心証を得た場合には請求を棄却することができるので，どれか1つの要件の審査とその否定に限ることができるが，この請求認容判決と請求棄却判決における審査範囲の差異はその既判力の範囲の差異をも正当化するとする(41)。そして，裁判所は数個の請求棄却事由のうち1つを選択することができるので，理由説によれば，既判力の範囲は，当事者が影響を及ぼすことのできない，裁判所が選択した棄却事由に従属してしまうことになり，しかも，裁判所がどの棄却事由を選択するかはしばしば口頭弁論終結後の評議になってようやく明らかになり，口頭弁論終結時に存在する判

---

(38) *Zeuner* の見解を支持するのは，*Dietrich*, a.a.O.（Fn. 35），436 ff.; *Grunsky*, 2. Aufl., S. 530; MünchKommZPO/*Gottwald*, 2. Aufl., § 322 Rdnr. 167; *Stein/Jonas/Leipold*, 21. Aufl., § 322 Rdnr. 254; *Baumbach/Lauterbach/Albers/Hartmann*, 64. Aufl., § 330 Rdnr. 6; *W. Lüke*, 8. Aufl., Rdnr. 374; *Musielak/Musielak*, 4. Aufl., § 322 Rdnr. 56. これに対して，*A. Blomeyer*, § 89 IV Anm. 2; *Zöller/Vollkommer*, 25. Aufl., Vor § 322 Rdnr. 56 は判例を支持する。

(39) *Rimmelspacher*, Zur Prüfung vom Amts wegen, Göttingen 1966, S. 128 ff.; ders., Materiellrechtlicher Anspruch und Streitgegenstandsprobleme im Zivilprozess, Göttingen 1970, S. 255 ff.

(40) *Henckel*, Prozessrecht und materielles Recht, Göttingen 1970, 150 ff.

(41) *Rimmelspacher*, a.a.O.（Fn. 39），Zur Prüfung vom Amts wegen, S. 128.

決基礎におけるどのような事実変動が既判力を除去し得るかがそこで決まることになるが，かかる付可量物を当事者にもたらす既判力理論は，当事者が既判力の対象および客観的範囲および時的限界を決定するという民事訴訟を担う基本的思想と調和し難いと主張して，理由説を批判した[42]。それゆえ，彼は判決確定後に生じたすべての事情は再訴を可能にすべきだと主張した。

この *Rimmelspacher* の批判に対しては，種々反論が行われている。まず，彼の最後の論拠は，次の理由で根拠がないことが指摘されている。すなわち，原告は処分権主義に基づき訴訟物を特定するが，訴訟物は裁判所の判決の客体をなすに過ぎず，既判力を生じるのは判決の内容である[43]。したがって，当事者だけでなく，裁判所も既判力の範囲について判断している，とされる。次に，裁判所が請求棄却事由を自由に選択できるという点については，裁判所がこれをすることは憲法に反すると指摘されている。すなわち，被告が無条件の（最終的な）棄却を求めた場合には，裁判所はこの要求を無視することができず，むしろ無条件棄却を可能にするような事情に関して被告の陳述を審査しなければならない。裁判所が被告の申立てを無視するのは，憲法上保障された法的審問請求権の正当化されない侵害だとされる[44]。ドイツの基本法103条1項の定めるような法的審問請求権に関する規定を有しない日本法においても，この点は同様であり，無条件棄却と一時的棄却で既判力の作用の仕方が異なるならば，被告が無条件の請求棄却判決を求める以上，裁判所がその審理に応じるべきは当然である。このことは後に検討するように，たとえば履行期未到来を理由に請求棄却判決を得た被告が無条件の請求棄却判決を求めて控訴を提起する利益を認めるべきことにも現われている。

(3) *Henckel* は，請求の棄却または認容を避けるために，原告が前訴判決を担う棄却事由 (der tragende Abweisungsgrund) を，被告が前訴判決を担う認容事由 (der tragende Verurteilungsgrund) を，それぞれ前訴において争ってお

---

(42) *Rimmelspacher*, a.a.O. (Fn. 39), Zur Prüfung vom Amts wegen, S. 129.

(43) *Henckel*, Parteilehre und Streitgegenstand im Zivilprozeß, Heidelberg 1961, S. 293; *Schwab*, Streitgegenstand im Zivilprozeß, München/Berlin 1954, S. 151; *Zeuner*, S. 40; *Reuschle*, Das Nacheinander von Entscheidungen, Berlin 1998, S. 34.

(44) *Kappel*, a.a.O. (Fn. 3), S. 47 f.

かなければならなかった場合には，新事実が前訴判決を担う請求棄却事由または請求認容事由に関しなければならないという Zeuner の見解は正しいことを認める。しかし，理由説は次のような理由で不十分だと批判する。すなわち，Henckel によれば，裁判所は請求棄却判決をする場合，複数の請求棄却事由の１つを選択することができるが，原告がある請求権根拠要件が欠けていることを訴訟手続中に認識する場合，他の具体的な請求棄却事由を求めて闘っておくよう原告に期待することはできない。たとえば原告の債務履行請求に対して被告が契約の無効事由を主張するほか，いずれにせよ債権は履行期に達していないと主張する場合，原告が履行期の未到来を覚るとき，将来の給付を求める訴えの要件を具備しなければ将来の給付訴訟に訴えを変更する道はない。被告主張の契約無効事由を争う場合ですら，履行期未到来のため契約の有効無効は重要でないので，原告は請求棄却を避けることができない。「棄却事由を自由に選択してよい裁判所が，『争いのない被告の陳述により，契約を無効と思わせる事実が存在する』という理由で請求を棄却する場合に，債権の不存在に独立の棄却事由として既判力を生じさせるならば，履行期到来後の新訴は勝訴の見込みのないものとなってしまう。なぜなら，新訴において，既判力によって確定されたように債権が存在しないがゆえに，今──履行期到来後──でも訴えを貫徹できないとの反論を原告は受けるからである。しかし，かくて原告は，前訴において争訟がその点につき全く片づけられなかった問題について裁判に拘束される。訴訟物を数個の判決対象に分解することは，原告が数個の判決対象の１つに裁判所を縛ることができる場合，すなわち，原告が調査および確定の順序を処分でき，または，順序が法律上定められている場合のみに許され得るのであるが，棄却事由について当事者の処分権がないのと同様に，１つの統一的訴訟物の内部では事実問題につき法定の順序はない。その結果，判決対象を訴訟物より狭く捉えることはできない。」[45]というのである。このように，Henckel は，裁判所が自由に請求棄却事由を選択できる場合には，裁判所の選択した棄却事由を基準に新事実の主張の可否を決することはできないと主張す

---

(45) Henckel, a.a.O. (Fn. 40), S.153. Henckel の既判力論について，吉村徳重「判決理由の既判力をめぐる西ドイツ理論の新展開」法政研究39巻２～４号（1973年）453頁，471頁以下も参照。

II 再訴の適法性──既判力と標準時後に生じた新たな事実の限定   35

る。

　Henckel の理由説批判も，しかし，日本において見られる一定の共感とは異なり，ドイツにおいて殆ど支持を受けていない。第1に，彼の考察，すなわち，当事者が正しい事実関係の確定に寄与するよう手続進行上きっかけを与えられていたことが判決理由の既判力の範囲にとって重要であり，このことが手続形成上保証されていない場合（まさに原告が履行期未到来を認識したため契約の無効の争点について争う意欲を欠いた結果，裁判所が契約の無効を理由に請求を棄却する場合）には，契約の無効に独立の棄却事由として既判力を生じさせることはできないという彼の立場は，被告の敗訴の場合との平等取扱いの原則に反するものであると批判される。すなわち，原告の訴えが理由を有するかどうか複数の理由から疑問に見えるのに，被告が数個の理由の1つだけを争い，この被告の主張が裁判所により否定され，原告の請求を全部認容する判決が下された場合，被告は後訴において「前訴では1つの棄却原因だけに集中し，そのため他の原因には頓着しなかったので，今やその限りで訴訟をやり直す。」と主張することは，既判力に内在する失権効により禁じられる。それによって，ドイツ民訴法138条2項（相手方の事実主張に対する当事者の陳述責任）に反する被告の訴訟戦術上正しくない態度は，制裁を受ける。それと同じことが原告についても妥当しなければならない，というのである。すなわち，Henckel の挙げる例では，原告は前訴において期限未到来による棄却だけを予期したのであり，契約の無効による請求棄却の点は予期しなかったという理由で訴えを再度提起することは拒否されなければならないとされる。そして，Henckel の例では，原告は，期限の猶予の事実を自白し，契約の無効に関する被告の主張を争っておかなければならなかったのであり，このようにして契約の無効による請求棄却を回避することが可能であった。原告が期限の猶予を自白し契約の無効の点を争えば，訴訟はドイツ民訴法300条1項により裁判に熟していたので，期限未到来により請求棄却になったと考えられる。また，原告が期限の猶予だけを自白し，契約の無効に関してもはや陳述しなかった場合にも，自白によって裁判に熟するようになる結果，他の棄却事由に関してはもはや原告の陳述責任はなく，それゆえ擬制自白は生じないので，請求は履行期の未到来を理由に棄却されたであろうとされる。結局，Henckel の例では，原告は，ドイツ民訴法

138条2項による陳述責任に違反したので，敗訴した被告よりも良好な地位に置かれてはならないというのである(46)。もっとも，被告があくまで最終的な棄却を求めている場合には，この批判は全面的には妥当しないであろう。

第2に，選択的棄却理由説によれば，請求棄却判決の既判力は，被告が多くの防御方法を提出して争えば争う程，一層強く制限される。その結果，被告は可能なたった1つの棄却事由だけに集中し，この主張が見込みのないことが明らかになった時点で次の争点に移ることになるが，そこから，副作用として，不必要に訴訟の長期化が生じると批判される(47)。

第3に，この説の実際的難点が指摘される。この説によれば判決理由の既判力効は，理由説のように「判決を担う理由」からは得られず，むしろ標準時における可能な棄却事由に係っているので——Henckel も認めるように——後訴裁判所は新訴が既判力に抵触するか否かを調査するため，いかなる棄却理由が考えられ得たかを明らかにすべく訴訟記録に基づき前訴手続全体を調査しなければならないことになる。しかし，このようにして後訴における判決の既判力の範囲を決定する仕方は，後訴裁判官に対する無理な要求であり，適正な訴訟経済の原則と相容れないとして批判される(48)。

第4に，より根本的には，Henckel の既判力の捉え方に対する基本的な批判がある。Henckel は既判力の理由づけを「説明」するために相手方の信頼保護を伴う失効思考（Verwirkungsgedanke）を援用する。すなわち，各当事者は自己の有する可能性を相手方の利益のためにも利用しなければならないのであり，そうしておかなければ相手方の利益保護のために後の権利行使は失効する，

---

(46) Vgl. *Grunsky*, 2. Aufl., § 47 V 1 c (S. 528); *Reuschle*, a.a.O. (Fn. 43), S. 36.

(47) *Dietrich*, a.a.O. (Fn. 35), S. 210; *Grunsky*, 2. Aufl., § 47 V 1c (S. 528); *Reuschle*, a.a.O. (Fn. 43), S. 37. この批判に対して，吉村・前掲注（45）477頁は，「当事者の主体的地位や拘束力の予測可能性の保障を前提とするならば，むしろ当然の結果であろう」と，*Henckel* を弁護される。

(48) *Arens*, Prozeßrecht und materielles Recht, AcP 173 (1973), 250, 262; *Bötticher*, Buchrezension, ZZP 85 (1972), 1, 17f.; *Reuschle*, a.a.O. (Fn. 43), S. 37; *Reischl*, Die objektiven Grenzen der Rechtskraft im Zivilprozeß, Tübingen 2002, S. 250. この批判に対して，吉村・前掲注（45）477頁は，この批判は要件の明確を期する *Henckel* の立場には当たらないとする。

と主張する。既判力に関しては，敗訴当事者が自己に有利な事実または証拠方法を提出しなかった場合，その当事者は訴訟上十分与えられた審問の機会を利用しなかったのであり，両当事者がそれぞれの立場を主張し得た後は，相手方は訴訟が最終的かつ拘束的に裁判されていると信頼してよい。したがって既判力の遮断効（Ausschlusswirkung）は，両当事者が訴訟上重要な事項を主張できたが，この可能性を相手方の利益のためにも利用しなければならなかったのに，この訴訟チャンスを利用しなかった当事者の一方が保護に値する相手方の利益のために自己の権利のさらなる行使を失権することに基づくという(49)。しかし，この失効思考に対しては，当事者がすべての訴訟上の可能性を尽くした場合にも，当事者は不当判決（実体的法律関係に合致しない判決）に拘束されるのであり，しかも裁判所による誤った事実判断または法適用の結果不当判決がなされ得るのであるから，当事者に対してその訴訟追行が不備であったから既判力を受け，以後，権利行使を失効するのだという説明は，説得力をもたないと批判されており(50)，この批判は正当である。さらに問題なのは，この失効思考から出発する場合，原告が被告より実際に保護に値するか否か疑問だという点である。すなわち，原告が最初善意で提出した，請求権の履行期に関する真実に反する主張を，期限の猶予の合意を認識した後も是正しないで放置することは真実義務に違反すると見られる。原告がこれを是正せず，加えて契約の無効についての被告の陳述に対してこれを争わない場合，被告としては，原告は契約の無効について反論することができない，ないしは，反論したくないと見てよく，権利失効の観点のもとでは逆に被告保護の必要性が生じる，と見ることができる(51)。

(4) *Jürgen Blomeyer*（ユルゲン・ブロマイアー）は，主張された請求のため

---

(49) Henckel, a.a.O.（Fn. 40），S. 93 ff., 96. 河野正憲「形成権の機能と既判力」同『当事者行為の法的構造』（1988年・弘文堂）121頁，135頁以下；渡部美由紀「判決の遮断効と争点の整理」法学63巻2号（1999年）251頁，261頁以下も参照。

(50) Gaul, Die Entwicklung der Rechtskraftlehre seit Savigny und der heutige Stand, in: Festschrift für Flume, Bd. 1, Köln 1978, S. 443, 455（ガウル・ドイツ既判力理論19頁以下）; ders., Rechtskraft und Verwirkung, in: Festschrift für Henckel, Berlin/New York 1995, S. 235, 256（ガウル・ドイツ既判力理論151頁）。

の何らかの要件が後に変動をした場合には後訴を提起することができる，と主張する。その理由として，判決理由には既判力が生じないのに，新事実が重要性を有するか否かを前訴判決を担う棄却理由に即して測定すると，裁判所が与えた理由が拘束力をもって確定されることになると指摘する。そして彼は，主張された請求のための要件のどれか1つが事後的に発生する限り，それだけで再訴の提起が許されるとする(52)。

まず，理由説によると理由中の判断に既判力が生じるという批判は，説得力を有しない。ドイツ民訴法 322 条1項によれば既判力は法的三段論法の結論部分にのみ生じるのであるが，法的評価への攻撃は同一法律効果が争われる限り，結論の侵害を意味するので，既判力を保証するためには同一法律効果に関しては判決理由への拘束を必要とするのであり，この場合はドイツ民訴法 322 条1項の否定する理由中の判断の「独立の」既判力が認められるのではない(53)。後段については，次のように批判された。すなわち，主張された請求の要件には実体法上の請求権規範に掲げられた事情だけが属するのではなく，個別事案の事情に応じて，解約告知，条件の成就，第三者の同意，行為能力，方式規定の遵守等も属する。一般的な経済上，政治上の出来事または単なる時の経過も訴訟の裁判にとって重要であり得，したがって請求要件になり得る。このような多数の可能な新事実があると，そのうちのどれかは，たいてい殆ど常に事後に発生するから，判決において裁判された事実状態は後の任意の時点のそれともはや正確には一致しなくなる。それにもかかわらず判決の既判力がなお意味をもつべきだとすれば，当事者の法的関係における変動のすべてにおいて，既判力が脇にやられるのであってはならない。判決の確定は，それが事情の展開によりもはや変遷した事実関係にぴったり適合しない場合にも，なお妥当しな

---

(51) Reuschle, a.a.O. (Fn. 43), S. 38. 以上のような Henckel の説に対する疑問にもかかわらず，渡部・前掲注 (49) 295 頁は「ヘンケルが権利失効思想を用いて，手続過程における当事者の行為を評価する構造を明らかにしたことは非常に鋭い分析であった」と高く評価するが，以上述べたところから，やはり疑問である。

(52) J. Blomeyer, Rechtskraft und Rechtsmittel bei Klageabweisung, NJW 1969, 587 ff.

(53) Reuschle, a.a.O. (Fn. 43), S. 32.

ければならない。換言すれば，新たに生じたあらゆる「要件」に判決を覆す効力が与えられてはならない，と(54)。

4 一時的棄却に対する被告の控訴の適否等

(1) 前訴が無制限に請求を棄却しているか，請求権の成立は認めながらも，ある生活事実関係内の新たな事実によって除かれ得る原因（たとえば履行期の未到来）によって請求を棄却したか否かは，判決理由を参考に判断すべきである。裁判所が後者の理由によって請求を棄却する場合，このような判決は「請求の一時的棄却（die Abweisung einer Klage als zur Zeit unbegründet）」と呼ばれる。裁判所が一時的棄却判決をする場合には，そのことを判決理由中で明確に判示しておくことが望ましいであろう(55)。

一時的棄却判決の観念に対しては，一時的棄却判決に対しては敗訴原告が後訴で新事実を主張して再訴を適法に提起できるとすれば，勝訴した被告は最終的棄却を求めて一時的棄却判決に対して控訴を提起することができなければならないが，控訴の利益を認めることができないとすると，勝訴被告に酷になるという問題提起がなされている(56)。しかし，この点は問題でないと考えられる。勝訴被告は一般には別の理由をもつ同種の請求棄却のためだけに控訴を提起することはできないが，無条件の棄却判決を申し立てた被告が履行期未到来による請求棄却判決を受けた場合のように，一時的棄却判決を受けた場合には，一時的棄却判決に代えて最終的な請求棄却判決を求めて控訴を提起する利益を有すると解すべきだからである。請求棄却判決を求めた被告が無条件の請求棄却でなく，請求が一時的に理由がないという制限付きの請求棄却判決を受けた場合には，この制限によって被告は一部敗訴判決を受けたのである。この制限

---

(54) *Dietrich*, a.a.O. (Fn. 35), S. 208.
(55) 高橋・三ケ月古稀（中）532頁は，ドイツでは一時的棄却に対して批判が強いと指摘する。しかし，この指摘は当たらない。批判者として挙げられている *Leipold* は，一時的棄却を否定しているのではない。彼は，確定判決を下した裁判所が否定された法律関係が後に発生することの可能性を認識し判決において明示することは新事実の顧慮の要件でないことを主張するだけである。
(56) 越山和広「請求棄却判決と再訴の可能性——期限未到来による棄却判決を中心に——（2完）」近大法学46巻4号（1999年）47頁。

を除去する新事実が発生すると，原告は再度同一請求を提起することができるからである。それゆえ，被告は一時的棄却判決に対して不服を有し，控訴を提起することができる(57)。

(2) 請求棄却判決を受けた原告は，この判決に対して不服（形式的不服）を有しており，したがって一時的棄却判決を受けた原告も判決に対して不服を有するので，請求に対する判断を争う限り，原告は控訴の利益を有する。問題は，むしろ，原告が提起した控訴による控訴審手続中に，第一審において具備していないとされた要件が具備した場合や，控訴裁判所が請求は一時的にではなく，最終的に棄却されるべきであると判断する場合に，どのような判決をすべきであるかという点にある。すなわち，前者の場合に，控訴裁判所は原判決を取り消し，事件を原審に差し戻すべきか，および，後者の場合に，裁判所は原判決を取り消し請求を最終的に棄却することができるかという問題である。前者の問題は，肯定に答えられるべきであろう。原裁判所はこの請求棄却理由となった事由以外の実体要件について実体判断をしていないのであるから，民訴法307条本文を類推適用して事件を原審に差し戻すべきである(58)。

後者の問題については，不利益変更禁止の原則との関係で問題が生じる。この問題について見解が分かれ得る。ドイツ法においては，判例および文献の多数は，不利益変更禁止の原則は適用されず，被告が附帯控訴を提起していなくても控訴裁判所は原判決を取り消し請求棄却判決をすることができると解

---

(57) BGHZ 24, 279, 284; BGH NJW 1997, 1003, 1005; BGHZ 144, 242;*Walchshöfer*, Die Abweisung einer Klage als "zur Zeit" unzulässig oder unbegründet, Festschrift für Schwab, München 1990, S. 527, 532; *Baumbach/Lauterbach/Albers/Hartmann*, 64. Aufl., Grundzüge §511 Rdnr. 20; *Stein/Jonas/Grunsky*, 21. Aufl., Rechtsmittel Einleitung, Rdnr. 90; *Zöller/Gummer*, Zivilprozeßordnung, 25. Aufl., vor §511 Rdnr. 19; *Grunsky*, Überlegungen zur Konkurrenz mehrerer Klageabweisungsgründe, in: Festschrift für Schumann, Tübingen 2001, S. 159, 163 ff.; A. A. MünchKommZPO/*Rimmelspacher*, 2. Aufl., vor §511 Rdnr. 30, 37; MünchKommZPO/Aktua-lisierungsbd-*Rimmelspacher*, Vor §511 Rdnr. 54（原審において複数の棄却事由が問題になったときには，既判力の拘束が終了するのは裁判所が選択した棄却事由における変動が弁論終結後に発生して初めてではなく，あらゆる可能な棄却事由における変動が弁論終結後に発生する場合であることを理由とする); *Musielak/Ball*, 4. Aufl., vor §511 Rdnr. 15（被告については実体的不服が基準となることを理由とする）。

し(59)，少数説は不利益変更禁止の原則の適用を主張している(60)。第一審で請求棄却判決を受けた原告が控訴審において請求認容判決を求めている場合，請求認容判決がなされるためには，すべての請求権要件が重畳的に存在する必要がある。したがって，請求権要件に関わるすべての訴訟資料の全体を改めて評価することが必要である。控訴人が請求認容を求めて控訴を提起するのは，この訴訟資料全体の評価を求めているので，まだ既得権的地位（占有状態）を取得していないということができる。したがって，控訴裁判所が請求は一時的でなく，最終的に理由を欠くと判断する場合，控訴人の要求を容れることはできず，原判決を取り消し請求棄却判決をする場合，それは控訴人が求めた結果だ

---

(58) ドイツでは，第一審裁判所が一定の事項が仲裁鑑定人による判断に服せしめられているとの抗弁を理由ありとしての請求を一時棄却した場合に，この抗弁が控訴審では理由を欠くに至ったときには，控訴裁判所は原判決を破棄し事件を原審に差し戻すことが可能とされていることが参考になる。OLG Frankfurt MDR 1985, 150; *Walchshöfer*, a.a.O. (Fn. 57), S. 530; *Baumbach/Lauterbach/Albers/Hartmann*, 64. Aufl., § 538 Rdnr. 11; *Zöller/Gummer*, 25. Aufl., § 538 Rdnr. 14. 高橋・前掲注（1）三ケ月古稀（中）538頁注（18）は，期限が本案要件であることを理由に，必要的差戻しでなく，民訴308条1項の任意的差戻しで足りるとする。

(59) BGHZ 104, 213, 214 = NJW 1988, 1982; OLG Stuttgart NJW 1970, 569; OLG Düsseldorf MDR 1983, 413; *Bötticher*, Reformatio in peius und Prozeßurteil, ZZP 65 (1952), 464, 467; *Gilles*, Anschließung, Beschwer, Verbot der reformatio in peius und Parteidispositionen über die Sache in höherer Instanz, ZZP 91 (1978), 128, 149; MünchKommZPO/*Rimmelspacher*, 2. Aufl., § 536 Rdnr. 14; *Kapsa*, Das Verbot der reformatio in peius im Zivilprozeß, Berlin 1975, S. 146; *Klamaris*, Buchbesprechung, ZZP 91 (1978), 222, 227; *Rosenberg/Schwab/Gottwald*, 16. Aufl., § 138 Rdnr. 12; *Thomas/Putzo/Reichold*, 27. Aufl., § 528 Rdnr. 9; *Walchshöfer*, a.a.O. (Fn. 57). S. 531 f.

(60) RGZ 54, 10, 11; AlternativKommentarZPO/*Ankermann*, Neuwied/Darmstadt 1987, § 536 Rdnr. 9; *Baumbach/Lauterbach/Albers/Hartmann*, 64. Aufl., § 536 Rdnr. 9; *Schellhammer*, 9. Aufl., Rdnr. 1036; *Zeiss*, Zivilprozeßrecht, 9. Aufl., Tübingen 1997, Rdnr. 683. 逆に日本では，履行期未到来を理由とする請求棄却判決に対し原告のみが控訴を提起した場合，控訴裁判所がたとえば契約を不成立と判断するのであっても，請求を最終的に棄却する判決をすることは不利益変更禁止原則に反するとするのが多数説である。右田堯雄『上訴制度の実務と理論』（1998年・信山社）86頁；条解民訴1190頁［松浦］；基本法コンメ新民訴（3）40頁［島田禮介］；高橋・重点講義〔下〕492頁注（41）；注釈民訴（8）175頁［宇野］。

というべきである[61]。したがって，請求棄却判決は不利益変更禁止の原則に反しない。

5 まとめ

以上の考察により，理由説に対して提起された種々の批判が Rimmelspacher や Henckel のように一方で判決理由中の判断に一定の要件のもとで既判力を承認しようとし，他方で，その範囲を正当な範囲に限定しようとする見解によって展開されてきたが，いずれも根拠を欠くと見られることが明らかになった。前訴と後訴の訴訟物が同一である限り（これには後訴請求が前訴請求と矛盾関係にある場合を含む），標準時後の新事実が再訴を適法ならしめるのは，新事実が請求棄却を担うまさにその理由に関している場合に限られると解すべきである。その意味で，前訴判決の請求棄却を担う棄却理由は，新事実の主張を統制する効力を有する。理由説の掲げる要件に合致する新事実だけが既判力の一事不再理効を後退させると解すべきか，それとも，そのような新事実は後訴の事実関係を後訴のそれと異別ならしめるもの，したがって二分肢説によれば前訴と後訴の訴訟物は異なると解すべきかという問題が残るが，その検討は再訴の理由具備性の問題を検討した後に行うことにしたい。

なお，訴訟的訴訟物理論を採用する場合に，裁判所が誤ってある法的観点を看過して判決したとき，この法的観点も既判力により失権すると解する場合に，理由説によると不都合が生じるのではないかという問題がある。この場合には，裁判所は新事実が対応すべき法律要件該当事実の存否を認定していないからである。この場合には，その法的観点の法律要件要素に関して新事実が主張されれば，訴えは適法と解すべきであろう[62]。

III 再訴の理由具備性——既判力の拘束力の範囲

1 前訴判決の認定は後訴裁判所を拘束するか

(1) いかなる要件のもとで標準時後の新事実の主張により既判力の消極的作

---

(61) *Kappel*, a.a.O. (Fn. 3), S. 63 f.
(62) *Zeuner*, S. 35 Anm. 18.

III 再訴の理由具備性――既判力の拘束力の範囲　　43

用（一事不再理効）が後退するかが明らかにされた後，次に検討すべきは，既判力の消極的作用はどこまで後退し，どの範囲で既判力は前訴判決への拘束として存続し続けるかという問題である。すなわち，新事実を主張する再訴が適法な場合，後訴裁判所は改めて全面的に，すなわち，当事者の主張する標準時前の事実を含め事実認定を行い後訴請求の当否を判断すべきであるのか，それとも，後訴裁判所は一定の範囲で請求棄却の前訴確定判決の認定に拘束されるのかという問題である。この問題は，いうまでもなく，新事実が発生した場合に，いかなる要件のもとで再訴が適法かという前節において検討した問題とも関連する。

　まず，見解が容易に一致するのは，新事実が生じた当該法律要件要素については，後訴裁判所は前訴の事実審最終口頭弁論終結時点においてすでに当該法律要件が実現していたと認定することを前訴確定判決の既判力によって阻止されるだけで，その後に当該法律要素が実現したかどうかについては，後訴裁判所は全面的に審理をやり直すことができることである。たとえば，前掲設例②において，後訴裁判所は履行期が前訴の最終口頭弁論終結後に到来したかどうかについて改めて審理を行い，前訴判決が行った判断とは異なる判断をすることができる[63]。

　(2)　もっとも，日本の争点効論者は，まさにこのような事例について，前訴裁判所がした履行期の判断が後訴裁判所を争点効により拘束すると主張する[64]。しかし，原告の請求が棄却されるのは，裁判所が特定の日時を履行期と判断したためでなく，最終口頭弁論終結時には履行期が到来していないためである。換言すれば，具体的に履行期がいつであるかは，前訴の請求棄却の結論にとっては重要性を有しない。もちろん，新堂幸司教授の提言はこのことを認識した上で行われている。やや長くなるが引用させていただく。「論理的にいえば，前訴を期限未到来として排斥するために最小限必要な判断はその基準

---

(63)　*Rimmelspacher*, a.a.O. (Fn. 39), Materiellrechtlicher Anspruch, S. 251; *Stein/Jonas/Leipold*, 21. Aufl., § 322 Rdnr. 247 f.; *Zöller/Vollkommer*, 25. Aufl., vor § 322 Rdnr. 59; MünchKommZPO/*Gottwald*, 2. Aufl., § 322 Rdnr. 146.

(64)　新堂幸司「訴訟物と既判力」同・訴訟物（上）145頁，156頁以下（初出は，法協80巻3号（1963年）。

時に原告主張の給付請求権の期限は到来していないとさえ判断すれば足りる。その期限は昭和40年6月末日であるという積極的な判断は前訴の結論に至るために必要欠くべからざるものではない。その意味では，かりに既判力は訴訟物に対する結論に包摂される全判断について生じると考えても，右の期限を積極的に認定した判断には既判力は生じようがない。確かに論理的には，基準時に期限が到来していないという判断と期限は40年の6月だという判断とは別個である。しかし，原告の方で期限は37年の6月だと主張し，被告がいや40年6月だと争った結果，被告の主張が認められて履行期は40年6月だと判断した折には，右のような意味の2つの判断を行っているということが実情に合うだろうか。実際は，裁判所が履行期について判断する際には，『履行期はいつか』という問に対する答えとして1つの判断として行われる場合が通常であろう。むろん『たとえば，39年6月末日か40年6月末日かははっきりしないが，少なくとも基準時には履行期が到来していない』という判断をして棄却する場合もあろうが，40年6月末日との心証を得た上で『履行期は40年6月末日だ』と判断する場合も多い。そのような場合に，それが請求棄却の結論を導くのに直接のつながりがないということで，既判力との関係では意味のない判示とみてしまうことはどうだろう。確かに履行期は40年だとするこの主張は『基準時現在履行期になっていない』という否認をするための主張にすぎない。したがってその否認の目的を達する程度の心証で——つまり原告甲の主張するすでに履行期が到来したとの主張についての裁判所の確信をぐらつかせる程度の心証で——履行期は40年6月末日だと認定することもよい筈だといえなくもない。しかし実際の判断の過程が当事者の脳裡でも裁判官のそれでも履行期は37年か40年かという形で問われ，しかも実際に履行期を40年6月末日と積極的に認定した場合には，当事者双方（ことに原告甲）が40年と判断されるにつき十分の主張立証を尽くさなかったとはいえないし，裁判所の40年と認定する根拠となった心証の度合が，履行期は現に到来していないと認定する際のそれよりより不確かなものであるともいえまい。のみならず判決理由中であれそのような形で裁判所が積極的に事実の認定をした場合に，この判断が不確かであるというのは司法の威信にさえかかわる。当該紛争の解決基準を示してやるという観点——つまり紛争の裁決者という立場からみれば，40年6月末

III 再訴の理由具備性——既判力の拘束力の範囲 45

日と判断するか37年と判断するかは全く同価値の選択的判断といえるのではないか。事実，履行期は40年6月末日だと判断していても基準時現在で履行期が到来していないという限りでのみ既判力が生じるといったのでは，棄却判決が確定した後，甲はその1日あとでも同趣旨の給付の訴えを起こしてまた履行期は37年6月末日だと主張することも制度上は許されることになり，裁判所はもう一度履行期は甲が主張するように37年6月なのか乙主張のように40年6月なのか再び審理しなければならない建前となる。甲はいく度も履行期の主張を繰り返し，裁判所にその審理を強制することができる。それではいかにもおかしい。やはり，実質的に紛争の解決基準を示してやるという建前を貫こうとする場合には，40年6月末日だとの判断にも後訴に対する拘束力を認める必要がある」，と。

　この論述は確かに重要な問題提起を含むが，これに賛成することはできない。第1に，履行期の到来が証明されていないとして証明責任により原告の請求が棄却される場合と，裁判所が認定する将来の一定の時期が履行期であるとの理由で履行期の未到来が証明された場合とは，実体法的には等価値である。裁判所が具体的な将来の履行期をたまたま認定した場合にも，請求棄却の理由は既判力の標準時に履行期が到来していないという以外にはない。裁判所が偶々積極的に将来の履行期がいつであるかを具体的に認定している場合に，その判断に拘束力（争点効）が生じるとなると，偶然によって重大な効果が発生することになるが，偶然が重大な効果の発生を左右することは不当である。第2に，裁判所が認定した具体的な履行期に拘束力を認めなければ，原告が何度でも履行期に関する彼の同じ主張を繰り返すのを阻止できないとされる点である。前述のとおり，原告は口頭弁論終結時に履行期が到来していないという裁判所の判断と抵触しない標準時後の新事実を主張して初めて再訴の提起が適法なのである（理由説）。そこから，そのような新事実が生じていない（そのような新事実の主張がない）限り，履行期の到来を主張して再訴を提起することは既判力に抵触して許されないという帰結が生じる。「棄却判決が確定した後，甲はその1日あとでも同趣旨の給付の訴えを起こしてまた履行期は37年6月末日だと主張すること」は，請求棄却判決の既判力効によって排斥されるのである。したがって，前訴確定判決が否定した履行期の主張の蒸返しを排除する必要性

を理由とする争点効の根拠づけは，再訴の適法性の問題を明確にせず，むしろ新事実の主張なしに再訴の提起を適法とする見解（請求棄却説）の問題性を逆に照射していると見ることができる。

　もっとも，原告が棄却判決確定の後，その1日後に，履行期は口頭弁論終結の1日後に到来したというような，場合によって当てずっぽうの主張を掲げて再訴を提起する場合に理由説では対応できないのではないかという問題は存在する。つまり，原告が改めて到来したと主張する標準時後の履行期についての審理を通して，前訴で争われ判断された履行期をめぐる争いが再び蒸し返されるおそれがないかという問題である。しかし，この問題も，再訴原告に，その主張する標準時後の履行期の到来の事実について強い具体的事実陳述責任を課することにより解決することができる。再訴原告は，再訴の適法要件として新事実の発生について主張＝証明責任を負うけれども，それだけでなく，自己の主張すべき新事実を具体的に主張する責任をも負う。ここでの具体的事実陳述責任に対する要求は，棄却事由に関する新事実の主張であることに鑑み高くなると解すべきである[65]。したがって，再訴原告が当てずっぽうに履行期の到来を主張する場合には，適切な新事実の主張がないものとして再訴を直ちに却下することができる。その結果，前訴判決が認定した履行期に対応する履行期の到来を新事実として主張することが再訴原告にとって無難であることは確かである。しかし，このことは争点効の理論の必要性を意味するものではない。したがって，新堂教授の指摘は実際には当てはまらないのである。

　(3)　再訴を正当化する新事実が関わる法律要件要素以外の法律要件要素についての前訴裁判所の積極的確定は，後訴裁判所を拘束するか，拘束するとすればいかなる理由に基づくかという問題については，ドイツでは見解が対立し，今日まで種々の見解が主張されてきた。ここでは，まずドイツ法における理論状況を概観する。念のために述べると，新事実の発生によりもともと前訴と異なる訴訟物が生じる場合には，後訴裁判所は改めて審理のやり直しができることは当然であるので，ここでも問題となる新事実が標準時前に生じていたとす

---

(65)　具体的事実陳述＝証拠提出責任については，松本博之「ドイツ民事訴訟における証明責任を負わない当事者の具体的事実陳述＝証拠提出義務(1)」大阪市立大学法学雑誌45巻3・4号（1999年）566頁以下参照。

れば前訴の事実関係に属したであろう場合，したがって新事実が前訴の訴訟物を補充する関係にある事実である場合が問題である。以下では，この場合について考察を進めて行く。

2 拘束力否定説

 Jürgen Blomeyer は，判決理由と事実認定には既判力が生じないことを理由に，後訴における理由具備の審査において前訴判決は何らの拘束力をも及ぼさないと主張した。このことは請求棄却を担う棄却理由（ein tragender Abweisungsgrund）についても同じであって，後訴裁判所は改めてこれを審理しなければならない，とする(66)。この説では，何らかの新事実の主張があれば本案の審理がなされることになるから，既判力による法的安定性は全く確保されない。この見解を支持するものは見出されない。

3 制限的拘束力説

 (1) ドイツの支配的見解は，前訴の請求棄却判決を担う棄却事由に関してのみ拘束力が生じるとする見解に立つ。この見解によれば，設例②の履行期未到来による請求棄却の場合には，前訴において提出された事実関係に基づき事実審の最終口頭弁論終結時には被告に対する請求権がまだ存在していないということだけが拘束力をもって確定しており，後訴裁判所は，前訴の事実審の最終口頭弁論終結前に原告の履行期に達した請求権が存在していたと判断することを許されない限りで，前訴判決に拘束されている(67)。その他の点については，たとえば契約の締結およびその有効性については，初めてまたは改めて弁論が行われることになり，場合によっては前訴裁判所の判断と異なる判断になることもある(68)。たとえば，設例②のように前訴裁判所が判決理由において消費貸借契約が有効に成立したと認定している場合にも，後訴裁判所は前訴と同一の事実関係のもとにおいて異なる法的評価により契約の成立または有効性を否定して請求を棄却することを禁じられない。

---

(66) *J. Blomeyer*, a.a.O. (Fn. 52), S. 591 Fn. 33.
(67) BGH WM 1989, 1899; BGH NJW 1993, 3204, 3205.

後訴裁判所は前訴裁判所とは異なる評価を行い前訴裁判所と異なる結論に到達することは既判力により妨げられるが，後訴裁判所に新たな弁論と裁判が許される場合に，異なる理由で前訴裁判所と同じ請求棄却の結論に到達することは既判力に反しない，とされる[69]。その理由は，新たに発生した事実が前訴の訴訟物であった事実関係に属していない場合には，原告は前訴と異なる訴訟物を訴訟に持ち込むのであり，この場合には，前訴確定判決は先決事項として既判力を及ぼす以外に既判力を及ぼさないこと，または請求棄却を担う棄却事由以外の認定は結局は必要不可欠な認定でなく，傍論に過ぎないことに求められる。

(2) 注目されることは，確定判決後の新事実の問題を詳論し理由説を根拠づけた *Zeuner* が，基本的にこの見解に立っていることである。彼は，設例②において標準時後の履行期の到来は新事実であり，前訴確定判決を不顧慮（unbeachtlich）ならしめるといい，また，被告の占有する物の所有権を主張する所有物返還請求訴訟において被告の占有を否定して請求棄却の確定判決を受けた原告が，標準時後の被告の占有取得を主張して改めて所有物返還請求訴訟を提起する場合，被告の占有取得の事実は前訴判決の既判力によって影響を受けない独立の新たな判決への道を開くと述べる[70]。もっとも *Zeuner* は，請求認容判決が原告に既判力により保証された地位を創り出す場合，請求棄却判決

---

(68) *Baumann*, Gedanken zur Subsidiarität der Amtshaftung, AcP 169 (1969), 316, 343 ff.; *Baumbach/Lauterbach/Albers/Hartmann*, 64. Aufl., § 322 Rdnr. 37; *A. Blomeyer*, Zum Urteilsgegenstand im Leistungsprozess, Festschrift für Lent, München 1957, S. 43, 80,; *Brox*, Die Beschwer als Rechtsmittelvoraussetzung, ZZP 81 (1968), 379, 389 Fn. 41; *Dietrich*, a.a.O. (Fn. 35), S. 211 f.; *Kion*, a.a.O. (Fn. 36), S. 116 f.; *Musielak/Musielak*, 4. Aufl., § 322 Rdnr. 50; *K.-H. Schwab*, Die Bedeutung der Entscheidungsgründe, Festschrift für Bötticher, Berlin 1961, S. 321, 335; *Zeuner*, S. 36 f. これに対して，*Zöller/Vollkommer*, 25. Aufl., § 322 Rdnr. 58; MünchKommZPO/*Gottwald*, 2. Aufl., § 322 Rdnr. 143 は，後訴裁判所は，前訴裁判所が請求を無制限に棄却しなければならなかったと判断してはならない限りで拘束されるという。なお，*Rimmelspacher*, a.a.O. (Fn. 39), Materiellrechtlicher Anspruch, S. 258.

(69) *Musielak/Musielak*, 4. Aufl., § 322 Rdnr. 50.

(70) *Zeuner*, S. 34.

III 再訴の理由具備性——既判力の拘束力の範囲　　49

は勝訴被告のためにも武器対等の原則上，新事実の関係しない前訴判決の認定した法律要件要素にも拘束力が生じると主張した。

　この関連で Zeuner は，戦後のドイツの離婚法上，婚姻が破綻しているにもかかわらず被告配偶者の異議によって離婚請求が棄却され，この判決が確定した後，前訴原告が異議の顧慮性（die Beachtlichkeit des Widerspruches）のみに関する新事実（もはや前訴被告は婚姻を継続する用意を有していないという事実）を主張して再度離婚の訴えを提起した場合に，婚姻の破綻につき原告に有責性があるとする前訴裁判所の確定が後訴において拘束力を有するかという問題を扱った。この問題については，連邦通常裁判所は，婚姻の破綻に誰が有責かという問題は異議の適法性との関係でも顧慮性との関係でも新たに調査されないとしていた[71]。この判例に対して当時，Habscheid（ハープシャイド）が，適法な後訴を審判する裁判官はその裁判において自由であり，先決的裁判（ein präjudizielles Erkenntnis）にのみ拘束され得るという既判力＝失権効理論の基本命題に反すると非難していた[72]。Zeuner は，新事実が特定の個々の法律要件要素（ここでは異議の顧慮性）にのみ関係し，その他の法律要件要素には影響することができない場合には（あるいはこの出発点に立つ限り），連邦通常裁判所の見解と同じく，前訴の裁判がその点の判断にも依拠している法律要件要素で新事実によって影響を受けないものに関しては，訴えられた当事者の有利に既判力が存続すると主張した[73]。Zeuner はこの見解を論証するために種々の例を挙げるが，そのいくつかは理由説の妥当性を明らかにするものである[74]。ここでは，婚姻の破綻についての有責性の判断に拘束力を認めるために Zeuner が挙げている請求認容判決の場合との対比が重要であろう。すなわち，それは，人身損害の被害者が加害者に対して，人身損害から生じた損害をすべて賠償するよう命じる判決を取得した後に，自己の可能な損害の避止または減少を怠る場合——たとえば期待される医師の治療を受けるのを拒んだ場合である。この挙動はドイツ民法254条2項との関連で新事実である。それゆえ，

---

(71)　BGHZ 2, 98, 101; 8, 118, 121 f.; BGH LM Nr. 3 zu § 48 Abs. 1 EheG; BGH FamRZ 1955, 98, 99 f.

(72)　*Habscheid*, Streitgegenstand im Zivilprozeß, Bielefeld 1956, S. 293 f.

(73)　*Zeuner*, S. 37.

加害者はさらなる損害には責任を負わないとか，損害の一部にしか責任を負わないことの確認判決を求めることができるが，この訴訟は，加害者が人身損害を惹起したか，有責に行為したか，および被害者に侵害につきドイツ民法254条1項による共同過失があったか否かという問題の新たな判断とは明らかに関係がない。このケースでは，新事実が確定の前訴裁判の基礎に触れない限り，既判力が勝訴当事者に付与する「占有状態」にとどまらなければならない。こ

（74）　Zeuner は，標準時後の新事実が一定の部分問題にのみ関係することが明瞭なケースとして，期限の猶予の合意により給付請求を棄却された債権者が猶予期間経過前，期限の猶予は当事者間の新たな合意によって取り消されたと主張して再訴を提起する場合，原告がひょっとすると当てずっぽうの主張によって，前訴において肯定された期限の猶予の合意が実際に成立したかどうかという問題について前訴とは独立した調査を強いることができるとすると，先行した請求棄却判決の既判力は画餅に帰する，という（Zeuner, S. 37）。さらに，Zeuner は彼のテーゼに反する判例として RG Warn. 1926, Nr. 182 を挙げる。事案は，原告は用益賃貸借（Pachtvertrag）と表示された住居付きコーヒーショップの賃貸借契約の解約告知後，被告に対して明渡しと属具（Inventar）の返還を訴求した。しかし，訴えは住居部分の告知は調停所（Einigungsamt）の同意を要するが，これが取り寄せられていないという理由で棄却され，この判決は確定した。原告は再び調停所の同意を取り寄せずに，今度は後の期日に改めて告知し，ついで再び明渡しと属具の返還を求めて訴えを提起した。ラント裁判所は前訴判決の既判力を援用して訴えを却下したが，上級ラント裁判所とライヒ裁判所は請求を認容した。ライヒ裁判所は次のように判示した。すなわち，今度は後の期日に改めて告知したが，前訴判決の既判力は前の告知が契約関係を終了させなかったという点に限られ，現在の裁判の対象は新たな告知が契約を消滅させたかどうかである。契約関係は用益賃貸借と述べられており，それゆえ告知は調停所の協力を要しないので，契約の終了が認められる，と。この判例に対して Zeuner は，次のように批判した。「仔細に見れば，この考慮は正しくないことがはっきりする。既判力の生じた前訴裁判によれば，形成権の行使はその側で多分肢的法律要件（mehrgliedrige Tatbestände）に結び付けられている。すなわち原告の意思表示のほかに，調停所の同意もなおこれに属する。そしてまさに，この法律要件に前訴における訴えは躓いた。それゆえ，上述の原則によれば，新手続における異なる裁判は，新事実がこの同意要件に関して陳述された場合にのみ下されてよかったであろう。それに対して，それ自体すでに前訴当時瑕疵なく表示された告知の意思表示の単なる繰返しは異なる裁判を正当化できないのは，以前に持ち出された例において，前訴において訴えが所有権がないという理由で棄却された場合に被告の側の新たな占有状態が所有物返還請求に関する異なる裁判を正当化し得ないのと同様である」と（Zeuner, S. 38.）。

のことが給付判決（請求認容判決）に妥当する場合，それは請求棄却についても同様に正しいのでなければならないというのである[75]。婚姻法48条についての連邦通常裁判所判例において問題であったのは——連邦通常裁判所自体そう考えているように——離婚手続の特殊性ではなく，既判力の限界づけの一般的な原則であるという。

　以上のようにZeunerは，請求棄却判決を担う棄却理由に関わる標準時後の新事実は既判力により影響を受けない新たな判決への道を開くことを主張したこと，および，標準時後の新事実の関係しない法律要件要素についての前訴判決の認定が勝訴被告の利益に確定されているとしていることが明らかになった。

　(3)　Schwabは，判決の確定後，確定された訴訟資料は，それが法規への事実の当てはめの結論にとって重要である限り，新訴における新たな事実主張によって侵害されてはならないことを主張し，これを，確定された訴訟資料の「相対的既判力（die relative Rechtskraft）」と呼んだ[76]。この理論には批判も強いが，ここではSchwab自身，新訴において標準時後の新事実が主張され証明される場合には，「その要素において最初の当てはめの推論（Subsumtionsschluss）と完全には同一ではない新たな当てはめの推論」が行われなければならないが，推論の要素の拘束力はつねに同一の推論についてのみ妥当するので，事実の確定に関する相対的既判力効は否定されなければならないとしていること，したがって標準時後の履行期の到来の事例では消費貸借契約の確定については既判力の相対的効力は肯定されないとしていること[77]を指摘しておきたい。

4　相対的既判力肯定説

　Grunsky（グルンスキー）およびLeipold（ライポルド）は，確定判決において明示的に確定が行われた点について，後訴の訴訟物が前訴のそれと同一の場合に限って拘束力を肯定しようとする。この見解は相対的既判力肯定説と呼ぶことができる。

---

(75)　*Zeuner*, S. 37.
(76)　*Schwab*, a.a.O. (Fn. 36), S. 325 ff.
(77)　*Schwab*, a.a.O. (Fn. 36), S. 335.

(1) *Grunsky* が理由説を支持することはすでに述べたが，その上で彼は，請求棄却判決を受けた原告が判決の請求棄却理由と異なる理由での請求棄却を求めて控訴を提起する利益を有するか否かという問題を検討する前提として，判決確定後の再訴が適法な場合に何が調査されるべきか，前訴判決が積極的に肯定した法律要件要素を後訴被告は再び争うことが許されるかという問題を検討した。まず，*Grunsky* は，裁判所は前訴において必要以上に仕事をしないこと，たとえば請求権の履行期の到来を否定する場合，その他の法律要件要素につき態度を決定しないのが普通のやり方であり，この場合に *Zeuner* が前訴判決の既判力から完全に独立した手続が行われるべきであると主張するのは正しいとする。しかし，たとえば所有権に基づく返還請求訴訟において，裁判所は原告の所有権を肯定したが履行期は未到来であるという理由で請求棄却判決を下すことも考えられ，それは種々の理由でなされ，決して稀ではないとする[78]。

この後者の場合について，*Grunsky* は前訴裁判所が積極的に確定した法律要件要素の判断に，新事実の主張に基づく適法な再訴に対する拘束力を肯定するのである。彼は，要旨次のように主張した。すなわち，前訴で否定された法律要件要素に関する新事実だけが再訴を正当化することを認める場合，そこから，その存在または欠缺につき前訴判決が態度決定し，かつそれに関して後訴時点まで何ら変更を生じなかった法律要件要素は後訴において調査から排除されなければならないことが必然的に生じる。したがって，被告に有利な確定判決における認定と同様に，原告に有利な認定も，後訴においてもはや問題にされてはならないことが武器対等の原則から要請されると見る[79]。この見解によると，設例②の事例では，被告は後訴において原告に有利な認定である契約の成立をもはや争うことができない。立法者が判決理由中の判断の既判力を否定したことは，*Grunsky* によると，このことと関係を有しない。すなわち，

---

[78] *Grunsky*, a.a.O. (Fn. 34), ZZP 76, 169 f. 柏木・前掲注（23）56頁注（96）は，*Grunsky* の挙げる例は，賃借権など被告の占有権原への言及がないためほとんど存在しない事例であり，被告の占有の認定の有無をも明らかにしていない事例設定であるとして，設例自体の不十分さを指摘する。

[79] *Grunsky*, S. 529.

III 再訴の理由具備性——既判力の拘束力の範囲　　　53

「既判力の制限は，裁判された請求とは異なる請求に関してのみ，その正当化を見出す。しかし，その場合，後訴において前訴と同じ請求が争われる場合には，判決理由も既判力をもつと見ることが——少なくとも既判力原則の観点によれば——可能でなければならない。ある請求権が要件として法律要件要素 a, b, c を要求し，裁判所が前訴において a, b の存在を肯定したものの，c の存在を否定した場合，——今や事後的に c が発生すると—— a と b とは引き続いて裁判済みである。上述のような予期しない効果がいわれるのは，他の訴訟物に関してだけである。それに対して，同じ訴訟物が改めて裁判に供される場合には，当事者に不意打ちになるような結果が差し迫っているとは，もはやいうことができない。今要求されている法律効果が賭けられていることを，関係人は前訴中にすでに知っていた」と主張する[80]。このように，Grunsky は，再訴の訴訟物が前訴の訴訟物と同一である場合には，判決理由中の判断にも既判力を認めるべきことを主張したが，後の彼の著作では，表現がやや控え目になっている。すなわち，この場合における判決理由中の判断の既判力は，立法者が否定した判決理由の既判力とは殆ど関係のないものであり，判決内容の正確な決定のために判決理由が斟酌されるだけであって，判決理由が既判力をもつのではないと断言する。たとえば，所有権に基づく返還請求訴訟において，裁判所が原告の所有権を認めるが，被告による目的物の占有を否定して請求棄却判決を下した場合についていえば，被告が目的物の占有者でないことが既判力により確定されるのではない。同一当事者間において別の法律効果が被告の占有に依存する場合には，原告が物の占有は被告にあると再び主張することは既判力によって妨げられないとする。前訴で要求された法律効果についてのみ，被告の占有問題は既判力的に確定されているというのである[81]。

　Bettermann（ベッターマン）は1969年に発表された上訴の不服に関する論文において *Grunsky* の見解を支持した[82]。

　(2)　*Leipold* は，質的に新たな事実関係（たとえば新たな権利取得原因）が

---

(80)　*Grunsky,* a.a.O. (Fn. 34), ZZP 76, 175 f.
(81)　*Grunsky,* 2. Aufl., S. 530 ff.
(82)　*Bettermann,* Die Beschwer als Rechtsmittelvoraussetzung im deutschen Zivilprozeß, ZZP 82 (1969), S. 24, 64 ff.

生じたのではなく，前訴判決の基礎をなす事実関係の単なる時間的な発展の場合には，後訴の訴訟物は前訴のそれと異ならないが，審理可能性が時間的に制限されていることにより例外的に「判決において書き記された法律状態の書き加え」が許されるという(82a)。彼は，新事実を独自の既判力限界を超えるものと解し，同一訴訟物の主張が繰り返されているにもかかわらず訴えは適法と見る。そして，標準時後の新事実の主張は再訴の適法性の枠内でなく，もっぱら再訴の理由具備の枠内において斟酌されるべきだと主張する。すなわち，「理由具備の枠内でまず，主張された新たな事実が，それがあるとして，法律状態の変動をもたらすか否かを調査しなければならない。この主張の十分性（Schlüssigkeit）の調査の際にすでに，主張された新たな事実が法律状態の変動をもたらし得ないことが判明すれば，新たな訴えは理由なしとして棄却されるべきである。それによって，法律状態は今の法律状態においても変わりがないことが，再び既判力的に確定される。主張された新たな事実が法律状態の変動に至り得るか否かという問題も，なお適法性に割り当てられるよりも，本案判決の方がこのことをよりよく表現するであろう。まさに，主張された新事実が，存在するとすれば法律状態の変動を正当化するが，しかし，この事実の証明に成功しない場合，第2の訴えの棄却が必要であるように思われる」と主張する(83)。

　新事実の主張は再訴の理由具備性の枠内で斟酌すべきものと主張する点で他の理由説の論者と顕著な差違があるが，Leipold は，前訴判決が確定した事項の再訴における基準性については，Grunsky の見解を支持している。すなわち，Leipold は，前訴と再訴が新たに発生した事実にもかかわらず同一訴訟物を有することを強調する。たとえば，多くの見解と異なり，設例①（債権譲渡の例）において，前訴と再訴とは訴訟物を同じくすると見る。そこから，主張された新事実が確定判決において肯定または否定された法律要件要素に影響を与える限りで，実体審理が許されるべきであり，それ以外は確定判決において

(82a) *Leipold*, a.a.O. (Fn. 20), Festschrift für Mitsopoulos, S. 798. *Rüßmann*, Die Bindungswirkung rechtskräftiger Unterlassungsurteile, in: Festschrift für Gerhard Lüke, München 1997, S. 675, S. 679 も同旨。

(83) *Leipold*, a.a.O. (Fn. 20), Festschrift für Mitsopoulos, S. 807.

III 再訴の理由具備性——既判力の拘束力の範囲　　55

認定された法律要件要素はそのまま再訴における判決の基礎になるという結論を導き出す[84]。

　このように判決理由に後訴裁判所に対する拘束力を認めることになるが，直ちに生じるドイツ民訴法 322 条 1 項との関係の問題について，*Leipold* は，この拘束力は判決理由の既判力の問題ではなく，むしろ前訴と後訴の訴訟物が同一の場合，新事実が生じていない限り，前訴で主張された法律効果について判決理由がその効力を維持するという意味に過ぎないとするほか，*Grunsky* と同じく，民事訴訟法の立法者が判決理由の既判力を否定した際の理由を援用する。すなわち，1877 年のドイツ民事訴訟法（CPO）制定の際，サヴィニーによって主張された判決要素についての判断の既判力が立法者によって否定された理由は，判決理由の既判力が訴訟物を異にする後訴に及ぶ場合には当事者は前訴の係争利益を超えて後訴の訴訟物に対する判決内容を規制され，思わぬ不意打ちを受ける危険があり，これを除去するためであるが，後訴の訴訟物が前訴のそれと同じである場合にはこのような不意打ちの危険はなく，判決理由の既判力否定の理由が当てはまらないとする[85]。

　(3)　*Grunsky* 説や *Leipold* 説は注目すべきものであるが，しかし，基本的な疑問を免れないように私には思われる。

　まず，*Grunsky* 説について。第 1 に，*Grunsky* が前訴判決の否定した法律要件要素に関して法律状態を変動させる新事実が生じた場合に再訴が適法なことから必然的に，前訴判決が行ったそれ以外の法律要件要素の認定に後訴裁判所に対する拘束力が生じるというのは，再訴の適法性の問題と，前訴判決の認定の適法な後訴に対する拘束力の問題との混同である。後者の問題は，再訴の適法性とは切り離して答えられなければならない[86]。前訴判決が否定した法

---

(84)　*Leipold*, a.a.O. (Fn. 20), Festschrift für Mitsopouls, S. 807; *Stein/Jonas/Leipold*, 21. Aufl., § 322 Rdnr. 251. *Walchshöfer*, a.a.O. (Fn. 57), S. 533 も，後訴裁判所は前訴判決が確定した事項について拘束されるとする。日本では，中野・論点 I 247 頁が *Leipold* 説を支持されるようである。

(85)　*Stein/Jonas/Leipold*, 21. Aufl., § 322 Rdnr. 250; *Leipold*, Teilklage und Rechtskraft, Festschrift für Zeuner, Tübingen 1994, S. 431, 445 f.

(86)　*Dietrich*, a.a.O. (Fn. 35), S. 211.

律要件要素に関係する標準時後の新事実だけが再訴を正当化するということから必然的に，前訴裁判所が肯定した他の法律要件要素が後訴の調査から除かれるということは生じない。そこから生じるのは，せいぜい，前訴判決が否定した法律要件要素以外の法律要件要素にのみ関係する新事実では，棄却理由に関わる法律要件要素に関する別異の判断を行う余地はないから，かかる新事実は新たな判決を正当化できないということだけである[87]。

第2に，*Grunsky* が当事者間の武器対等の原則を持ち出して，新事実が関係しない前訴判決の認定が後訴裁判所を拘束することを主張する点に疑問がある。もちろん，当事者間の武器対等の原則は，民事訴訟法の最も重要な解釈基準の1つであり，十分顧慮されなければならないのは当然である。しかし問題は，前訴判決の認定に拘束力を認めないことが，等しいものを等しく扱わなければならないという要請に反するかどうかである。だが，この点は否定されねばならないであろう。前訴判決が否定した法律要件要素は，決定的な意義を有する棄却理由である。それに対して，前訴判決がその存在を肯定した他の法律要件要素は請求棄却判決を担うものではなく，判決の正当化にとって必要不可欠なものではない。このように判決の正当化にとって必要不可欠な認定とそうでない認定とで拘束力の違いを認めることが，当事者間の武器対等の原則に反すると単純にいうことはできない[88]。

第3に，この見解では，後訴請求が前訴請求と同一であるか，別個である（前訴請求を先決的法律関係とする請求を含む。）かによって，前訴判決において判断された同じ法律要件について理由中の判断の相対的既判力が肯定されたり，否定されたりすることになる。しかし，訴訟物をどのようなものとして構成するかについて従来から訴訟物理論として著しい見解の対立があり，その立場に判決理由の既判力を全面的に依存させることは問題だと批判される。この点をしばらく措くとしても，既判力の作用は後訴の訴訟物が何かによって左右されるべきものではなく，前訴判決の判断に依存するものであり，判決の個々の要素に既判力が生じるべきだとすれば，判決効は後訴の訴訟物が前訴のそれと同

---

(87) *Kion*, a.a.O. (Fn. 36), S. 117.
(88) *Baumann*, a.a.O. (Fn. 68), S. 344; *Mittenzwei*, Die Aussetzung des Prozesses zur Klärung von Vorfragen, Berlin 1971, S. 55.

一の場合にも異なる場合にも，同じように生じなければならないのではないかとの批判がなされている[89]。ただ，この批判は必ずしも説得力を有するものではないと思われる。なぜなら，ドイツ民事訴訟法の立法者が判決理由の既判力を否定したのは，この既判力が訴訟物を異にする後訴を拘束し当事者に不意打ちを与えることを防止しようとしたためであるからである。判決理由の既判力に関し前訴と後訴の訴訟物の異同によって区別することそれ自体は民事訴訟法と相容れないというものではないであろう[90]。しかし重要なのは，判決に含まれた確定は主たる棄却理由を反映していない限り単なる傍論（obiter dicta）であり，いずれにせよ，傍論に既判力は生じない，という点である[91]。*Grunsky* の挙げる前の例では，原告の所有権についての裁判所のコメントは純然たる傍論であり，裁判の基礎は被告が占有を有していないことにある。裁判所がなお他の，判決の結論にとって余計な説示をする場合，この説示は第2の手続では全く拘束力を有しないし[92]，傍論が判決に採用されるか否かは，裁判所の作業方法に依拠することになる。このような偶然が既判力にとって重要性をもつとする理由は，既判力の果たすべき法的安定性の要請から見て理解し難く，拘束力に関しては請求棄却判決がこのような確定を含むか否かは重要でないと思われる[93]。

Leipold 説に対しては，*Grunsky* 説に対する批判が当てはまるほか，次のような批判が可能である。ある請求権の成立のためにa，b，cという3つの法律要件要素の実現を必要とする場合に，裁判所が前訴においてaの存在とbの不存在を確定し，cについては存在とも不存在とも判断せずに請求を棄却したとする。いまbについて新事実が発生する場合，原告は再訴を提起することができるが，*Leipold* が新たな審理を確定判決が否定したbにのみ及ぼす場合，cについていずれとも確定していない前訴確定判決に基づき後訴請求は棄却さ

---

(89) *Rimmelspacher*, a.a.O. (Fn. 39), Zur Prüfung von Amts wegen, S. 127; *Kappel*, a.a.O. (Fn. 3), S. 53 f.
(90) 同旨，*Kion*, a.a.O. (Fn. 36), S. 55 f.
(91) Vgl. *J. Blomeyer*, a.a.O. (Fn. 52), S. 591; *Dietrich*, a.a.O. (Fn. 35), S. 211 f.
(92) *Dietrich*, a.a.O. (Fn. 35), S. 211.
(93) *Kappel*, a.a.O. (Fn. 3), S. 53.

れざるを得ない。cに関しては，Leipold が前訴判決の理由の相対的既判力は妨げとならないと反論する場合[94]，彼も法律効果の変動の有無を確定できるよう旧事実の審理に依拠せざるを得ず，その限りで前訴判決の基準性にとどまっていない，と批判される[95]。

Musielak は，Leipold 説は裁判官独立の原則に反すると批判する。裁判官の裁判の自由は強行的理由がそれを命じる限りで制限されてよいが，既判力はそのような強行的理由に当たるが，訴訟経済はこれに当たらないという[96]。

5　一時的棄却と終局的棄却の峻別説

(1)　Grunsky や Leipold の見解は，前訴の請求棄却判決が何らかの理由で偶然に請求権の成立を確定していた場合にも，当事者間の武器対等の原則を根拠に前訴判決が行った法律要件要素の認定に後訴裁判所に対する拘束力（判決理由の相対的既判力）を承認するものであるが，この見解においては，そのように偶然になされた理由中の判断に拘束力が生じるとすることが疑問であることは上に見たとおりである。そこで，一時的棄却が偶然に生じるのでなく，前訴において請求権の成立・不成立に関して訴訟資料を包括的に弁論しておくべき責務が当事者に存在する場合に限り，前訴確定判決の訴訟資料に対する判断にも拘束力を認めようとする見解が登場した。最近，一時的棄却判決の既判力の問題性を詳細に検討して独特の考察をした，Christian Kappel（クリスチアン・カッペル）の博士論文の見解[97]が，それである。

(2)　Kappel は，裁判所が請求を無制限に理由なしとして棄却する（als definitiv unbegründet abweisen）場合と，一時的に理由なしとして棄却する（als zur Zeit unbegründet abweisen）場合とでは，既判力に関して大きな違いがあるとする。前者の場合には，棄却理由に関して事実関係の事後的変動を主張する後訴は，前訴とは異なる訴訟物をもち，前訴判決の既判力は理由具備の範

---

(94) *Leipold*, a.a.O. (Fn. 20), Keio Law Review, 1990, S. 286.

(95) *Reuschle*, a.a.O. (Fn. 43), S. 29.

(96) *Musielak*, Einige Gedanken zur materiellen Rechtskraft, in: Festschrift für Nakamura, Tokyo 1996, S. 423, 441; *Musielak/Musielak*, 4. Aufl., § 322 Rdnr. 35.

(97) *Kappel*, a.a.O. (Fn. 3), S. 50 ff.

囲内において先決関係としてのみ後訴に対して作用し得る，すなわち，せいぜい法的三段論法の結論部分が拘束すると見る[98]。これに対して，一時的棄却後に発生した新事実を主張する後訴の訴訟物は前訴の訴訟物と同一であり，この後訴の適法性は既判力の時的限界に基づくとする。そして，この場合には，後訴において新たに審理されるのは請求補充的新事実（anspruchsergänzende Nova）だけであり，その他の訴訟資料は前訴の請求棄却判決による既判力の失権効（Rechtskraftpräklusion）によりすでに確定している，とする[99]。このことは，ドイツ民訴法579条にいう無効事由でない限り，後訴の適法要件にも当てはまるとする。Kappelによれば，このように一時的棄却判決には広範な既判力による失権効が付与されるべきであるので，一時的棄却の適用範囲は従来行われているよりも限定されなければならない。請求変更的新事実（anspruchsändernde Nova）と請求補充的新事実（anspruchsergänzende Nova）の限界づけに関して，彼は「事後的事実変動の『自然の予見可能性（natürliche Vorhersehbarkeit）』がいわれる場合，この基準は被告の観点を優先して規定されなければならない。既判力による失権の厳格な効果が被告に課されてよいのは，最初の手続においてすでに，余すところなく事実陳述をしておくべき機縁が被告に存在した場合だけである。それは，再び，訴訟資料をすでに早期に提出することを訴訟経済の観点によっても有意義ならしめる『訴訟上の占有状態（ein prozessualer Besitzstand）』を原告が取得した場合にのみ肯定されるであろう」と主張する[100]。

　この認識に立って，どのような要件の下に当事者に訴訟資料を包括的に論じておくべき責務が生じるかを明らかにするために，Kappelは一時的棄却と将来の給付の訴えとの関係について検討する。原告の訴えが，たとえば，履行期未到来の請求権を主張するものである場合，このことが訴訟中に明らかになれば，原告は将来の給付判決を求める申立てに変更することができ，ドイツ民訴法259条の要件（「債務者が適時の給付をしない不安が事情により正当化される場合」）を具備する場合には，原告は場合によって将来給付を命じる判決を得る

---

(98)　*Kappel*, a.a.O. (Fn. 3), S. 50.
(99)　*Kappel*, a.a.O. (Fn. 3), S. 57.
(100)　*Kappel*, a.a.O. (Fn. 3), S. 59.

ことができる(101)。しかし，原告のこの申立てに対して，被告が債務の存在自体を争わず，履行期のみを争う場合には，将来の給付の訴えにつきとくに要求される本案判決要件は具備しないので，訴えは不適法として却下されざるを得ない。しかし，不適法却下判決は，被告に後訴において失権効を免れさせ，後訴で被告は債務の存在を再び争うことができるという利点を被告にもたらす。仮に被告が前訴において原告の主張する債権の存在を争い，加えて予備的に履行期の到来を争っていたとすれば，将来の給付の訴えについての本案判決要件が具備し，将来給付の請求が認容され得ることになる。被告が債権の存在を争うか否かによって生じるこの差異は，非常に大きいと，Kappel は見る。Kappel は，請求の一時的棄却は紛争解決において中介的機能（vermittelnde Funktion）を有するので，この落差を請求の一時的棄却によって調整することができると考える(102)。さらに，Kappel は，かかる調和はドイツ民訴法259条の「将来の給付」という要件を通して潜入し得る，という。すなわち，この要件は，給付義務が「その存在（Bestand）において確かでなければならない」(103)ことを意味するので，給付義務がその存在において確かでない場合には，Kappel によれば，訴えは終局的に棄却されなければならない(104)。ドイツ民訴法259条1項の意味での将来の給付義務が存在する場合にのみ，一時的棄却が問題になるとされる。

次に，事実状態の変動が新たな訴訟物を構成する場合には，もはや既判力の

---

(101) ドイツ民訴法は257条～259条において将来給付の訴えの要件について規定する。257条は「反対給付に係らない金銭債権の主張又は土地又は居住目的以外の目的に役立つ空間の明渡請求権の主張が確定日付の到来に結び付けられる場合，将来の支払い又は明渡しを求める訴えを提起することができる」と規定するが，原告が将来の確定日付付き債権につき現在の給付の訴えを誤って提起することは考え難い。258条は「回帰的給付の場合，判決言渡後に履行期が到来する給付についても将来の支払いを求める訴えを提起することができる」と規定するが，これは原告が一回的給付を求める訴訟で敗訴するというここでの事案とは異なる。したがって，257条と258条による将来の給付の訴えへの申立ての変更は問題とならない。この点につき，Kappel, a.a.O.（Fn. 3), S. 67.
(102) Kappel, a.a.O.（Fn. 3), S. 68.
(103) RGZ 168, 321, 325.
(104) Kappel, a.a.O.（Fn. 3), S. 69.

失権効は問題にならないので，Kappel はいかなる場合に，事実状態の変動が同一の訴訟物内の出来事と見られ，したがって既判力の失権効が及ぶかを検討する。彼によれば，ドイツ民訴法 259 条の意味での将来の給付義務が，どのような将来の事実がすでに係属中の訴訟の訴訟資料中に『本質的に（wesensmäßig）』算入されなければならないかという点について手掛かりを与える。ドイツ民訴法 259 条の意味での将来の給付義務から，被告の将来の給付がすでに訴訟中に見通し得る（absehbar）場合にのみ，訴訟資料を包括的に論じておくべき責務が当事者に存在するという結論を，Kappel は導き出す。この場合にのみ，一時的棄却がもたらす厳格な失権効が被告とって正当化されるというのである[105]。

以上の考察により，Kappel は，「債権がその存在においてすでに確実である」場合にのみ一時的棄却が考慮されるのであり，この要件を欠く場合には請求を終局的に棄却するのでなければならない，とする。かくて Kappel は，設例⑥のような損害の未発生の場合のように（損害賠償）債権がまだ一度も有効に成立していない場合や，全く判断できない障害が請求権の実現を妨げる場合にまで一時的棄却を行う判例の方向は批判されなければならないと主張する[106]。

(3) Kappel の博士論文の書評において Assmann（アスマン）は，以上の Kappel の議論を説得的と見る[107]。確かに，将来の給付の訴えとの対比には興味深いものがある。しかし仔細に見ると，Kappel の見解には疑問があることが明らかになる。

第 1 に，Kappel の見解の説得力は，債務が現在履行すべき状態にない場合に，すでに将来債務の存在に関わるあらゆる訴訟資料を争っておくよう被告に要求することが正当化されるかどうかという基本的な問題にかかわる。Kappel のいう一時的棄却判決は個々の請求権要件の存在を既判力をもって確定し，同時に被告が後にこれを争うことは取り返しのつかない形で排斥されるのであり，したがって原告の請求は少なくとも実質的には認容されたのと変ら

---

(105) Kappel, a.a.O. (Fn. 3), S. 73.
(106) Kappel, a.a.O. (Fn. 3), S. 77 ff.
(107) Assmann, ZZP 113 (2000), S. 527.

ない。このことは，期限未到来による請求棄却判決を受けた原告にとって，将来の期限の到来は確実であるので，実質的に勝訴判決を得たのに等しいことに端的に示される。原告が初めから将来の給付の訴えを提起していたと仮定すれば，被告が債務それ自体は争っていない場合に，訴訟要件を欠き訴えの不適法却下になるべきところ，原告が現在の給付の訴えを提起したことによって，将来の給付の訴えを提起した場合と比べ原告に有利な，実質的な勝訴判決を下すべき理由を見い出すことは困難であろう。

　第2に，*Kappel* は前訴判決が肯定した法律要件要素についても，被告の不利に既判力の失権効を肯定するのであるが，上に見たように請求棄却判決を実質的に原告勝訴の将来の給付判決と解することができない以上，それは通常の請求棄却判決である。そうだとすると，*Kappel* の見解は *Grunsky* や *Leipold* がそうしたように傍論への既判力の承認と異ならない。しかし，繰り返し述べたように，傍論に既判力を付与することはできない。*Grunsky* 説や *Leipold* 説に対する批判は，*Kappel* の見解にも同様に当てはまる。

　第3に，前訴判決の確定後に形成権行使とその結果生じた法律状態（たとえば債務の消滅）を主張して前訴被告が請求異議の訴えや債務不存在確認の訴えを提起することができるかという問題について，日本でもドイツでも以前から判例・学説において著しい見解の対立があることは周知のとおりである[108]。前訴被告は，たとえば取消権・解除権のような形成権を前訴の事実審の最終口頭弁論終結時までに行使し，その結果を訴訟上主張しておかなければ，その後は既判力により失権するという見解[109]に立つ場合には，被告は形成権の行使を履行期到来後の原告による給付の訴えの場合以上に早期に行うよう求められ

---

(108)　中野・論点Ⅰ 250 頁以下；高橋・重点講義〔上〕539 頁以下；松本＝上野〔706〕以下などを参照。詳しくは，本書第2章を参照。

(109)　取消権，解除権について日本の判例・通説はこの見解に立つ。ドイツの判例は相殺権を含む形成権について失権説に立ち，次注で述べるように，例外的に当事者の合意による形成権について非失権説に立つ。Vgl. *Gaul*, Die Ausübung privater Gestaltungsrechte nach rechtskräftigem Verfahrensabschluß – ein altes und beim "verbraucherschützenden" Widerrufsrecht erneut aktuell gewordenes Thema, in: Gedächtnisschrift für Knobbe-Keuk, Köln 1997, S. 135 ff.; MünchKommZPO/*K. Schmidt*, 2. Aufl., § 767 Rdnrn. 80 ff.

る結果になる。しかし，これは，実体法上所定の期間内は形成権を行使できるはずの被告が形成権行使時機の選択を制限されること，またこれと関連して，形成権の成立要件の主張・立証に必要な資料の収集がまだ不十分な時期に形成権を行使することを余儀なくされることを意味する(110)。これは被告の防御に対する過度の制約であり，看過できない。

6 ドイツ法における解釈論の到達点と日本法

(1) 以上の考察の結果，標準時後の新事実を主張する適法な再訴が提起された場合，本案の審理に関して前訴確定判決は，まさに請求棄却理由となったその事由に関して拘束力を及ぼすが，それ以外の認定は前訴の請求棄却判決を担う理由ではなく，それゆえ後訴裁判所を拘束せず，後訴裁判所は改めて請求権の要件全部について弁論と裁判をすべきことが明らかになった。前訴裁判所の認定に拘束力を肯定しようとする見解には重大な難点があり，いずれも採用することができない。

(2) 日本では，再訴の理由具備性の審理について，これまでは２，３の文献が取り上げて論じたほかは，殆ど関心が示されなかった。前述の請求棄却説は，標準時に存在した事実の主張は既判力の消極的作用により遮断されるとする。このことは，前述のように，後訴原告は後訴請求を基礎づけるべき標準時にす

---

(110) BGHZ 94, 29 = NJW 1985, 2481 = JZ 1985, 750 mit Anmerkung von *Arens* は，合意による使用賃貸借期間の経過後一定期間使用賃貸借契約を延長することができる旨のオプション権が賃借人に与えられている使用賃貸借契約につき，賃借人に将来の賃貸借終了日（確定日）に建物の明渡しを命じた将来の給付判決の確定後に賃借人がオプション権行使の意思表示をして，形成の効果を請求異議の訴えにより主張することを妨げないとするが，その理由として，法定の形成権においては形成権者が権利の行使時期を選択する自由は当該形成権の目的ではなく単に付随的効果であるが，オプション権のような契約により付与される形成権にあってはこれを行使するかどうか，および，その時期いかんの決定は形成権の本質に属すると判示する。S. 34 f. もっとも，詐欺による取消権者もドイツ民法124条１項により１年間取消権を行使できるから，契約上の形成権が法定の形成権よりも強く保護される理由は明らかでないと批判される。Vgl. *Schellhammer*, 9. Aufl., Rdnr. 862; *Musielak/Musielak*, 4. Aufl., §322 Rdnr. 40 f.; *Karsten Schmidt*, Vollstreckungsgegenklage, 50 Jahre Bundesgerichtshof, in: Festgabe aus der Wissenschaft, München 2000, S. 491, 503 ff.

でに存在していた事実を主張することができないことを意味する。これでは再訴を許容すべき標準時後の新事実が発生しても，新事実のみで請求が認容され得る場合，したがって前訴と関係なく新事実（のみ）によって権利または請求権が発生している場合（これは，後訴が前訴とは全く異なる訴訟物を有する場合であろう。）を除き，再訴は何の役にも立たないことが明らかである。それにもかかわらず，この説が，新事実の審理結果と前訴確定判決の既判力のある判断とによって，場合によっては後訴請求が認容され得ると説くのは，不思議なことである(111)。

　これと対照的なのは，柏木邦良教授と中野貞一郎教授の見解である。柏木教授は，ドイツの既判力論を紹介した論文の中で Zeuner および Grunsky の見解を支持することを明言し(112)，その後，民事訴訟における本案の審理順序は「実定実体法が，事象の論理・因果・性質に応じ論理的または因果的に構成されている」ため請求原因―抗弁―再抗弁―再々抗弁等の順序どおりに審理されなければならないとし(113)，請求棄却判決の場合には，「請求原因の否定，ついで抗弁の肯定，再抗弁の否定，再々抗弁の肯定，再々々抗弁の否定という順序で，そのような状態に達したところで，審理を打切って，（判決が）なされる。実定実体法の定めるところにより，請求原因相互間に審理順序が認められるとしてよい。これに対し抗弁以下の段階については，実体法が審理順序を定めていることは稀であり，ただ抗弁にあっては関係する請求原因の審理順序の，再抗弁にあっては抗弁が関係する請求原因の審理順序の，影響をそれぞれ受けたいわば受動的反射的な審理順序が存在するに過ぎない」と主張される(114)。柏木教授はまた，より一般的な請求原因を審理せず，抗弁の成立だけで請求棄

---

(111) 設例②において，標準時に履行期に達した請求権が存在しないという前訴裁判所の既判力ある判断と標準時後に履行期が到来したという審理結果とで，どうして貸金返還請求権の存在が認定できるのであろうか。そのためには，標準時前の事実である消費貸借契約の成立等に関する事実の主張と認定が許されることが必要である。

(112) 柏木邦良『民事訴訟法への視点――ドイツ民訴法管見』(1992年・リンパック有限会社) 195頁，215頁以下。なお，同書217頁注 (39) は，Grunsky と Zeuner の見解を同じものとして引用しているが，これは不正確である。

(113) 柏木邦良「規範合成と既判力」判タ877号 (1995年) 104頁以下。

(114) 柏木・前掲注 (23) 判タ881号59頁。

却の判決をすることは許されず，それゆえ債務の成立を認定しないまま履行期未到来を理由に請求棄却判決をすることは許されないと主張する。その理由として，履行期未到来による請求棄却判決の主文は，内容上「原告は被告に対し，原，被告において○年○月○日に締結された金銭消費貸借に基づく貸付金元本の返還を求め得ない」というものであるが，この棄却判決の基礎になっている「返還ヲ約シテ金銭ヲ貸渡シタル者ト雖，弁済期ノ到来セザリシ間ニ於テハ，同一金額ノ金員ノ返還ヲ求ムルコトヲ得ズ」という「合成規範」は，「返還ヲ約シテ金銭ヲ貸渡シタ」の部分が後に否定されると成り立たず，その結果，論理的推論により導かれた判決主文も無意味になるから，この部分に対する攻撃は前訴判決を覆滅させる目的では許されないというのである。

中野貞一郎教授は，上に紹介した *Leipold* の見解を引用して，「新たに生じた事実は，精確にいえば，既判力を排除するのではなく，かえって，前訴判決に書き記された権利状態を，後に生じた事象が先に既判力をもって確定された法律効果に与えた影響を斟酌しつつ，(後訴裁判所が——引用者)筆を継いで書き直すことを容認するにすぎない」(115)とされている。

(3) しかし，直接の棄却事由以外の，裁判所が判断を下した法律要件要素について既判力を認めることはできないと思われる。

柏木説は，請求の当否にかかわる法律要件要素につき一定範囲の審理の順序を肯定することを前提としてせいぜい成り立つ議論であり，この前提がつねに存在するかがそもそも問題であろう。裁判所は攻撃防御方法の認定の際その論理的順序に拘束されないことは，少なくとも判決の効力に差異の生じない限り争いなく認められる。請求の棄却をもたらす抗弁または抗弁権が確定している場合には——相殺の抗弁のような既判力を生じる抗弁は別として——訴求債権の成立についての判断をしないで済ますことができる(116)。したがって弁済，消滅時効，免除等は実体法上債務の存在を要件とするが，これらの債務消滅原

---

(115) 中野・前掲注(1) 247 頁。なお，栗田隆「却下・棄却判決の既判力」争点〔3 版〕242 頁は，被告が請求権の存在を争いつつ予備的に期限未到来を主張する場合には，裁判所はつねに債権の存否を先に判断しなければならず，債権の存在および額を確定して期限未到来を理由に請求を棄却する判決は債権の存否および額を既判力により確定するという。

因の1つが確定し，それによって訴求債権の以前の存在についての証拠調べが不要となる場合には，訴訟はすでに裁判に熟するから（民訴法243条1項），直ちに請求棄却がなされるべきことに疑いはない。これらの場合にも，訴求債権は初めから存在しなかったか，弁済，時効，免除によって消滅したかのいずれかであると，択一的に裁判することができる。訴求債権の不成立によって請求が棄却されるのか，訴求債権の成立後，請求権の滅却事由によって消滅したかをなお認定しなければならないとするのは，著しく訴訟経済に反する[117]。また，期限未到来による一時的棄却判決は，債務の成立の有無はともかくとして，いずれにせよ原告は履行期未到来により請求できる状態にないので請求を棄却するというものであり，後訴において債務の成立が否定されたとしても，柏木教授のいわれる合成規範が成り立たないというものではなかろう。標準時後の期限の到来が主張されない以上，後訴は不適法なのであるから，期限未到来による請求棄却判決も既判力の目的である法的安定の確保に資するのである。

　問題になるのは，予備的相殺の抗弁以外にも，予備的な留保付き弁済の抗弁，予備的な履行期未到来の抗弁を提出することができるか，この場合，裁判所は訴求債権の存在について裁判しなければならないかどうかである。裁判所はこ

---

(116) *Stölzel*, Zur Verständigung über die Eventualaufrechnung, ZZP 24 (1898), 50, 62 ff.; *Weigelin*, Wie ist bei bestrittener Klageforderung und spruchreifer Gegenforderung zu verfahren？ZZP 62 (1941), 242, 244；*Mittenzwei*, Rechtshängigkeit der im Prozeß zur Aufrechnung gestellten Forderung？ZZP 85 (1972), 466, 478；*Tomas/Putzo/Reichold*, 27. Aufl., § 300 Rdnr. 2；*Zöller/Vollkommer*, 25. Aufl., § 300 Rdnr. 4；MünchKommZPO/*Musielak*, 2 Aufl., § 300 Rdnr. 4.

(117) *J. Blomeyer*, a.a.O.（Fn. 52），S. 589 f.――たとえば請求は時効または期限未到来によって理由がないことが明らかになっている場合にも請求権の成立についての審理・判断が必要だとすると，「…かどうかは未定にすることができる」という苦しまされた裁判官を救う命題，すなわち，何らかの理由から訴えを認容できない場合に自らおよび当事者が知恵をしぼったり証拠調べをすることを不要にする可能性がなくなってしまうであろう。しかし，このひどい結果にはならない。基礎にある出発点が間違っているからである。すなわち，請求権要件の実体法上の順序は，訴訟におけるそのとおりの審理順序を強いるものではない。なぜなら，裁判官は，実体法の立場からはもともと先になってから『重要となる（dran ist）』ある請求権要件の先取りを裁判官に許す訴訟上の手段を有するからである。……」と指摘する。

れらの事項について被告のした順序づけに拘束されることを肯定する見解が主張されている[118]。この見解が正当だとしても，問題は，このような当事者が付した審理順序に裁判所が拘束される場合には，棄却判決を担う棄却事由の判断の前提となった法律要件要素の判断にも既判力が当然に生じるべきか否かという点である。私見によれば，この場合にも，裁判所が肯定した法律要件要素は前訴判決を担うものでないことに変りがない。当事者に部分的に審理順序の指定権が承認されることが，必然的に判決理由の相対的既判力の承認へと結びつくものではない。

中野説は判決理由の拘束力を承認することを前提としているが，前訴判決がその存在を確定した法律要件要素は前訴判決（請求棄却の判断）にとって必要不可欠の判断ではなかったのであり，この判断に後訴に対する拘束力（相対的既判力）を承認することはできない。むしろ後訴において提出される訴訟資料の統一的な裁判のために，前訴判決が積極的に判断していた法律要件要素についても新たな判断がなされるべきであろう。また，このような判決理由に拘束力を肯定することは，*Musielak* もいうように，後訴の裁判官の独立性の観点からも妥当でない。後訴裁判所は，後訴が適法な限り，前訴判決を担う棄却事由（ein tragender Abweisungsgrund）に関する判断を除き，前訴判決に拘束されることなく新たに弁論と裁判を行うことができると解さなければならない[119]。

---

(118) *Rosenberg/Schwab*, Zivilprozeßrecht, 14. Aufl., München 1986, § 65 IV4; *Rosenberg/Schwab/Gottwald*, 16.Aufl., § 65 Rdnr. 38; *Schwab*, Der Streitgegenstand im Zivilprozeß, München 1954, S. 99 ff.; *Stein/Jonas/Leipold*, 22. Aufl., vor § 128 Rdnr. 274; *Wieczorek*, 2. Aufl., § 300 C III b 3;

(119) 相対的既判力肯定説のように前訴判決の理由中の判断に広い範囲において相対的既判力を肯定する実際上の必要性も存しないように思われる。既判力がないと，後訴裁判所は前訴判決で確定された事実について改めて証拠調べと認定をしなければならなくなるが，すでに前訴において実施された証拠調べの結果を書証の形式で利用する方法で柔軟に対応することによって，前訴判決の内実を維持することも可能だからである。Vgl. *J. Blomeyer*, a.a.O. (Fn. 52), S. 593; *Kion*, a.a.O. (Fn. 36), S. 117 Anm. 47.

7 まとめ

　標準時後に生じた適法な新事実を主張して提起された，前訴と同じ訴訟物の後訴に対して，前訴裁判所が判決において積極的に認定した法律要件要素は後訴裁判所を拘束するかという問題につき，これを肯定する見解の理由づけを検討した結果，説得力を有するものでないことが明らかになった。したがって，後訴裁判所は前訴判決を担う棄却理由以外は，前訴裁判所の判断に拘束されず，改めて審理判断すべきである。その際，新事実が前訴の訴訟物と後訴の訴訟物を異なるものにするという見方と，前訴と後訴は訴訟物を同じくするが新事実によって既判力は後退し，後訴には既判力がもはや及ばないという見方があり得る。訴訟物の捉え方が反映する問題でもある。後訴裁判所に対する拘束力の範囲に差異がないとすれば，差し当り，この問題にはこれ以上立ち入らないでおくことができる。

IV　請求の一時的棄却と終局的棄却

1　請求の一時的棄却

　設例⑤のように，請求が契約の不成立または無効を理由に無制限に棄却された場合には，棄却された請求権の履行期が後に到来したことを理由に再訴を提起することは，既判力に抵触して不適法である。もっとも，標準時後の新事実により事実関係が前訴と異なる訴訟物をもたらすほどに本質的に変動した場合には，前訴と後訴は訴訟物を異にするので，前訴判決の既判力が先決関係事項として後訴を拘束し得ることは別として，後訴は不適法ではない。

　これに対して，請求の一時的棄却判決に対しては，前述のように，勝訴した被告も控訴の利益を有し，無制限の請求棄却判決を求めて控訴を提起することができるし（前述 II 4），一時的棄却判決の確定後は，具備しないとされた請求権要件が標準時後に具備するに至れば再度訴えを提起することは既判力に抵触しない。それゆえ，訴訟の結果が請求の終局的棄却か，それとも一時的棄却であるかは，原告のみならず勝訴被告にとっても，やはり重大な関心事である。裁判所は，請求を最終的に棄却するのか，請求を期限未到来または「同一生活事実関係内のその他の新事実によって除去され得る原因」によって棄却するの

であるかを少なくとも判決理由において明らかにすることが望ましいであろう(120)。もっとも，裁判所がこれを怠る場合にも，一時的棄却であるかどうかは判決事実，判決理由および当事者の陳述の解釈によって明らかにすることができる。

2 ドイツ判例における一時的棄却の例

(1) それでは一時的棄却と終局的棄却との区別の基準は何に求められ，また一時的棄却にはどのような場合が属するのか。日本では期限未到来のほか，せいぜい所有物返還請求訴訟において裁判所が被告の占有を否定して請求棄却判決を行った後，被告が標準時後に占有を取得した場合が一時的棄却の例に加えられる程度であるが(121)（もっとも，この場合が一時的棄却かどうかは疑わしい），履行期未到来とは単に合意された履行期限の未到来や期限の猶予の場合に限られるのか，また上の例以外に一時的棄却は存在しないのかが問題となる。以下では，この問題についてかなりの蓄積を有するドイツ連邦通常裁判所の判例における一時的棄却判決の例を手掛かりとするのが有益と思われるので，先ずこれを概観しよう。

---

(120) *Walchshöfer*, a.a.O. (Fn. 57), S. 525 ff.; *Zöller/Vollkommer*, 25. Aufl., § 322 Rdnr. 56. これに対して，判決理由から一時的棄却であることが明らかにならなければならないとするのは，MünchKommZPO/*Gottwald*, 2. Aufl., § 322 Rdnr. 146 である。一時的棄却か否かは裁判所が用いた棄却理由が実質的に一定の要件のもとで再訴を可能にすることだけを基準とすると述べるのは，*Grunsky*, a.a.O. (Fn. 57), Festschrift für Schumann, S. 165 である。

(121) 高橋・重点講義〔上〕536頁注（24）。高橋教授は，前訴で原告の所有権の帰属についての判断がないにもかかわらず被告が占有を解除したため請求棄却判決がなされた所有物返還請求訴訟のように，請求権成立要件の事後的消滅の場合にも履行期未到来を理由とする請求棄却と同じ問題状況が生ずるので，履行期未到来を特別視するのはおかしいという加波眞一「（民事）判決無効の原理（2）」北九州大学法政論集21巻4号（1994年）774頁注（161）の指摘を容れて，被告の占有を否定した請求棄却，その他請求権の成立要件の事後的消滅の場合の請求棄却も一時的棄却の例と認める（なお，加波教授は被告の占有放棄を「請求権要件以外の要件欠缺」と表現し，高橋教授もこれを前提に論述されているが，内容上は請求権成立要件の事後的消滅であるので，本稿では内容に即して請求権成立要件の事後的消滅と表現した）。

(2) 当事者間の仲裁鑑定契約によって法律上重要な事実の確定または給付の特定が仲裁鑑定人に委ねられているが，仲裁鑑定書が訴訟の事実審の最終口頭弁論終結時には未だ作成されておらず，または提出されていない場合に，連邦通常裁判所は [1] において，ライヒ裁判所とライヒ労働裁判所の判例(122)を踏襲して請求を一時的に棄却する判決を下すべきものとした。[2] はこの判例を確認する。保険契約または保険契約の基礎にある保険約款に基づき，保険契約に基づく請求権の個々の要件または損害額が仲裁鑑定人により確定されるべき旨定められているにもかかわらず，原告が仲裁鑑定書の作成されていない段階で訴えを提起する場合がある。このような場合，OLG Hamburg VersR 1952, 49, 50 は，請求は差し当たり見込みのないものと見なされるとし，OLG Frankfurt VersR 1959, 593, 594 では，原告は直ちに請求することができないとされ，OLG Bremen VersR 1960, 842, 843；OLG München VersR 1959, 802 は仲裁鑑定書の作成前には請求権の履行期は未到来だとする。

損害賠償請求訴訟において損害が未発生と認められる場合に，一時的棄却判決を下すべきとするのは [4] である。[6] は資力の無い妻が夫の消費貸借債務の連帯保証人になった事案において，保証債務の履行請求時に保証人がまだ財産を取得していない場合には，債権者の訴えは一時的に棄却されるべきものとする。

原告が官吏の職務上の義務違反による損害賠償請求をドイツ民法839条に基礎づけるが，同条1項2文が要求する「他の方法で賠償を得る試み」をしていなかった場合に，一時的棄却判決をすべしとするのは [3] である。[7] は，前訴判決が公道の存在を理由に地益権・囲繞地通行権の受忍を求める訴えを棄却した後に，その公道の存在が行政庁や行政裁判所によって否定された場合に，裁判所の判決が標準時後の新たな事実に当たることを肯定した判例である。

HOAI（建築家および技術者の報酬請求に関する規則）は，建築家の報酬算定について定められた公法上の価格規定である。建築家が原因上報酬請求権を有するか否かは民法の規定により判断されるが，この報酬請求権の額の算定については契約自由が制限され，HOAI が基準となる。HOAI 8条1項は，「報酬

---

(122) RG SeuffArch 57, Nr. 227; RAG 12, 100, 102.

IV 請求の一時的棄却と終局的棄却

は契約に従い給付が行われ，審査可能な報酬最終計算書（eine prüffähige Schlussrechnung）が届けられる場合に履行期になる」と規定する。この規定により，請求額の正当性を委託者が審査できるような，割り付けられた報酬計算書が委託者に交付されて初めて，建築家の報酬請求権が履行期に達すると解するのが，すなわち審査可能な最終計算書の提出は履行期到来の要件であると解するのが，支配的見解である[123]。建築家がこの要件を具備する報酬計算書を委託者に提出しないで報酬請求の訴えを提起した場合，請求は棄却されなければならないが，一時的棄却判決なのか，終局的棄却判決なのかが問題になる。この争いのある問題について，下級審の裁判例が動揺した後[124]，連邦通常裁判所は [9] において，請求の一時的棄却判決を下すべき旨を判示し，これに続き，[10] BGHZ 140, 365 は VOB/B（建設給付の実施についての普通契約約款）8 条 1 号 1 項による報酬請求権につき同じく請求の一時的棄却説を支持した。

[1] BGH Urteil vom 23.5.1960, NJW 1960, 1462（1463）
ブリュッセルの代理商である原告は被告と 1952 年 7 月 1 日に，被告が原告に特定の国につき特定の製造プログラム（Fertigungsprogramm）につき代理権を委ねる契約を締結した。契約書の 10 条は次のとおりであった。

「本契約の期間は 1952 年 7 月 1 日から 1955 年 6 月 30 日までとする。

被告は 1953 年 12 月 31 日に，S 氏（原告）との提携が被告の期待した売上げを保証するかどうかを調査するであろう。この時点においてさしたる委託を受けていない場合には，被告にも S 氏にも各々契約を 1954 年 6

---

(123) BGH NJW 1981, 2351 f.; *Werner/Pastor,* Der Bauprozess, 9. Aufl., Düsseldorf 1999, Rdnr. 960 ff.

(124) Vgl. *Löffelmann/Fleischmann,* Richtige Klageabweisung bei fehlender Fälligkeit des Architektenhonorars und ihre Rechtskraftwirkung, BauR 1987, 34 ff. 文献においても，終局的な請求棄却判決がなされるべきであるが，標準時後に最終計算書が届けられると再訴は可能と見る見解（*Löffelmann/Fleischmann,* a.a.O., S. 37）や終局的な請求棄却判決をすべきであり，その場合には建築家の報酬請求権について終局的，確定的に裁判されるので改めて最終計算書が提出されても再訴は不適法だとする見解（*Weyer,* Neue Probleme im Archtektenhonorarprozeß, BauR 1982, 309 ff.）も主張された。

月30日付けで解約告知する権利が帰属する。

　この条項の解釈に関し争いがある場合にはベルリン工商会議所が仲裁人として訴えられることができる。契約当事者が契約の継続に関して合意する場合，契約は1955年6月30日まで続く。契約が両契約当事者の一方によって遅くとも1954年3月31日に解約告知されない限り，契約は自動的にその都度1年間，すなわち各年の6月30日まで延長される。延長期間についての告知期間は両当事者にとって半年とする。告知は書面で書留により行われなければならない」。

　被告は，同じく1952年7月1日に原告と締結した別の商品についての代理契約を1953年12月24日に解約告知した際，1954年6月30日付で本件の契約を解約告知する旨の告知書を書留郵便に同封して契約を解約告知したと主張した。原告はこれを争い，1952年7月1日から1955年12月31日までの期間につき帳簿の抄本（Buchauszug）と手数料計算書を請求した。被告は初めに，本件契約の10条により，専らベルリン工商会議所が，契約は適時に有効に解約告知されているか否かを判断することができると主張した。第一審裁判所は請求を認容し，控訴裁判所は控訴を棄却した。上告棄却。

　「上告の攻撃は，したがって，契約の10条3項1文が仲裁鑑定人条項をなす限りでのみ，重要であり得た。<u>1954（1953？──引用者））年12月31日以後に表示された1954年6月30日付けの契約の解約告知が適時で有効であるかどうかという問題は，専らベルリン工商会議所が仲裁鑑定によって裁判してよいとすれば，訴求された請求権の成立が依拠する事実がまだ実現していないので，控訴裁判所は訴えを一時的に棄却しなければならなかったであろう</u>（RG, SeuffArch. 57 Nr. 227; RAG 12, 100 ff., 102; Rosenberg, aaO S. 848)。しかし上告の攻撃はその点でも成功し得ない。通常裁判所に訴えるか，工商会議所に訴えるかは関係人の自由に任されていたという控訴裁判所の説示は，もっとも控訴判決の関連から明らかになるように，工商会議所が仲裁鑑定人として活動すべき場合にも関係している。なぜなら，控訴裁判所は，契約書の10条が仲裁契約であるか仲裁鑑定人条項であるかを未定にしたが，それにもかかわらず，通常裁判所は訴訟の裁判を妨げられないと判示したからである。だが，控訴裁判所の判示は法的瑕疵

を含まない。たしかに，上告が正しく述べるように，契約上の定めが不明瞭であり，この不明瞭の結果は不明瞭な定めから権利を引き出そうとする者が担わなければならないという確定で，裁判所は満足することはできない。

　上告は，契約が複数の意味付けを許す場合には，契約の意義は解釈の方法で調査されなければならないと正当に述べた。しかし，控訴裁判所はこれを看過しなかった。……」（下線引用者）

[2] BGH Urteil vom 8.6.1988, NJW-RR 1988, 1405 ＝ JZ 1988, 1080 [125]

　原告は，1969年4月1日第1～第4被告の前主との用益賃貸借契約により1984年3月31日までに期間，本件農場を賃借した。1975年5月31日に契約当事者は，賃料を年5千マルクから3万マルクに増額したほか，次の合意を行った。すなわち，「経営を促進するすべての建築上の措置ならびにその他の措置は，経営の譲渡日に承継人により評価額で引き受けられる。1981年4月1日以後に実施される措置は考慮されないことを合意する」というものである。この評価額は，用益賃貸借契約の7条によりその都度設置され，各当事者によって指名される各1名の鑑定人と農業代表部（die landwirtschaftliche Berufsvertretung）によって選任される1名の委員長（Obmann）から成る評価委員会が決定すると合意されていた。用益賃貸人（第2～第4被告）は1976年12月13日の契約によって農場を第1被告に売却し，第1被告は1978年3月3日に所有者として登記された。1984年3月23日，原告は農場を第1被告に引き渡した。引渡通告書（Übergabeprotokoll）において，両当事者は，原告がすべての権利を留保した建物特別属具（Bausuperinventar）による請求権を除き，従来の用益賃貸借からは相互に何らの債権を持たないことを宣言した。建物特別属具としては，1975年5月31日の合意に挙げられている「経営を促進するすべての建築上の措置ならびにその他の措置」が考えられていた。原告は，原告の挙げた建物特別属具を18万4850マルクと評価した，彼が一方的に取り寄せた建築技師Hの鑑定を援用して，被告らに対して連帯債務者としてこの額と

---

[125]　Mit Anmerkungen von *Walter*, JZ 1988, 1980, 1983 und *Schlosser*, EWiR 1988, 871.

14パーセントの付加価値税（合計21万729マルク）ならびに利息の支払いを請求した。被告は請求の原因および額の双方について争い，原告が用益賃貸借契約7条による評価委員会の判断を求めなかったので訴えは不適法だと主張したほか，消滅時効の抗弁を提出した。ラント裁判所は訴えを却下した。上級ラント裁判所は第2～第4被告に関し一部判決により原告の控訴を棄却し，第1被告に対する「経営を促進する建築上ならびその他の措置についての費用の償還」を求める請求を結末判決によって原因上正当であると宣言し，額について裁判をさせるためにこの範囲で事件を原審に差し戻し，その余の点で控訴を棄却した。被告の上告に基づき，連邦通常裁判所は仲裁鑑定書の提出のない訴えが提起された場合，一時的棄却の判決をする前に仲裁鑑定書の提出を追完する期間を民訴法356条，431条を類推適用して裁定することができること，および，仲裁鑑定の提出前に原因判決をすることは不適法であると判示して原判決を破棄した。

「Ⅱ 2 (b) 被告の上告は原因判決言渡しについての民訴法304条の要件が存在しなかったと非難するが，それは正当である。原因判決は，額についてまだ裁判に熟さず，そのためにはむしろ他の事実確定を必要とし，かつ，訴求請求権が額の確定手続において何らかの額において認容されるであろうという高度の蓋然性が存在する場合にのみ言い渡されてよい。控訴裁判所は誤ってこれらの要件が具備すると見なした。

(aa) 原審と当事者は，一致して，以前の賃貸人と原告との間に『経営を促進するすべての建築上の措置ならびにその他の措置』につき承継人が原告に償還すべき額は，用益賃貸借契約の7条に従い両当事者によりまたは場合によっては当事者の一方により一方的に委任されるべき評価委員会の仲裁鑑定により査定される旨の──民法571条により被告を拘束する──仲裁鑑定の合意が締結されていたことから出発する。かかる仲裁鑑定は，控訴裁判所での弁論の終結時点には存在しなかった。

(bb) 証明責任を負う原告が，仲裁鑑定人にその確定が委ねられている法上重要な事実を仲裁鑑定書の提出によって証明しない場合，訴え全体が時機尚早として（一時的に理由を欠くものとして）棄却されるべきとするのが一般的見解に合致する（vgl. BGH NJW 1960, 1462 [1463]；OLG Zweibrücken, NJW 1971, 943; Rosenberg-Schwab, ZPR, 14. Aufl., §173 III 4, S. 1149; Thomas-Putzo, ZPO, 15. Aufl., Vorb. §1025 Anm. 2a; Baumbach-Lauterbach-Albers-Hartmann, ZPO, 46. Aufl., Vorb. §1025 Anm. 3C; Stein-Jonas-Schlosser, ZPO, 20. Aufl., Vorb. §1025 Rdnr. 23, S. 81; Röhl, AK-ZPO, Vorb. §1025 Rdnr. 50)。本件ではそうであったので，原因上請求を認容する判決は行われてはならなかった。

　<u>控訴裁判所が原告に仲裁鑑定書を提出すべき期間を裁定したという事情も，このことを変えるものではない。即時の『一時的棄却』を差し控え，まず民訴法356条，431条に準じてこの種の期間を裁定することは，たしかに事実審裁判官の裁量に属する</u>（vgl. Baumbach-Lauterbach-Albers-Hartmann, Vorb. §1025 Anm. 3L; Rosenberg-Schwab. ZPR, §177 III 4; Stein-Jonas-Schlosser, Vorb. §1025 Rdnr. 32; Röhl, Vorb. §1025 Rdnr. 50; Dahlen, NJW 1971, 1757; 否定的なのは，OLG Düsseldorf, NJW-RR 1986, 1061)。<u>しかし，この可能性が用いられる場合にも，請求を認容する裁判に至り得ることが期間を遵守した仲裁鑑定書の提出により確かになる前は，訴えを原因上認容する判決は下されてはならない。……</u>」（下線引用者）。

[3]　BGH Urteil vom 12.6.1962, BGHZ 37, 375

　原告は，その運転する乗用車が横滑りを起こし横転したことにより大怪我をした。事故当時，路面には油の痕跡が1キロメートルにわたって潜在した。原告は，これが事故の原因だと主張して，タンクローリーの所有者と運転手に損害賠償を請求したが，油の痕跡がタンクローリーから流出した油によるかどうか確定できないという理由で請求棄却判決を受けた。続いて原告は，安全保証義務者としてのM市と油除去の際投入された警察官の雇主としてのラントを被告として損害賠償を請求した。第一審はM市の責任を認め，ラントに対する訴えを棄却した。この請求棄却判決に対して原告は控訴を提起せず，この判決は確定した。M市の控訴に基づき，M市に対する請求も棄却された。原告の上告も棄却された。本訴において，原告はラントに対して再び訴えを提起し，連邦通常裁判所の判決により新たな事実が発生したので，ラントに対する請求を棄却した以前のラント裁判所の判決は本訴の妨げとならないと主張した。第一審裁判所は請求を棄却，控訴裁判所は訴えを不適法として却下，連邦通常裁判所

は，次のように判示して原判決を破棄し，事件を原審に差し戻した。

「2　他の方法で賠償を得ることができないことが，官吏責任請求権の要件の一部をなす。それがあって初めて請求権が理由づけられる。第三者が責任を負う限り，過失によって行為した官吏は全く損害賠償義務を負わない。原告が他の方法で賠償を得る期待可能な試みを怠ったという理由で官吏責任訴訟（Amtshaftungsklage）が棄却されている場合，この試みの追完が成功しなかったならば，判決の既判力は新訴を妨げない。なぜなら，それまで欠けていた——消極的な——官吏責任請求権の法律要件が今や充足し，そしてこの新たな法律要件が新訴を可能にするからである（BGHZ 35, 338, 340 m. w. Nachw.）。他の方法で賠償を得る試みが成功しなかったのが，たとえば第三者に対する訴えの棄却または摑取可能性の欠缺によるように法的理由によるか，事実上の理由によるかは，新訴の適法性にとって重要ではない。他の方法で賠償を得ることができないことが第一の官吏責任訴訟の時点ですでに存在しており，その後になって確定されたのであるか，それとも，たとえば消滅時効によりまたは第三者の財産の国家への帰属のように事後になってから初めて生じたのかということも，新たな官吏責任訴訟の適法性——ことによると理由具備性については別——にとっては同じことである。むしろ重要なのは，いつ他の方法で賠償を得ることの不可能が明らかになったかである。なぜなら，官吏責任請求権は，被害者の第三者に対する賠償請求権が法的に存在する場合にすでに排除されているものではないからである。むしろ決定的なのは，被害者が第三者から実際に賠償を得ることができるかどうかである。これが可能かどうかは，第三者が賠償義務を争う場合に彼に対して追行された訴訟の結果によって初めて，ことによると強制執行において初めて分かる。したがって他の方法で賠償を得る試みの結果が出て初めて，この場合に，官吏責任請求権の法律要件が具備しているか否かが明らかになる。この試みが成功すれば，官吏責任請求権の成立を排除する法律要件が産み出される。それが——被害者の帰責事由なしに——失敗すれば，結果として，民法839条1項2文によって設定された請求権の消極的法律要件要素の創出がその点に認められなければならない。満足を得る試みの帰趨が依存する法律上および事実

上の事情が官吏責任の前訴の棄却時にすでに存在していたことは，このことを何ら変えるものではない。<u>原告が他の方法で賠償を得る期待可能な試みを怠ったために官吏責任訴訟が棄却された場合，この試みの不成功を，新訴を可能にする新たな事実として扱うことに疑問はない。なぜなら，この場合には，判決は他の方法での賠償可能性の問題がなお未定であったこと，したがって請求権の――消極的――法律要件要素が充足していなかったことに基づく。満足を得る試みの不成功が欠缺する法律要件を産み出すので，新訴が可能である。状況は，前訴が一時的に理由のないものとして棄却されたかのごとくである</u>」（下線引用者）。

[4] BGH Urteil von 1.7. 1986, NJW 1987, 371

本件原告は，本件訴訟の提起前にM合資会社に対する売買代金請求権につき債務名義に基づきM合資会社の作業場および事務所の調度品を差し押えた。これに対して，M合資会社と金銭消費貸借契約を結び，M会社の無限責任社員―有限会社（Komplementär-GmbH）として，とりわけM会社の家具調度品と在庫商品を譲渡担保にとっていた（本件）被告は差押債権者である（本件）原告に対して第三者異議の訴えを提起し，差押物の譲渡を妨げる権利（ドイツ民訴法771条）を有することを主張した。（本件）原告は（本件）被告に対して財産承継の観点から8万9310,60マルクの支払いを求める反訴を提起した。反訴被告が（反訴）原告のために差し押さえられた物をM合資会社の営業場所から不知の場所に運び去った後，反訴原告（本件原告）は反訴請求をドイツ民法823条，826条にも根拠づけた。前訴においてラント裁判所は，本訴，反訴ともに請求を棄却した。反訴被告は第三者異議訴訟を提起していたので，これが確定的に棄却されない限り，反訴原告（本件原告）の損害は差し当たり（derzeit）発生しておらず，質権と差押拘束の存続によって反訴原告の実現可能な換価権は残っているというのが反訴請求棄却の理由であった。反訴原告はこの判決を確定させ，前訴原告の第三者異議訴訟の請求棄却判決の確定を待って，これを援用して，反訴被告が差押物を持ち去ったことを理由に改めて2万マルクの損害賠償を求める一部請求の訴えを提起した。本訴において，被告はとりわけ請求権の消滅時効を主張した。ラント裁判所は訴えを却下した。上級ラント裁判所は原告の控訴を棄却し，控訴審で追加主張された2万1千マルクの請求と利

息請求を棄却した。原告の上告の結果，原判決は取り消され，事件は原審に差し戻された。

　「上告反論書において主張された被告の見解に反して，前訴において差押物の持去りに基づく原告の反訴を棄却した1980年10月7日の判決の既判力は，かかる判決（本案判決）の妨げとはならない。なるほど裁判の既判力は確定的に裁判された請求に対する新たな弁論と裁判を排除する。しかし，判決の既判力は民訴法322条1項により，提起された請求について判決が裁判した限りでのみ及ぶ。判決の内容，したがって既判力の範囲は裁判全体から引き出されるべきである。その際まず，判決主文から出発すべきである。──請求棄却判決の場合，通常そうであるが──裁判の既判力内容を把握するのに判決主文だけでは十分でない場合，事実および判決理由が，必要な場合には当事者の陳述もまた補充的に利用されるべきである。<u>1980年10月7日の判決理由からは，ラント裁判所が原告の反訴を無制限に棄却したのでないことが明らかになる。むしろ，ラント裁判所は，『差し当たり』，しかも問題となる口頭弁論の終結時に請求権要件が存在しないと判示した。したがって，判決の既判力は1984年2月における本訴の提起の妨げとはならなかった</u>」（下線引用者）。

[5]　BGH Urteil vom 3.7.1961, BGHZ 35, 338

原告が1942年に行った訴訟は，同年12月21日に裁判上の和解によって終結したが，原告は，1948年になって自分は和解を拒否していたにもかかわらず当時の原告の訴訟代理人が当時の裁判長に懇請されて和解に同意したと主張して，当時の訴訟代理人の相続人である未亡人とラントに対して訴えを提起し，未亡人に対しては一定額の支払いと，両被告が連帯して損害賠償責任を負うことの確認を求めた。この訴えは，1950年の欠席判決により棄却された。原告は故障を申し立てたが，ラントに対する訴えに関してはこれを取り下げた。和解に関与した裁判官の過失による職務上の義務違反が問題になっているのでドイツ民法839条1項2文によりラントに対して請求する前に未亡人に対し損害賠償を請求できないことを証明しなければならないので，ラントに対する訴えは勝訴の見込みを欠くという理由で訴訟救助の申立てが抗告審においても斥けられたためである。未亡人に対する訴えは僅かな額のみが認容され，その余の

請求は棄却され，判決は確定した。今度は，原告は 1942 年 12 月 21 日の和解により生じた損害の一部の賠償を求めてラントに対して改めて訴えを提起した。この訴えが前訴確定判決の既判力に抵触するか否かが問題となった。訴えは全審級において却下された。連邦通常裁判所は次のように判示した。

「原告の請求について裁判された限りでのみ既判力が作用するというのは，そのとおりである (RGZ 79, 230, 232; RG JW 1931, 2482/2 u.a.)。これは，訴えが一定の法律要件要素の欠缺（たとえば請求権の履行期未到来）のため——一時的に——理由なしとして棄却される場合には，この判決の既判力は，従来欠けている請求権根拠要件要素が今や具備したという理由による，同じ請求の後訴による主張を妨げないことを意味する (vgl. RGZ 41, 63/4)。しかしその際，要件はつねに，その存在が新訴において明らかにされるべき法律要件要素の欠缺のため，かつ専らこの理由で前訴が棄却されたことが前訴判決の解釈から明らかになることである。しかし，かかる確定は，訴えを実体的に棄却する欠席判決の場合には行われ得ない。原告の欠席の場合には訴えの十分性（Schlüssigkeit）と理由具備性は調査されず，訴えの棄却は合目的的考量に基づく民訴法 330 条の法律規定により（場合によっては民訴法 333 条との関連で）単に原告の欠席に基づき行われ，その結果，原告の訴えは直ちに棄却され，欠席判決を自己の不利に発せさせる原告の理由や，所与の事実＝争訟状態にあって対席判決ならばどのような内容になり得，またならなければならなかったかという点は重要であり得ない（vgl. dazu RGZ 7, 395, 397/8; Rosenberg, aaO § 106 IV 1; Wieczorek, Anm. E. und E1 zu § 330 ZPO）。したがって本件では，欠席判決に基づき，問題となる事実関係に基づき原告の損害賠償請求権は存在しないことが既判力的に確定している。それゆえ，原告の提起した損害賠償請求の訴えは，原告に対して下され損害賠償請求を既判力的に否定する 1950 年 6 月 7 日の欠席判決に鑑み不適法である」（下線引用者）。

[6]　BGH Urteil vom 23.1.1997, BGHZ 134, 325 ＝ NJW 1997, 1003 ＝ JZ 1997, 617

原告銀行は当時保険代理人をしていた，被告の夫と 7 万 4 千マルクの金銭消費貸借契約を締結し，被告はその際，原告の主債務者に対する取引関係から生

じるすべての請求権につき，この額を限度に連帯保証をした。被告は無職で財産もなかった。その後，被告の夫は履行遅滞に陥ったので，原告は契約を解約告知した後，被告に対して6万2113,13マルクの支払いを請求した。本件保証契約の効力が争われ，第一審裁判所は信義則違反により請求を棄却した。控訴裁判所は，契約当事者間には耐え難い対等性の欠如（Ungleichgewicht）は存在せず，他にも公序良俗違反は認められないとして，利息の一部を除き，請求を認容した。連邦通常裁判所は，まだ主債務者と保証人との離婚が成立しておらず婚姻共同体が存在する本件事案について，以下のように保証契約の効力について原則的な判断を示し，原判決を取り消し，請求の一時的棄却の自判をした。

「III 1　与信者は，経済的給付能力をはるかに超える保証義務を負担した配偶者に対して請求することを，保証契約の有効な成立にもかかわらず特別の合意または民法242条に基づき阻止されることがある。

当部はこれまで，このことを，生活共同体が保証請求に対する裁判の時点でもはや存在しない事案につき判示した（BGHZ 128, 230, 236; Senaturt. v. 25. April 1996 —IX ZR 177/95, aaO.）。この判決によれば，配偶者の義務は主として財産の移動による不利益から債権者を保護し，主債務者の財産増加への保証人の分け前への債権者の掴取を可能にするという目的に役立ち，かつ，この事情がもはや生じ得ない限りで，行為基礎の消滅に関する準則が適用される。債権者が配偶者を取り込むことの希望を財産移動の危険によってのみ基礎づけ，または保証人が金銭的に給付能力がなく，かつ契約締結の際認識しうる事実に基づき，配偶者が近い将来所得または財産によって与信債権の弁済に寄与することも期待できない場合には，保証契約のかかる目的方向が，通常，認識しうるようになった当事者の行為意思の唯一法的に支持可能な基礎である（Senaturt. v. 25. April 1996, aaO）。

2　被告とその夫は別居している。事実裁判官の最終口頭弁論のとき，離婚判決はすでに言い渡されていたが，確定していなかった。行為基礎の消滅につき主張・証明責任を負う被告は，この時点において主債務者と保証人間の生活共同体が終局的に解消され，同時に共同の経済的利益は存在しなかったことを主張しなかった。上告法上の判断にとっては，この事実・争訟状態から出発すべきである。だが，主債務者と保証人間の財産移

動に対する保護に規定された保証契約の目的は，行為基礎が消滅した場合に初めて意味を獲得するのではない。

（a）　保証の特別の契約目的は，――当部がすでに BGHZ 128, 230, 235 の判決において示唆したように――主たる債務者と保証人間に生活共同体が存在する限り一様に顧慮されるべきである。その際，疑わしい場合には当事者は理性的なことを意欲したと仮定すべきである，したがって法律の内容と目的と合致しうる適正な規律に到達する解釈が優先されるべきである（vgl. BGHZ 79, 16, 18; BGH, Urt. v. 3. März 1971 - VIII ZR 55/70, NJW 1971, 1034, 1035）。後になって配偶者その人に発生するかもしれない財産にかかっていく可能性を債権者に認めるためにのみ責任が引き受けられる場合，それは，保証人が財産上給付能力を有していない限り，債権者は保証人の義務から請求権を引き出してはならないという両契約当事者の一致した意思があると見ることを支持する事情である。このことから，保証人が財産を取得するまで，請求権の履行期が初めから先送りされたという意味に保証を解釈することが尤もである（この種の約束につき，BGH, Urt. v. 18. Mai 1977 - III ZR 116/74, WM 1977, 895, 897; v. 24. Oktober 1991 - IX ZR 18/91, WM 1992, 159, 160）。

（b）　個別事案において当事者の表示がかかる解釈を許さない場合でさえ，初めから明らかに経済的に給付能力のない保証人その人に財産が生じなかった限り，債権者は信義則（民法242条）により，この者に請求することを阻止されている。法律上または契約上の権利の行使は，それが規範または当該合意の目的に一義的に合致せず，かつ他人の顧慮すべき利益を害し，権利者が提起された請求権の実現に保護に値する利益を有しない場合には，例外的に許されない（BGHZ 29, 113, 116 ff.; 58, 146, 147; BGH, Urt. v. 24. Februar 1994 - IX ZR 120/93, WM 1994, 623, 625）。所得や財産の無い配偶者による保証は，原則として，財産の移動から保護される，承認されるべき銀行の必要性によって初めて法的に負荷能力のある基礎（eine rechtlich tragfähige Basis）を獲得する。それゆえ，ずっと無財産であり，したがって主たる債務者に対する債権につき銀行に摑取を可能にすべき事実が（まだ）発生しない保証人に，金融機関は請求してはならない。この

ような権利行使の制限だけが，甘受しがたい保証人の負担となる契約関係の不釣合を回避する。したがって，初めから明らかに資金的に給付能力のない保証人が財産を取得しなかった場合には，債権者の訴えは一時的に理由のないものとして棄却されるべきである。

3 控訴裁判所の見解に反して，<u>以上の原則は，銀行が資金的に給付能力を有していない配偶者の保証を，財産の移動からの保護のためだけでなく，配偶者が相続によって財産を取得するであろうことをも期待して要求した場合にも適用される。</u>

保証は，一般的に配偶者の全財産から満足を得ることを与信者に可能にすべきである。それゆえ，与信者が配偶者を加えることによって，相続という，保証を与える際に法的地位でなく単に事実上の期待を基礎づけるに過ぎない不確実な将来の出来事に基づきこの配偶者に生じる財産にもかかろうとする場合，それには原則として異議を差し挟むことができない(Senaturt. v. 25. April 1996 aaO)。本件において，被告の両親には家屋敷があるので，原告は，保証人が将来いつかの時点でかなりの範囲財産を取得することを考慮に入れることができたということであろう。しかしながら，かかる場合には，この事情の意味が配偶者に読み取れるよう，銀行は保証がなされる前に，銀行の取引意思 (Geschäftswille) がいかなる観念に基づいているかを明らかにしなければならない。その場合にのみ，そのような利益は，近い将来にわたって妻の所得＝財産関係を著しく上回る保証のための行為基礎を形成することができる。……」(下線引用者)。

[7]　BGH Urteil vom 14.7.1995, NJW 1995, 2993 ＝ JZ 1996, 423 [126]

農地40番の所有者である原告らは，自己の土地からW道へ至るために被告所有地 (35番農地) を利用しなければならないとして，前訴において40番農地の各所有者には被告の土地である35番農地の負担において彼らの土地からW道への通行＝走行権 (Geh-und Fahrtrecht) からなる古法上の地役権が存在することの確認，この地役権の登記よび予備的に囲繞地通行権の受忍を請求

---

[126]　Mit Anmerkungen von *Braun*, JZ 1996, 423; *G. Lüke*, JuS 1996, 392; *Lenenbach*, ZZP 109 (1996), 395.

IV 請求の一時的棄却と終局的棄却　　　83

した。ラント裁判所は，道の一部に関して請求を認容し（40番農地の北東隅の出口から，35番の1と45番農地を結ぶ35番農地上の公道までの通行権を本質とする35番農地を要役地とする地役権が各原告に帰属することを確認），他の部分に関しては予備的に提起された囲繞地通行権の受忍を含め請求を棄却した。ラント裁判所は，この連絡部分ははるか大昔からの時効（unvordenkliche Verjährung）による公道であると認定し，公道が存在する限り地役権または囲繞地通行権の余地はないとした。原告はこのラント裁判所の判決の後，この道に公法上の利用権が存する旨の行政手続上の確認を申し立てた。M市は原告の申立てを認容し，W道から35番農地を通り40番農地に至る幅3,5メートルの連絡部分は公的性質を有するとしたが，被告の異議により，M市の決定はラント参事官によって取り消された。原告の母は行政裁判所に道の公道性の確認を求める行政訴訟を提起したが，行政裁判所により棄却された。この訴訟に，被告は必要的呼出人として関与した。この母が当事者であったのか，訴訟担当者であったか，また1人の原告を代理したのか全員を代理したのかは明らかでない。

　本件は，原告が被告に対して35番農地を通る原告の通行権を妨害しないよう求め，予備的にそのような囲繞地通行権を受忍するよう求めた訴えである。ラント裁判所は訴えを却下し，上級ラント裁判所は請求を認容した。M市に対し係争道路の公法性の確認を求めた原告の母の行政訴訟は，その点で中止されていた控訴手続中に確定的に棄却された。請求認容判決に対する被告の許可上告に対して，連邦通常裁判所は次のように判示して上告を棄却した。

　「上告の見解に反して，控訴裁判所は，原告が正当にもその点新たな事実を援用し，それによって既判力の時的限界を超えたので，係争連絡部分（Verbindungsstück）に原告の旧法上の地役権が存するか否かという問題を，前訴判決に対する拘束なしに改めて調査することが許された。事実関係の変動による場合には，判決の既判力は新たな異なる裁判を阻止しないことを，上告も端緒において疑っていない（支配的見解，引用省略）。上告は，行政官庁による，そして最終的には行政裁判所による係争連絡部分上の公道の否定が，1988年2月23日の前訴判決に関して，（訴訟後に発生した）新事実でないと考えているだけである。

　当部は，これに従うことができない。前訴判決の言渡しの際すでに存在

した事実＝法律状態に基づき，係争連絡部分が公道の性質をもっていたか否かは客観的には決まっていたことは確かにそうである。前訴におけるラント裁判所の見解と行政裁判所の裁判との間の本質的な差異は，W道からH道への農地部分（Flurstück）35番を通る連絡部分がはるか大昔から万人によって公道のように利用されたことをラント裁判所が事実上認めたのに対して，行政裁判所が同じ法的出発点から出発して，そのような事実確定はできないと述べたことにある。だが，行政官庁および行政裁判所もその点で法形成的裁判でなく，単に法確認的裁判を下したことから出発する場合にも，このことは決定的な観点ではない。この裁判の原告への影響は，新事実の性質をもつ。ラント裁判所が前訴において係争連絡部分での古法上の地役権の確定を妨げられると考えたのは，ラント裁判所が原告に公法上すでに通行＝走行地役権を認めたからに他ならない。ラント裁判所の判決は，したがって，原告がすでに公法上連絡部分を利用できる限り，古法上の地役権に基づく権利はないという——たとえ特に表現されていないにせよ——明らかな留保のもとにあった。確定判決の判決理由におけるこの叙述から出発すべきである（vgl. Senat, NJW 1984, 126 ＝ LM§812 BGB Nr. 159）。その限りで，ラント裁判所はそのような前提問題管轄を有したが，この問題を管轄行政庁に対する効力をもって裁判することはできなかった。前訴判決の言渡しの後，事実状態は原告にとってこの点において決定的に変った。原告は，とくに行政裁判所の判決後は実際に連絡部分を公法上の規定により利用する可能性をもはや有しない。すなわち，行政官庁は土地所有者（被告）に対して連絡部分は公道であるとの立場をもはや取ることができない。被告は行政訴訟に呼出しを受けていた（beigeladen）ので（行政裁判所法63条3号；vgl. Kopp, VwGO, 10. Aufl., §121 Rdnr. 23）行政庁はその限りで土地所有者（被告）との関係で行政裁判所の判決の既判力に拘束される（行政裁判所法121条）。既判力の時的限界の意義と目的を理性的に考量すれば，行政裁判所の裁判の法ドグマーティシュな性質決定（法確認的性格）と無関係に，前提問題の判断の際のスタート官庁（M市）およびラント裁判所の，当初の反対の立場の後は，行政裁判所の判決が原告にとって実際上および事実上，以前に存在した利用可能性の消滅を意味し，

この影響が事実状態を変動させたことを看過することはできない。しかし，そうであれば，争いのある連絡部分についても古法上の地役権の存在を改めて調査させる可能性を原告から奪うことはできない。それゆえ控訴裁判所は，正当にも事案を BGHZ 37, 375 ff. の裁判と比較した。この裁判では，連邦通常裁判所は第三者に対する関係での他の方法での賠償可能性についての新たな裁判を事実関係の事後的変動と見なし，しかも，第三者に対する訴えが正当に棄却された場合についてもそうした（BGHZ 37, 375 [379] ＝ NJW 1962, 1862 ＝ LM § 839 [E] BGB Nr. 12a）」（下線引用者）。

[8] OLG Düsseldorf Urteil vom 23.4.1992 NJW 1993, 802

私保険によって付保されていた被告は，1980 年 8 月に原告歯科医の治療を受け，これは 1986 年 1 月 16 日に終わった。被告は，期待された結果がこの時点までに得られなかったとして診療契約を解約告知した。そうこうするうちに，原告は繰り返し，保存療法と人工装具治療の最終計算をした。その際主張された全報酬は規則正しく支払われた。原告は 1985 年 12 月 10 日の計算書によって，1985 年 11 月 27 日までに歯列矯正（Korrektur der Zahnstellungsabweichungen）のために行われた仕事につきさらに 9771,79 マルクの報酬を請求した。被告がこれを支払わなかったので，原告はその支払いを求めて訴えを提起した。ラント裁判所は 1987 年 2 月 19 日の判決で請求を棄却した。原告は適式な計算書を提出しなかった，計算額が個々的に何からなるか検証できないというのが，その理由であった。この判決は確定した。その後，1988 年 11 月 18 日付けで原告は総額 14,912,69 マルクの顎の整形治療（die kieferorthopädische Behandlung）に関する新しい計算書を作成し，この報酬を本訴で請求した。ラント裁判所は 1988 年 1 月 16 日の治療につき計算された 100 マルクの支払いを被告に命じたが，その余の請求を棄却した。上級ラント裁判所は次の理由で被告の控訴を棄却した。

「既判力の範囲は，判決の主文から明らかになり，その解釈の際は事実，判決理由および基礎をなす当事者の陳述が用いられるべきである。裁判所が訴訟上主張された請求を『現在履行期にない』として棄却できることは承認されている。かかる裁判によって当事者は，自己に帰属していると考える債権を実現することを終局的に妨げられるものではない。むしろ，当

事者は履行期と対立する障害の除去の後，改めて訴えを提起することができる。原告によって主張された見解に反して，前訴を終結する1987年2月19日の判決の既判力は，この意味において修正されない。判決の決定的な主文において，訴えは制限的な付加なしに棄却されている。その他の判決内容の解釈も，既判力の制限のための手掛かりを明らかにしない。すなわち，ラント裁判所はその判決を正規の検証できる計算書の欠缺に基礎づけた。この定式からは，原告が修正され補充された計算書の提出後改めて報酬を裁判上主張する権利を有するということは引き出し得ない。全く逆に，判決理由では，歯科医は報酬の支払請求権をもたないことがはっきりと強調されている。請求原因の陳述は『十分性を欠く（nicht schlüssig）』と称し，合議体は履行期到来の観点に言及すらしていない。判決の全関連からは，ラント裁判所がその判決を本質的に十分な具体的事実陳述（eine hinreichende Substantiierung）の欠缺に基礎づけたことが引き出される。<u>ラント裁判所は，計算された報酬が詳しくはどのような構成なのか検証できないと文句をつけた。したがって，訴えの棄却にとって決定的であったのは報酬の履行期到来にとって必要な計算書の交付の欠缺ではなく，原告が行ったとする給付が適正に主張されていなかったという事情である。事実陳述の欠缺は，既判力の弱化を招くことはできない。</u>裁判所の判断が求められた訴訟物は，むしろ，原告が不服を申し立てなかった1987年2月19日の判決により最終的に片づけられている」（下線引用者）。

[9]　BGH Urteil vom 27.10.1994, BGHZ 127, 254 ＝ NJW 1995, 399

　原告は1〜6の仕事段階の仕事について建築家報酬ならびに付随費用の償還を請求する。当事者は1990年末に，被告のために原告が商業ビルの支持構造の計画書（Tragwerksplanung）を作成することについて交渉を行った。原告は1990年11月22日の書面で被告に，契約書書式の印刷遅れのため，一般的な形式で契約本文の重要な事項を通知した。そこでは，大雑把に計算された算入可能な建築費（50万マルク），HOAIによって定められた給付ゾーン（Leistungszone）およびこれによって決まる報酬率に基づき，17,098,63マルクを報酬総額とした。そして完全な契約書類は書式の到着後に送ることとし，この書面への署名を求めた。被告は1991年8月または9月になってからようやく，

この書面に署名し原告に返送した。原告は，1991年12月2日の書面で被告に，約105万マルクという当初の計算と懸け離れた建築費に鑑み元の申込みにつき再交渉するよう提案した。被告は，もともと締結された契約は有効であるという理由で，この提案を拒否した。1991年12月末，原告は被告に17,098,63マルクの「契約額」における一部報酬（ein Teilhonorar）に関する一部計算書（eine Teilrechnung）を送付した。これに対して，被告は4,716.80マルクの一部額を支払った。仕事の終了後，原告は被告に1992年3月23日付けの68,645,28マルクの一部計算書を交付した。これは費用査定に基づく算入可能な費用を102万マルクとしたものであった。被告は1990年11月22日の合意を指摘して支払いを拒否した。そこで，原告が1992年3月23日の一部計算書に基づき提起したのが，本訴である。第一審の最終口頭弁論終結後，判決の言渡しの前に，原告は1993年2月8日付けの最終計算書を提出した。第一審は1992年3月23日の一部計算書に基づき請求を認容したが，控訴裁判所は請求を棄却した。原告の上告により原判決は破棄され，事件は原審に差し戻された。

「II 1 控訴裁判所は，請求棄却を念のため次の予備的考量に基礎づけた。すなわち，訴えは，原告がその計算書において算入できる費用を理解可能な（nachvollziehbar）形で説明しなかったことによっても理由がない。原告は，被告が計算書のコピーを呈示して費用を通知したので，増加費用につき説明できないのだと異議を述べることはできない。原告の添付した費用リストは彼自身の陳述に従って不完全であり，その上，それは費用でなく建築価を含んでいる。被告が通知した計算（Zahlenwerk）を，原告は彼自身によって割り出された建築費と同様疑問とする。原告は，どのようにして50万マルクという建築費を割り出したかを説明しなければならなかった。この法的観点が口頭弁論において当部の面前で論じられた，と。

2 控訴裁判所のこの考量は，いくつかの点で徹底的な法的疑問にあう。

（a）控訴裁判所の考慮によれば，控訴裁判所が履行期にない報酬債権を理由なしとして棄却するのか，一時的に理由なしとして棄却するのか疑問である。建築家の提出した最終計算書が調査資格のある計算書（prüffähige Abrechnung）の要件を充足していないがゆえに，報酬債権が履行期にないことに請求棄却が基礎づけられる場合，建築家の報酬請求の訴えは

理由なしとして棄却されることはできない。

　調査資格のある最終計算書がないため履行期にない報酬債権は理由なしとして棄却されるべきか、それとも一時的に理由のないものとしてのみ棄却されるべきかという、この係争問題について、当部はこれまで判断しなかった（文献と判例における見解の状況について、たとえば Locher/Koeble/Frik, HOAI, 6. Aufl., §10 Rdnr. 5; Hesse/Korbion/Mantscheff/Vygen, HOAI, 4. Aufl., §8 Rdnr. 47; Löffelmann/Fleischmann, Archtektenrecht, 2. Aufl., Rdnr. 1396 f.; Werner/Pastor, Der Bauprozeß, 7. Aufl., Rdnr. 844, jeweils m. w. Nachw. 参照）。

　連邦通常裁判所の判例と文献における一致した見解（vgl. Walchshöfer, Klageabweisung als »zur Zeit« unzulässig oder unbegründet, in: Festschrift für Schwab, 1990, S. 521 [527] m. Nachw. der Rspr.）によれば、履行期前に提起された訴えは、訴えが終局的に棄却されなければならないか、それとも給付が命じられなければならないかが裁判の時点では不確かであるので、一時的に理由のないものとして棄却されるべきである（Walchshöfer, aaO S. 528 m. w. Nachw.）。この考量は審査資格のある最終計算書がないため履行期にない報酬債権に等しく妥当する。建築家の履行期にない報酬債権を主張する訴えを、他の履行期にない訴求債権と異なり理由なしとして棄却することを正当化する理由は明らかでない」（下線引用者）。

3　分　析

(1)　以上の判例は概ね文献の多数説の支持を受けているが[127]、個々的には反対または疑問が表明されているものもある（そのうち欠席判決後の新事実の主張の適否を扱う［5］の問題点は、すでにⅡ2(2)で扱った）。

(2)　前述のように、債権がまだ一度も有効に成立しておらず、または全く判断できない障害が請求権の実現を妨げる場合にまで一時的棄却を行うことに疑問を呈する Kappel は、これらの判例を詳細に検討した。[4]について、

---

(127)　Zöller/Vollkommer, 25. Aufl., §322 Rdnr. 57; MünchKommZPO/Gottwald, 2. Aufl., §322 Rdnr.143; Musielak/Musielak, 4. Aufl., §322 Rdnr. 29.

Kappel は，第三者異議訴訟の判決ではなく，差押物を持ち去ることが損害を惹起するのであるから，前訴におけるラント裁判所の判断は確かに間違っているが，このラント裁判所の判決を前提とする限りでは，後に第三者異議の訴えを棄却する判決は新事実をなすので，請求棄却判決の既判力はいずれにせよ後訴を不適法ならしめないものの，問題は後訴の適法性を既判力の時的限界から基礎づけるのか，それとも後訴が前訴とは異なる訴訟物に関するため後訴が適法なのかにあるとする。彼自身は，給付義務がその存立において確かであることがドイツ民事訴訟法259条による将来の給付の訴えの要件であり，したがって損害が未発生の場合には将来の給付の訴えは不適法であるので，損害未発生の場合における現在の給付の訴えについても一時的棄却の余地はなく，請求は最終的に棄却されなければならなかったとする(128)。後に原告に損害が発生した場合には，Kappel によれば，これは請求権変更的新事実であり，原告は既判力によって阻止されることなく，生じた損害の賠償を求める訴えを改めて提起することができる。ただこの場合には，損害賠償請求権の成立要件は後訴において改めて初めから審理され得るだけだとする。[6]（妻の保証のケース）について，Kappel は一時的な支障ではないので，原告銀行の請求は一時的棄却ではなく，終局的に棄却されるべきであったと批判する(129)。もっとも，Kappel によっても，後に妻が相続等により資産を得た場合には，請求権変更的新事実が生じ，改めて原告銀行は前訴とは異なる訴訟物についての訴えとして再訴を提起することができる。

　しかし，Kappel の見解は，一時的棄却の場合に前訴裁判所による請求権要件の認定に請求権者の有利に拘束力を肯定するものであり，この前提自体に賛成できないことはすでに明らかにしたとおりである。また，[4] [6] で最終的な棄却判決が下されると，勝訴被告は上訴を提起して，たとえば加害行為の不存在や（[4] のケースにつき），保証契約の無効（[6] のケースにつき）を理由に終局的に請求を棄却する判決を求めることはもはやできなくなる。Kappel の見解によっても [4] につき後に損害が生じた場合や，[6] につき妻が資産を

---

(128) *Kappel*, a.a.O. (Fn. 3), S. 78.

(129) *Kappel*, a.a.O. (Fn. 3), S. 99 ff.

取得した場合には再訴が可能なのであるから，被告に請求棄却理由に関して上訴の不服を認める必要がある。この点からも一時的棄却判決が優れていると考えられる。

　(3)　[7] は事件の事実関係自体に新たな事実が生じたのではなく，確定判決が前提とした事項について逆の内容の行政庁や行政裁判所の裁判が標準時後に生じたケースである。この判決に対しては，その理由づけについて批判がある。確定判決の前提問題について，標準時後に確定判決における判断と異なる行政庁の決定や裁判所の判決がなされた場合，これが形成力や構成要件的効力(130)を有するものでない限り，標準時後の新事実に当らないとする批判である。また確定判決が行政裁判所の裁判を前提にして裁判をしていたところ，その裁判が後に変更された場合には再審の訴えによって救済を求めなければならず，しかも再審の訴えには訴え提起期間の制限があるのに，[7] の事案のように民事判決が一定の公法上の仮定に基づく場合に，これが後に当事者に対して拘束力をもって別異に確定された場合には再訴を提起できるとするのはバランスを失するという問題もある(131)。しかし，再訴を適法とした連邦通常裁判所の結論に反対する者は少ない(132)。Leipold は，[7] のような事案では，公道が存在し，反対の行政裁判所の確定が存在しないという前提条件下でのみ第一審判決が妥当するという内容的制限を確定判決が伴っているのだと解すべきことを指摘する(133)。

　(4)　見解が大きく対立するのは，仲裁鑑定書を提出することなく直ちに提起された訴えに対して，裁判所はいかなる判決を下すべきかである。ドイツの文献では，判例を支持して一時的棄却判決を下すべしとする見解(134)，仲裁鑑定

---

(130) 判決の構成要件的効力については，鈴木正裕「判決の法律要件的効力」山木戸還暦(下)149頁以下；松本博之「反射的効力論と既判力拡張論」新堂古稀（下）395頁，403頁以下（本書第5章）参照。

(131) Braun, JZ 1996, 423, 425. Lenenbach, ZZP 109 (1996), 395, 403 は，行政裁判所の裁判は公法上の権利が前訴確定判決の時点ですでに存在しなかったことを証明する文書，したがってドイツ民訴法580条7b号により再審を許す文書でないことを指摘する。

(132) 結論に反対し，行政庁や行政裁判所の裁判は新事実に当らないとするものに，Grunsky, BGH LM ZPO § 322 Nr. 143 がある。

書が提出されるまでは訴えは不適法と見る見解[135]，裁判所はドイツ民訴法356条，431条1項を類推適用して先ず仲裁鑑定を提出すべき期間を定め，この期間内に仲裁鑑定書が提出されない場合には，当事者は仲裁鑑定契約によって私法上の義務の成立および範囲を仲裁鑑定にかからしめたのだから，終局的に請求を棄却すべしとする見解[136]，やむをえない場合にはドイツ民訴法356条に準じて期間を与えることができるが，受訴裁判所は挙証者の態度のために

---

(133) *Stein/Jonas/Leipold*, 21. Aufl., 322 Rdnr. 244. *Musielak/Musielak*, 4. Aufl., § 322 Rdnr. 29 は，確定判決は古法上の地役権が存在しないという留保付きであったとする。また，*Braun*, JZ 1996, 423, 425 は一定の意味連関により既判力の及ぶ範囲を訴訟物を超えて拡げ得るのであれば，意味連関による既判力の制限も可能だと見て，「判決が公道が存在するという理由で用役権を否定する場合には，公道が存在しないと行政裁判上拘束力をもって確定されていない限りでのみ用役権が否定されていると解釈することができる」と論じる可能性があるとし，*Leipold* に似た見解を示唆する。

(134) *Baumgärtel*, Wesen und Begriff der Prozeßhandlung einer Partei im Zivilprozeß, 1957, S. 256; MünchKommZPO/*Maier*, 2. Aufl., § 1025 Rdnr. 1; *Soergel/M. Wolf*, Bürgerliches Gesetzbuch, Bd. 2, 12. Aufl., Stuttgart/Berlin/Köln 1990, § 317 Rdnr. 21; *Walchshöfer*, a.a.O. (Fn. 57), S. 528 ff.; *Wieczorek/Schütze*, 2. Aufl., § 1025 Anm. D III a 1; *Werner/Pastor*, a.a.O. (Fn. 123), Rdnr. 542; *Zöller/Geimer*, 18. Aufl., § 1025 Rdnr. 61.

(135) *Schiedermair*, Vereinbarungen im Zivilprozeß, Bonn 1935, S. 122 Fn. 71; *Habscheid*, Das Schiedsgutachten, Festschrift für Lehmann zum 80. Geburtstag, 1956, S. 789, 805 f.; *ders.*, Das Schiedsgutachten als Mittel der Streitentscheidung und der Streitvorbeutung, Festschrift für Kralik, Wien 1986, S. 189, 203; *Nikisch*, Zivilprozessrecht, 2. Aufl., Tübingen 1952, § 143 VI 2; *Sieg*, Die feststellenden Schiedsgutachter im Privatversicherungsrecht, VersR 1965, 629, 631.

(136) Alternativ Kommentar zur ZPO/*Röhl*, Neuwied/Darmstadt 1987, vor § 1025 Rdnr. 50; *Dahlen*, Urteilsanmerkung, NJW 1971, 1756 f.; MünchKommZPO/*Mair*, 2. Aufl., § 1025 Rdnr. 39; *Wittmann*, Struktur und Grundprobleme des Schiedsgutachtenvertrages, Köln/Berlin/Bonn/München 1978, S. 73; 裁判官は仲裁鑑定書提出期間を定め，期間内に提出がない場合には一時的棄却判決をすべきものとするのは，*Baumbach/Lauterbach/Albers/Hartmann*, 64. Aufl., Grundsatz § 1025, Rdnr. 17; *Rosenberg/Schwab/Gottwald*, 16. Aufl., § 171 Rdnr, 26; MünchKommBGB/*Gottwald*, 3. Aufl., § 317 Rdnr. 27; MünchKommZPO/*Münch*, 2. Aufl., Vor § 1025 Rdnr. 26; *Staudinger/Mader*, Kommentar zum Bürgerlichen Gesetzbuch, 13. Aufl., Berlin 1995, § 317 Rdnr. 33.

仲裁鑑定書を提出できない場合には請求を最終的に棄却することができるとする見解(137)，さらに，仲裁鑑定が請求権根拠要件に（少なくとも請求権根拠要件にも）関する場合には，訴えは終局的に棄却され，専ら損害額ないし給付決定のために用いられる仲裁鑑定の場合には一時的棄却判決が考えられるとする見解(138)が主張されている。日本では，仲裁鑑定契約の存在が主張・証明される場合には，裁判所は仲裁鑑定が行われるまで，事件につき調停が行われている場合や特許審判が先決関係をなす場合に準じて訴訟手続を中止できるという見解(139)がある。また，仲裁鑑定契約では自白契約の場合と同様，対象事実に関する証拠申出はすべて不適法として却下されなければならず自由心証による事実認定の余地はないとするが，裁判所は請求棄却判決を下すべきなのか，訴え却下判決をすべきなのか，あるいは，訴訟手続を中止すべきなのかを明らかにしていない見解(140)もある。

　仲裁鑑定契約の訴訟上の効力は，仲裁鑑定契約に服する事実または法律要件要素について裁判所が証拠調べをすることができないこと，したがって当該事実または法律要件要素につき原告が無証明であることにあり，決して口頭弁論終結時点において訴訟要件の欠缺があるのではないので，これらの見解のうち，訴えの不適法却下説は妥当でないであろう。*Schlosser* は終局的請求棄却説の根拠として，仲裁鑑定を提出できないのが挙証者のせいである場合，相手方当事者は終局的裁判を求める権利を有するのであり，したがって挙証者が仲裁鑑定書の取り寄せに対する抵抗を止めるなら手続が再び始まるというリスクを背負うというのは相手方当事者に期待できない（unzumutbar）との理由で，無証明を理由に請求を終局的に棄却すべきだと説く。しかし，この理由で請求が最終的に棄却されるべきだと考える場合には，後に仲裁鑑定書が作成されても再

---

　(137)　*Schwab/Walter*, Schiedgerichtsbarkeit, 6. Aufl., München 2000, Kap. 2, Rdnr. 7; *Walter*, Dogmatik der unterschiedlichen Verfahren zur Streitbeilegung, ZZP 103 (1990), 141, 154; *ders.*, JZ 1988, 1083 f.; *Stein/Jonas/Schlosser*, 21. Aufl., vor § 1025 Rdnrn. 23b, 32.
　(138)　*Kappel*, a.a.O. (Fn. 3), S. 86.
　(139)　新堂 510 頁。
　(140)　上田 368 頁。

訴は不適法ということになろう。だが，仲裁鑑定契約が損害額にのみ関する場合のように，請求権の成立自体が否定されていない場合にも再訴が許されないとするのは，請求者に酷に過ぎるように思われる。日本で主張されている手続中止説は仲裁鑑定がいつ提出されるか分からないため手続を著しく遅延させることになり，妥当でないであろう。事件につき調停が行われている場合の類推も，仲裁鑑定実施中である場合を除き，その基礎を欠く。また仲裁鑑定手続が実施中の場合でも，仲裁鑑定がいつ出るか分からない以上，中止は手続を著しく遅延させる危険がある。したがって裁判所は，事情によって仲裁鑑定書を提出すべき期間を裁定することができ，この期間内に仲裁鑑定書の提出がない場合には，請求を一時的に棄却することができると解すべきであろう。

(5) 建築家が報酬請求をするために要求される最終計算書の制度は，日本法にはない。ドイツでは報酬請求訴訟において，最終計算書の不提出のために請求権の期限未到来を理由に請求が棄却された場合には，計算書の作成の後改めて原告が報酬請求の訴えを提起することは既判力に抵触しない。このことは，医師の報酬請求訴訟についての [8] も同じ考え方である[141]。ただ，[8] においては，確定判決が，原告のした医療給付の内容についての具体的な事実主張がないこと，すなわち訴えの不十分性（Unschlüssigkeit）を理由に請求を棄却している場合には，計算書が事後的に作成交付されても，これは新事実に当たらず，再訴は不適法とされているのである[142]。

4 一時的棄却と終局的棄却の区別の基準

以上のドイツの判例から，一時的棄却として想定されているのは，口頭弁論終結後の事実関係の変動によって後に請求棄却理由がなくなり，請求が理由を具備するに至る可能性（蓋然性だけではない）の存することが訴訟中にすでに明らかになっている事案であるということができる。とくに当初からの履行期の合意や期限の猶予は，後に期限が到来することが確実な事案である。将来請求が理由を有するに至る蓋然性がさほど高くなく，むしろ単なる可能性にとど

---

(141) BGH NJW 2000, 590 = LM ZPO § 511 Nr. 66 mit Anmerkung von Grunsky.
(142) *Musielak/Musielak*, 4. Aufl., § 322 Rdnr. 29.

まる場合にも，一時的棄却判決が行われている。[3] は実体法上，乙が責任を負わない場合には甲が責任を負うという択一的責任の事例であり，他の方法で，つまり乙から損害賠償を得られないかもしれない可能性が前訴中に予見できる場合である。現在の給付訴訟において審理の結果，契約には停止条件が付されていることが明らかになり，かつ停止条件がまだ成就していない場合，条件というものの性質上，将来条件が成就する蓋然性は決して高くはないが，その可能性はあるから，請求棄却は一時的棄却である。ただし，[7] の請求棄却を一時的棄却と見ることはできないであろう。建築家の最終計算書がまだ提出されていない場合に提起された訴えに対して一時的棄却が行われるのは，最終計算書の提出が HOAI の解釈上履行期の問題とされており，標準時後に建築家が最終計算書を作成し提出することは容易なことが理由である。医師の報酬請求についても，報酬計算書には医師報酬法（Gebührenordnung für Ärzte）により計算された医療給付を表示することが要求され，これを欠くときは報酬請求権の履行期が到来しないと解されている。

　これに対して終局的棄却は，棄却事由が標準時後の新事実によって影響を受けない場合である。たとえば，債務がすでに弁済によって消滅していることや，消滅時効が完成していることによる請求の棄却，被告の無過失を理由とする損害賠償請求の棄却，目的物の滅失による所有物返還請求の棄却は，終局的棄却の例である。これらの場合には標準時後の新事実によって弁済が効力を失うとか，目的物が蘇るというようなことは起こらないからである[143]。

　契約の不成立，所有権に基づく返還請求における被告の占有の欠缺や原告の所有権の欠缺をも，請求の一時的棄却事由に数える見解[144]があるが，この見

---

(143) 弁済を理由に請求棄却判決を受けた原告が判決確定後，標準時後の履行期の到来を主張して再訴を提起した場合について，高橋・重点講義〔上〕536頁注（24）は，争点効肯定説によれば，争点効の要件を具備する限り，再訴を直ちに棄却することができ，それゆえ期限到来の主張の排斥を既判力の時的限界で説明するか，棄却理由の拘束力で説明するかは実際の帰結に差異をもたらさないとし，争点効の要件を具備しない場合にはこの点の検討が必要になると指摘する。しかし本章で主張した理由説によれば，標準時後の履行期到来の主張によって弁済の効力が失われることはないのであるから，弁済を理由に請求を棄却する判決は一時的棄却判決ではなく，そのような主張による再訴は争点効理論を持ち出すまでもなく，初めから不適法である。

解を支持することはできない。前訴と同じ内容の契約が将来同一当事者間で締結されることがあり，所有物返還請求訴訟の被告が将来目的物の占有を取得または回復し，原告が所有権を取得する可能性はもちろん否定できないが，これらの事実は前訴の訴訟物を構成する事実関係に属するものでなく，事実関係が前訴と本質的に変動しているので，後訴は新たな訴訟物をもつ訴えと見るべきである(145)。

5 棄却理由の変更だけを求める上訴と当事者の審理順序の指定権

(1) 一時的棄却判決においては請求棄却理由に関して将来生じる新事実によって請求が理由をもつに至り，再訴が可能であるので，被告は一時的棄却判決でなく，終局的な棄却判決を求める利益を有し，したがって控訴の利益を有すると解すべきことは既に述べた(146)。

このことは，被告がより下位の審級において，まず請求の全部棄却理由の審理を行うことを求め，全部棄却理由がない場合に初めて請求の一時的棄却理由の審理を求めるというように審理順序を指定する権限を有することを意味する。それ以上に，被告は一時的棄却をもたらすすべての棄却理由によって請求棄却判決が理由づけられることを求めることができるかどうかも問題となる。Grunsky はこの問題を肯定する(147)。考慮され得るすべての一時的棄却理由が

---

(144) Grunsky, a.a.O. (Fn. 57), S. 166; ders., BGH LM § 511 ZPO Nr. 66 Bl. 4. 高橋・重点講義〔上〕536頁注（24）も同じ見解であろう。

(145) 後訴の事実関係が前訴のそれと本質的に変動している場合に訴訟物は異なるとするのが，二分肢説の立場である。日本で依然として判例上支配的な訴訟物学説である旧実体法説によっても，前訴と後訴の訴訟物とは異なる。なぜなら，被告の占有の否定による請求棄却判決の既判力の標準時後に被告が新たに占有を取得すれば，その時点で新たに原告の所有権に基づく返還請求権が成立するのであって，前訴で主張された所有物返還請求権と後訴で主張されるそれとは同一の請求権ではないからである。判決により所有権を否定された原告が標準時後に新たに所有権を取得した場合にも，被告占有者が同一であるからといって，被告に対する所有物返還請求権は前訴で主張されたそれと同じではない。前訴が契約の不成立を理由に請求を棄却した場合に，標準時後に同一内容の契約が同一当事者間で成立しても，別個の請求権が生じるので，訴訟物は異なる。

(146) 上述39頁以下。

認定されている場合には，すべての棄却理由について新事実が発生した場合に限り，原告は再訴を提起することができることになるから，このことは被告の保護にとって有効だからというのがその理由である。しかし，裁判所が被告の主張する数個の一時的棄却理由のうち，あるものによって請求を棄却する判決をした場合に，なお被告が一時的棄却理由の追加を求めて上訴を提起することができるとすると，請求の一時的棄却の結論は変らないのに上訴審の手続が行われることになるが，これは訴訟経済上疑問であり，このような場合にまで上訴の不服を認める必要はないのではなかろうか。

(2) 次に，終局的な請求棄却判決を受けた原告が一時的棄却判決への変更を求めて控訴を提起することができるかは問題である。従来は，単に請求棄却理由の変更を求める控訴は不適法と見られてきたが，終局的棄却か一時的棄却かによって再訴の適法性を基礎づけ得る新たな事実が異なる以上，被告に棄却理由の変更を求めて控訴を提起する利益が認められるのと同様に，武器対等の原則上，控訴の利益（不服）が肯定されるべきであろう[148]。

この関連では，裁判所が両立し得る終局的棄却理由と一時的棄却理由を掲げて請求棄却判決を下した場合につき終局的棄却理由の除去を求める控訴の利益を認めた BGHZ 143, 169 [149]が参考になる。この事案では，原審は，医師の患者に対する報酬請求訴訟において請求を棄却したのであるが，その際，判決理由として，適正な計算書の作成交付がなかったため期限未到来であること，および，この請求権は消滅時効が完成していることを挙げた。原告は控訴を提起し，原判決の取消しと請求の認容を求めたが，控訴理由は消滅時効の点に限定した。上級ラント裁判所は，適法な控訴理由を欠くという理由で控訴を不適法として却下した。原告の即時抗告（§519b a. F. ZPO）に対して，連邦通常裁判所は原判決を破棄し，事件を原審に差し戻した。連邦通常裁判所はラント裁判所の請求棄却理由の射程距離が期限未到来と消滅時効とで異なることを重視した。曰く，「ラント裁判所が請求の棄却を履行期未到来の観点に基礎づけた

---

(147) Grunsky, a.a.O. (Fn. 57), S. 167.
(148) Grunsky, a.a.O. (Fn. 57), S. 163; ders., BGH LM § 511 ZPO Nr. 66 Bl. 4.
(149) この判決は，NJW 2000, 590; BGH LM § 511 ZPO Nr. 66 にも掲載されている。

としたら、訴えは一時的に棄却されてよかったであろう。かかる判決の既判力は、ラント裁判所が異議を唱えた計算書の欠缺が除去され債権の履行期が到来したという理由づけによる新訴を妨げない。それに対して、ラント裁判所の判決が本件の形で既判力を生じるならば、同様に抜本的なもの（durchgreifend）と見なされた消滅時効の抗弁により請求棄却は終局的と見なされる」(150)。ここから、連邦通常裁判所は消滅時効を理由とする請求棄却は追加的な不服を生ぜしめるので、原告が計算書の欠缺による請求棄却に甘んじる用意がある場合にも、控訴は適法でなければならず、控訴理由書は時効問題を扱っていたので、被告の控訴は適法であったとの結論に至った(151)。連邦通常裁判所は判決理由には既判力が生じず、したがって判決理由からは不服は生じないという一般の見解には触れていないが、一時的棄却判決を受けた被告が終局的な棄却を求めて控訴を提起する不服を認められることとの平等扱いが重要であると思われる。

V　最終的考察

1　請求棄却説の批判

（1）冒頭で問題点を指摘した、前訴と同一訴訟物の後訴についての請求棄却説は、前訴と後訴の訴訟物が同一である場合にも、前訴確定判決の既判力が後訴に及ばないことを後訴の（消極的）訴訟要件として位置づけることを拒否する。したがって、この見解は既判力により後訴を不適法として却下することを拒否する。その結果、前訴で敗訴した原告は、無条件で再訴を提起することを既判力により妨げられず、したがって裁判所は同一訴訟物の再訴に対して本案判決をしなければならず、この場合の判決書も本案判決として事実および理由を記載し、事実認定および法適用をしなければならなくなる。それが訴訟経済に反することは全く明らかである。このような訴訟不経済は、訴え却下判決によって適切かつ正当に回避することができる(152)。前訴と後訴の訴訟物が同一のとき、前訴判決の既判力が及んでいないことは後訴の訴訟要件をなし、裁判

---

(150)　BGHZ 143, 172 f.
(151)　BGHZ 143, 173.

所はこの点を職権で顧慮しなければならない(153)。

(2) 請求棄却説がその長所として誇示する点，すなわち，同一訴訟物をもつ後訴において原告が何ら新事実を提出しない場合，請求棄却判決がなされ，これが確定すると，この判決の既判力は後訴の事実審の最終口頭弁論終結時を標準時とするので，それだけ既判力の時的限界が後に繰り下がり，法的安定の要請に資することができるとされる点にも，同意することができない。請求棄却説によれば，新事実を主張していない再訴も，前訴確定判決の既判力により不適法となるのではないから（他の訴訟要件を欠くため後訴が不適法な場合があることは別論である），同一訴訟物をもつ第2の訴訟で敗訴した原告は再び同一訴訟物をもつ後訴（第3の訴え）を提起することを既判力により妨げられないことになる。そして，この第3の訴訟においても，原告が裁判所の釈明にもかかわらず請求を理由あらしめる第2の訴訟の標準時後の新事実の主張・立証をすることができなければ，再び請求棄却の本案判決がなされることになる。このようにして，請求棄却説によると，後訴において請求棄却判決を受けた原告は，法律状態の変動をもたらすことのできる新事実を全く主張することなく（これを主張することを要求されないで），理論的には何度でも同一訴訟物をもつ後訴

---

(152) この関連では，判例が訴訟物を異にする同一当事者間の後訴を信義則に基づき排斥する場合，後訴を不適法として却下し（最〔1小〕判昭和51年9月30日民集30巻8号799頁；最〔1小〕判昭和52年3月24日金商548号39頁；最〔1小〕判昭和59年1月19日判時1105号48頁＝判タ519号136頁；最〔2小〕判平成10年6月12日民集52巻4号1147頁など），既判力について請求棄却説を主張する見解がこれを支持していることも不可解である。この判例は種々の問題を含むものであるが（本書5頁以下；松本＝上野〔686〕参照），本章との関係では請求棄却説がより公益性の強い既判力効の適用の場面において後訴の却下ではなく，後訴請求の棄却を説き，信義則の適用の場面では後訴の却下を説くというアンバランスを放置していることを指摘しなければならない。請求棄却説の論者は，信義則は当事者に向けられた再訴の禁止，既判力は裁判所に向けられた矛盾判断の禁止と解するのだと思われるが，前訴と後訴の訴訟物が同一の場合に本案判決を下すべきものとするのであれば，訴訟物を異にする後訴においては——当事者に対する信義則を適用するのであれ——一層後訴の最終口頭弁論終結時へ既判力の標準時を繰り下げるメリットを追求して本案判決をするのが請求棄却説を一貫することになるのではなかろうか。

(153) 同旨，斎藤392頁；注解民訴〔第2版〕102頁〔斎藤＝渡辺＝小室〕。

V 最終的考察

を次から次へと繰返し提起することを既判力により阻止されないのである。裁判所は，その都度，釈明権を行使して原告に標準時後の新事実の主張・立証を促し，それがない場合，事実と判決理由を記載した判決書（民訴253条1項）を作成して請求棄却の本案判決を下さなければならない。かかる状況において，既判力効の法的意味は一体どこにあるというのであろうか。かくては，既判力はその存在理由である法的安定性を確保することのできない殆ど意味のない制度に容易に変じてしまうであろう[154]。それゆえ，既判力は，同一訴訟物をもつ後訴において前訴請求の棄却理由となった事由との関連で権利状態を変動させ得る新たな事実が発生したことの主張がなければ，後訴の提起を不適法ならしめるもの，したがって消極的訴訟要件をなすと解さなければならない。

この点ドイツでは，前述のように *Leipold* が標準時後の新事実の顧慮について理由説を支持しながらも，新事実の主張を適法性の枠内でなく，再訴請求の理由具備性の枠内で調査すれば足りるという独自の見解を主張するのであるが，この点は全く支持を見出していないし，また，その *Leipold* も，権利変動をもたらし得る新事実の主張なしに再訴を提起できるとか，原告が新事実を主張しない場合に裁判所は釈明権を行使してこれを促すべきだなどとは全く主張していないのである[155]。

(3) 前訴の請求棄却理由との関連で権利状態を変動させ得る新事実が標準時後に発生したことを主張して後訴が提起され，かつ，それが適法である場合，原告には請求を理由づけるために，前訴口頭弁論終結前に存在していた事実の主張が許されなければならない。なぜなら，そうでなければ原告は後訴請求を理由あらしめるのに必要な事実主張をすることができなくなるからである。請求棄却説は，前訴と後訴の訴訟物が同一の場合，既判力は適法な（すなわち理由説の意味での）新事実の主張を欠く後訴に対する裁判（本案判決）を不適法な

---

(154) 請求棄却説を主唱された新堂教授は，争点効を論じる際には同一争点の蒸返しと裁判所による再度の判断の不合理を強く指摘されている（前掲注 (64) 訴訟物（上）157頁）。履行期の認定についてなされたこの指摘が当該問題については当を得ていないことは，前掲注 (64) で指摘したとおりである。訴訟の繰返しの危険を排除できないという点は，請求棄却説にもっともよく当てはまるように思われる。

(155) *Stein/Jonas/Leipold*, 21. Aufl., § 322 Rdnr. 247.

らしめるのではなく，当事者に対して前訴の口頭弁論終結時に存在していた事実や証拠方法の提出を遮断する（その結果として裁判所もこのような事実について判断することが許されない）と説くが，新事実の主張による後訴が適法な場合には，それにより前訴確定判決の既判力は克服されるから，既判力はもはや前訴の事実審の最終口頭弁論終結時に存在した事実の主張を遮断することはできないのである。新事実の存在が肯定される場合，請求棄却説は新事実と前訴判決の結果をつき合わせて請求の理由の有無を判断すべきものとするが(156)，当事者が請求を理由あらしめる事実を主張することができなければ，裁判所は後訴請求を理由ありと判断することができない。このことは既判力の失権効（遮断効）を当事者に対する標準時に存在する事実の主張の遮断と捉えることの問題性を示している。したがって，この点でも請求棄却説による既判力の失権効（遮断効）の捉え方は拒否されなければならない。この意味で，請求棄却説による，標準時にすでに存在した事実の主張の遮断は，既判力の作用として広過ぎるのである。

　ことに前訴と後訴の訴訟物の異同を，主張される権利または法律効果が同一であるか否かによって判断する学説では，たとえば第1節で挙げた設例①において，標準時後に債権譲渡が行われたにもかかわらず，後訴の訴訟物は前訴のそれと同一と解され，それに請求棄却説が加わると，標準時後の新事実の主張は許されるが，標準時前に存在した事実の主張は許されないのであるから，譲渡された債権の成立要件事実や権利滅却事実，権利障害事実を主張する余地はない。後訴が成功する見込みは初めから存在しないのである。それにもかかわらず新事実の主張は適法だと請求棄却説によって明言されるという不可解が罷り通っている。

　後訴裁判所は，新事実が前訴で確定された法律状態を変動させ得るか否かを，確定判決の事実および判決理由を前提に，後訴の適法性の枠内で調査することが必要である。そして，この点の調査も既判力の調査と同様，裁判所が職権で行うべきである(157)。仮に新事実が請求の理由具備の問題であるならば，これ

---

(156)　新堂643頁；条解民訴631頁［竹下］；上田458頁以下。
(157)　MünchKommZPO/*Gottwald*, 2. Aufl., § 322 Rdnr. 144.

には弁論主義の適用があるとするのがその論理的帰結であるが，この新事実の有無の審理には自白や擬制自白に関する規定は適用されるべきではない。それによって，請求棄却理由に関して新事実が生じた場合に限って既判力の拘束を除去するという理由説の存在理由は潜脱され得，その結果，既判力を消極的訴訟要件として職権調査事項とする目的が害されてしまうからである。このことは，前訴と後訴の訴訟物同一の場合における既判力の作用を，一事不再理による訴えの不適法却下ではなく，標準時前に存在する事実主張の排斥と，新事実の存否を請求の理由具備性の枠内での調査に委ねることの問題性を明瞭に示している。つまり，既判力の遮断効も公益上の制度として職権調査事項とされるべきこと(158)が，請求棄却説によって無視されるのである。この意味で請求棄却説による，標準時に存在した事実の主張排除では，既判力効として全く狭過ぎるということができる。

(4) 請求棄却説が，既判力の消極的作用と積極的作用とは，前者が標準時前の事実の主張を排斥することによって後者を支える関係にあり，両者は相排斥するものでなく相互補完の関係にあると主張する(159)点も，誤りであるか，少なくとも不正確だということができる。消極的作用と積極的作用との相互補完関係は基本的に，一方において，前者は訴訟物が同一の場合に一事不再理として作用し，他方において，後者は前訴判決の既判力ある判断が後訴請求の先決関係をなす場合に後訴裁判所に対する拘束力として作用し，後訴裁判所はこの場合に前訴の既判力ある判断を自己の判決の基礎としなければならないという形で，対象的な役割分担をして補完し合うものと解すべきである(160)。前訴と後訴の訴訟物が同一の場合（これには矛盾関係の場合を含む）には，両機能が重

---

(158) 松本＝上野〔705〕；MünchKommZPO/*Gottwald*, 2. Aufl., § 322 Rdnr. 141. 既判力を職権で調査すべしとの実体法上の規定はオーストリー法とは異なり，ドイツ法や日本法にはない。ドイツ民事訴訟法 322 条が既判力を処分可能な抗弁権と見た実体的既判力説を背景にしてできた規定であり，オーストリー民訴法 411 条 2 項が *Oskar Bülow* の見解に従って既判力の職権調査を定めたことについては，*Gaul*, a.a.O. (Fn. 50), Die Entwicklung der Rechtskraftlehre seit Savigny, S. 503 ff.（ガウル・ドイツ既判力理論 93 頁以下）を参照。

(159) 新堂 642 頁；条解民訴 631 頁〔竹下〕；上田 457 頁；高橋・重点講義〔上〕527 頁以下。

畳的に作用すると解すべきではない。この場合には，後訴裁判所は既判力により独自の弁論，証拠調べおよび判決をすることが許されないので，後訴自体を却下することが既判力に適した措置である。ただ，前訴確定判決の判断が後訴請求の先決的法律関係をなすため，これを後訴の裁判の基礎としなければならない場合，一事不再理の原則はここでも作用し，後訴裁判所は前訴判決において既判力的に判断されている後訴の前提問題については独自の弁論，証拠調べおよび判断をすることを妨げられ（繰返し禁止），その限りで両機能が補完し合うに過ぎない(161)。

(5) 既判力の一事不再理効を認めない通説は，前訴で請求認容の確定判決を受けた勝訴原告が同一訴訟物をもつ訴えを繰返す場合に，再訴が排斥されるべきことを既判力によって説明することができない。この場合，通説の採るシュタイン＝ヘルヴィヒ流の拘束力説によれば，後訴裁判所は既判力ある裁判と矛盾する裁判をすることを禁止されるだけで（矛盾禁止原則），確定判決と同じ内容の判決をすることは既判力により禁止されない。しかし後訴原告はすでに勝訴判決を有するため，再度訴えを提起する利益を欠くとして後訴を却下すべしとする(162)。一事不再理効を認めるならば，勝訴原告による再訴を既判力以外の観点によって却下するというようなことは不要である(163)。それゆえ，前訴

---

(160) この既判力の両作用を初めて認識したのは，*F. L. Keller*, Über Litis Contestation und Urtheil nach classischem Römischen Recht, 1827, S. 83 ff., 100 f. であり，それ以後，いずれか一方の既判力の作用が不要であることの証明に成功した者はいないといわれている。*Gaul*, a.a.O. (Fn. 50), Die Entwicklung der Rechtskraftlehre seit Savigny, S. 513（ガウル・ドイツ既判力理論 106 頁以下）．

(161) MünchKommZPO/*Gottwald*, 2. Aufl., § 322 Rdnr. 46. Vgl. auch *Gaul*, a.a.O. (Fn. 50), Die Entwicklung der Rechtskraftlehre seit Savigny, S. 517 ff.（ガウル・ドイツ既判力理論 109 頁以下）

(162) 兼子・体系 348 頁；条解民訴 632 頁［竹下］；新堂 643 頁；上田 458 頁；伊藤 474 頁；高橋・重点講義〔上〕528 頁。

(163) *Bötticher*, Kritische Beiträge zur Lehre von der materiellen Rechtskraft im Zivilprozeß, Berlin 1930, S. 201 ff., 220 ff.; *Gaul*, a.a.O. (Fn. 50), Die Entwicklung der Rechtskraftlehre seit Savigny, S. 515（ガウル・ドイツ既判力理論 107 頁）――権利保護の必要の欠缺という既判力とは異なる観点で訴えを不適法として却下するのは「窮余の解決」だという。

と後訴の訴訟物が同一の場合における既判力の作用を，既判力が後訴を不適法ならしめるという一事不再理効（消極的作用）の意味に理解すること，つまり既判力が後訴に及ばないことを後訴の（消極的）訴訟要件として理解するのが体系的に首尾一貫する[164]。

(6)　以上の理由および，訴訟判決の既判力は請求棄却説では説明できないことから，請求棄却説は理論的にも実際的にも不満足なものであり，前訴と後訴の訴訟物が同一の場合には，一事不再理により後訴は不適法であり，したがって既判力が及んでいないことが後訴の（消極的）訴訟要件をなすと解すべきである。

2　標準時後の新事実への限定

(1)　再訴の提起を適法ならしめる新事実は，前訴の請求棄却理由となった事由に新事実が発生したときにのみ再訴を正当化する（理由説）。理由説の基準により適格性のある新事実を主張して再訴が適法に提起される場合には，裁判所は確定判決がその存在を肯定した法律要件要素についての判断に拘束されず，改めて独自に判断することができる。このような新事実が生じない限り，当事者は標準時前にすでに存在した事実の主張を遮断される（失権する）。このことは当事者が前訴において当該事実の存在を知っていたか否か，また，知らな

---

[164]　一事不再理説は，当事者が権利の実現のために必要な債務名義の正本をもはや所持せず，新たな正本の取得が原本の喪失のために不可能な場合のように勝訴原告による再訴の必要性が認められる場合には，蒸返し禁止原則の例外を認めなければならない難点があると批判されるかもしれない。たしかに，この例外的処理の法解釈的説明にはある種の困難を伴うが，一事不再理説の基本を害するものではない。内容の分からない判決は，判決が未だ下されていない場合と同様，全く既判力を持ち得ないとか（*Bötticher*, a.a.O.（Fn. 163），S. 234; ähnlich, *Nikisch*, a. a. O.（Fn. 135），S. 407），既判力の「基準効」の形式的淵源である判決原本が物理的になくなったことにより一事不再理の理念が実働する条件がないから（斎藤391頁以下），付与された権利保護はもはや効果的でないことが明らかになっているから（*Stein/Jonas/Leipold*，21. Aufl., § 322 Rdnr. 201）という理由づけがなされている。この点につき，*Gaul*, Negative Rechtskraftwirkung und konkursmäßige Zweittitulierung, in: Festschrift für Weber, Berlin/New York 1975, S. 155, 166（ガウル・ドイツ既判力理論183頁,187頁注（54）も参照。

かった場合にその点について過失があったか否かを問わず妥当する。

(2) 本章の冒頭で述べたように，標準時前に存在した事実であっても，当事者が前訴において主張しておくことを期待できない事実には既判力の失権効（遮断効）が及ぶべきでないと主張する見解が，手続保障論の高まりとともに最近ではとみに有力となっている(165)。上に見たドイツ連邦通常裁判所の判例[7]は，このような見解にとって有利な事例に見えるかもしれない。この事例では行政庁や行政裁判所の裁判が形成力や構成要件的効力を有していなかったにもかかわらず，原告らは連絡道が古法上の公道でないとの判断を事実上否定することができなくなったことを連邦通常裁判所が重視し，新事実をなすと見たのであった。しかし，標準時前に存在した事実であっても，これを前訴において主張するよう当事者に期待できなかった事実は失権しないとする見解は，法的安定性の確保を至上目的とする既判力に馴染まず，訴訟の繰返しを許す危険があり，実行可能性の面でも難点がある。

すなわち，期待可能性はいかなる基準によって判断されるのか。前訴において裁判所は当事者の主張しない事実を主張責任によって処理しなければならなかったのであり，当事者もその結果を受け入れなければならないのであるが，期待可能性の欠如を理由に後訴において前訴当時存在していた事実を主張することができるとすることは，主張責任による規律，そして前訴判決に対する相手方の信頼を否定することになる。また期待可能性を考慮するとすれば，期待可能であったか否かの判断の際に，当事者は前訴においてどの程度の訴訟準備をすることを求められ，その当事者はこの要求をどのように満たしたかを認定することが必要となるが，後訴裁判所はこの問題について極めて困難な判断を迫られることになり，そして，この点の弁論を通じて前訴の争いが続行されることになり，既判力が確保しようとする法的安定性は実現し得ず，前訴が形を変えて続くことになる。そして期待可能性の判断も相当程度，裁判所の裁量的判断にならざるを得ないであろう。このことは，既判力による法的安定性の確保を一層後退させる(166)。ドイツ連邦通常裁判所の前掲[7]の事案において，

---

(165) 前掲注（1）所掲の文献。
(166) 松本＝上野〔663〕。

前訴裁判所が古法上の公道であるとの前提に立っていた以上，原告が古法上の公道でないことを主張し証明することは確かに期待し難いという事情があった。しかし，ここでも連邦通常裁判所は単に期待不可能を理由に再訴を適法としたのではなかった。標準時後にこの公道の不存在を確定する行政庁と行政裁判所の裁判が確定したという事情が存在したので，期待可能性説の想定場面とは明らかに異なるのである。民訴法 338 条 1 項 5 号は相手方または第三者の刑事上罰すべき行為により攻撃防御方法の提出を妨げられた場合に確定判決に対する再審を許すことを定めているが，この規定を期待可能性による既判力の縮小の例示と見ることは再審の非常救済手段たる性質から許されない[167]。

(3) 日本の判例で，期待可能性の観点の重要性を示唆するかに見える事案を扱ったものに，最高裁判所昭和 49 年 4 月 26 日第 2 小法廷判決（民集 28 巻 3 号 503 頁）[168]がある。限定承認の抗弁を認めて Y_1（相続財産管理人）に対して相続財産の限度において給付を命じた判決が確定する前，上告審係属中に，前訴原告が，Y_1ら相続人による相続財産の隠匿，悪意による財産目録への不記載により限定承認は無効であり，Y_1らは単純承認をしたものと見なされると主張して，相続財産に限定されない（無留保の）給付判決を求めて再訴を提起した事案である。この事案において，最高裁判所は次のように判示して，限定承認の存在および効力についての前訴確定判決の判断に既判力に準ずる効力を肯定した。

「相続財産の限度で支払を命じた，いわゆる留保付判決が確定した後において，債権者が，右訴訟の第二審口頭弁論終結時以前に存在した限定承

---

(167) 鈴木・前掲注 (1) 4 頁以下参照。なお，坂田宏「既判力の時的限界の意義」鈴木古稀 665 頁，685 頁以下も参照。

(168) 解説として，田尾桃二・判解民 298 頁；評釈として，池田粂男・北海学園法学研究 10 巻 2 号（1975 年）509 頁；稲田龍樹・判タ 391 号（1979 年）25 頁；上野泰男・大阪市立大学法学雑誌 21 巻 3 号（1975 年）436 頁；柏木邦良・百選〔2 版〕238 頁；小山昇・判タ 314 号（1975 年）113 頁（同・著作集(2) 329 頁）；白井久明・法学研究 48 巻 7 号（1975 年）791 頁；谷口安平・判評 193 号（1975 年）32 頁（判時 765 号 146 頁）；東松文男・百選 II 328 頁；早川登・名城法学 25 巻 1 号（1975 年）63 頁；水谷暢・昭和 49 年度重要判例解説（ジュリ 590 号・1975 年）113 頁；吉村徳重・民商 72 巻 4 号（1975 年）675 頁などがある。

認と相容れない事実（たとえば民法921条の法定単純承認の事実）を主張して，右債権につき無留保の判決を得るため新たに訴を提起することは許されないものと解すべきである。けだし，前訴の訴訟物は，直接には，給付請求権即ち債権（相続債務）の存在及びその範囲であるが，限定承認の存在及び効力も，これに準ずるものとして審理判断されるのみならず，限定承認が認められたときは前述のように主文においてそのことが明示されるのであるから，限定承認の存在及び効力についての前訴の判断に関しては，既判力に準ずる効力があると考えるべきであるし，また，民訴法545条2項（現行民執法35条2項——引用者）によると，確定判決に対する請求異議の訴は，異議を主張することを要する口頭弁論の終結後に生じた原因に基づいてのみ提起することができるとされているが，その法意は，権利関係の安定，訴訟経済及び訴訟上の信義則等の観点から，判決の基礎となる口頭弁論において主張することのできた事由に基づいて判決の効力をその確定後に左右することは許されないとするにあると解すべきであり，右趣旨に照らすと，債権者が前訴において主張することのできた前述のごとき事実を主張して，前訴の確定判決が認めた限定承認の存在及び効力を争うことも同様に許されないものと考えられるからである。

　そして，右のことは，債権者の給付請求に対し相続人から限定承認の主張が提出され，これが認められて留保付判決がされた場合であると，債権者みずから留保付で請求をし留保付判決がされた場合であるとによって異なるところはないと解すべきである」。

　この判決は主として争点効理論との関係で「既判力に準ずる効力」の性質，要件をめぐって論議を呼び起こした[169]。しかし，本来の問題は既判力の失権効（遮断効）である。この事件で前訴においても後訴においても，同一の相続債権が主張されているので，訴訟物は同一と解される。そして限定承認は権利または請求権の発生を障害したり，これを消滅させる事由ではないが，責任財産を限定する事由として訴訟上抗弁として扱われており，また民法921条1号お

---

(169) 新堂幸司「責任限定を明示した給付判決の効力」同・訴訟物(下)1頁（初出は，我妻栄先生追悼論文集『私法学の新たな展開』（1975年・有斐閣））参照。

よび3号の事由は限定承認の効果の発生を障害しまたは消滅させる事由であり，訴訟上，限定承認の抗弁に対する再抗弁事由をなすと解される（相続債権者が初めから相続財産の限度で請求認容判決を求める訴えを提起した場合には，限定承認の主張は先行抗弁に当たり，被告が明示または黙示的にこれを援用すれば自白が成立する）。それゆえ，標準時前の事実を主張して提起された後訴は，私見によれば，同一訴訟物に関する再訴として既判力により不適法であり，標準時前に存在する事実の主張，したがって民法921条1項・3号の法定単純承認事由の主張は既判力の失権効（遮断効）により排斥される[170]。限定承認の場合，判決主文において相続財産の限度で支払いを命じられるからといって，これは執行力の制限に関する判断である。限定承認の主張が訴訟物をなすわけではなく，したがってそれ自体は既判力の対象とはならない。

民法921条3号の法定単純承認事由は相続人側の生活領域で発生するもので，かつ性質上秘密裏に行われるものであり，それゆえ標準時前にこれを主張するよう当事者に求めることは期待不可能だから，例外的に再訴は許されるべきだとの見解[171]が主張される余地が生じる。しかし，すでに述べたように，この場合，法定単純承認事由を主張する再訴を許すことは，法的安定性を至上命令とする既判力と相容れない。限定承認を認めた確定判決に不満な相続債権者に再訴を提起する口実を与えるからである。加えて，民法937条は，限定承認の効力とは別に，民法921条1号・3号の単純承認事由のある相続人に対してその相続分に応じて，相続財産をもって相続債権者が弁済を受けることができなかった債権額について相続債権者への支払義務を課している。これらの法定単

---

(170) 同旨，柏木・百選〔2版〕239頁。なお，新堂・訴訟物(下)15頁以下も，限定承認の判断が固有の既判力対象になるのではないとする。東松・前掲注（168）329頁は新堂教授の見解を「限定承認の存在及び効力についての前訴判決の判断に既判力が生じるとする見解」と位置づけるが，これは誤りであろう。新堂説は，限定承認の存在と効力についての前訴判決の判断自体に既判力を肯定しているのではなく，前訴判決の作用（信義則による遮断効）が責任無限定の支払いを求める後訴を不適法ならしめるとするからである。なお，伊藤479頁注（170）参照。

(171) 小山昇・前掲注（168）118頁（同・著作集(2)339頁）；谷口・前掲注（168）判評193号37頁（判時765号151頁）；白井・前掲注（168）794頁；新堂・訴訟物(下)11頁以下。

純承認事由は不法行為を構成し得る事実であるが，不法行為に基づく損害賠償請求権を認めるだけでは，限定承認をした単独相続人に民法 921 条 1 号または 3 号の事由がある場合に無限責任が課されることとの権衡を欠くため，これらの法定単純承認事由のある相続人の責任を強化するのが民法 937 条の目的と解されている。共同相続の場合に一部の相続人が相続財産の全部または一部を処分し，もしくは隠匿・私消しまたは悪意で財産目録に記載しなかった場合にも，限定承認それ自体は効力を失わないと解される(172)。この事由は常には相続債権に関する訴訟における限定承認の抗弁に対する再抗弁にはなり得ないのであり，この事由のある相続人の民法 937 条に基づく責任は認められなければならない。相続債権の主張と，民法 937 条による請求権とは，異なる事実関係に基づく請求であり，それゆえ訴訟物を異にする。したがって，相続債権者は相続財産の限度での支払いを命じるいわゆる留保付き判決を受けた後，民法 937 条 1 号および 3 号に基づき，これらの事由のある相続人に対して，相続財産から弁済を受けることができなかった債権額について支払いを求める訴えを提起することは，相続債権に関する前訴確定判決の既判力によって阻止されない(173)。したがって，期待可能性の観点から，失権効の例外を認める実際上の必要性にも乏しいと考えられる。

---

(172) 谷口知平＝久貴忠彦編『新版 注釈民法 (27)』〔1988 年・有斐閣〕494 頁［川井健］，581 頁［岡垣学］。

(173) 高橋・重点講義〔上〕594 頁によれば，民法 937 条は限定承認の手続だけが進行した場合を念頭に置き，責任限定付き判決が中間に存在することを考えていない実体法の規律であり，相続債権につき責任留保付き判決がある場合には適用されない。また，民法 937 条に基づき全額回収できるとすると，責任限定をした判決が無に帰することになるという。しかし本文で述べた理由により，この見解には賛成することができない。また，責任留保付き判決がある場合に相続債権者がいくら債権を回収できるかは清算が済まなければ分からないのであり，これは留保付き判決がある場合かどうかで異ならない。相続財産によって弁済を受けることができなかった額が明らかになって初めて，民法 937 条 1 号および 3 号の事由のある相続人に対する請求ができるようになるのであり，責任留保付き判決があるか否かは無関係である。民法 937 条に基づく請求ができても，別個の事実関係に基づく請求であるので，責任留保付きの判決の既判力を無にすることにはならない。

3　標準時後の白地手形の白地補充と再訴

　日本で請求棄却判決後の再訴の例が少ない中で，そのような再訴の適否が議論されるものに，標準時後の白地補充権の行使結果を主張して提起された手形金請求の後訴の適否の問題がある。すなわち，原告が白地手形に基づき手形金請求の訴えを提起し，手形要件の欠缺を理由に請求棄却の確定判決を受けた後，標準時後に白地を補充して再度同一手形に基づく手形金請求の訴えを提起した場合，後訴は前訴と同一訴訟物に関する訴訟で，既判力に触れ不適法なのか，それとも標準時後の形成権の行使であり，新たな事実の存在を理由に後訴は適法なのかという問題である。この点をめぐって見解の対立が存在する。この問題については，第2章で検討する。

第2章　既判力の標準時後の形成権行使について

I　問題の所在

1　既判力の失権効（遮断効）

　民事訴訟において，当事者は原則として事実審の最終口頭弁論終結まで訴訟資料を提出することができ，確定判決における訴訟上の請求に対する裁判所の判断も事実審の最終口頭弁論終結時（既判力の標準時）における訴訟資料に基づき行われる。したがって，既判力の失権効（遮断効）も事実審の最終口頭弁論終結時に存在する事実について生じる。当事者は，前訴と同一の請求（前訴請求と矛盾関係にある請求を含む）につき訴えを提起し，標準時にすでに存在した事実を主張して確定判決の判断と異なる判断を後訴裁判所に求めることは既判力に抵触する。それにもかかわらず，前訴において請求棄却判決を受けた原告が同一請求の訴えを繰り返す場合，裁判所はどのような措置をとるべきかという問題について，本案の審理をすべきであり，既判力の及ばない事実（主として標準時後の新事実）によって請求が認容されない限り請求棄却判決をすべきものとする見解（請求棄却説）が多数説[1]であるが，一部では訴えを不適法として却下すべきだとする見解（訴え却下説）[2]も主張されている。訴え却下説は，既判力が及んでいないことを後訴の消極的訴訟要件と見る。

　これに対して，事実審の最終口頭弁論終結後に生じた新事実により，確定判決により判断された法律効果に変動が生じたことを当事者が自己の有利に主張して，前訴確定判決の判断と異なる判断を裁判所に求めることは既判力によって阻止されず，後訴裁判所もそのような判断をすることができる。ただし，確定判決が請求棄却判決の場合には，標準時後に生じた新事実が，前訴裁判所がその欠缺を理由に請求を棄却した，まさにその法律要件要素に関していることが必要であると解すべきである[3]。

2　標準時後の形成権の行使

　そこから，形成権の行使に関して1つの問題が生じる。すなわち，確定判決に接着する前訴の事実審の最終口頭弁論終結後に形成権を行使した結果生じた法律状態を主張して後訴（たとえば，請求異議の訴え〔民執法35条〕，債務不存在確認の訴えまたは不当利得返還請求の訴えなど）を提起することは，当該形成権（の発生要件）がすでに前訴の事実審最終口頭弁論終結前に存在しており，これを行使する意思表示が欠けていたに過ぎない場合，したがって形成権者がこれを前訴で（理論上は）行使することができた場合には，確定判決の既判力の失権効によって阻止されるか，それとも，形成権の行使の意思表示が事実審の最終口頭弁論終結後になされ，それにより新たな法律状態が発生する以上，標準時後の形成権行使による新たな法律効果の主張として，つまり新たな事情による法律状態の変動の主張として，既判力の失権効により遮断されないのかという問題である。周知のように，形成権が標準時前に成立していること，したがって（理論上は）これを行使することができたことを重視して，標準時後の形成権行使効果の主張について既判力効による遮断を肯定する見解（形成権成立時説＝失権説）と，形成権行使の意思表示がなされた時期が既判力の標準時後であることを決定的と見て既判力の失権効による遮断を否定する見解（形

（1）　新堂幸司『民事訴訟法』（1974年・筑摩書房）423頁によって提唱された見解である。鈴木正裕「既判力本質論の実益」争点〔旧版〕260頁以下；菊井＝村松・全訂I〔補正版〕1291頁；条解民訴631頁〔竹下〕；中野貞一郎「既判力の標準時」同・論点I 250頁；中野ほか編・講義〔第3版〕475頁〔吉村〕；注釈民訴（4）303頁〔高橋〕；高橋・重点講義〔上〕528頁；上田457頁以下；伊藤474頁；林屋470頁などが，この見解を支持する。この見解は，請求を認容する新事実がなければ請求棄却判決をすべきものとするので，「請求棄却説」と呼ぶことができる。最〔1小〕判昭和55年10月23日民集34巻5号747頁（後掲判例［16］）および最〔2小〕判平成9年3月14日判時1600号89頁①事件は，請求棄却説に立つ原判決を是認するので，判例もこの立場に立っていると思われる。

（2）　松本博之「請求棄却判決後の確定と標準時後の新事実による再訴（1）～（4）」大阪市立大学法学雑誌48巻4号1016頁以下，49巻1号69頁以下，49巻2号245頁以下，49巻3号489頁以下（以上いずれも2002年）〔本書第1章〕；松本＝上野〔665〕。

（3）　松本＝上野〔704〕；松本・前掲注（2）大阪市立大学法学雑誌49巻3号491頁以下〔本書99頁以下〕；松本・前掲注（2）大阪市立大学法学雑誌48巻4号1033頁以下。

I 問題の所在

成権行使時説=非失権説）とが激しく対立する。そして，形成権行使時説=非失権説に立ちながら，後訴における法律状態の変動の主張は事情によっては信義則の適用により排斥されるとする見解(4)など折衷説も主張されており，見解の対立は収束するどころか，ますます拡大する傾向にあるとさえいうことができる。この問題は，いずれの見解によるかによって，当事者にとって著しい結果の差異が生じ，実務上の意義も大きい。

また，形成権成立時説=失権説に立ち，既判力は後訴における法律状態変動の主張を排斥すると解する見解において，形成権者はその形成権の行使によって生じた実体法上の効果を後訴において主張することを遮断されるにもかかわらず，この実体法上の効果が残存し，相手方は形成権者に生じた不利な形成の効果（たとえば，取消権の行使による取消権者自身の請求権の消滅，相殺をした債務者の反対債権の消滅）を以後も援用することが許されるか，それとも，形成権の行使による権利変動の主張が既判力により排斥される場合には，形成権行使の実体法上の効果も遡及的に消滅し，もはや相手方もこれを援用することができなくなるのか。そして，実体法上の効果が消滅するとすれば，それはいかなる法的理由によるのかという困難な問題も生じる。

筆者は，かつて現行民事訴訟法の施行の機会に，ある法律雑誌の特集の中で，この問題が新法によってどのような影響を受けるかという観点から簡単な考察を試み，1つの解釈上の提案を行った。そこでは，実体法上の問題としては，形成権は，法律上，法定追認や相手方からの行使催告が認められているような特別の場合を除き，消滅時効完成前または除斥期間経過前は自由に行使できるのが原則であるが，形成権の行使が訴訟との関わりをもつとき，形成権の行使につき一定の訴訟上の制約が生じるか否かという視点が重要であること，ことに現行民事訴訟法が充実した審理および迅速な手続進行のために当事者に訴訟促進に協力すべき責務を課し（民訴法2条），攻撃防御方法の適時提出を要求していること（同156条）を十分に考慮に入れた解釈が行われなければならないことを指摘した(5)。しかし，遺憾ながら紙幅の制約のため，そこでの考察は

---

(4) 中野・論点Ⅰ250頁以下；同「形成権の行使と請求異議の訴」同『強制執行・破産の研究』（1971年・有斐閣）36頁，52頁。

全く不十分なものに終わっていた。本章は遅ればせながら，これを追完する意味をも有する。

3 本章の課題

筆者は，この視点の重要性は変らないと考えているが，本章では改めてこの問題を基礎的に考察したい。

ところで一口に形成権といっても，法定のものもあれば，当事者の合意によって発生するものもある。取消権，解除権，相殺権のような民法に規定されている古典的な形成権もあれば，種々の法律によって社会政策的観点から認められる形成権もある。たとえば，借地借家法13条1項による建物買取請求権，消費者契約法7条1項による取消権のような形成権，割賦販売法や特定商取引法の規定するクーリング・オフとしての申込みの取消権や契約解除権がこれに属する。約定解除権は合意による形成権の例である。同じ問題が長期に亘って論じられているドイツでは，建物賃貸借契約の終了の際に当事者の一方的意思表示により一定期間賃貸借契約を継続させることができるオプション権が合意されている場合もあり，これも当事者の合意に基づく形成権に属する。そこから，形成権一般について統一的な問題解決を図るべきなのか，またそれは可能なのか，それとも個々の形成権の内容，目的や種別に応じた類型的解決が図られるべきなのかが問題となる。後に考察するように，日本の判例は，必ずしも明確ではないが，形成権の種別に応じた扱いを目指す立場とも見受けられる。また上に見た新しい形成権について，既判力の標準時後の形成権の行使の問題において何らかの特別の取扱いを必要としないか否かも問題となろう。

ところで最近では，形成権行使の結果が訴訟手続では攻撃防御方法の1つに過ぎないという理由で，基本的に形成権を特別扱いする必要はないと見て，前訴において行使されなかった形成権は原則としてすべて既判力により失権するという見解の主張も見られる[6]。そこでは，当該形成権の特質や形成権の行使期間を定める法の目的や趣旨などが考慮に入れられず，実体法が形成権に与

（5） 松本博之「既判力——既判力の標準時後の形成権行使」法教208号（1998年）28頁以下；松本博之＝上野泰男『民事訴訟法』（1998年・弘文堂）387頁以下。

えた効果がいとも容易に既判力効によって否定されてよいのかという観点は皆無といってよいほど見られない。既判力の本質に関する訴訟法説によれば，確定判決の既判力は，たとえ判決が実体法状態に合致しない場合（不当判決）であっても，訴訟上主張された実体法上の権利または法律効果を実体的に消滅させ（請求棄却判決の場合），または発生させる（請求認容判決の場合）ものではない。後訴裁判所が前訴と同一の訴訟物をもつ後訴につき実体審理と裁判をすることが許されないことが既判力の作用であると見るにせよ（一事不再理説），あるいは，前訴の既判力のある裁判と矛盾する裁判をすることが許されないことを重視するにせよ（矛盾禁止説），いずれにせよ既判力は実体法上の法律関係を変動させないのである(7)。形成権の防御方法性を強調する見解は，それにもかかわらず，なぜ，形成権が既判力の失権（遮断）効によって消滅させられるのか，または行使効果の主張が既判力の失権効により遮断されることになるのかという基本的な問題を十分解明していないように思われる。

　本章は，この問題が古くから論じられているものの，判例と文献において著しい見解の対立を見ており，最近でも活発に議論が展開されているドイツ法(8)における解釈論をも検討の対象とすることによって議論の深化を図るとともに，より説得力ある問題解決を提示しようとするささやかな試みである。

II　判例の展開と現状

1　判例の変遷

　いわゆる標準時後の形成権行使と既判力の失権効・請求異議原因の問題に関して，周知のように，判例はこれまで決して確固不動であったわけでなく，む

（6）　山本和彦「既判力の時的限界」判タ1000号（1999年）241頁以下（同・基本問題195頁以下）。なお，竹下守夫・金商477号2頁，5頁も参照。

（7）　一事不再理説と矛盾禁止説について，ガウル・ドイツ既判力理論105頁以下が非常に詳しい。本書97頁以下も参照。もっとも実体法説や権利実在化説によれば，事情は異なる。実体法説によれば，実体関係に合致しない判決（不当判決）の既判力は実体関係を既判力どおりに変動させ，実体関係に合致する判決は実体上の法律関係に付加的な法律要件を与える。

しろ動揺し，長期間にわたり大きな変遷を重ねてきたことを確認することができる。ここでは種々の形成権について，まず最上級審の判例を中心に判例の変遷を概観し，これを確認することから始めよう。

(1) **相殺権** 既判力の標準時後に前訴の被告により相殺の意思表示がなされ，前訴原告の債権が消滅したことを主張して請求異議の訴えが提起される場合について，大審院判例は，当初，形成権成立時説（失権説）に立って，異議の事由は標準時にすでに存在していたとして，請求異議の訴えを不適法として排斥したが（[1] [2]），その後，見解を変更した。すなわち，標準時後の相殺権の行使により執行力ある請求権が相殺の結果消滅したことを主張して債務不存在確認の訴えを提起することは，既判力により排斥されず適法とされた（[3]）。[3]以後は，[4]大審院大正11年7月15日判決（新聞2033号20頁），[5]大審院昭和5年11月5日判決（新聞3204号16頁），および仲裁判断に執行判決が付与された後，執行判決訴訟の口頭弁論終結後の相殺に基づく請求異議の訴えにつき形成権行使時説に立つ[6]大審院明治43年11月26日民事連合部判決（民録16輯764頁）があったが，最高裁判所も[7]最高裁判所昭和40年4月2日第2小法廷判決（民集19巻3号539頁）（請求異議事件）において，[6]を踏襲して形成権行使時説に立つことを明らかにした。判例は，形成権行使時説で確定したかに見えたが，なお，一部の下級審裁判例には形成権成立時

(8) ドイツにおける最近の注目すべき研究として，*Hans Friedhelm Gaul*, Die Ausübung privater Gestaltungsrechte nach rechtskräftigem Verfahrensabschluß - ein altes und beim "verbraucherschützenden" Widerrufsrecht erneut aktuell gewordenes Thema, in: Gedächtnisschrift für Knobbe-Keuk, Köln 1997, S. 135 ff. （邦訳として，坂田宏「手続終結による既判力発生後の私法上の形成権行使―『消費者を保護する』撤回権について新たに今日的意義を帯びている古きテーマ」横浜経営研究19巻4号417頁以下，20巻2号126頁以下〔いずれも1999年〕がある）; *C. Weinzierl*, Die Präklusion von Gestaltungsrechten durch § 767 Abs. 2 ZPO unter besonderer Berücksichtigung der materiellen Rechtskraft, Heidelberg 1997; MünchKommZPO/*Karsten Schmidt*, 2. Aufl., § 767 Rdnr. 80 ff.; *Karsten Schmidt*, Vollstreckungsgegenklage - Prozeßrecht und materielles Recht in der Bewährung - 50 Jahre Bundesgerichtshof, in: Festgabe aus der Wissenschaft, Bd. III, München 2000, S. 491, 500 ff.; *A. Staudinger*, Präklusion von Gestaltungsrechten, Festschrift für Kollhosser, Karlsruhe 2004, S. 347 ff.がある。

説に立つものもある（[8]）。

[１]　大審院明治39年11月26日判決（民録12輯1582頁）

（事案の概要）

本件強制執行の債務名義は明治38年4月6日言い渡された判決であるが、上告人（原告）は明治37年11月25日に訴外人より相殺の自働債権を譲り受けていた。上告人は前訴係属中に相殺の抗弁を提出せず、判決言渡後に相殺の意思表示をして請求異議の訴えを提起した。大審院は異議の原因は前訴の標準時前に存在していたとして、明治23年民訴法545条2項（民執法35条2項に対応）に該当しないとした。

（判　旨）

「本件ノ債務名義タル判決ノ口頭弁論前ニ於テ上告人ハ弁済期到来ノ債権ノ譲渡ヲ受ケタルモノニシテ何時ニテモ相殺ヲ為シ得ヘカリシ場合ナルヲ以テ異議ノ原因ハ当時ニ於テ既ニ生シタルモノト云ハサルヲ得ス。其原因ニ基キテ相殺ノ意思表示ヲ為スハ即チ実際ニ於テ異議ヲ主張スルカ為メニスルモノニシテ、其時ニ於テ異議ノ原因生シタリト為スヘキニアラス。本件ノ債務名義タル判決ノ言渡後ニ至リ相殺ノ意思表示ヲ為シ以テ執行ヲ免カレントスルカ如キハ民事訴訟法第545条第2項ノ場合ニ該当セサルモノトス」（下線引用者）。

[２]　大審院明治40年7月19日判決（民録13輯827頁）

（判　旨）

「按スルニ相殺ハ債務消滅ノ一原因ニシテ当事者ノ一方ヨリ相手方ニ対シ其意思表示ヲ為スニ因リテ始メテ相互債務消滅ノ効力ヲ生スルコト本論旨ノ如クナルコトハ固ヨリ言ヲ待タス。然而シテ相殺ノ意思表示ハ訴訟行為ナラスト雖モ、訴訟当事者ノ一方カ相手方ノ請求スル債務ト同種ノ目的ヲ有スル債権ヲ相手方ニ対シテ有スル場合ニ於テ、其性質相殺スルニ適シ且既ニ弁済期ニ在ルトキハ直ニ相手方ニ対シテ相殺ノ意思表示ヲ為シ頼リテ以テ防御方法ニ資スルコトヲ得ヘキヲ以テ、本訴ノ如キ強制執行ノ債務名義タル判決ノ口頭弁論終結前、債務者カ債権者ニ対シテ相殺スルニ適シタル債権ヲ有シ而シテ其債権ノ弁済期ニ在リタル場合ニ於テハ仮令未タ相殺ノ意思表示ヲ為サヽリシニセヨ民事訴訟法第545条第2項ニ所謂異議ノ

原因ハ業ニ既ニ生シ居タルモノト謂ハサルヲ得ス。抑同条ニ於テ遅クトモ異議ヲ主張スルコトヲ要スル口頭弁論ノ終結後ニ其原因ヲ生シ且故障ヲ以テ之ヲ主張スルコトヲ得サルトキニ限リ異議ヲ許シタル所以ノモノハ他ニアラス。相当ノ時機ニ於テ防御方法トシテ主張スルコト得ヘカリシ事由ヲ以テ既ニ判決ニ因リ確定シタル請求ヲ左右スルコトヲ得セシムルカ如キコトアラハ、確定判決ノ効力ヲ毀損スルコト鮮カラサレハナリ。然レハ則チ防御方法ニ資スルコトヲ得ヘキ事由ハ其種類ノ如何ヲ問ハス之ヲ主張スルコトヲ得ヘカリシ口頭弁論ニ於テ主張スルコトヲ為サスシテ後日ニ留保シテ以テ異議トシテ主張スルコトヲ許サヽルモノト論断セサルヲ得ス。此ノ如クナレハ本訴ノ如キ場合ニ於テ当事者ノ一方ハ相殺スルニ適シタル債権ヲ有スルニ拘ラス、相手方ニ対シテ有効ニ相殺ノ意思表示ヲ為スコト能ハサル結果ヲ生シ民法ノ規定ヨリ之ヲ観レハ奇異ノ顕象ノ如クナリト雖モ、畢竟債務者カ民事訴訟法ニ於テ許与セラレタル防御方法ヲ利用セサリシ懈怠ニ基因スルニ外ナラス。形式法ノ違背ニ因リテ実体法ノ権利ヲ喪失スルハ其類例稀ナラサルヲ以テ毫モ怪ムニ足ラサルヘシ……　本院ノ判例（明治39年11月26日言渡同年オ第420号事件ノ判決）ハ之ヲ変更スル要アルヲ見ス」（下線引用者）。

［3］　大審院明治42年4月17日判決（民録15輯360頁）

（事案の概要）

　金銭の支払いを命じる判決を受けた前訴被告（債務者）が，判決確定後，前訴原告および本訴被告（その債権譲受人）に対し，前訴原告に対する手形債権と確定判決の認容した前訴原告の訴求債権とを相殺する旨の意思表示を行い，債務不存在確認の訴えを提起した事案である。原判決は，前訴の事実審の最終口頭弁論終結前に相殺適状にあった債権により訴求債権と相殺することは許されないとしたのに対して，大審院は次のように判示して原判決を破棄し，事件を原審に差し戻した。

（判　旨）

　「相殺ハ当事者双方ノ債務カ相殺ヲ為スニ適シタル時ニ於テ当然其効ヲ生スルモノニ非スシテ，其一方カ相手方ニ対シ相殺ノ意思表示ヲ為スニ依リテ始メテ其効ヲ生スルモノナルハ民法第506条ノ明ニ規定スル所ナレハ，

訴訟ニ於テ相殺ノ抗弁ヲ提出スル者ハ単ニ当事者相互間ニ相殺ニ適スル債務アルコトヲ主張スルヲ以テ足レリトセス。進テ相殺ノ意思表示アリタルコトヲ主張セサルヘカラス。故ニ未タ其意思表示ナカリシ場合ニ於テハ先ツ相手方ニ対シ相殺ヲ為サントスル旨ノ意思ヲ表示シ，依リテ以テ相殺ニ因ル債務消滅ノ抗弁ヲ為スコトヲ得ルモノナリ。然レハ被告カ原告ニ対シ相殺ニ適スル債権ヲ有シ且相殺ノ意思表示ヲ為シ以テ双方ノ債権ヲ消滅セシメタル事実アルニ拘ハラス相殺ノ抗弁ヲ為サスシテ敗訴ノ判決ヲ受ケタルトキハ，口頭弁論ニ於テ主張シ得ヘカリシ債務ノ消滅事由アリシニ之ヲ主張セサリシモノナレハ，判決確定後ニ至リ之ヲ主張シテ其執行ヲ免レントスルカ如キハ固ヨリ確定判決ノ効力ヲ無視スルモノト謂フヘキモ，<u>被告カ原告ニ対シ相殺ニ適スル債権ヲ有スルニ止マリ相殺ノ意思表示ヲ為ササリシトキハ未タ債務消滅ノ事由ハ発生セサリシモノナレハ，敗訴ノ判決確定後ニ至リ相殺ノ意思ヲ表示シ其判決ニ依リテ確認セラレタル債務ヲ消滅セシムルコトヲ得サルノ理アルヘカラス。何トナレハ確定判決ニ依リテ確認セラレタル債権ハ強制執行力ヲ付与セラルルニ止マリ，口頭弁論終結後ニ生シタル一般債務消滅ノ事由ニ因リテ消滅スヘキハ毫モ疑ヲ容ルヘカラサルノミナラス，相殺ニ依リテ之ヲ消滅セシムル債務者ハ同時ニ自己ノ債権ヲ消滅ニ帰セシムルノ不利ヲ甘受スルモノニシテ確定判決ヲ無視スルモノト謂フヘカラスハ勿論，反テ之ヲ是認シ之ニ服従スルモノタルハ任意弁済ノ場合ト異ナル所アルヲ見サレハナリ</u>」（下線引用者）。

[6]　大審院明治43年11月26日民事連合部判決（民録16輯764頁）
（事案の概要）

仲裁判断のために執行判決が付与されたが，被告がこの訴訟の口頭弁論終結後に至って反対債権による相殺の意思表示を行い，請求異議の訴えを提起した事案である。原審が請求異議の原因が執行判決の口頭弁論終結後に生じたとして異議を許したのに対して，相手方が提起した上告に対して，大審院は次のように判示して上告を退けた。

（判　旨）

「相殺ハ当事者双方ノ債務カ互ニ相殺ヲ為スニ適シタル時ニ於テ当然其効力ヲ生スルモノニ非スシテ，其一方カ相手方ニ対シ相殺ノ意思表示ヲ為

スニ依リテ始メテ其効力ヲ生スルモノナルコトハ民法第506条ノ規定ニ依リテ明確ナリ。去レハ本訴ノ如ク仲裁判断ニ付シタル執行判決ニ基キ強制執行ヲ為ス場合ニ於テモ其債務名義タル判決ノ口頭弁論終結前債務者カ相手方ニ対シ単ニ相殺ヲ為スニ適シタル債権ヲ有スルニ止マリ、未タ相殺ノ意思表示ヲ為ササル間ハ債務消滅ノ事由発生セサルモノナルヲ以テ、口頭弁論ノ終結後ニ至リ始メテ相殺ノ意思表示ヲ為シ債務ノ消滅シタルコトヲ原因トシテ異議ヲ主張スルトキハ、民事訴訟法第545条第2項ニ所謂口頭弁論終結後ニ異議ノ原因ヲ生シタルモノト謂フ可キナリ」（下線引用者）。

［7］　最高裁昭和40年4月2日第2小法廷判決（民集19巻3号539頁）(9)
（事案の概要）

　内縁関係にあるX女とA男との間に，AがB訴外所有の本件土地を無償で譲り受けた上で，この土地の所有権をXに移転をする旨の合意がなされた。この合意は履行されなかったが，XとAは内縁関係を解消した。その際，合意が速やかに履行されることが確約され，またXはAに100万円を贈与することとなった。Xは50万円を支払ったものの，残額を支払わなかった。AはXに対して有する債権一切をYに譲渡し，Xに債権譲渡の通知をした。YのXに対する50万円の支払請求訴訟は，Y勝訴で確定した。XはYに対して請求異議の訴えおよび債務不存在確認の訴えを提起し，本件土地についての前記合意が履行不能になったので，Aに対する損害賠償請求権を自働債権としてYのAに対する債権と相殺したと主張した。第一審，控訴審ともXの請求を認容した。Yの上告に対して，最高裁判所は上告を棄却した。

（判　旨）

　　「相殺は当事者双方の債務が相殺適状に達した時において当然その効力を生ずるものではなくて，その一方が相手方に対し相殺の意思表示をすることによってその効力を生ずるものであるから，当該債務名義たる判決の

---

(9)　解説・評釈として，判解民昭和40年度159頁〔安部正三〕；上村明広・岡山大学法経学会雑誌15巻4号（1966年）111頁；白川和雄・続百選178頁；高向幹範・法学研究40巻4号（1967年）121頁；原井龍一郎・民商53巻5号（1966年）743頁；三ケ月章『判例民事訴訟法』（1974年・弘文堂）345頁（初出は法協83巻1号（1966年）55頁）などがある。

口頭弁論終結前には相殺適状にあるにすぎない場合，口頭弁論の終結後に至ってはじめて相殺の意思表示がなされたことにより債務消滅を原因として異議を主張するのは民訴法545条2項の適用上許されるとする大審院民事連合部明治43年11月26日判決（民録16輯764頁）の判旨は，当裁判所もこれを改める必要を認めない」（下線引用者）。

[8] 札幌地方裁判所昭和59年2月27日判決（判時1126号96頁）[10]
（事案の概要）
あるビルとその敷地の共有者間でビルの増築による再開発に関する合意が成立せず，再開発を推進する共有者の1人が開発に消極的な共有者を相手方として共有物分割の訴えを提起した。この訴訟において，他の共有者も増築による再開発に協力するが，協力同意に対する対価として開発推進派の設立したビル管理会社が開発消極派に対して合計4000万円を支払う旨の訴訟上の和解が成立した。その後，Xは開発消極派の共有者1人の相続人Yを相手方として，和解調書の執行力の排除を求めて請求異議の訴えを提起した。異議の事由として，XはYらの再開発への協力不履行によりXが被った損害賠償債権を自働債権として，和解調書によってXがYに負担した債務と対当額で相殺したので，XのYに対する協力金支払債務は消滅したことなどを主張した。裁判所はXの主張を排斥し請求棄却判決を下し，控訴裁判所も控訴棄却判決を下した。しかし，争いはこれで解決しなかった。Xは判決確定の約1ヶ月後に，再開発計画にYが協力しなかったことは不法行為に当たるとして，これによりXが被った損害賠償債権を自働債権として和解調書上の債務と相殺したと主張して再びYを被告として請求異議の訴えを提起した。札幌地裁は次のように判示して請求棄却判決を下した。

（判　旨）

「請求異議の訴えは，債務名義に表示された特定の請求権と実体的権利関係に不一致が生じたことにより，債務名義上の請求に関する実体法上の異議事由によって債務名義の執行力を排除することを目的とする形成の訴

---

[10] 判例研究として，坂原正夫・判評318号（1985年）44頁（同・既判力71頁以下）がある。

えであり，訴訟法上の形成権としての異議権を訴訟物とするものであるが，実体法上の異議事由は複数存在し得る。

　そこで，この異議事由と訴訟物との関係が問題になるが，請求異議訴訟の訴訟物は，訴訟法上の包括的な一個の異議権であり，各種の異議事由はすべて異議権の発生を理由あらしめる事実にすぎないものと解するのが相当である。

　そうすると，前認定のとおり，原告及び被告間には本件和解調書の執行力の排除を求める原告の請求を棄却した前訴の確定判決が存するところ，前訴において主張された異議事由たる相殺と本訴において主張している異議事由たる相殺とは，相殺に供する自働債権の発生原因事実を異にするものであるが，原告が自認するように，本訴における相殺の自働債権である損害賠償債権は，前訴の口頭弁論終結前に発生していたのであって，本件和解調書記載の債務とは前訴の口頭弁論終結時に既に相殺適状にあったのであるから，本件請求異議の訴えは，結局，前訴の口頭弁論終結前に存在した事由に基づいて再び本件和解調書の執行力の排除を求めることに帰する。

　したがって，本件請求異議の訴えは，前訴の確定判決の既判力に抵触して許されないものというべきである」（下線引用者）。

　この裁判例の事案は，かなり特殊である。同一事実関係に基づき生じうる複数の債権により標準時の前後にわたって相殺を行い，請求異議の事由とすることが許されるとすると，前訴において相殺の抗弁を提出したにもかかわらず反対債権の不存在を理由に敗訴した当事者は，標準時後に，前訴において相殺に供した債権と同一の事実関係から生じ得る債権を主張しさえすれば，再び請求異議の訴えやその他の訴えを適法に提起することができることになり，訴訟の繰返しが容易になることを示している。また，前訴における相殺に供された自働債権を主張する以上，同一事実関係による別個の債権による相殺をも併せて行うことは期待できる。相殺権行使の時機を選択する当事者の自由は，すでに1つの債権による相殺が行われている以上，顧慮される必要がないからである。もっとも，この点には重きを置かず，標準時前に相殺適状にあった債権を自働債権とする相殺を請求異議事由とすることができるかという一般的問題である

と捉える見解があるが(11)，疑問である。

(2) **取消権**　標準時後の取消権の行使について，大審院は [9] 大審院明治42年5月28日判決（民録15輯528頁）（請求異議事件）において相殺権の行使の場合（[3]）と同じく形成権行使時説（非失権説）に立ち，大審院時代には，永らくこれが維持された。[10] 大審院大正14年3月20日判決（民集4巻141頁）および [11] 大審院昭和4年11月22日判決（評論19巻民訴4頁〔事案は親権者が親族会の同意を得ないでした売買契約の取消しに関する〕），[12] 大審院昭和7年2月17日判決（新聞3378号17頁〔事案は準禁治産者が保佐人の同意を得ないでした借入行為の取消しに関する〕），[13] 大審院昭和8年9月29日判決（民集12巻2408頁〔事案は親権者が親族会の同意を得ないでした呉服反物の仕入れの取消しに関する〕）がある。大審院判決には，傍論ではあるが反対説に立つものもあったが（[14] 大判昭和3年6月23日民集7巻483頁），最高裁判所は [15] 最高裁判所昭和36年12月12日第3小法廷判決（民集15巻11号2778頁）および [16] 最高裁判所昭和55年10月23日第1小法廷判決（民集34巻5号747頁）において逆に形成権成立時説（失権説）に立つことを明言した。ただ，[15] は書面によらない贈与契約の取消し（今日では撤回）に関するものであり，当該事案においては民法550条ただし書によりすでに取消権（今日では撤回権）の消滅が生じていたケースであり，明らかに形成権の標準時後の行使と既判力の失権効との関係一般を判示するには不適切な事案であった。この判例が一般的に形成権成立時説（失権説）を宣言したものであるかどうか，疑問が抱かれた。

[9]　大審院明治42年5月28日判決（民録15輯528頁）

（事案の概要）

本件は，親権を行う母の復代理人が締結した和解契約が親族会の同意を欠いたことを理由に和解契約取消しの意思表示を行い（明治民法886条3号・887条），請求異議の訴えを提起した事案である。原審は，「和解契約ニ付親族会ノ同意ナカリシ事実ハ本件強制執行ノ基本タル前示確定判決ノ口頭弁論終結前既

---

(11)　坂原・前掲注(10)判評318号45頁；塩崎勤「既判力標準時後の形成権の行使に関する一試論」司法研修所論集75号（1985年）1頁，35頁がそうである。

ニ存在シタル事由ニシテ，控訴人ハ右口頭弁論ニ於テ防御方法トシテ此レヲ提出シ和解契約取消ノ意思表示ヲ為シ因テ以テ前示判決ニ於テ認メラレタル被控訴人ノ請求ヲ拒否シ得ヘカリシモノニ属スレハ，本件異議ノ原因ハ結局前示確定判決ノ口頭弁論終結前ニ在テ既ニ存シタルモノト謂ハサルヲ得ス」と判示して，請求を排斥した。大審院は，次のように判示して原判決を破棄し，事件を原審に差し戻した。

（判　旨）

「取消シ得ヘキ法律行為ハ之ヲ取消ス意思ノ表示アルマテハ依然トシテ其効ヲ有シ，取消ノ意思表示アリテ始メテ民法第121条ニ依リ当初ヨリ無効ナリシモノト看做サルルモノナルヤ言ヲ俟タス。故ニ<u>強制執行ノ債務名義タル判決ノ憑拠ト為リタル法律行為カ取消シ得ヘキモノニシテ債務者カ其判決ノ口頭弁論終結前之ヲ取消スコトヲ得ヘカリシ場合ニ於テモ取消ノ意思表示ナキ間ハ依然トシテ法律行為ノ効力ヲ有スルヲ以テ，口頭弁論ノ終結後始メテ取消ノ意思表示ヲ為シ其取消ノ為メ法律行為ノ無効ニ帰シタルコトヲ原因トシテ異議ヲ主張スルカ如キハ，民事訴訟法第545条第2項ニ所謂口頭弁論終結後ニ異議ノ原因ヲ生シタルモノト謂ハサルヲ得ス</u>」

（下線引用者）。

[10]　大審院大正14年3月20日判決（民集4巻141頁）[12]

（事案の概要）

約束手形の裏書人である被告に対する手形金償還請求を認容する欠席判決が確定した後に，被告が本件手形裏書当時は未成年者であり，手形裏書につき法定代理人の同意がなかったという理由で手形行為を取り消し，前訴原告に対して請求異議の訴えを提起した事案である。原判決は，「民事訴訟法第545条ノ場合ニ強制執行ノ債務者カ判決ニ因リ確定シタル請求ニ関スル異議ノ理由トシテ該請求ノ基因タル法律行為ヲ取消シタル事実，即一旦取消権ノ発生シタル以上其ノ行使（取消）ハ権利者カ随時之ヲ為シ得ヘキカ如キ事実ヲ主張スル場合ニ於テハ同条第2項ノ異議ノ原因カ所謂異議ヲ主張スルコトヲ要スル口頭弁論

---

(12) 解説・評釈として，菊井維大『判例民事手続法』（1951年・弘文堂）148頁（初出，『判例民事法大正14年度』23事件）；中野貞一郎・百選150頁。

ノ終結後ニ生シタリヤ否ハ, 取消ノ意思表示カ該判決ノ確定後ニ為サレタリヤ否ニヨリ決定セラルヘキニ非スシテ, 取消権其ノモノカ該判決ニ接着スル口頭弁論終結前ニ発生シタリヤ, 従テ右口頭弁論ニ於テ取消権ヲ行使シ取消ノ意思表示ヲ為スコトヲ得ヘカリシヤ否ニヨリ決セラルヘカラサルモノト解スルヲ至当トス, 若然ラスシテ当事者一方カ判決ニ接着スル口頭弁論終結前ニ取消ヲ為シ得タルニ拘ラス之ヲ為サスシテ該判決ヲ確定セシメ然後取消ノ意思表示ヲ為シ該判決ニ因リ確定シタル請求ノ最早存在セサルニ至リタルヲ以テ該判決ヨリ執行力ヲ排除スヘキコトヲ請求シ得ルモノト為サンカ, 是他方当事者カ確定判決ヲ得ルモ該判決ヲ執行シ得ルヤ否ハ一ニ当事者一方ノ恣意ニヨリ左右セラルルコトニ為リ其ノ結果ノ不当ナルコト多言ヲ要セサレハナリ」と判示して, 形成権成立時説＝失権説に立った。上告に対して大審院は, 上記判例 [9] を確認し, 次のように判示して原判決を破棄し, 事件を原審に差し戻した。

（判　旨）

「強制執行ノ債務名義タル判決ノ憑拠ト為リタル法律行為カ取消シ得ヘキモノニシテ<u>債務者カ其ノ判決ノ口頭弁論終結前之ヲ取消スコトヲ得ヘカリシ場合ト雖口頭弁論ノ終結後始メテ取消ノ意思表示ヲ為シ之カ為ニ法律行為ノ無効ニ帰シタルコトヲ原因トシテ異議ヲ主張スルカ如キハ</u>, 民事訴訟法第545条第2項ノ所謂口頭弁論終結後ニ生シタル原因ニ基キ異議ヲ主張スルモノニ外ナラサルコトハ, 夙ニ<u>当院ノ判例トスル處ニシテ</u>（明治42年5月28日第2民事部判決参照）<u>今之ヲ変更スルノ必要ヲ見ス</u>」（下線引用者）。

[15]　最高裁判所昭和36年12月12日第3小法廷判決（民集15巻11号2778頁）[13]

（判　旨）

「書面によらない贈与（死因贈与を含む）を請求原因とする訴訟が係属した場合に当事者が民法550条によるその取消権を行使することなくして事実審の口頭弁論が終結した結果, 右贈与による権利の移転を認める判決

---

(13)　解説および評釈として, 判解民昭和36年度429頁［宮田信夫］；中川淳・民商46巻6号（1962年）1024頁；奥村義雄・判タ188号（1966年）94頁がある。

があり同判決が確定したときは，訴訟法上既判力の効果として最早取消権を行使して贈与による権利の存否を争うことは許されなくなるものと解するを相当とする」。

[16]　最高裁判所昭和55年10月23日第1小法廷判決（民集34巻5号747頁）(14)

（事案の概要）

事案を簡略化して述べると，本件には次のような事実関係が存在した。前訴においてYは，Xを被告として土地の売買契約に基づき土地所有権の確認と移転登記手続を求める訴えを提起し勝訴した。ところが，所有権移転登記が行われた後，Xは同一土地につきYを被告として，この所有権移転登記の抹消登記手続を請求した（第1次的請求）。Xは請求原因として，①まず本件売買契約は通謀虚偽表示であるから無効である，②通謀がなかったとしても，民法93条ただし書により無効である，③この主張も理由がないとしても，Xには本件売買の重要な要素である目的物件につき要素の錯誤があったので契約は無効であると主張し，④錯誤主張も理由がないとしても，本件契約はYの詐欺により締結されたものであるから，Xは本件訴状により本件売買契約承諾の意思表示を取り消す旨の意思表示をした，⑤本件売買契約にはYが「正規の手続を経て，全員一致の下に，一般的に公民館と認め得る建築物を建築することが条件として付されていたが，右条件は不成就に終っている」，との5つの事由を主張した。第一審裁判所は，これらの請求原因はいずれも前訴判決の既判力に抵触し許されないとして請求棄却判決を下し，控訴裁判所も，一審判決の理由を引用するほか，詐欺を理由とする標準時後の取消権の行使と既判力の時的限界との関係に関し，大審院判例は最判昭和36年12月12日（前掲[15]）によって変更されていると判示して控訴を棄却した。Xの上告は，相殺

---

(14)　評釈・解説として，判解民昭和55年度31頁［塩崎］；上谷清・百選〔2版〕230頁；上田徹一郎・判タ439号（1981年）239頁；大村雅彦・法学新報88巻9・10号（1981年）143頁；片山克之・百選II 320頁；小山昇・判評271号（1981年）46頁（判時1007号192頁）；坂原正夫・法学研究54巻9号（1981年）122頁（同・既判力95頁以下所収）；住吉博・昭和55年度重要判例百選（ジュリ743号，1981年）136頁；都築弘・民事研修295号（1981年）23頁；中野貞一郎・民商84巻6号（1981年）902頁；坂本惠三・百選〔3版〕176頁などがある。

権に関する前記判例［7］を援用して，同じ形成権である取消権についても標準時後の行使が許されるべきだと主張した。上告棄却。

（判　旨）
　「売買契約による所有権の移転を請求原因とする所有権確認訴訟が係属した場合に，当事者が右売買契約の詐欺による取消権を行使することができたのにこれを行使しないで事実審の口頭弁論が終結され，右売買契約による所有権の移転を認める請求認容の判決があり同判決が確定したときは，もはやその後の訴訟において右取消権を行使して右売買契約により移転した所有権の存否を争うことは許されなくなるものと解するのが相当である。
　これを本件についてみるに……被上告人（Y）が上告人（X）から本件売買契約により本件土地の所有権を取得したことを認めて被上告人の所有権確認請求を認容する判決があり，右判決が確定したにもかかわらず，上告人（X）は，右売買契約は詐欺によるものであるとして，右判決確定後である昭和49年8月24日これを取り消した旨主張するが，前訴において上告人（X）は，右取消権を行使し，その効果を主張することができたのにこれをしなかったのであるから，本訴における上告人（X）の上記主張は，前訴確定判決の既判力に抵触し許されないものといわざるをえない。
　……所論引用の判例は，事案を異にし，本件に適切でない」（下線引用者）。

　［16］は，標準時後の取消権行使による契約の無効の主張が既判力の失権効により排斥されると宣言する実質的に初めての判例であり注目されるが，種々問題がある。まず，最高裁判所は，大審院の判例を変更したのであるが，なぜ取消権行使効果の主張が既判力により遮断され，相殺権行使効果の主張は既判力により遮断されないのか，その理由を全く明らかにしなかった。「前訴において上告人（X）は，右取消権を行使し，その効果を主張することができたのにこれをしなかったのであるから」既判力の失権効を受けるとするだけであり，全く十分な理由づけを行っていないのである[15]。前訴で形成権を行使し得たか否かだけが問題だとすると，相殺権の場合にも前訴においてこれを行使する

---

(15)　大村・前掲注（14）146頁。

ことはできたのだから，相殺権も防御方法として機能する以上，これについても失権を肯定するのが論理一貫することになる。もっとも本件では，最高裁判所は事案上の特殊性を重視したのかもしれない。この事案では，Xは他の契約無効事由をいくつも請求原因事実として——しかも，この無効事由はXの訴訟代理人の主張によれば前訴においても主張されていた——主張したのであり，取消権者に与えられる熟慮期間はX自身において重視されておらず，まことに前訴においてXに取消権の行使が期待されたのももっともだという事情があった。しかし，もしそうだとすると，Xが契約の無効を招くかどうか熟慮することに利益を有するような事案については，最高裁判例の立場である取消権成立時説＝失権説は当てはまらないことになる。やはり，判例としては理由づけが十分でないため，明確でないのである(16)。十分な理由づけを欠く判例 [16] によっても最高裁判所による方向づけは示されたかもしれないが，判例の「理論」はほぼ確立された(17)などというには，ほど遠いのが実情であろう。

(3) **解除権** 解除権については，[17] 旭川地方裁判所昭和41年1月26日判決（判時453号60頁），[18] 東京地方裁判所平成元年9月29日判決（判タ730号240頁）があり，[19] 大阪高等裁判所昭和52年3月30日判決（判時873号42頁）および [20] 最高裁判所昭和54年4月17日第3小法廷判決（判時931号62頁＝金商578号17頁）と [21] 最高裁判所昭和59年1月19日第1小法廷判決（判時1105号48頁＝判タ519号136頁）が関連裁判例である。[20] は [19] の上告審判決である。

[17] 旭川地方裁判所昭和41年1月26日判決（判時453号60頁）

（事案の概要）

本件建物を所有者から賃借していた Y_1 は，その後2階を Y_2 に転貸していたところ，本件建物を買い受け，所有権移転登記手続を経て賃貸人の地位を承継

---

(16) 本件は [9] とは異なり，詐欺による意思表示の取消しの事案であったので，[15] と相俟って最高裁判所が判例変更をしたと受けとめることができるとし，そこに重要な意味を認める見解があるが（上谷・百選〔2版〕231頁），熟慮期間についての取消権者の利益を十分考慮していない。

(17) しかし，上谷・百選〔2版〕232頁はこのように言う。

したXが，Y₁に対して賃貸借の終了を主張して本件建物の明渡しを求める訴えを提起した。賃貸借の終了原因として，Xは，①賃料不払による無催告解除，②自己使用の必要による賃貸借の解約申出，③無断転貸による契約解除を主張した。裁判所は，X主張の賃貸借終了原因をいずれも排斥して，昭和35年10月6日に終結した口頭弁論に基づき請求を棄却する判決を下し，同判決はそのまま確定した。その後，Xは，Y₁，Y₂を被告として，④昭和30年10月頃以降の本件建物2階のY₂への無断転貸，昭和33年2月以降の賃料不払その他の理由による賃貸借契約の無催告解除，⑤昭和33年3月分から同38年4月分までの賃料不払いを理由とする昭和38年4月になされた催告を経た契約解除，⑥④の無断転貸，賃料不払いおよび用法違反を正当理由として昭和38年4月になされた解約申入，⑦用法違反を理由として昭和38年12月になされた契約解除，⑧昭和28年9月になされたBへの本件建物の2階の無断転貸を理由とする昭和40年5月になされた契約解除，の5つの事由を主張し，本件建物の明渡請求の訴えを提起した。Y₁，Y₂は，XのY₁に対する訴えは既判力に抵触すると主張した。裁判所は，賃貸借契約の終了に基づく建物明渡請求訴訟の訴訟物は終了原因の違いによって個別化されるものでなく，「当該賃貸借契約の成立と同時に賃貸人に生ずるところの，当該契約が終了したならば当該建物の返還を受け得るという債権に基づく，当該契約の終了に因って即時行使の可能となった具体的な権利としての当該建物の返還債権がその訴訟物をなすものと解するのが相当であり（この訴訟物は同一当事者間では賃貸借が同一である限り同一である。賃貸借の終了は，訴訟物たる返還請求権の成立要件ではあるが，訴訟物の同一性には関係がない。賃貸借終了の原因事由の主張は，請求を理由あらしめる攻撃方法に過ぎない。），従って右訴についてなされた本案判決の既判力は，右に述べたようなものとしての当該建物返還請求権の存否について生じ，かつ，それのみについて生ずるものと解するのが相当である（右請求権の基礎となった債権の存否についても，賃貸借が終了したか否かについても生じない）」として，前訴判決の既判力はY₁に関して後訴に及ぶとした。その上で，後訴裁判所はXが無断転貸を理由に標準時後に解除権を行使している点について，次のように判示した。

（判　旨）

「XがY₁を相手とした前訴において，Y₁がXに無断で本件建物二階をY₂（前訴では訴外人）に転貸したことを理由に本件賃貸借契約を解除する旨の主張したことは既に述べたとおりであるが，Xの前記(イ)の主張（Y₁からY₂への本件建物2階の無断転貸——引用者）にかゝるY₁からY₂に対する本件建物二階の転貸とXの前訴における右主張にかゝるY₁からY₂に対する本件建物二階の転貸とは，継続した一個同一の事実関係としての一個同一の転貸であることは弁論の全趣旨に徴して明らかであるから，Xが右両主張において右転貸が貸主に無断でなされたことに因って生じたとする解除権なるものは，仮令右両主張における右転貸の始期ないし右解除権発生の時期，Xの右解除権取得の経緯に関する主張が異っているとしても，全く同一のものと認めなければならない。蓋し一個同一の無断転貸に因り別異の解除権が発生するいわれはないからである。而してXが前訴において前記無断転貸に因って生じたという解除権行使を主張している以上，別言すれば，Xが前訴の最終事実審口頭弁論の終結の時以前に右解除権なるものを既に行使している以上，Xの本訴における前記(イ)の主張は，仮令Xが右解除権なるものを前訴の最終事実審口頭弁論終結後である昭和38年4月23日に行使したように主張しているとしても，これを前訴の最終事実審口頭弁論終結の後に新たに生じた事実の主張とみることはできない。このことは畢竟，Xの前記(イ)の主張は，Xが右解除権なるものを前訴の最終事実審口頭弁論終結の以前に行使したことを前提とする主張と同視すべきことを意味する。そうだとすればXの前記(イ)の主張は，Y₁に対する関係では前訴判決の既判力に牴触するものというべきであり，従ってこれを主張することは許されないものといわなければならない」。

[18] 東京地方裁判所平成元年9月29日判決（判タ730号240頁）[18]

（事案の概要）

XはYとの間の本件土地の賃貸借契約が期間の満了により終了したことを理由として建物収去土地明渡請求の訴えを提起したが，第一審裁判所は請求を

---

(18) 評釈・解説として，小島武司・リマークス3号（1991年）129頁以下；寒竹剛・平成2年度主要民事判例解説（判タ762号，1991年）258頁以下がある。

棄却した。これに対し、Xは控訴を提起したが、控訴裁判所は平成元年1月26日控訴棄却判決を下し、同判決は確定した（本件前訴）。Xは、平成元年4月24日になり再度Yを被告として本件土地について建物収去土地明渡請求の訴えを東京地裁に提起し、請求原因として、Yが昭和63年頃（すなわち前訴の事実審の最終口頭弁論終結前）本件土地の一部を訴外Aに転貸し車2台の駐車と犬小屋等に使用させていたので、催告のうえ平成元年2月27日土地の無断転貸を理由に本件土地賃貸借契約を解除したと主張した（本件後訴）。これに対してYは、既判力または訴訟上の信義則違反を理由に本件訴えの却下を求めた。また、Yは、Xによる後訴の提起は不法行為に当たると主張して、500万円の損害賠償金の支払いを求めて反訴を提起した（乙事件）。Yは、Xが主張する『車が置いてあった』等の事実は、前訴の訴訟提起当時から存在することをXが認識していたにもかかわらず、前訴においてこれを主張せず、前訴敗訴判決確定後になってこれを理由に契約解除を主張することは信義則に反する等と主張した。これに対し、Xは無断転貸の疑いがあっても、前訴係属当時Xが転貸借の内容はもちろんのこと、転借人の氏名も知る立場にはなく、契約解除の主張は不可能であったと主張した。裁判所は次のように判示して本件後訴を棄却し、乙事件につきXの訴訟不法行為を理由とするYの反訴も理由なしとして棄却した。

（判　旨）

「1(1)　前訴の判決が確定することにより既判力が生じ、前訴控訴審の口頭弁論終結時である昭和63年11月17日（既判力の基準時）現在で、原告が前訴の訴訟物である『賃貸借契約終了による本件土地明渡請求権』を有しなかったことが確定するとともに、右の時点以前に存在した一切の『賃貸借の終了事由』は、右既判力の効果により遮断されることになるから、以後、当事者である原、被告においてはこれと矛盾する主張をすることは許されず、また裁判所においてもこれに抵触する判断をすることは許されないことになるものといわなければならない。

したがって、原告は前訴控訴審の口頭弁論終結時である昭和63年11月17日以前に存在した『無断転貸』の事実を理由としては、本件後訴の訴訟物である本件土地明渡請求権を基礎づけることは、許されないものとい

わなければならない。

(2) なお，原告は，前訴は期間満了による賃貸借契約終了を理由としたものであるのに対し，本件後訴は債務不履行（無断転貸）による契約解除を主張するものであることから，前訴と本件後訴とでは訴訟物を異にするとの見解に立脚しているかのごとくであるが，賃貸借契約終了事由の差異は，たんなる攻撃防御方法の差異であって，これにより訴訟物に異同を来すものではない。

また原告は，本件においては，既判力の基準時である前訴控訴審口頭弁論終結時後に解除権を行使したのであるから，右基準時以前に存在した事実を解除原因として援用することも許される旨の主張をするが，右見解を採用することは，ひっきょう当事者の恣意により既判力の効果を浮動状態に置くことになるから，許されないものというべきである。また，解除権の性質が形成権であることをもって，別異に解すべき根拠もないから，原告の右の主張は採用できない。

(3) そうすると，既判力の基準時以前に存在した解除原因たる事実の主張は，前訴判決の既判力によって遮断されることになるから，原告において，本件土地明渡請求を基礎づけるものとして主張する事実中，前訴控訴審の口頭弁論終結時である昭和63年11月17日以前に発生した事由を解除事由とする部分は理由がないものといわなければならない。

2 次に原告は，本件賃貸借契約の解除事由として，前訴控訴審の口頭弁論終結時である昭和63年11月17日以降の無断転貸の事実を主張するので，この点について判断する。

(1) 〈証拠〉を総合すると，本件土地北側に隣接する土地所有者Kが，前訴控訴審の口頭弁論終結時である昭和63年11月17日以後，本件土地内の北側の空地である本件転貸土地上に自動車2台を駐車させ，またその一部を犬小屋等の置き場として利用していた事実があり，Yもこれを許容していたものと認められること，そこでXは，平成元年2月27日，右の事実は無断転貸に当たるとして本件賃貸借契約を解除する旨の意思表示をしたところ，Y及びKは平成元年3月4日までに本件転貸土地上から右の自動車等を撤去し，旧来の状態に復したうえ，同月6日付でその旨を

Xに通知したこと，以上の事実を認めることができる。

(2) 右の事実によれば，YがKに使用を許していた土地の範囲は本件土地の一部にすぎず，使用形態も自動車の駐車等であって，その原状回復につき，格別の費用を要するとか，物理的に困難を伴うとかの事情は認められないうえ，Yらにおいては，Xの解除の意思表示が到達後すみやかに旧来の状態に復していることが認められるから，右の程度の事実では，XY間の賃貸借契約を解除しなければならないほどの重大な契約違反があったとまでは，認めることができない。

(3) よって，Xの右の解除事由の主張も理由がない。

3 そうすると，原告の甲事件請求は理由がない」（下線引用者）。

[20] 最高裁昭和 54 年 4 月 17 日第 3 小法廷判決（判時 931 号 62 頁＝金商 578 号 17 頁＝金法 898 号 83 頁）[19]

（事案の概要）

事案は非常に複雑である。Xは訴外Aと，Xの所有土地につき昭和39年3月頃，作業場建物の建築目的で期間3年として一時使用の土地賃貸借契約を締結したが，その際，期間満了時に地上建物をXが買い取る旨の特約が付された。Aは建物を建築し，昭和39年10月頃本件被告会社 Y_1 がAからこの建物を買受け，所有権を取得するとともに，同土地の賃借権を譲り受けた。建物の保存登記は，昭和42年5月23日 Y_1 名義でなされた。昭和42年7月から43年9月までの間に Y_1 は自己の債務の担保として Y_2（信用保証協会）のために本件建物に極度額350万円の根抵当権を設定した。昭和43年2月賃貸借期間が満了し，Xは Y_1 を被告として昭和44年6月建物収去土地明渡請求の訴えを提起した。Y_1 は賃貸借終了時にXが本件建物を時価で買い取る旨の特約があったとする抗弁を主張した。この別件訴訟において第一審裁判所である枚方簡易裁判所は，昭和47年4月17日に終結した口頭弁論に基づき同年5月1日に言い渡された判決で，Y_1 の抗弁を容れ，Y_1 に対し建物引渡土地明渡を命じる判決を下した。その際，裁判所は，当事者間の特約をもって土地賃貸借期間の

---

(19) 評釈として，石川明・判評252号（1980年）43頁（判時947号181頁）；上原敏夫・判タ411号（1980年）252頁（昭和54年度主要判例解説）；上野泰男・名城法学29巻3号（1980年）59頁などがある。

満了により本件建物がXの所有に帰した（時価90万円）として，建物収去請求を排斥した（ただし，判決主文では建物収去請求を棄却していない）。この判決は確定した。昭和47年6月，Y_2がY_1の債権者として，Y_1のXに対する90万円の売買代金債権につき差押転付命令を取得し，この命令はXに送達された。

　昭和47年10月，Xは本件建物につきY_1に対して，5日以内に本件根抵当権設定登記の抹消と，Xへの所有権移転登記を求め，これができなければ，特約により成立した本件売買契約を解除する旨の意思表示をしたが，Y_1はこれに応じなかった。そこでXはY_1に対して，本件売買契約の解除に伴い本件建物所有権はY_1の所有に復帰したと主張して本件土地所有権に基づき本件建物収去土地明渡と昭和42年3月1日以後の賃料相当額の損害金の支払いを求め，Y_2はXに対して転付を受けた本件建物代金債権90万円の支払いを求めた。これが本件訴訟である。

　第一審である大阪地裁は，次のように判示して，XのY_1に対する請求を棄却した。「……したがって，原告は，別件確定判決で既に棄却された請求につき，その後の解除権の行使によりその所有権の帰属に変動を生じたとして，本訴で，別件と同一の請求について再訴していることとなる。そうすると，原告の本件解除権の行使は，別件の口頭弁論終結前に既に生じていた本件根抵当権設定登記等の存在を債務不履行該当行為であるとして，その後にこれを原因として本件催告および解除に及んだものであるから，別件判決が確定した本件建物の所有権の帰属に関する判断につき，当該判決の基準時点たるその口頭弁論終結前に生じた解除原因事実を主張してこれを争うこととなり，右確定判決の既判力に抵触する（最判昭和36年12月12日民集15巻2778頁参照）もので許されない」。

　Xの提起した控訴に対して，控訴裁判所である大阪高裁は，所有権に基づく建物収去請求権と土地明渡請求権とに分けて既判力の関係を判断した。そして後者につき，「前訴の確定判決は控訴人（X）の本件土地所有権に基づく本件土地明渡の請求を認容していることは明白である。してみると控訴人（X）の本訴における本件土地明渡の請求部分は，既に前訴の確定判決によって認容されているにも拘わらず，重ねて同一事項につき訴を提起しているものという

べく，従って右再訴を必要とする特段の事情も認められない本件に在っては，控訴人（X）の本件土地明渡の請求部分は訴の利益を欠き，不適法として却下を免れ得ないものと解する」とした（大阪高判昭和52年3月30日判時873号42頁，55頁）。さらに，建物収去請求の部分については，次のように判示して，これを根拠づけるべき建物売買契約の解除権の発生原因は前訴最終口頭弁論終結時にすでに存在したものであることを理由に，次のように判示して，形成権成立時説＝失権説に立って解除権行使効果の主張は既判力効により排斥されるとして，請求を棄却した。「然し右主張によれば控訴人（X）は，前訴の確定判決の既判力の標準時前に存した事由に基づいて，既判力の標準時後に解除権の行使を主張するものである。一般に確定判決の既判力の標準時と形成権の行使との関係につき，解釈上争いの存するところであるが，すべての形成権について一律には論じ難く，形成権の種別に応じて異なった解釈が成立つものと言うべく，この点に関し，最高裁の判決は，一方において書面によらない贈与の取消につき，書面によらない贈与による権利の移転を認める判決が確定した後は，既判力の効果として，民法550条による取消権を行使して，右贈与による権利の存否を争うことは許されないとし乍ら（昭和36年12月3日〔12日――引用者〕第3小法廷判決・集15巻11号2778頁），他方相殺権の行使につき，債務名義たる判決の基礎となる口頭弁論の終結前に相殺適状にあったとしても，右弁論終結後になされた相殺の意思表示により債務が消滅した場合は，請求異議の原因となり得る旨判示する（昭和40年4月2日第2小法廷判決・集19巻3号539頁）。このような結果の相違は，相殺の場合，訴訟物たる権利の請求原因自体に関する瑕疵（取消権）とは異なるものであり，自己の債権を消滅に帰せしめる不利益を甘受する効果を伴うものであって，これを行使するか否かは，債務者の自由に委ねられ，当然なすべき防御方法とはいえない点において，取消権等の形成権に比べ，特殊性が認められなければならないことによるものと解される。本件における契約解除権は，請求原因自体に存する瑕疵ではないが，訴訟物たる控訴人（X）の前訴における本件建物収去請求権の消滅事由に付着する瑕疵として，当然前訴においてなすべき攻撃防御方法の1つというべく，この意味において，これを前述の如き特殊性を有する相殺権と同列に置くのは相当でなく，寧ろ取消権と同じ取扱いをするのが相当であると解する」（大阪

高判昭和52年3月30日判時873号42頁，56頁）。

　Xの上告に対して最高裁判所は，次のように判示して原判決を破棄し，事件を原審に差戻した。

　（判　旨）

　「右によれば，上告人（X）の本訴は，本件建物について借地期間の満了を停止条件とする売買契約が成立したものと認めて被上告会社（Y_1）に対し本件建物引渡し及び本件土地明渡しを命じた前訴判決の事実審口頭弁論終結後に，本件建物の売買契約を解除する意思表示をしたことによりその所有権がY_1に復帰したので，Y_1に対し新たに本件建物を収去して本件土地の明渡しを求めうる事由が生じたものであると主張して，本件土地の所有権に基づき改めて建物収去土地明渡しの判決を求めるものであって，前訴とは訴の提起を必要とする事情を異にしており，また，前訴判決があるというだけでは建物収去土地明渡しの目的を達成することは不可能であることが明らかであるから，他に特段の事情のない限り，本訴について訴の利益を肯定するのが相当である。

　しかるに，原審は，Xの本訴中本件土地の明渡しを求める部分については，すでに前訴の確定判決によって認容されているのと同一事項につき重ねて訴を提起したものであって，特段の事情の認められない本件では，訴の利益を欠き不適法として却下を免れないものと判断しているのであって，この判断には訴の利益に関する民訴法の解釈を誤った違法があるものというべく，この違法が原判決中本件土地の明渡しを求める部分に影響を及ぼすことは明らかであり，原判決はこの部分につき破棄を免れない」。

　この事件では，建物収去土地明渡請求訴訟の訴訟物とその特定基準は何であるかが問題であった。その際，建物収去請求権と土地明渡請求権が別個の訴訟物をなすかどうかではなく，所有権に基づく建物収去土地明渡請求と賃貸借終了に基づく建物収去土地明渡請求が異なる訴訟物を構成するか否かが重要な問題である。

　[21]　最高裁判所昭和59年1月19日第1小法廷判決（判時1105号48頁＝判タ519号136頁）[20]

（事案の概要）

Xは本件土地建物のもとの所有者であるが，贈与を原因としてXからYらに所有権移転登記がなされている。Xはこの贈与契約を争い，Yらに対し所有権移転登記の抹消登記手続を求めて訴えを提起したところ，裁判所は負担付き贈与を認定し，Xの請求を棄却する判決を下し，この判決は確定した（前訴）。本件贈与ののちXの子であるAはXに生活費として月額35,000円を支払っていたが，Xが前訴を提起した後，支払いは打ち切られた（正確にはXが土地建物の贈与を否定したのちは，X名義で預金されていた）。YらはAのこの支払い債務につき重畳的債務引受をした。前訴判決確定後，Xは贈与の負担の不履行を理由に贈与契約を解除したと主張し，所有権移転登記手続を求めて改めてYらに対して訴えを提起した。

第一審裁判所は，前訴と本訴は登記形式に差異はあるが，ともに贈与が効力を有しないことを理由に自己名義に登記の回復を求めるものであり，訴訟物は異ならないとして，前訴において主張することができた解除権を本訴において主張することは前訴判決の既判力に抵触して許されないとして訴えを却下した。控訴裁判所は，前訴は所有権に基づく所有権移転登記の登記抹消手続請求であり，後訴は贈与契約の解除による原状回復請求権に基づく所有権移転登記請求であり，したがって前訴と後訴の訴訟物は異なるとし，その点で原判決は誤りだとする。しかし，控訴裁判所は，Xは前訴において贈与契約の解除を再抗弁として主張すること，または本訴のような請求を併合提起することは容易であり，そうすることが親族間の紛争を早期に解決するために期待されていたし，本件物件の所有権をめぐる紛争は前訴においてすべて落着したものとYらが信頼したとしても無理からぬものがあり，実質的には本訴は前訴の蒸返しにすぎず，信義則に反するとして本訴を却下すべきものとした。Xの上告に対し最高裁判所は，次のように判示して原判決を破棄し，第一審判決を取り消したうえ，事件を第一審裁判所に差し戻した。

（判　旨）

「前訴は，本件物件がXの所有に属し，これをYらに贈与したことは

---

(20) 評釈として，木川統一郎＝中山幸司・判タ535号（1984年）94頁；坂口裕英・昭和59年度重要判例解説（ジュリ838号，1985年）138頁；新堂幸司・法学教室44号（1984年）96頁；住吉博・判評307号（1984年）27頁（判時1120号173頁）がある。

ないとして，……所有権移転登記の抹消登記手続を求めるものであるのに対し，本訴は，本件物件の贈与が有効にされたとする前訴判決の判断を前提としたうえ，右贈与の負担である生活費の支払について前訴判決後に不履行があることを理由として右贈与契約を解除し，その原状回復請求権に基づき右所有権移転登記手続を求めるものであるから，本訴が実質的に前訴のむし返しであるとは当然にはいうことができないところ，……<u>Ｘにおいて，前訴で前記のような内容の贈与契約の成立が認定されることを慮り，あらかじめこれに備えて，右訴訟の継続中に，右認定にかかるＡによるＸに対する生活費の支給義務の履行停止をとらえ，右贈与契約の負担である義務の懈怠があるとして，その履行を催告したうえ，右契約を解除し，これを仮定的抗弁ないし訴えの追加的変更の形で主張することが容易であったとか，それが期待されていたとはたやすくいい難く，Ｘが右の挙に出なかったことによりＹらが本件物件の所有権の帰属に関する紛争が右訴訟ですべて落着したと信頼しても無理からぬものであるということもできないといわなければならない。まして，Ｙらは，前訴確定判決後も同判決中でその存在を認定された前記Ｘに対する生活費支給義務を実行せず，Ｘは改めてこれを右贈与契約に付随する負担にかかる債務の不履行であるとして，その履行を催告したうえ，その不履行を理由として右契約を解除したと主張して，右解除による原状回復義務の履行を求めて本訴請求をしているのであり，しかも，本訴提起までは前記契約成立時から４年余，前訴判決確定時から約 10 か月の期間が経過しているにすぎず，不当に長期間Ｙらの法的地位が不安定な状態におかれるという事情も存在しないのである。そうしてみると，Ｘの本訴提起が著しく信義則に違反するものとはとうていいうることができず，これと異なる判断のもとに</u>……訴えを不適法として却下した原判決は，訴えの適否に関する民訴法の解釈適用を誤った違法があるものというべく，この違法が判決に影響を及ぼすことが明らかであるから，この点の論旨は理由があり，……またこれと同旨の結論を採る第一審判決も取消を免れない」（下線引用者）。

賃貸借契約の終了に基づく建物収去土地明渡請求訴訟または家屋明渡請求訴訟の訴訟物が賃貸借の終了原因ごとに個別化されるのか，それとも終了原因が

数個あっても訴訟物は1つであり，個々の終了原因は攻撃防御方法に過ぎないのかという問題について，旧実体法説（旧訴訟物理論）の内部においても議論があり，裁判例は対立したが(21)，最近では訴訟物一個説が主流のようである。この考え方によれば，期間の満了と無断転貸による解除は，ともに一個の明渡請求権の主張という訴訟物を理由あらしめる攻撃方法であり，原告が前訴において無断譲渡転貸による賃貸借契約の解除をせずに，したがってこれを主張せずに敗訴判決を受けたのち，標準時後に解除権を行使して再度明渡請求の訴えを提起することは既判力により排斥されるという［17］［18］の判示は正当である。問題は標準時後にも解除権発生要件が継続しまたは繰り返される場合である。［18］は，標準時前に存在した無断転貸の主張は既判力に抵触するが，標準時後の無断転貸の事実の主張は既判力に抵触しないとする。しかし，このような判断の仕方は種々問題である。前訴と後訴の訴訟物が同一である場合，標準時前に存在した事実を主張して前訴確定判決が誤りであることを主張して後訴を提起することは既判力のゆえに不適法である。標準時後に生じた新事実が請求棄却理由となった事由に関しており，前訴で確定された法律効果に影響する場合に，再訴は適法と解すべきである(21a)。賃貸借のような継続的法律関係では前訴当時存在した契約違反の事実が継続しているのみで，後訴においてこれを主張することは前訴確定判決の既判力によって排除されないと単純にいうことができるか否かは，形成権行使時説＝非失権説に立つのでない限り，疑問である。もっとも，形成権成立時説＝失権説の場合にも，継続しまたは繰り返された無断転貸や用法違反などの契約違反が標準時に存在した事実と相俟って当事者間の信頼関係の破壊を基礎づけるような場合には，後訴裁判所が解除の正当性を判断する基礎が備わるといえる。その限りで，［18］が標準時後の無断転貸状態が契約解除を正当化するかどうかを審理したのは正当であった。転貸の事実は標準前にすでに存在した事実だから新たに解除権が発生したものとみることはできないとする見解(22)もあるが，標準時後の賃借人や無断転借

---

(21) 東京地判昭和25年12月28日下民集1巻12号2129頁；東京地判昭和42年12月4日判時516号55頁は個々の終了原因ごとに異なる訴訟物を指定する。
(21a) 本書27頁以下参照。
(22) 寒竹・前掲注（18）259頁。

人の目的物利用の態様が標準時前のそれと異なる場合もあるから、一概にこのようにいうことはできない。

このような観点は、判例［20］の事案の解決にとっても有益であろう。［20］においては、前訴原告が標準時前に存在していた解除権を標準時後に行使しているのであるが、解除権を発生させる債務不履行は前訴、後訴を通じて継続していたケースである。このケースでも、被告が前訴において停止条件付き売買契約を援用しながら、前訴判決がこれを容れて建物引渡しおよび土地明渡しの限度で請求を認容したのち、被告が依然として建物抵当権の登記の抹消をせず、したがって前訴判決の実現のためになすべきことをせず、債務不履行を継続して信頼関係破壊を強めているという新たな事情が加わっているのであるから、このような事実は前訴当時に存在した事実の単なる継続を超えた意味を有したと評価することができる。このような場合に理論的には前訴当時すでに停止条件付き売買契約を債務不履行により解除しえたことをもって、後訴を既判力により不適法とした［20］の第一審裁判所や、訴えの利益を欠くとして訴え却下判決を下した原審の措置は全く不当である。最高裁判所は訴えの利益を否定した原判決の誤りを指摘して原判決を破棄し、その限りで原審の誤った判断を是正したが、標準時後の解除権の行使と再訴の問題について検討せず、最高裁判所の見解を示す機会とはしなかった。［21］では、標準時後の解除権行使を主張して移転登記を求めるＸの訴えを既判力の失権効を理由に不適法として却下した第一審判決に対し、控訴裁判所が訴えは信義則に反するとして同じく後訴を不適法却下すべきものとしたのに対して、最高裁判所は、本件における原審の信義則の具体的な適用の誤りを指摘して原判決および原判決と同旨の結論を採る第一審判決を破棄し、事件を第一審裁判所に差し戻している。ここでも、最高裁判所は標準時後の解除権の行使と再訴の問題について検討せず、最高裁判所の見解を示す機会にしなかった。所有権に基づく登記抹消請求訴訟の訴訟物と贈与契約の解除に基づく原状回復としての移転登記請求の訴訟物を異なるものと解すれば、標準時後の解除権行使に基づく移転登記請求は、確定判決の判断を先決的法律関係とする後訴でない限り、既判力により排斥されないのは当然である。問題は、新訴訟物理論や二分肢説のように、両請求を同一訴訟物をもつ訴訟と解する場合である。この場合にも、贈与契約に伴う負担にかかる

給付義務およびその不履行は，標準時後にも継続している。したがって標準時後に新たに具体化する給付義務，その不履行およびこれに基づく負担付き贈与契約の解除は，標準時後の新事実として主張できなければならない。この意味で第一審裁判所が既判力の失権効を肯定したのは全く誤りであった。この場合，二分肢説では前訴と後訴の事実関係が異なり，したがって訴訟物も異なる後訴と解される場合もあろう。

(4) **白地補充権**　白地手形の白地補充権について下級審の裁判例では，**[22]** 大阪地裁昭和 49 年 10 月 30 日判決（判時 764 号 89 頁＝判タ 320 号 288 頁）[23]および **[23]** 東京高裁昭和 53 年 10 月 27 日判決（高裁民集 31 巻 3 号 533 頁）[24]が形成権成立時説を採用したが，最高裁判所は **[24]** 最高裁判所昭和 57 年 3 月 30 日第 3 小法廷判決（民集 36 巻 3 号 501 頁）において同じく形成権成立時説＝失権説に依拠することを明らかにした。

[24]　最高裁判所昭和 57 年 3 月 30 日第 3 小法廷判決（民集 36 巻 3 号 501 頁）[25]

（事案の概要）

約束手形の所持人 X は既に前訴において振出人 Y に対して振出日白地の約束手形に基づき手形訴訟を提起し，白地手形では手形上の権利を行使できないという理由で請求棄却判決を受け，異議申立てをしたが，X の訴訟代理人である弁護士は異議を取り下げ，Y の同意を得て，請求棄却判決は確定した。その後，X が振出日欄を補充した上で再度手形金請求の手形訴訟を提起した

---

(23) 評釈として，竹下守夫・金商 477 号（1975 年）2 頁，3 頁；小林秀之・ジュリ 641 号（1977 年）130 頁。

(24) 評釈として，渋谷光子・判タ 411 号（1980 年）226 頁。

(25) 解説・評釈として，判解民昭和 57 年度 308 頁〔伊藤榮子〕；同・ジュリ 773 号（1982 年）84 頁；吉野正三郎・昭和 57 年度重要判例解説（ジュリ 792 号，1983 年）129 頁；上田徹一郎・百選 II 322 頁；坂原正夫・法学研究 56 巻 8 号（1983 年）1604 頁（同・既判力 106 頁以下所収）；高橋宏志・法協 100 巻 11 号（1983 年）2129 頁；高見進・判評 288 号（1983 年）38 頁（判時 1061 号 192 頁）；永井紀昭・民商 89 巻 2 号（1983 年）199 頁；田邊光政・判タ 505 号（1983 年）193 頁；前田重行・手形小切手法判例百選〈第 5 版，1997 年・有斐閣〉82 頁；堀内仁・手形研究 26 巻 12 号（1982 年）45 頁など。

のが本訴である。第一審ではYが口頭弁論期日に欠席したため，YはX主張の請求原因を自白したものと見なされ，Xの請求を認容する手形判決が下された。手形判決に対する異議訴訟において手形判決の認可判決が下されたので（民集36巻3号514頁；高裁民集31巻3号537頁），Yが控訴。控訴裁判所は，白地手形上の権利と完成後の手形上の権利とは連続性ないし同質性があり，前訴と本訴の訴訟物は同じである，白地補充権は形成権の一種であるが，「白地補充権を前訴判決の既判力の標準時（事実審の口頭弁論終結時）以前に行使しえない特段の事情があれば格別，これを行使しえたのにしなかったため手形金請求を棄却されたXは，前訴判決の既判力によりその標準時後に白地補充権を行使し後訴において手形金債権の存在を有効に主張しえないものと解するのが相当」（民集36巻3号515頁，517頁；高裁民集31巻3号533頁，536頁）との理由で請求を棄却した。Xの上告に対して，最高裁判所は次の理由で上告を棄却した。

　（判　旨）

　　「手形の所持人Xが，手形要件の一部を欠いたいわゆる白地手形に基づいて手形金請求の訴え（以下「前訴」という）を提起したところ，右手形要件の欠缺を理由として請求棄却の判決を受け，右判決が確定するに至ったのち，その者が右白地部分を補充した手形に基づいて再度前訴の被告Yに対し手形金請求の訴え（以下「後訴」という）を提起した場合においては，前訴と後訴とはその目的である権利または法律関係の存否を異にするものではないといわなければならない。そして，<u>手形の所持人において，前訴の事実審の最終の口頭弁論期日以前既に白地補充権を有しており，これを行使したうえ手形金の請求をすることができたにもかかわらず右期日までにこれを行使しなかった場合には，右期日ののちに該手形の白地部分を補充しこれに基づき後訴を提起して手形上の権利の存在を主張することは，特段の事情の存在が認められない限り前訴判決の既判力によって遮断され，許されないものと解するのが相当である</u>」（下線引用者）。

(5)　**建物買取請求権**　　建物買取請求権について下級審の裁判例において見解の著しい対立があった。[25]浦和地方裁判所昭和33年8月14日判決（下民集9巻8号1612頁）[26]，[26]甲府地方裁判所昭和33年10月28日判決（下

民集9巻10号2160頁），[27] 東京高等裁判所平成2年10月30日判決（判時1379号83頁＝判タ763号277頁）(27)は，形成権行使時説＝非失権説に立った。それに対して形成権成立時説＝失権説に立つものとして，[28] 東京地方裁判所昭和43年12月25日判決（判時555号58頁）があった。形成権行使時説＝非失権説に立つものも，その理由は決して一様ではない。[26] は，請求異議事由が「本件の如く借地法第10条（借地借家法14条に対応する——引用者）の規定に基づく建物買取請求権のような形成権の行使である場合には，事実審の口頭弁論終結前に既に形成権を行使することが期待される以上，右事由は民事訴訟法第545条第2項にいわゆる口頭弁論終結後に生じた原因に該当しないけれども，終結前右形成権の行使が期待されないときは，右事由をもつて口頭弁論終結後に生じた原因に当るものと解するを相当とする。本件について考えてみると，成立に争いのない乙第6号証によれば，原告は，右建物収去土地明渡請求事件の口頭弁論において，終始原告に本件建物の所有権のなかつたことを主張していたことが認められるから，右事件の事実審における口頭弁論終結当時においては建物買取請求権を行使するに由なく，従ってこの事実は，右形成権の行使を期待し得ない場合に該当するものと解するを相当とし，原告のなした右形成権の行使は適法な異議の事由に当るものといわねばならない」とする。[27] は，「買取請求権が建物の社会的効用を保護する目的のもとに設けられたものであることからすると，明渡請求訴訟の判決が確定した後においてもなお，その行使を許容することが制度の趣旨に沿う」ことを理由とする。そして最高裁判所は，[29] 最高裁判所平成7年12月15日第2小法廷判決（民集49巻10号3051頁）により形成権行使時説＝非失権説に立つことを明らかにした。

[29] 最高裁判所平成7年12月15日第2小法廷判決（民集49巻10号3051頁）(28)

（事案の概要）

Xらは建物所有の目的で本件土地をYから賃借していたが，Yは期間満了

---

(26) 評釈として，畑郁夫・神戸法学雑誌10巻2号（1960年）252頁がある。
(27) 解説として，河野正憲・平成3年度重要判例解説（ジュリ1002号，1992年）124頁；松丸伸一郎・平成3年度主要民事判例解説（判タ790号）210頁。なお，判例の概観として小林秀之・金法1287号（1991年）16頁以下がある。

を理由としてXらを被告として建物収去土地明渡請求の訴えを提起した（前訴）。前訴ではY勝訴判決が確定した。その後に，Xらが建物買取請求権を行使してYに対し請求異議の訴えを提起した。これが本訴である。第一審裁判所も控訴裁判所も，建物退去土地明渡しを超える限度で確定判決の執行力は失効し，賃料相当額の損害金の支払いを命じた確定判決の部分は一部はその効力を保持すると判断し，Xらの請求を一部認容した。Yは，「本件では建物収去土地明渡請求訴訟においてXより買取請求権の行使ができたにもかかわらず，これをせずに放置した結果請求認容の判決があり確定したもので，土地の賃貸借契約が期間満了による終了となれば，当時建物買取請求権の発生が予想されているもので，同権利は確定判決後あるいは同訴訟の事実審の口頭弁論の終結後突如発生したものではないものである。……10年近い長期間建物買取請求権を行使せずに損害金を支払い続けてきたという事実はすでにY，X間には建物収去土地明渡請求権並びに義務を容認し，建物買取請求権の行使による権利関係の変動を好まないという関係が形成されていると見るべきものである。長期間にわたる損害金の支払いのほかに放棄を認めるに足る証拠がないというのはYに過度の証拠を求めるもので不当と言うべきで，放棄の主張を認めないのは経験則を全く無視するもので，到底原判決を認めることはできない」と主張して，上告した。最高裁判所は次の理由により上告を棄却した。

（判　旨）

「借地上に建物を所有する土地の賃借人が，賃貸人から提起された建物収去土地明渡請求訴訟の事実審口頭弁論終結時までに借地法4条2項（借地借家法13条1項に対応——引用者）所定の建物買取請求権を行使しないまま，賃貸人の右請求を認容する判決がされ，同判決が確定した場合であ

---

(28) 解説および評釈として，判解民平成7年度㊦1017頁［井上繁規］；垣内秀介・法協115巻2号（1998年）291頁；坂田宏・判評452号（1996年）（判時1573号204頁）；春日偉知郎・平成7年度重要判例解説（ジュリ1091号，1996年）115頁；畑郁夫・リマークス14号（1997年）134頁；同・民商115巻4・5号（1997年）707頁；原強・法教188号（1996年）76頁；上原敏夫・NBL603号（1996年）62頁；渡部美由紀・法学61巻2号（1997年）223頁；栗田陸雄・法学研究70巻7号（1997年）136頁；三上威彦・百選〔3版〕178頁がある。

っても，賃借人は，その後に建物買取請求権を行使した上，賃貸人に対して右確定判決による強制執行の不許を求める請求異議の訴えを提起し，建物買取請求権行使の効果を異議の事由として主張することができるものと解するのが相当である。けだし，(1)建物買取請求権は，前訴確定判決によって確定された賃貸人の建物収去土地明渡請求権の発生原因に内在する瑕疵に基づく権利とは異なり，これとは別個の制度目的及び原因に基づいて発生する権利であって，賃借人がこれを行使することにより建物の所有権が法律上当然に賃貸人に移転し，その結果として賃借人の建物収去義務が消滅するに至るのである，(2)したがって，賃借人が前訴の事実審口頭弁論終結時までに建物買取請求権を行使しなかったとしても，実体法上，その事実は同権利の消滅事由に当たるものではなく（最高裁昭和52年（オ）第268号同52年6月20日第2小法廷判決，裁判集民事121号63頁），訴訟法上も，前訴確定判決の既判力によって同権利の主張が遮断されることはないと解すべきものである，(3)そうすると，賃借人が前訴の事実審口頭弁論終結時以後に建物買取請求権を行使したときは，それによって前訴確定判決により確定された賃借人の建物収去義務が消滅し，前訴確定判決はその限度で執行力を失うから，建物買取請求権行使の効果は，民事執行法35条2項所定の口頭弁論終結後に生じた異議の事由に該当するものというべきであるからである」。

「原審の適法に確定した事実関係の下において，Xが本件各建物買取請求権を放棄したものとはいえないとした原審の判断は，正当として是認することができ，その過程に所論の違法はない」（下線引用者）。

この最高裁判決は形成権行使時説＝非失権説に立ち，標準時後の建物買取請求権行使効果の主張を許し，これによって建物退去土地明渡請求の限度を超える部分に限り債務名義が失効するとしたが，請求異議訴訟において，建物買取請求権の行使に伴う売買代金請求権との同時履行の抗弁権または留置権の抗弁権が賃借人に帰属するか否かについては，この判決は態度を明らかにしていない。この事案では建物は任意に土地所有者に引渡されていたので，裁判所はこの点を判断する必要がなかった。

2 判例の分析

(1) 判例を見ると，標準時後に形成権を主張して，その結果，債務名義に表章された請求権が消滅したことを主張して債務者が請求異議の訴えを提起した事案と，その他の訴訟（債務不存在確認訴訟や給付訴訟）を提起した事案が区別される。当然のことながら前者では，請求異議事由の制限に関する民事執行法35条2項（またはこの規定の前身たる旧民訴法545条2項）の適用の有無が論じられ，後者では前訴確定判決の既判力の失権効が論じられている。その際，判例は請求異議訴訟の場合と，その他の訴訟の場合とで差異が生じるのか，そうではなく判例の立場は両者で共通なのかを明かにしていない。つまり，請求異議訴訟は何を目的とする制度なのかを明確にすることなく事案毎に結論が示されている。個別事件の判断を示す判例の任務から見て，このことは止むを得ないのかも知れないが，もし請求異議訴訟における異議事由の制限が既判力の失権効の範囲を超えることがあるのだとすれば，この点は重要な関連をもつことになる。

(2) これらの判例についての個々の分析は個別の形成権を扱うところで触れることにして，ここでは判例の全体の傾向を見ておこう。まず確認すべきことは，初期の大審院判例には相殺権の行使につき形成権成立時説（失権説）を採るものも存在したし，取消権について，大審院は永らく形成権行使時説（非失権説）を採用したことである。

形成権行使時説＝非失権説に立つ判例は，当然のことながら形成権は存在するだけでは法律関係を変動させる効果をもたらすのではなく，形成権者の形成権行使の意思表示があって初めて法律状態の変動が生じることを強調している。これに対して，形成権成立時説＝失権説を採る判例は，前訴の事実審の最終口頭弁論終結前に客観的には形成権を行使できたことを強調する。しかし，この論拠だけで個々の形成権によって取扱いに差異がでることは不合理である。相殺権であれ，建物買取請求権であれ，前訴中に（少なくとも予備的に）行使して，行使効果を主張しておくことは期待できないわけではなく，なぜこれらの形成権について形成権行使時説＝非失権説が妥当するのか明確でないからである。判例は，[23] に至って，「建物買取請求権は，前訴確定判決によって確定された賃貸人の建物収去土地明渡請求権の発生原因に内在する瑕疵に基づく権

利とは異なり，これとは別個の制度目的及び原因に基づいて発生する権利」であることに照準を合わせた。これは，法律行為の無効事由が訴訟上抗弁であって，訴訟上主張しておかないと判決確定後はその既判力効により失権することとの対比に基づくものであろう。この基準は今日の判例を統一的に捉えるのに便利かもしれない。しかし，当該形成権が前訴で確定された権利の発生原因に内在する瑕疵に基づく権利であれば，なぜ失権し，そうでなければ，なぜ失権しないのかが十分根拠づけられていないのではなかろうか。確定判決によって確定した権利の発生原因に内在しない形成権であっても，前訴中に行使することは極めて容易なものもある。形成権が一定の要件（形成要件）に結びつけられているのでなく，約定解除権のように単に権利行使の意思表示にのみ結びつけられている場合がそうである。また，相殺権や建物買取請求権だって，その行使自体は極めて容易である。これらの形成権は訴訟上予備的抗弁の形で行使することができ，他の防御方法が役立たない場合に初めて斟酌してもらうことができるからである。逆に確定判決によって確定した権利の発生原因に内在する形成権であっても，詐欺や強迫が訴訟中も続いている場合のように，前訴において行使しておくことが極めて困難であり，規範的にもこれを前訴において行使することを要求し得ない場合もある。無効事由との対比は，一般論としてほんとうに説得力のある論拠なのであろうか。法がある一定の事由を無効事由でなく，取消事由等とする場合，その理由は一律に無効とするのではなく，取消権行使期間の制限があるにせよ無効とするか否かを取消権者の意思決定に委ねることにあると解される。それゆえ，形成権行使時説＝非失権説が主張するように，形成権行使の意思決定の猶予を与える必要があるのではないかという点も問題になる。その際，取消権行使期間の制限には，浮動状態の終結に対する相手方の利益を考慮する意義もある。このような事情をどう評価するかが問題となる。法定解除権も，これを行使するか否かは解除権者の意思に委ねられている。また，解除権は法律行為の内在的な瑕疵に基づくものでもない。それゆえ，判例が「確定判決によって確定された権利の発生原因に内在する瑕疵に基づく権利」であるかどうかを基準として解除権または解除権行使効果の主張の失権の有無を決するとするならば，解除権行使効果の主張は失権されないことになろう。しかし前訴においてすでに契約の無効や意思表示の取消しを主張

している当事者がすでに成立している解除権を前訴において行使し，その行使効果を主張するよう求められても，決して不当とはいえないであろう。それゆえ［29］の掲げる基準は，一般論として不十分である。のみならず，この基準はすぐ前に述べたように，当該事案に関しても説得力ある理由づけとなっていない。判例［29］が示した基準の合理性に疑いがある所以である。

III 請求異議事由の制限と既判力の失権効との関係

1 既判力の失権効

　判例の考察から明らかになったように，標準時後に行われた形成権行使の効果を後訴において主張することの適否は，実務上，請求異議の訴えとの関連で問題になることが多い。民執法35条2項は，「確定判決についての異議の事由は，口頭弁論の終結後に生じたものに限る」と規定しており，確定判決に対する請求異議の訴えについては標準時前の異議事由の主張を許さない。そこで，この失権規定と，確定判決の既判力による失権（遮断）効とは一体いかなる関係に立つのかが，まず問題になる。

　この点について支配的見解は，前訴確定判決の既判力ある判断に請求異議訴訟の裁判官が拘束されることを承認する[29]。もっとも，その理由づけが問題である。既判力が後訴に及ぶのは，前訴と後訴の訴訟物が同一の場合[30]，および，前訴の訴訟物が後訴請求の先決的法律関係をなす場合である。

　まず，前訴たる給付訴訟の訴訟物と請求異議訴訟の訴訟物とは同一か否かを検討しよう。請求異議訴訟の法的性質とその訴訟物が何であるかについては，周知のように激しい見解の対立がある。多数説は，請求異議の訴えを債務名義の執行力の排除を求める訴訟上の形成の訴えと解している[31]。この見解の内

---

(29) 反対：*Gilles*, Vollstreckungsgegenklage, sog. vollstreckbarer Anspruch und Einwendungen gegen die Zwangsvollstreckung in Zwielicht prozessualer und zivilistischer Prozessbetrachtung, ZZP 83 (1970), 61 ff.
(30) 前訴請求と後訴請求とが矛盾関係にある場合は，訴訟物同一の場合と同じように扱われるべきである。松本＝上野〔667〕。
(31) 中野・民事執行法226頁以下参照。

III 請求異議事由の制限と既判力の失権効との関係　　149

部においても，請求異議訴訟の訴訟物をどのようなものと解すべきかについて争いがあるにせよ(32)，いずれにせよ請求異議訴訟の訴訟物は前訴たる給付訴訟の訴訟物と同一ではない。それゆえ，訴訟物同一の場合の既判力は後訴に及ばず，後訴はこの関係では不適法ではない。

　確定判決の既判力は，既判力をもって確定された事項が後訴の訴訟物の先決的法律関係をなす場合にも，後訴に及ぶ。この場合には，後訴裁判所は確定判決の既判力ある判断を自己の裁判の前提にしなければならず（既判力の積極的作用），その結果，当事者も前訴の事実審の最終口頭弁論終結時にすでに存在した事実を後訴において主張し，または証拠方法を提出して確定判決の判断が誤りであるとしてこれを争うことは許されない（既判力の消極的作用）。請求異議訴訟は前訴と異なる訴訟物をもつが，前訴判決の既判力は先決関係として後訴たる請求異議訴訟に及ぶ。請求異議訴訟の裁判所は，前訴確定判決の判断を自己の判決の基礎にしなければならないことが既判力の内容である。なおこの場合，先決的法律関係との関係では，標準時前にすでに存在した事実の主張は既判力の失権効により排斥されるが，標準時後に発生した新事実に依拠して事実関係および法律関係の変動を自己の有利に主張して確定判決の判断と異なる判断を後訴裁判所に求めることは既判力によって妨げられない。

2　請求異議事由の制限は既判力の失権効の範囲を超えるか

　(1)　以上の既判力の失権効を超えて，民執法35条2項により請求異議事由の制限が認められるべきかという問題について，民執法35条2項は何らの指示をも与えていない。

　そのため，民執法35条2項の意義・目的をどう解するかという点が重要性をもつ。請求異議事由の制限の目的が既判力の保護に尽きるのであれば，民執法35条2項による異議事由の制限は既判力の失権効によって必要とされる範

---

(32)　伝統的には執行力の排除を求める手続上の形成権としての異議権を訴訟物とする見解が主張されてきたが，最近では執行力の排除を求められている債務名義の単複異同が請求異議訴訟の請求の単複異同を決するという見解が主張され，その場合の訴訟物は「原告たる債務者が特定の債務名義につき執行力の排除を求めうる地位にあるとの法的主張」と定義する見解が有力である。中野・民事執行法230頁。

囲に限られることになるが，この規定が既判力の保護以外の目的をも有する規定であるならば，それとの関連で，既判力の失権効の範囲を超える拡大された異議事由の排除が必要になるか否かを検討することが肝要となる。

(2) ドイツ連邦通常裁判所は，固定判例において，民執法 35 条 2 項に対応する ZPO 767 条 2 項について，この失権規定の目的を，確定判決の既判力を請求異議訴訟における攻撃から守ることに求めている[33]。文献においても同様である[34]。このような請求異議訴訟の意義・制度目的の理解に対しては，反対の見解も一部で主張されている。

たとえば Weinzierl (ヴァインツィール) は，請求異議事由の制限は既判力ではなく，むしろ執行力の保護を目的とする制度と理解すべき旨を主張する[35]。彼女が根拠として挙げるのは，① ZPO 767 条 2 項 2 文，② 1877 年ドイツ民訴法 (CPO) 草案理由，および，③請求異議訴訟の目標と適用領域についての考慮である。

第1に，「異議は，この法律の規定により遅くとも主張されなければならなかった口頭弁論の終結後になって初めて発生し，かつ故障によってもはや主張し得ない理由に基づくときに限り許される」と規定する ZPO 767 条 2 項が，欠席判決後の異議事由の主張制限を定めていることに，Weinzierl は注目する。ドイツ民事訴訟法は，欠席判決主義を採っており，当事者欠席により判決が下された場合には，前訴の最終口頭弁論終結後，故障提起期間内に生じた異議事由は，故障によって主張すべきものであり，これを主張する請求異議の訴えを不適法とする。ところが故障期間内は，判決は未だ確定していないので，既判力は生じておらず，それゆえ，この場合には請求異議事由の制限が既判力の保護を目的とすることはあり得ない，と論じるのである[36]。

---

(33) RGZ 24, 368 (371); BGHZ 85, 65 (74); 124, 164 (172); 131, 82 (83):「請求異議の訴えは，判決の既判力の侵害を許さない」。

(34) *Rosenberg/Gaul/Schilken*, Zwangsvollstreckungsrecht, 12. Aufl., München 1987, § 40 2a; *Schellhammer*, 9. Aufl., Rdnr.860; *Thron*, Die Vollstreckungsgegenklage nach § 767 ZPO, JuS 1995, 1111, 1114; MünchKommZPO/*K. Schmidt*, 2. Aufl., § 767 Rdnr. 73; *K. Schmidt*, Vollstreckungsgegenklage, a.a.O. (Fn. 8), S. 498.

(35) *Weinzierl*, a.a.O. (Fn. 8), S. 150 ff.

(36) *Weinzierl*, a.a.O. (Fn. 8), S. 151 ff.

第2に，Weinzierlは，1877年のドイツ民訴法（CPO）の草案理由が「債務者により主張さるべき抗弁の正しい取扱いは，無益なシカーネと遅滞が執行手続の無力化を招かないようにするために，喫緊の必要である」としたことを指摘する。草案理由のこの記述が強制執行における多様な救済手段についての序論的コメントであることに注意しなければならないとしながらも，Weinzierlは，強制執行におけるいかなる救済手段も，したがって請求異議の訴えもまた，執行の効率性を危うくしてはならず，執行の無意味なシカーネと遅滞が生じることが阻止されるべきとの命題が，草案理由書の右の記述から引き出され得ると見る。これを基礎にすると，CPOの立法者はZPO 767条2項を規定する際に既判力ではなく，執行力を保護しようとしたと見るのがもっともである，と述べる[37]。

　第3に，請求異議の訴えによって債務者は債務名義それ自体の除去を得ることができず，この手続ではその執行力が争われるだけであり，原告勝訴の場合，債務名義の執行力の排除が得られるに過ぎない。請求異議の訴えの提起は債務名義の執行力の危殆化を意味するから，この執行力の保護のために，ZPO 767条2項が請求異議訴訟で主張することのできる抗弁（異議事由）の範囲を制限するのだと見る。このように解して初めて，債務名義が未確定の仮執行宣言付判決である場合の，ZPO 767条2項の意義が明らかになるという。請求異議訴訟における異議事由の制限の目的が既判力の保護にあるとすると，仮執行宣言付判決のように既判力のない債務名義にあっては，既判力の必然的な効果としての異議事由の制限という図式は，当てはまらないからである。また，この場合にZPO 767条2項による古い抗弁の排除も，すでに判決手続に由来するその他の失権の表現ではない。そのことは，債務名義が第一審判決である場合，古い抗弁も控訴により主張できることから明らかである[38]。

　以上のWeinzierlのそれ自体興味ある論述は，しかし，少なくとも日本の法状態に合致しない部分がある。日本法では，欠席判決制度は大正15年の民事訴訟法改正によってすでに廃止されており，その後の改正によっても復活する

---

(37) Weinzierl, a.a.O. (Fn. 8), S. 154.
(38) Weinzierl, a.a.O. (Fn. 8), S. 155 ff.

ことはなく，現行民事訴訟法上久しく存在しない。また，民執法35条1項かっこ書きは，仮執行宣言付き判決（民執法22条2号）および仮執行宣言付き支払督促（同22条4号）を請求異議の訴えの対象となる債務名義から明文規定により除外している(39)。それゆえ，Weinzierlの執行力保護説のうち，日本法で関係するのは一般的な請求異議訴訟とシカーネ防止の関係についての議論だけである。

以上の考察により，民執法32条2項の請求異議事由（抗弁）の制限は原則として（すなわち控訴期間内に生じた請求異議事由という例外的な場合を除き）既判力の失権効を超えるものでないことが，明らかになった。したがって以下の議論は，標準時後の訴えが請求異議の訴えであるか，消極的確認の訴え，不当利得返還請求の訴えその他の訴えであるかを問わず妥当する。

IV 学説の展開

1 形成権成立時説＝失権説

(1) 学説の多数説は，取消権や，白地手形の白地補充権のように，請求権自体に付着する「瑕疵」に基づく形成権は，前訴の事実審の最終口頭弁論終結前

---

(39) もっとも民事執行法下でも，控訴審判決に対する上告期間内に生じた抗弁（請求異議事由）に関しては，上告審は事実審でないので上告によって主張することができないから，例外的に未確定の控訴審判決を請求異議の訴えの対象として認めざるを得ないのではないかという問題がある。2，3の見解（中野貞一郎「請求異議訴訟の訴訟物」同『強制執行・破産の研究』（1971年・有斐閣）1頁，29頁；同・民事執行法224頁；香川保一監修『注釈民事執行法 (2)』（1985年・金融財政事情研究会）388頁（宇佐見隆男）；東京地判平成9年11月12日判タ979号239頁）は，これを適法とする。そして，この判決は，仮執行宣言付判決に基づく強制執行として控訴審の最終口頭弁論終結時の前後にわたって債権差押命令による取立てが行われた場合，債務者が控訴審においても認容された債権者の請求債権を争わないとして上告せず，右取立てをもって請求債権の弁済に当て，不足分を送金により弁済した上で，右判決に対して請求異議の訴えを提起しているという事実関係の下においては，右取立てはいずれも控訴審の口頭弁論終結後の請求債権の弁済と見ることができ，請求異議の事由に当たるとした。その限りで，このような未確定判決に対する請求異議の訴えは，例外的に既判力の保護を目的とするとはいえないが，これは例外的なケースであろう。

IV 学説の展開

に行使してその法律効果を前訴において主張しておかなければ，判決確定後は既判力により失権するとし，相殺権は請求権に付着する「瑕疵」によるものではないので既判力による失権を否定する。相殺の自働債権は訴求債権とは別個に存在するものであり，かつ相殺権の行使があって初めて自働債権の消滅の効果を伴うことを重視する。

このような見解の理由として，兼子一博士は口頭弁論終結の「前に取消権が発生して居り且行使できた以上，提出することのできた抗弁事由と認めなければならない」(40)とのみ述べる。新堂幸司教授は，債務負担行為の取消および解除について，「債務負担行為の効力を主要な争点にして攻防をしているときには，その有効性を主張する側は，その効力について最終決着を求めるのは当然であり正当な要求とみられるのに，その効力を争う側が取消権・解除権の行使を別訴にわざわざ留保するのは，非常識であり，不当な意図がむしろ推認される。取消権等の行使に思い至らなかったとすれば，その他の抗弁と同様の扱いを受けてもおかしくない。取消権の存続期間（民126条）は，訴訟による争いがない場合に，取引交渉上いつまで取消しができるかを規定したものにとどまると解することができる。訴訟で，債務負担行為の効力が中心的争点になった場合にそれらの権利を行使するかどうかの判断を迫られても，実体法上取消権の存続期間を定めた趣旨に反するとは考えにくい。この場合，公平の観点から，基準時点において，その争点につき主張可能な防御方法を尽くすべき義務（行為規範としての提出義務）を被告に負わすのが公平と考えられる」と述べる(41)。

(2) しかし，これらの理由づけには大いに疑問がある。実体法上当事者に与えられた形成権との関係でも，債務負担行為の有効性が争いになる以上は，有効性を争う当事者は最終決着を求められるということがいかなる根拠によって正当化されうるかが，まさに問われているからである。原告が訴えを提起するだけで，被告が不十分な証拠状態のまま形成権の行使を強いられ，形成権の成立要件を証明できないために形成権行使効果の主張を排斥され，事実上，形成

---

(40) 兼子・体系340頁。
(41) 新堂626頁以下。

権を失う結果になることは——形成権の行使を期待可能ならしめる特別の事情があるなら別であるが，そうでない限り——不当であろう。債務不履行による解除権や約定解除権は，債務負担行為に内在する瑕疵に基づくものではない。債務負担行為の効力が主要な争点となっているからといって，訴訟係属中の解除権行使義務は一体どこから生じるのであろうか。また，取消権の存続期間は訴訟に至らない場合の取引交渉にのみ適用があると定められているのであればともかく，そうでないのに，どうして取引交渉に限定した取消権の存続期間といえるのであろうか。実体法は評価規範として訴訟でこそ適用があるのではないか。形成権の行使期間の定めは，形成権行使の可能性によって相手方に生じる浮動状態を早期に解消し，法的安定性を確保することを目的としながらも，形成権者の利益の顧慮を行っている。民法126条は，意思表示の取消権の時効期間は追認をすることができる時から5年と定める。この比較的長い時効期間は取消権者に取消権行使の利害得失について慎重な熟慮を可能にする趣旨を含むが，たとえば詐欺・強迫による取消権の場合だと，詐欺を行い，または違法に強迫を行う取消相手方が法的安定性を要求する利益を有さず，保護に値しないとの評価も基礎になっている。このように実体法が比較的長い行使期間を定めている場合に，実体法が行った利益の評価考量が既判力の失権効に対していかなる影響を及ぼすかを検討しないで，訴訟中に早急に形成権を行使して債務負担行為の有効性の終局的確定に協力すべき義務が形成権者にあると直ちに断定することはできないであろう。既判力により失権する法律行為の無効事由に基づく抗弁との対比から，無効事由が既判力の遮断効を受ける以上，形成権も既判力によって遮断されなければならないと論じられているが，無効事由と取消事由に与えられる法効果の強弱だけを決定的なものと見ることは不十分であり，少なくとも，実体法が形成権の行使を当事者の自治的意思決定に委ね[42]，比較的長い熟慮期間を認めている場合，この熟慮期間を訴訟によって短縮することは許されるか，許されるとすればいかなる根拠からであるか[43]を問うて見る必要があるのではなかろうか。

---

(42) *Gaul*, a.a.O. (Fn.8), S. 142; *Flume*, Allgemeiner Teil des Bürgerlichen Rechts, Bd. 2, 3. Aufl., Berlin 1979, § 3 I 1.

IV 学説の展開

(3) また，現時の判例の結論を正当化する議論も行われている。

(a) 伊藤眞教授は，第1に，形成権の行使が遮断されるか否かは，形成権行使効果の主張が確定判決の既判力に「触れる」ものであるか否か，第2に「形成権行使の効果が既判力ある判断と矛盾・抵触するものであれば，その要件事実の一部が基準時後のものであっても，他の一部が基準時前のものであれば，後者の主張は既判力によって遮断されるから，結局形成権の行使の効果を主張することは許されない」という2つの基準によって，標準時後の形成権行使効果の主張の許否を決すべきだと主張される。たとえば取消権の行使によって確定判決によって認容された事項（権利・請求権）は事後的に遡及的に消滅させられるから，取消権行使効果の主張は遮断され，標準時後の相殺の場合には確定判決によって認容された訴求債権の存在を前提にして判断がなされるから，既判力に「触れず」，標準時後の相殺権の行使とその行使効果の主張は既判力効によって妨げられないと主張されている。標準時後の解除権の行使については，解除の効果についての直接効果説を前提にしても，契約の解除は標準時における契約上の権利関係の存在を前提としており，その遡及的消滅は解除の実体法上の効果に過ぎないから，解除の意思表示による権利関係の遡及的消滅は既判力に矛盾・抵触するものではない，とされる[44]。

伊藤教授の狙いは，「期待可能性という多義的な基準により問題の解決を図る必要」を否定することにあるようであり[45]，その点は同意できる[46]。しかし，以上の議論は明らかにおかしい。たとえば標準時後の取消権の行使によって債務名義に表象された請求権が消滅したと主張して請求異議の訴えが提起される場合，請求異議訴訟は通説によれば債務名義の執行力を排除する訴訟上の形成の訴えであり，その請求認容判決は確定判決の既判力を消滅させることはないのである。また標準時後の取消権行使効果を主張して提起される債務不存

---

(43) このように見るのは，中野貞一郎「形成権の行使と請求異議の訴」同『強制執行・破産の研究』（1971年・有斐閣）36頁，46頁（初出は1965年），*Gaul*, a.a.O. (Fn. 8), S. 143 f.; *Flume*, a.a.O. (Fn. 42), §3 I 1.
(44) 伊藤479頁以下。
(45) 伊藤480頁。
(46) 期待可能性による失権効の調整に対する批判として，本書104頁以下参照。

在確認の訴えが適法であると仮定して，その場合，請求が認容される場合にも，後訴の裁判所は前訴確定判決がした，標準時において被告の権利または請求権が存在しているという判断が誤りであったと判断するのではない[47]。この訴えが適法であるならば，後訴裁判所は確定判決の判断に拘束され，これを前提に判断しなければならないが，なお標準時後の取消権の行使により権利または請求権が事後的に消滅するので，後訴の最終口頭弁論終結時における判断としては，前訴判決が認容した権利が消滅していることになるに過ぎない[48]。伊藤教授が解除権について述べることは，そのまま取消権にも当てはまるのである。この点で取消権と相殺権を区別する理由はない。相殺権の場合は，後訴裁判所は前訴判決の判断を前提として相殺の効力について判断するから既判力に抵触しないとされるが，すでに述べたように，取消権の場合も前訴判決の判断を不当として取消権行使の効果について判断されるのではないのであるから，標準時後の取消権行使効果の主張が既判力に抵触するというのであれば，相殺権の場合にも既判力に抵触するはずである。結局，伊藤説では，別の基準で得られた結論を正当化するために前述の2つの基準が示され，適用されていると見るほかないであろう。たしかに標準時後の取消権行使効果の主張が既判力に「触れる」とするのが判例の見解であるが，以上述べたところから明らかなように，この判例の見方にそもそも問題がある。問題は標準時後の形成権行使効果の主張が既判力に触れるか否かではなく，既判力効（失権効）が標準時後の形成権行使効果の主張を排斥するか否かである。

また，いうところの第2の基準にも問題がある。既判力の失権効は，それ自体標準時に存在した事実や証拠方法を確定判決の既判力ある判断を争うために

---

(47) 伊藤481頁は，標準時後の「取消しにもとづく法律効果は，基準時，すなわち口頭弁論終結時において法律行為にもとづく権利関係が存在しなかったことを意味し，既判力ある判断と矛盾・抵触する」という。標準時後の取消権行使効果の主張が既判力に抵触するとする前掲［16］最〔1小〕判昭和55年10月23日も同じ考えであるようである。しかし，これは取消権の遡及効に伴う実体法レベルでの話しである。後訴判決の既判力は後訴の事実審の最終口頭弁論終結時を基準とし，この時点での請求に対する判断に生じるのであるから，取消権の行使効果に基づく後訴判決は前訴確定判決の既判力に抵触するものではない。山本・基本問題198頁以下も同旨。

(48) 中野・民商84巻6号914頁参照。

後訴において主張し，または提出することを当事者に対して禁止することを内容とするものでなく，標準時後の新事実の主張が確定判決を担う理由に関するものでなければ再訴について改めて審理裁判してはならないという後訴裁判所を名宛人とする禁止規範であり，第一次的には当事者を名宛人とする規範ではないことに注意しなければならない(49)。それはともかく，新事実が再訴を適法ならしめる場合には，再訴の当事者は標準時前に存在した事実を改めて主張することを許されなければならない(50)。したがって，問題は新事実（形成権の標準時後の行使）による再訴が適法であるかどうかであり，これと無関係に標準前の事実の主張がそれ自体として既判力により排斥されることはない。

(b) 山本和彦教授も——判例と全く同じ結論を導くのではないが（たとえば，建物買取請求権については，判例と異なる結論が導かれている）——基本的に判例に近い結論を導く。山本教授は，形成権一般について「他の攻撃防御方法に関する既判力の一般論と整合的な形で，可及的に統一的な理論を……構成すべく試みる」べきだとの立場に立ち，標準時前に成立した形成権も防御方法である以上，既判力の遮断効によって遮断されるとの原則（「全面的遮断の原則」と言う）を掲げる(51)。その上で，「形成権とされるものの中には，過去の一回的な事実の存在を形成原因とするものと，複数の事実または継続的な一定の状況を形成原因とするもの」があり，前者の形成権はその原因事実が標準時前に発生している限り既判力により当然に遮断されるが，後者の形成権は「基準時後の状況や事実を形成原因とする形成権の行使は，基準時後の新たな事由として別途主張が可能である」(52)とする。

それでは，一回的な形成原因と継続的な「状態型」形成原因の区別の基準は何に求められるのであろうか。論者によれば，ある形成権が一定の時間の経過によって時効消滅するか否かが基準となる。消滅時効のない形成権は「当該状況の存在する限り，永遠に行使できるものとして，状態型形成原因に分類できるものと見られる。……取消権，債務不履行による解除権，建物買取請求権，

---

(49) 本書101頁；ガウル・ドイツ既判力理論105頁以下。
(50) 本書99頁以下参照。
(51) 山本・基本問題202頁。
(52) 山本・基本問題204頁。

白地補充権等はいずれも時効消滅が予定されているのに対し，相殺権については，時効消滅は予定されておらず，相殺適状が存続する限り，永久に相殺が可能であるとされるようである。これは相殺権が状態型の形成原因によることの徴表であると見られる。また解除権については，当事者の約定などで状態型解除原因に基づく解除権を創設することが可能であることに加え，基準時後に存在する状態がそれ自体として債務不履行を形成する場合もあり」得るとされる(53)。

　一回的形成原因と「状態型」形成原因の区別を基準に，標準時後の形成権行使効果の主張の許否を決めようとする山本（和彦）説は，形成原因たる事実の存在時期が既判力の標準時の前にあるか，標準時の後にも続いているかにこだわる見解であり，行使効果の主張の許否が問題になっているのが単なる事実でなく，形成権という実体権であることを重視せず，その意味で基本的に形式的な基準を優先させる見解と見られよう。また，2つの種類の形成要件を区別する基準とされる消滅時効の成否も，さほど説得力のあるものではないようである。なぜなら，消滅時効に罹らない形成権だからといって，永遠に権利行使が許されるとは限らない。相殺の自働債権の消滅時効は当然問題になるし，消滅時効がなくても権利失効の原則の適用も問題になり得る。他方，消滅時効の定めのある形成権もその期間内は自由に行使することができると見ることも可能だからである。したがって，消滅時効の有無による区別には疑問を拭うことができない。さらに，一回的形成原因と「状態型」形成原因の区別自体が合理的かどうかも，疑問である。形成権も他の攻撃防御方法と基本的に異ならないという出発点に立つならば，状態型とされる形成原因にあっても，前訴ですでに行使し，その行使効果を主張できた以上，その形成原因が標準時前のそれと法的意味を異にする場合でない限り，後訴においては原則として行使効果の主張を遮断されるというのも十分成り立つ立論であろう。加えて，既判力の失権効を標準時前に存在する事実の主張の失権と解している点で，山本（和彦）説には根本的に疑問がある。本書第1章において明らかにしたように，既判力の失権効は，標準時前の事実の主張をそれ自体排斥するものではなく，当事者が既

---

(53)　山本・基本問題205頁。

判力の及ぶ後訴請求との関係で，前訴裁判所の既判力のある判断を争うために標準時前の事実を主張することを排斥するのであるからである。

したがって，山本（和彦）説にも従うことはできない。もっとも，山本（和彦）説が当該形成権の行使期間の限定を問題にしていること自体は検討すべき1つの観点かもしれない。ただ比較的長い行使期間が定められているのに，期間の定めのない形成権と決定的に異なる扱いをする根拠がどこにあるか明らかでないし，行使期間の有無により形成権の行使効果の主張の遮断を左右することが法律上の基礎をもつかどうか疑問である。

(4) 以上，形成権成立時説＝失権説は十分な理由づけを与えていないことを確認することができよう。

2　形成権行使時説＝非失権説

(1)　この見解は，形成権の性質，すなわち形成権は存在するだけでは法律関係の変動を生じさせず，当事者がこれを意思表示によって行使して初めて法律関係が変動するということを強調し，標準時後に形成権行使の意思表示がなされる限り，法律関係の変動は標準時後の新たな事情と見るべきだとの見解である[54]。

この見解は，しばしば形成権の行使時が既判力の標準時後であれば，標準時後に法律関係の変動が生じるという形式的な点を非常に重視する見解のように誤解されがちであり，そのことが形成権者は前訴において形成権を行使しておくべき地位にあったかどうかによって問題の解決を図るべしとする，次に述べる諸見解によってしばしば批判されてきたけれども，この批判は的外れであろう。実際には，形成権行使時説＝非失権説はそのような形式的な議論に終始して結論を出しているのでないことを注意しなければならない。

既判力により遮断される法律行為の無効事由に基づく抗弁との対比によって，標準時後の形成権行使効果の主張を既判力の失権効によって排斥することは，

---

(54)　中野・前掲注(43)『強制執行・破産の研究』36頁以下；同「既判力の標準時」同・論点Ⅰ243頁，250頁以下（初出は，判タ809号，1993年）；同・民事執行法240頁以下。

実体法が形成権の行使を当事者の自治的意思決定に委ね，比較的長い熟慮期間を認めている場合に，この熟慮期間を訴訟によって短縮することは許されないという，実体法上形成権者に与えられる法的地位が訴訟上も尊重されなければならないという認識が基礎に横たわっているのである(55)。このような認識からは，債務負担行為の効力について最終的な決着を求めることは，必ずしも権利主張者の正当な要求であるとはいえないであろう。債務負担行為の効力を争う側が取消権・解除権の行使に思い至らなかった場合に，その他の抗弁と同様の扱いを受けてもおかしくはないと言い切ることもできない。なぜなら，詐欺・強迫による取消しが問題になる場合，訴訟中に詐欺に気づかず，また強迫が続いている場合があり得るのであり，このような状況を無視することはできないからである。しかし他方では，取消権の行使が可能な事実関係においては，意思表示の無効事由が存在し得ることもあり，現実の訴訟では取消権者は取消権を行使して債務の消滅という法効果を抗弁として主張していないけれども，無効事由の方は訴訟上主張して意思表示の効果を自ら否定する態度に出ていることもある(56)。このような事案では，法律関係を解消しようとする取消権者たる当事者の意思は極めて明瞭であるから，法律関係を覆滅させるか否かの熟慮期間の要請というようなものは殆ど問題にならないこともまた明らかである。

(2) もっとも，日本の形成権行使時説＝非失権説の代表的主張者である中野貞一郎教授が，他方で，比較的安易に信義則による具体的妥当性を図るという見解を主張したことを見逃してはならないであろう(57)。すなわち，「前訴当時に取消権を行使して取消の抗弁を提出することができ，また，それが紛争の効果的・一回的な解決のために要請されるところであったのに，与えられた十分な機会を放置して弁論終結後に持ち越し，請求異議訴訟における異議事由として主張することによって，勝訴確定判決を得た原告の強制執行の腕をとり押えることを許してはならないし，新訴の提起による恣意的な争訟の蒸返しを封ずる必要がある。そのためには，……前訴の弁論において当事者がその主張を提

---

(55) 中野・前掲注 (43) 『強制執行・破産の研究』46 頁； Gaul, a.a.O. (Fn. 8), S. 143 f.
(56) 前掲判例 [16] 参照。
(57) 中野・前掲注 (43) 『強制執行・破産の研究』52 頁。

IV 学説の展開　　　161

出しておくべきであった——ということは，当然，提出できたことを前提とする——のかどうか，という当為の要請から，後訴における主張を排除する例外的措置が要求されるのである。このような当為の要請を当事者の提出責任とよぶにしても，それは，法的安定要求に基づく既判力とは切り離して観念すべきではなかろうか。この要件の具体的限定その他，理論構成は今後の検討にまたなければならないが，一般的な根拠を訴訟上の信義則に求めることができよう」(58)と主張された。

　この見解は，一方において既判力の失権効による形成権行使効果の主張の失権の否定，他方において信義則の適用による形成権行使効果の主張の失権の肯定を主張するものであり，既判力の意味を相対化するものである。既判力の失権効の否定には，既判力の失権効とほぼ同じ失権効が当事者に及ぶことの否定が含意されているはずである。一方で既判力による失権を否定して形成権行使効果の主張を許容し，他方で相当広い範囲で信義則により形成権行使効果の主張を排斥することは，既判力の制度目的と相容れないのではなかろうか。信義則は極端な例外的場合に対処する制度であるが，ここではむしろ原則的に適用を予定されているように見え，極端な例外的なケースでの適用を予定される信義則の射程範囲を超えているように思われる。また，この見解の主張は，実体法が形成権の行使を当事者の自治的意思決定に委ね，比較的長い熟慮期間を認めている場合に，この熟慮期間を訴訟によって短縮することは許されないという形成権行使時説＝非失権説の出発点と相容れるのかどうか疑問なように思われる。

3　「提出責任」説

　(1)　上田徹一郎教授は，当事者が前訴において当該主張（提出）をすることができた場合（当事者権の保障が充足した場合）に，かつ，その当事者の実体法上の地位との関係で前訴において提出しておくべき「責任」が認められる場合（すなわち「実体関係的手続保障が充足する場合」）にのみ，標準時後の形成権の行使による法律関係の変動の主張は前訴判決の既判力により遮断されるとの命

---

(58)　中野・民商84巻6号914頁。

題を提示する。

具体的には，取消権について，除斥期間内は取り消しうる実体法上の地位にある取消権者には標準時後の形成権行使効果の主張を許すべきであるとの手続保障要求が働くが，取消権は前訴の対象たる法律行為自体の瑕疵に関し，前訴で提出すべきであるから法的安定要求が働き，その結果，一律に遮断効を肯定または否定できない緊張関係にあるとする。そこで取消権者たる債権者が取消権を行使しないで本来の履行を請求した場合には，前訴での取消権の提出責任はなく，既判力の遮断効は生じないのに対して，取消権者たる債務者は本来の履行をも求め得る地位にはないので取消権の提出責任が認められ，遮断効が働くとする(59)。

解除権については，上田教授は，解除原因が履行遅滞による場合には相当の期間を定めての催告が必要であり，解除原因が存在しても解除権自体につき手続保障は充足していないため遮断効は生じないという。標準時前に解除権が発生している場合にも，原告たる債権者には履行請求か，解除による原状回復請求かの選択権があることを根拠に，前訴で履行請求をしたからといって後訴で解除権行使効果の主張を遮断される実体法上の地位にはないとし，被告たる債務者の方は原告の請求を争う以上，実体上の地位との関係で手続保障は充足されているので，後訴での解除権行使効果の主張は遮断されるという(60)。たとえば，前訴において売買契約の買主が目的物の引渡請求訴訟において勝訴したが，口頭弁論終結後，すでに訴訟中に目的物は滅失していたことが明らかになるという事案では，上田説は債権者の選択権を理由に標準時後の解除権の行使とその効果の主張は遮断されないとされるのであろう。

相殺権について，上田教授は，実体法上相殺権の行使は全く相殺権者の自由に任されているので，前訴での相殺権行使機会の保障による法的安定要求にもかかわらず，標準時後の相殺権行使効果の主張を許すべき「実体関係的手続保障要求」が極めて強く，遮断効は否定されるとされる(61)。

---

(59) 上田 469 頁。
(60) 上田 469 頁以下。
(61) 上田 469 頁。

(2) 上田説では，債権者側が取消権・解除権を有する場合については，「実体関係的手続保障」を理由に，本来の履行請求を選択するか，取消権や解除権を行使するかの選択権があることが重視されるのに対して，債務者の取消権・解除権についてはこのような選択権を否定される。しかし，これは武器対等の原則上問題であろう。取消権や解除権を行使するか否かについて選択権を有することが重要なのであれば，同じことは被告についても当てはまるのではなかろうか。被告も契約を取り消しまたは解除すると，契約によって取得された権利または法的地位を事後的に失うのであるから，選択権を行使できなければならないからである。したがって，この説は，実体法が当事者に付与した取消権，解除権について，債権者のそれか，債務者のそれか（のみ）によって異別の扱いをするものであって，武器対等の原則に反すると考えられる。

次に，実体法上は，形成権の行使は形成権者の意思に委ねられているのに，なぜ相殺権については相殺権者の意思の自由が重視されるのに対して，それ以外の形成権についてはこれが重視されないのか，明らかでない。相殺の場合には，自働債権（反対債権）は訴求債権とは別の債権であることと，相殺権行使が相殺権者の任意とされることは，このような違いを正当化する事情であろうか。相殺するか否かが相殺権者の任意である反対債権についての手続保障としては，標準時後に提起される反対債権の履行を求める訴訟において与えられる手続保障でどうして十分でないのであろうか。

以上のような疑問があるので，上田説は別の基準で導かれた結論を「実体関係的手続保障」により説明するものであるとの印象を禁じ得ない。

4 「形成権行使責任」説

(1) 河野正憲教授は，既判力の標準時前の形成権行使か，標準時後の形成権行使かによって失権効の有無を判断するのは，既判力の失権効の根拠を正しく見ない立場であると批判し，失権効の根拠を「当事者の訴訟手続における一連の行為にもとづく自己責任であると理解し」，その上で価値原理として「権利失効」の観点から問題の解決を図ろうとする。「既判力の遮断効は，両当事者が自己の権利の行使および防御にとって重要な事項を訴訟手続において行使することができたこと，そして，当事者はこのような権利行使の可能性を相手方

の利益のためにも行使すべきであったと評価されうる場合に，そしてその限りで生じるといえよう。このような訴訟の機会を利用しなかった者は，相手方の利益のために自己の権利をさらに行使する権限を失ってしまう（権利失効）と考えられる」[62]とする。

　この見解は，同じく権利失効の原則を主張する *Henckel* [63]と同じく，既判力の失権効の根拠を「権利失効の原則」に求めるものであるので，*Henckel* 説に対する基本的な疑問と同じ疑問を免れない。*Henckel* は，既判力の理由づけを「説明」するために相手方の信頼保護を伴う失効思考を援用する。すなわち，彼は訴訟目的を権利保護ではなく，権利行使の手段と見，訴訟において各当事者は自己の有する可能性を相手方の利益のためにも利用しなければならないのであり，そうしておかなければ相手方の利益保護のために後の権利行使は失効する，と主張する。既判力に関しては，敗訴当事者が自己に有利な事実または証拠方法を提出しなかった場合，その当事者は訴訟上十分与えられた審問の機会を利用しなかったのであり，両当事者がそれぞれの立場を主張し得た後は，相手方は訴訟が最終的かつ拘束的に裁判されていると信頼してよい。したがって，既判力の遮断効（Ausschlusswirkung）は，両当事者が訴訟上重要な事項を主張できたが，この可能性を相手方の利益のためにも利用しなければならなかったのに，この訴訟チャンスを利用しなかった当事者の一方が保護に値する相手方の利益のために自己の権利のさらなる行使を失権することに基づくという[64]。

　(2)　しかし，この失効思考に対しては，当事者がすべての訴訟上の可能性を尽くした場合にも，当事者は不当判決に拘束されるのであり，しかも裁判所による誤った事実判断または法適用の結果不当判決がなされ得るのであるから，当事者に対してその訴訟追行が不備であったから既判力を受け，以後，権利行

---

(62)　河野正憲「形成権の機能と既判力」同『当事者行為の法構造』（1988年・弘文堂）121頁，136頁。なお，渡辺美由紀「判決の遮断効と争点の整理 (2)(3)」法学64巻3号（2000年）306頁以下，64巻3号（2000年）306頁，331頁以下参照。

(63)　*Henckel*, Prozeßrecht und materielles Recht, Göttingen 1980, S. 96 ff.

(64)　*Henckel* の失効説の詳細な分析および批判として，ガウル・ドイツ既判力理論125頁以下が詳しい。

使を失効するのだという説明は，全く説得力をもたないと批判されている[65]。この批判は極めて正当である。

このように権利失効の観点から既判力の失権効を根拠づけることはできないので，失効の原則により形成権行使責任を理由づけることもできない。

5 「要件プログラム」説

(1) 池田辰夫教授は，形成権一般として抽象的に問題を取り上げる意味を否定し，前訴のプロセスにおける形成権者の形成権行使に関する行為規範を，各種の形成権の実体的性格（当事者間での合意内容を含む）を踏まえた上で基準化すべきであるとし，「当事者にとって予測可能な状況を作出していく前提となる要件プログラムを豊富化し措定していく作業こそは，理論の側に課された大きな任務」だとする[66]。そして，とくに標準時後の解除権の行使について，「攻撃型（債権者行使型）」と「防御型（債務者行使型）」を分かち，後者について「身の証をたてる立場に追い込まれており，そうした『場』に形成権行使を持ち込むべき責任が一応あるとはいえる。しかし，当該形成権（解除権）保障の実体的な趣旨からみて早期の行使を要求し得ない場合には，もはやそうした責任は生じないというべきであろう」とし，前者について，「相手を追い込むべき立場にあり，どのように追い込んでいくかについては選択の余地が認められるべきであるうえ，当該形成権（解除権）保障の実体法的な趣旨からみても，基本的に形成権の行使責任は生じない。不行使について相手方の正当な信頼が生じた場合にのみ，そうした責任が肯定される」という[67]。

(2) この見解に対する疑問は，何よりも，解除権の攻撃的行使と防御的行使を区別し，既判力の失権効に関し異なる扱いをすることにある。しかし，そのような区別に重大な法律効果を結びつける法律上の基礎が存在するかどうか，

---

(65) *Gaul*, Die Entwicklung der Rechtskraftlehre seit Savigny und der heutige Stand, in: Festschrift für Flume, Bd. 1, Köln 1978, S. 443, 455（ガウル・ドイツ既判力理論 19 頁以下）; *ders.*, Rechtskraft und Verwirkung, in: Festschrift für Henckel, Berlin/New York 1995, S. 235, 256（ガウル・ドイツ既判力理論 134 頁）。

(66) 池田辰夫『新世代の民事裁判』（1996 年・信山社）195 頁。

(67) 池田・前掲注（66）229 頁以下。

甚だ疑問である。たとえば契約の無効の主張や取消しなどにより前訴において原状回復義務の履行として物の返還を求めていた原告が請求棄却判決を受けた後に，契約を解除して後訴において再度物の返還を請求するような場合，これは解除権の攻撃的行使に当たるのであろう。解除権の攻撃的使用には既判力の失権効が及ばないとすると，このような再訴も許されそうであるが，原告は前訴においてすでに契約の効力を争っているのであるから，契約を無効化する事由である解除権の行使を前訴において求められても不当とはいえないであろう。また，相手方を追い込むのであれば，標準時の前後で異なる追い込み方ができるというのも問題がありそうである。むしろ，相手方を追い込み一定の要求をするのであれば，要求を基礎づける事由はすべて提出すべきだともいうことができよう。

6 ドイツにおける理論展開

(1) 形成権成立時説＝失権説に対する批判は，ドイツにおいて同じくこの説に立ったライヒ裁判所の判例に対する v. *Tuhr*（フォン・ツール）(68)や *Lent*（レント）(69)の批判に典型的に現われているので，これを先ずここで紹介しておこう。

ライヒ裁判所は1903年11月20日の判決(70)において，標準時後の相殺権の行使による執行債権の消滅を主張して請求異議の訴えを提起した事案に関し，「もともと文献においてしばしば主張を見出しているこの見解（＝相殺権行使時説）は，だが，ZPO 767条2項を正しく評価しておらず，それゆえ適切とは見なすことができない。ZPO 767条の訴えの相手方たる債権者は，判決によって確定された請求権を有すること，問題となっているのが強制執行における抗弁（Einwendungen）であること，および，767条の規定が——2項のみならず3項も——執行のエネルギッシュな進行のために債務者のシカーネと引延しに出来る限り対抗することを明らかに目指していることが，同条の解釈に当たり

---

(68)　v. Thur, Der allgemeine Teil des Deutschen Bürgerlichen Rechts, Berlin 1953, S. 199 f.

(69)　Lent, Ausübung von Gestaltungsrechtren nach einem Prozeß, DR 1942, 868 ff.

(70)　RGZ 64, 228.

考慮に入れられるべきである。……　相殺の取扱いにおいて，民法典は普通法の比較的新しい発展に従った（vgl. Motive, Bd. II S. 107)。これによっても，プロイセン一般ラント法によるのと同じく，相殺の裁判外の意思表示は有効と見なされ，一般的に，相殺の効力はそれに向けられた意思表示なしには生じなかったことが承認されている。旧法の支配下においては，しかし，文献および実務上，前訴手続において主張し得た相殺の ZPO 767 条 2 項による排除に疑いがなかったのであり，この関係において民法典の導入によって何らの変更も意図されていないことは，第一委員会の未印刷の議事録 Bd. 1 S. 1413-1415 から明らかになる」。

(2)　このように判示するライヒ裁判所の判例に対して，*v. Tuhr* は，失権説は民法に手掛かりがないわけでなく，また相殺においては我慢できる結果になることを認めるが，その他の解消権 (Aufhebungsrechte) においては ZPO 767 条 2 項による失権は，ライヒ裁判所が強調したエネルギッシュな執行という目的によって埋め合わされ得ない，債務者にとっての苛酷を意味すると指摘する[71]。

Lent は，形成権成立時説＝失権説は実体法の規律に反すると見た。曰く，「権利の滅却は，形成権の成立およびこれを基礎づける法律状態によって，すなわち形成権行使の可能性によってすでに発生するのではなく，実際に行われた行使によってはじめて発生するのである。2 つの相殺可能な債権は相殺の意思表示によって滅却されるまで存続し，取り消し得る法律行為によって基礎づけられた権利は，取消しの意思表示があるまで存続する。民法は，形成権が行使されるまでは，形成権者がその行使前の権利に基礎づけようとする抗弁 (Einrede) をすべて拒否することにまで進み，単なる行使の可能性は無視される」[72]。「(形成権の行使に関する実体法の規定を駄目にするような——引用者）訴訟法のそれほど広範な権能は，私見によれば，根拠づけられ得ない。承認できるのは，被告が敗訴を免れるために形成権を行使するよう訴訟が被告にとくに勧めることだけである。しかし，被告は（形成権を知らない場合を全く別にすれ

---

(71)　*v. Tuhr*, a.a.O. (Fn. 68), S. 199.

(72)　*Lent*, a.a.O. (Fn. 69), S. 869.

ば），それをしない理由をももち得る。被告は，たとえば，取引きにとどまるのと，取引きから離れるのとで，どちらが有利かを確実に見通すことができない。この不確実性を考慮して，まさに民法は被告に期間を与えている。被告は，形成権の行使によって相殺，取消しおよび解除の場合のように，相手方の債権のみならず，しばしば自己の債権をも消滅させる。形成権の基礎についての証拠も，被告にはまだ確実に十分とは思われないかもしれない。そのようなことは，たとえば詐欺の嫌疑のある場合に容易に起こり得る。このような特別の場合には，行使の不作為に権利の喪失を結び付けるのは不公平であろう」[73]。
「このような特別の場合を別にしても，なぜ，原告は単に訴えによって相手方に即時に形成権を行使するよう強い，すべての期間を無視することができるかという問題が一般的に生じ得る。実体法が権利の行使に一定の期間を結び付けている場合，実体法は，それによって，行使するかどうかを慎重に熟慮し得る権利者の利益と，自己に不利な浮動状態の終了に対する相手方の利益との間で利益考量を行っている。この利益調整の原因を，訴訟によって変えるものは何もない。法律が一度相手方にかなり長い待ちを要求し，浮動状態の不愉快を相手方に課する場合，相手方は訴えを提起する場合にも，これに耐えなければならない。訴えは被告が何らきっかけを与えていなくても勝訴となり得（ZPO 93条），したがって，権利者に早期の権利行使を強い，または権利を失わせることを相手方が手中にするが，そのいずれも実体法の規律に反するということから，いつも目を離してはならない」[74]。

　この Lent の見解は，今日ドイツの文献における支配的な見解[75]が形成権行使時説＝非失権説を支持する理由の原型をなす。すなわち，①形成状態の存在によってではなく，形成権行使の意思表示によって形成権が行使されて初めて新たな法律状態がもたらされること，請求異議の訴えについていえば形成権の行使によって抗弁（異議の事由）が生じること，②実体法の定める形成権行使期間が形成権成立時説＝失権説によって実際上切りつめられること，および，③形成権成立時説＝失権説によると，債務者たる形成権者が十分に訴訟資料お

---

(73)　*Lent*, a.a.O. (Fn. 69), S. 871.

(74)　*Lent*, a.a.O. (Fn. 69), S. 871.

よび証拠方法を集める前に形成権の行使を強いられ，形成権者の地位が損なわれること，この場合，形成権者が形成要件の主張・証明に失敗する結果，形成権行使効果の主張が裁判所によって認められず，そのことによって債権者は形成権の負担のない地位を認められるという形成権者にとって酷な結果を生じること。とくに相殺権の場合には，相殺は実体法上，弁済，免除，供託などと並んで債務を消滅させるための等価値的な原因であるにもかかわらず，事実審の最終口頭弁論終結後も弁済，免除，供託は可能であるが相殺は不可という説明のつかない結果をもたらし，実体法が相殺に与える「実際的および体系的な関連」が無視されることを強調する(76)。

(3) これに対して，*Wolfram Henckel*（ヴォルフラム・ヘンケル）は，ライヒ裁判所判例の理由付けを支持する。*Henckel* は相殺権について，制度の沿革および立法者の意思を重視する。曰く，「1877年の民事訴訟法の立法者は——1898年改正法の法文における民事訴訟法と同様に——被告は相殺を主張するとは述べず，彼は抗弁により反対債権を提出すると述べた。したがって明らかに立法者は，反対債権はそれが訴訟において抗弁により提出されたことによりまだ消滅したのでなかったことから出発したのであり，むしろ判決まで反対債権がなお存在するものとして扱った。……単独意思表示による相殺を許すBGB の施行によって，しかし，ZPO 767条2項の効力領域の変更は意図され

---

(75) *Baur/Stürner*, Zwangsvollstreckungs, - Konkurs - und Vergleichsrecht, 11. Aufl., Heidelberg 1983, Rdnr. 750; *M. Becker*, Gestaltungsrecht und Gestaltungsgrund, AcP 188 (1988), 24, 48; *Brox/Walker*, Zwangsvollstecksungsrecht, 5. Aufl., Köln/Berlin/Bonn/München 1996, § 767 Rdnr. 1346; *Musielak/Musielak*, 4. Aufl., § 322 Rdnr. 41; MünchKomm/*Gottwald*, 2. Aufl., § 322 Rdnr. 152; *Rosenberg/Gaul/Schilken*, Zwangsvollstreckungsrecht, 11. Aufl., München 1997, § V 2 b; *Rosenberg/Schwab/Gottwald*, 16. Aufl., § 154 Rdnr. 4; *Stein/Jonas/Münzberg*, 22. Aufl., § 767 Rdnr. 32; *Thomas/Putzo*, 27. Aufl., § 767 Rdnr. 22a; *Wieczorek/Schütze/Salzmann*, 3. Aufl., § 767 Rdnr. 55. 異なる見解を主張するのは，たとえば *Zöller/Vollkommer*, 25. Aufl., vor § 322 Rdnr. 64（ただし，一定の契約上の形成権および消費者保護を図る撤回権については形成権行使の意思表示の時を基準とする）；*Schuschke/Walker*, Vollstreckung und vorläufiger Rechtsschutz, Bd. 1, Zwansvollstreckung, 2. Aufl., Köln/Berlin/Bonn/ München 1997, § 767 Rdnr. 31.

(76) たとえば，*Stein/Jonas/Münzberg*, 22. Aufl., § 767 Rdnr. 37.

なかった。このことは，すでに1900年1月1日以前にプロイセン法において，かつ裁判所の見解によれば普通法の法域においても，相殺は単独意思表示により実施され得たが，それにもかかわらず1877年民事訴訟法の686条（＝1898年改正民訴法767条）の適用につき相殺適状の時点が決定的と見なされたことからまず明らかになる。それゆえ立法者は，単独の相殺実施を法律上承認することにより，ZPO767条2項の解釈について疑問が生じ得るとは考えもしなかった。しかし他方，ZPO767条2項の失権効の限界をずらすことは，相殺の実施についての民法典の規定の目的ではなかった。……相殺権者が相殺を決断した場合，彼は相殺の効力の時点に影響を及ぼすものではない。それゆえ，彼がいつ相殺を決断するかは，実体法上はどうでもよい。法律は彼に期間を設定していないが，熟慮期間も与えていない。債務者は，債権者が彼を立たせ，彼に履行を要求する場合，決断しなければならない。時間的な固定にとって決定的なのは，したがって相殺の効力だけであり，相殺の意思表示ではない。相殺と法的に重要な時点および期間との関係を定める法律規定のすべてが，このことを確認する」(77)。

　(4) *Henckel* に対し，*Hans Friedhelm Gaul*（ハンス・フリードヘルム・ガウル）は，形成権行使時説＝非失権説を強力に主張する。したがって v.*Tuhr* および *Lent* の見解に好意的である。彼は，相殺権と取消権（古典的形成権）の考察において，形成権の事後的行使が既判力原則（Rechtskraftprinzipien）と調和することを強調する(78)。これらの形成権の失権のドグマーティシュな理由づけが「既判力制度の保持」に求められる場合，これはすでに既判力原則の誤認に基づくと明言する。まず，相殺は一般的な既判力原則により失権しない。形成権は独立の権利としてZPO322条2項の意味での提起された請求に対する裁判によって把握されておらず，請求認容判決の既判力は訴求債権が存在するという内容であり，訴求債権が将来形成権の行使により遡及的に消滅し得ないことを内容とするものではない，とする。

---

　(77) *Henckel*, Msteriellrechtliche Folgen der unzulässigen Prozeßaufrechnung, ZZP 74 (1961), 165, 171 ff.
　(78) *Gaul*, a.a.O. (Fn. 8), S. 141 ff.

詐欺・強迫による取消権の事後的主張の場合にも，請求認容判決は将来の取消しの意思表示によって請求が遡及的に除去され得ないことを含意するものではない。裁判所は取消権者による取消権行使行為がなければ，取消権を発生させる事実を考慮してはならないので，取消権者だけが法律行為の妥当または不妥当を決定する権限を有することが取消しの本質に属するという[79]。そこから，既判力の失権効により遮断される無効事由との対比により失権を理由づけることも，根拠を欠くとの結論が導き出される。

もっとも，最近では，形成権行使時説＝非失権説も，債務者の濫用および重大な過失には，相殺権についてはZPO 533条1号の類推適用により適切な場合にのみ相殺の主張を許し，その他の形成権については当事者が前訴において形成権の行使を怠ることにより自己の訴訟促進義務に違反した場合にZPO 296条2項の類推適用により失権を行うことにより対処しようとする[80]。

7 近時のドイツにおける中間説

(1) *Karsten Schmidt*（カールステン・シュミット）の見解　*Karsten Schmidt* は，請求異議の訴えにつき基本的に形成権成立時説＝失権説に立つが，一定の形成権については既判力による失権を否定する[81]。彼は形成権行使時説＝非失権説の主張，すなわち，形成権能という法技術は形成権者に判断権能を認め，実体法上の形成効果を形成権能の行使によって初めて発生させるものであることを明確に認める。その上で，彼は，そのことは，形成権が前訴から見て防御方法であることを変えるものではなく，重要なのはZPO 767条2項の自立的解釈（eine autonome Auslegung）であるのに，形成権行使時説＝非失権説に立つ論者はこのことを考慮していないと批判し[82]，次のように論じている。

---

(79) *Gaul*, a.a.O. (Fn. 8), S. 142.

(80) *Jauernig*, Zwangsvollstreckungs- und Insolvenzrecht, 21. Aufl., München 1999, § 12 I; *Lüke*, 8. Aufl., Rdnr. 591; *Musielak/Musielak*, 4. Aufl., § 322 Rdnr. 42; *Wieczorek/Schütze/Salzmann*, 3. Aufl., § 767 Rdnr. 55.

(81) MünchKommZPO/*K. Schmidt*, 3. Aufl., § 767 Rdnr. 80 ff.

(82) *Karsten Schmidt*, a.a.O. (Fn. 8), Vollstreckungsgegenklage, S. 500 ff.

「決定的な問題は，形成権を認めることによって実体法により承認された決定自由に対し，ZPO 767条2項が訴訟上の限界を画していないかどうかである。この問題提起は，実体法上の決定自由と2項の規範目的の考量を必要ならしめる。その際，判例のように法律上根拠づけられる形成権と契約上のそれとを区別すべきではない。決定的な区別は形成権自体の性質にのみ存し得る。形成権が閉ざされた法律要件，たとえば，取消原因，相殺適状，解除原因，物の瑕疵，告知原因に基づかなければならない場合には，債務者は法律上当然に効力を生じる抗弁（Einwendungen）の場合と同様に，この法律要件を必要な方法で——すなわち，ここでは形成権の（予備的）行使により——有名義債権に対して適時に持ち出さなければならない。形成権という法技術は，債務者をこの責務から解放しない。形成の意思表示の効果が時間的に固定し得る（fixierbar）形成原因，たとえば取消原因，相殺適状，物の瑕疵，履行不能の発生，契約違反等にかかる場合，この効果は2項の失権に服する。形成権が法律に基づくか，契約に基づくかは，そのためには重要でない。任意に，かつ一定の客観的法律要件を援用せずに行使され得る形成権（たとえば，オプション権，通常解除権または通常告知権）の場合は，事情が異なる。このような権利の行使は2項により失権しない。このことは，このような権利の行使が連邦通常裁判所と異なり解除権のように扱われる場合，訪問販売撤回法1条1項[83]，消費者信用法7条1項[84]，住宅用建築物の一時的利用権譲渡法5条1項[85]，隔地販売法3条1項[86]による撤回権にも当てはまる。なぜなら，この撤回権は，撤

---

(83) §1 Abs. 1, HaustürWG「有償の給付を目的とする事業者との契約で，消費者が，1．彼の仕事場又は私宅での口頭による交渉により，2．契約の相手方又は第三者によって少なくともその者の利益のためにも実施された余暇の行事の際に，又は，3．交通手段又は公的にアクセスできる交通路における不意の話しかけに続いて，これを締結するよう規定された場合，消費者には民法361a条による撤回権が帰属する」；2002年債務法改正による§312 Abs. 1 BGB：「有償の給付を目的とする企業と消費者間の契約で，消費者が1．彼の仕事場又は私宅での口頭による交渉により，2．企業又は第三者によって少なくとも企業の利益のためにも実施された余暇行事の際に，又は，3．交通手段又は公的にアクセスできる交通路における不意の話しかけに続いて，これを締結するよう規定された場合（訪問販売），消費者には民法355条による撤回権が帰属する」。

回権者が時間的に制限されて契約効の有利または不利に動くことを可能にするからである。この，将来民法361a条により解除権と形成される撤回権は，したがって2項により失権しない。この差別化は，結果のコントロールにも耐える。詐欺または違法な強迫に基づく取消権の劣悪な地位が不公正と非難される場合，次のように反論できる。すなわち，よりよい形成原因かより悪い形成原因か（bessere oder schlechtere Gestaltungsgründe）が問題なのではなく，形成権者に浮動状態を保証しようとする形成権と，完結した法律要件の形式主義的な援用と同視されるような形成権の区別が問題なのである。詐欺や強迫を受けた者（民法123条）は，良俗に反して不利益を受けた者（民法138条）と同様に失権に服する」[87]，と。

このK. Schmidtの見解に対しては，Gaul（ガウル）が的確な批判を述べる[88]。Gaulはまず，事実関連的な形成権と無効原因に基づく権利障害的抗弁との等置という前提が維持できないことを強調する。すなわち，ZPO 322条1項による請求の確定的認容は，請求が将来の出来事（すなわち，形成権行使の意思表示）によってもはや遡及的に除去され得ないことを含意するものでないこと，形成権は法律行為を妥当させるか否かの決定を形成権者にさせることを本質とするので，形成行為がないのに裁判所が形成権を根拠づける事実を顧慮することは許されないこと，K. Schmidt自身も，「現行法は形成権の効果をその行使に結び付けていることから出発しながら，事実関連的な形成権と無効原因に基づく権利障害的抗弁との等置をしており，一貫しない」ことを指摘す

---

(84) §7 Abs.1 VerbrKG「消費者には民法361a条による撤回権が帰属する」；2002年債務法改正による§495 Abs. 1 BGB：「消費貸借の借主には一時的な消費者消費貸借契約の場合，355条による撤回権が帰属する」。

(85) §5 Abs. 1 TzWrG「消費者には民法361a条による撤回権が帰属する」；2002年債務法改正による§485 Abs. 1 BGB：「消費者には一時的な居住権契約の場合，355条による撤回権が帰属する」。

(86) §3 Abs. 1 FernAbsG：「消費者には民法361a条による撤回権が帰属する」；§312d Abs. 1 BGB：2002年債務法改正による「消費者には隔地販売契約の場合，355条による撤回権が帰属する」。

(87) MünchKommZPO/*K. Schmidt*, 2. Aufl., §767 Rdnr. 80 ff.

(88) *Gaul*, a.a.O. (Fn. 8), S. 150.

る。次いで、「『任意に』行使しうる形成権の方が，法律が被害者に，法律上用意された期間内は『任意の』行使を委ねる，詐欺または違法な強迫に基づく形成権のような，法律上特別に正当化された形成権よりも，容易に実現できるべきだという結論は，奇異な印象を与えざるを得ない」と，Gaul はいう。

(2) Weinzierl の見解　Weinzierl は，K. Schmidt と部分的に似た見解を主張する。すなわち，Weinzierl は，失権問題の解決が対応しなければならない要求として，失権に対する実体法上の疑念と，請求異議の排除を支持する訴訟上の論点とを考慮に入れた折衷的な解決が不可欠だとする。その際，彼女は，既判力の意義の大きさから見て，失権の有無を個別訴訟における裁判官の決定に委ねることはできないこと，および，個々の形成権ごとの解決も説得的でなく，形成権の類型化が必要だとする。形成権の類型化は種々の基準により可能であるが，当面の問題では，基礎となる評価に関して，失権が統一的に肯定または否定されるよう形成権がカヴァーされるような類型を明らかにする課題が生じるとする。その際，扱いやすい基準によりグループを限界づけ，彼女の論文で扱われない形成権をも組み込みうることが不可欠である，との見方が示される。

このような出発点から，彼女は，実体法は，債務関係の効力が当事者の意思表示以外の何にも依存しないことを特徴とする「単純な形成状態（eine einfache Gestaltungslage）」を要件とする形成権と，「制限的な形成状態（eine qualifizierte Gestaltungslage）に連結された」形成権を区別する。前者は，形成権の成立が一定の原因を必要とせず，むしろ形成可能性がもともと債務関係に内在する制限をなしており，これによって当事者の法律行為による拘束が緩められる。ここでは債務関係を除去しまたは維持する形成権者の意思が決定的であるという。これに属する形成権の例は，訪問販売撤回法 1 条 1 項または消費者信用法 7 条 1 項による撤回権（Widerrufsrecht）や契約延長のオプション権であるとする。後者にあっては，形成権は一定の原因があって初めて発生するのであり，この場合に立法者は，そうしようと思えば決定的な事情に法上当然に効力の生じる法律効果を与えることもできたのであるが，債務関係の存続か否かを一方当事者の自由な決定に委ねることによって，債務関係に根差すのでない特別の事情を要件としてこの事情に考慮を払う。したがって，ここでは

第一次的には法律関係を一定の出来事に適合させる可能性を当事者に与えることが重要であり、債務関係の効力を取引当事者の一方の任意にすることが重要なのではないとする。後者に属する典型的な形成権として、錯誤による取消権（ドイツ民法 119 条）、詐欺・強迫による取消権（ドイツ民法 123 条）、相殺権（ドイツ民法 387 条以下）が挙げられる。単純な形成状態を要件とする形成権の場合、決定的な要素は当事者の意思決定であり、標準時前に形成権に連結される制限的な形成状態は問題にならないから、標準時後の形成権の行使はZPO 767 条 2 項によって失権せず、これに対して「制限的な形成状態に連結された」形成権の場合には、形成権者の意思決定の自由は下位の意味しかもたないから、法上当然に成立する抗弁との類似性を有するので、結局はドイツ民訴法 767 条 2 項の失権効を受けるという[89]。

　もっとも Weinzierl は、この結論を導くのになお慎重であって、とくに制限的形成状態に連結される形成権が失権に服する場合に実体法上いかなる疑念が残るかを調査すべきだとして、実体法が定める形成権の除斥期間との関係へと考察を進める。つまり、失権によって事実上除斥期間が短縮されることになるし（これは非失権説が強調する論点である）、実体法上の期間が進行を開始する前に失権が生じることも考えられ、実体法との抵触が生じ得る。問題は、この実体法との抵触が訴訟上の失権の必要性と、制限付き形成状態をもつ形成権の特殊性とを援用することによって正当化されるか、それともここで問われている失権を断念することが必要なのかどうかという観点が重要だとする。だが、この問題に答える前に、実体法上の形成権行使期間が追求する目的、その際、実体法は形成権者の利益保護にいかなる意義を認めているか、とりわけ既判力による失権と比較できる価値決定がこの行使期間の問題において確定できるかという、従来軽視されてきた問題の解明を要するとして[90]、まず実体法上の形成権行使期間の意義が検討される。

　実体法が形成権の行使に時間的リミットを設定する理由は、Weinzierl によれば、相手方に不利な浮動状態を終結させ、期間経過後にはもはや形成権を行

---

(89)　*Weinzierl*, a.a.O. (Fn. 8), S. 114.
(90)　*Weinzierl*, a.a.O. (Fn. 8), S. 115-116.

使できないようにするということである。そこには法取引の安定性・容易さに対する社会の利益への配慮が見られる。加えて，個々の形成権の特殊性に対応した行使期間の特別の目的も示され得るという。期間のいくつかは時の経過によって事実関係が変り，そのため証明の困難が生じるという事情に考慮を払っているという。他方，形成権者の利益の顧慮も問題になるが，ここでは認められた行使期間の長さが重要であるとする。結論的には，単純な形成状態に連結された形成権のほか，制限的な形成状態に連結された形成権の場合でも，相対的な，すなわち知不知に依存した行使期間に連結されている形成権，または，相対的な行使期間に加えて30年の絶対的な，すなわち知不知に依存しない行使期間に服する形成権が標準時後かつ期間経過前に行使されて生じる権利の滅却または行使阻止は，既判力によって失権しないとする[91]。

　Weinzierl の見解は，形成権成立時説＝失権説に立つ判例の見解と比較すると柔軟な扱いを目指すものとして興味深い。しかし，法律は形成権の効果を形成権者によるその行使にかからしめているのであり，形成権行使前は攻撃防御方法または請求異議訴訟の異議原因は生じないのであるから，単純な形成状態と制限的な形成状態を区別し，後者の大部分を無効原因に基づく権利障害の抗弁と同じように扱う *Weinzierl* の見解は法律上の基礎を欠くように思われる[92]。また，権利実現の引延しの防止という訴訟法の関心との関係でも，両者を区別する意義は認められないであろう。単純な形成状態に連結された形成権を行使することは形成権者にとって極めて容易であって，他に特別の理由がない限り，このような形成権の行使効果の主張を標準時後も認めなければならない理由が明らかでないからである。

8　私　見

(1)　個々の形成権についての個別的評価の必要性　　まず，問題検討の方法として個々の形成権の内容に即した検討が妥当なのか，それとも形成権一般に妥当する理論が追及されるべきなのかが問われなければならない。形成権は形成

---

(91)　*Weinzierl*, a.a.O. (Fn. 8), S. 124 ff., 133.

(92)　Vgl. *Stein/Jonas/Münzberg*, 22. Aufl., S. 615 Fn. 290.

IV 学説の展開

権者の意思表示によるその行使によって法律関係が新たに形成されることに目的と特徴があり[93]，これはすべての形成権に共通するから，既判力効の問題についても形成権一般について共通の理論展開がなされ得るならば，それ自体として非常に望ましいことに違いない。しかし，個々の形成権は，本章の冒頭にも述べたように，法的に種々の存在理由を有しているし，除斥期間の制限に服するものもあれば，そうでないものもある。形成要件が法律によって定められているものもあれば，そうでない形成権もある。そのため形成権が問題になっているということから，標準時後の形成権行使効果の主張について一律に問題解決を図ることは決して合理的でないと考えられる。そこから一部の学説は，類型的考察を主張する。上に見た Karsten Schmidt や Weinzierl の見解もこれに属する。もっともその場合には，グループ形成の基準が妥当であるか否かが，直ちに問題になる。形成権が閉ざされた形成要件に連結されている場合と，形成要件への連結がなく形成権者の意思表示のみによって形成の効果が生じる場合とを区別し，前者については無効事由と同じく標準時前の行使とその効果の主張が要求されるとすると，形成権行使時説＝非失権説が主張するように，訴訟という相手方の決めた時点で形成権を行使することを強いられ，形成権者が形成要件についての訴訟資料と証拠方法を十分に収集することができないために不十分な主張立証により排斥されてしまうという不当な結果が生じ得る。逆に，形成要件に連結されていない形成権の場合には，形成権者はいつでも容易に形成権を行使して，その効果を防御方法として主張することができるにもかかわらず，前訴においてこれをしなかった場合に標準時後に形成権行使効果を主張できるというのは，果たして合理的なグループ形成であるのか，はなはだ疑問である。

それゆえ，当該形成権の標準時後の行使が既判力の保護または迅速な執行という目的と合致し得るか否かについて，当該形成権の内容，存在理由および訴訟状況に即した個別的評価に基づき明らかにすることが必要であると考える[94]。Weinzierl は個々の形成権ごとの解決は説得的でないとする。しかし，

---

(93) Vgl. *Arens*, JZ 1985, 751 (75); *Musielak/Musielak*, 4. Aufl., § 322 Rdnr. 41.
(94) 同旨，*Gaul*, a.a.O. (Fn. 8), S. 138; *Rosenberg/Gaul/Schilken*, a.a.O. (Fn. 75), § 40 V 2b.

たとえば相殺権と取消権はいずれも法律の定める限定的な形成状態に連結されているが，相殺権は反対債権の自力救済的実現の機能を有する点で非独立的な形成権である取消権とは異なる特性をもつ。この点を考慮しないのは不当である。それゆえ個々の形成権の内容に即した個別的評価の重要性を確認することができる。

(2) **親実体権的解釈**　　訴訟法規範の適用に当たり，可能ないくつかの訴訟法規の解釈のうち実体権（実体法）の実現を最もよく保証する解釈を優先させるべきだとする訴訟法解釈理論として，ドイツで有力に主張されているのが親実体権的解釈である。この原則は，実体法（実体権）に奉仕するという民事訴訟法の機能から導かれる。すなわち，実体法の命令を妨げ，または消去することは民事訴訟法の使命でないので，親実体権（親実体法）的解釈が要請される，とされるのである。

この原則は，ドイツ連邦通常裁判所も採用しているものである。曰く，「手続法上の規律（verfahrensrechtliche Regelungen）は，権利追求者に権利の追求を容易にする目的に仕えるのであり，それを困難にするのに仕えるのではない。それゆえ訴訟法上の規制の解釈に当たり，概念的考慮は，当事者に争訟の裁判のため，法的平和の回復のため迅速で確実な道を開くという要請の背後に退かなければならない」[95]。「手続規定は結局，訴訟関係人の実体権の維持（Wahrung）に奉仕する。したがって，訴訟法規はすべての関係人の権利の維持による訴訟の異論のない実施を確保すべきであり，これを阻止すべきでない」[96]。

親実体権的解釈によれば，形成権行使効果の主張を既判力によって失権させることは，表面的には親実体権的解釈の原則に全く反するかに見える。このこ

---

[95]　BGHZ 34, 64. 親実体権的解釈については，*Schumann*, Die materiellrechtsfreundliche Auslegung des Prozeßgesetzes, in: Festschrift für Larenz, München 1983, 571 ff.;*Stein/Jonas/Schumann*, Kommentar zur Zivilprozeßordnung, 20. Aufl., Tübingen, Einl. Rdnr. 68; *Sein/Jonas/Brehm*, 22. Aufl., Einl. Rdnr. 92 ff.; *Zöller/Vollkommer*, 25. Aufl., Einl. Rdnr. 92 ff. を参照。

[96]　GmS-OGB BGHZ 75, 340 ff.（348）. 他に，BGH 101, 134 ff.（137）; 105, 197 ff.（201）を参照。

とを主張する見解も現に存在する(97)。たしかに，親実体権的解釈は訴訟法の解釈に当たり尊重されるべきそれ自体非常に重要な視点の1つであることには疑いがない。しかし，この解釈原則は当面の問題を決定的に支配するものであるかは，非常に疑わしい(98)。留意すべきは，親実体権的解釈は訴訟法規解釈基準の1つであり，全部でないことである。民事訴訟法自身，たとえば擬制自白に関する規定のように，実体権の実現に反し得る規定を置いており，それは実体権の実現とされる訴訟の機能と合致しない評価や目標設定を基礎としている。既判力はその典型例である。既判力は，実体法状態と合致しない危険を犯してでも，確定判決の判断に内的存続性を付与するものであり，それによって勝訴当事者の保護，法的安定性，法的平和の保持，および訴訟経済の確保を図ることをその基本思考とする。さらに，時機に後れた攻撃防御方法の却下のように，訴訟促進を目指す手続内の失権規定も存在する。このような規範のすべてについて親実体権的解釈の原則を直ちに優先させようとすると，一定の特別の訴訟状態に合わせた詳細な規定が親実体権的解釈のためにつねに最小限にまで縮減されることになるという不合理な結果になる。親実体権的解釈を無制限に貫けば，既判力や訴訟内の失権というような訴訟法上の制度は存在を許されなくなるのであるから，民事訴訟法はいかなる犠牲を払ってでも実体権の実現を追及しているとはいえないことは，否定し難い。このことは個々の訴訟法規の解釈の際，考慮されるべきである。親実体権的解釈原則が他の訴訟上の解釈基準との関係でどのような重みがもつかが，個々の場合に評価的考察によって明らかにされるべきである。とくに調査されるべきことは，既判力による形成権の失権に対する実体法上の疑念が体系的，目的論的考量を飛び越え得るほど重大かどうかということである。

　Weinzierl は，さらに既判力による失権が実体法と衝突するのは被告に実際に形成権が帰属している場合であり，不当に形成権が主張される場合には失権は実体法の利益になるが，失権が一般的に否定されることによって既判力はあらゆる場合に減価されること，失権が事実上形成権を遮断する場合には，実体

---

(97) 現にこれを主張するのは，Schumann, a.a.O. (Fn. 95), S. 571 ff.; Gaul, a.a.O. (Fn. 8), S. 145 である。

(98) 以下については，Weinzierl, a.a.O. (Fn. 8), S. 81 ff.

法上の疑念は重大であり，遮断は被告にとって著しい過酷となること，および，被告がたとえば不当利得返還請求の訴えを提起する前に，著しい費用リスクに鑑み形成権の有無を確かめるので，過失によって不当利得返還請求や損害賠償請求の訴えが提起される危険はさほど大きくないことを指摘する。

いずれにせよ既判力による形成権の失権の問題において，既判力の保護や法的安定性の確保というような訴訟法上の基準にも，親実体権的解釈にも等しく重みが認められるべきであって，そのいずれか一方をして決定させることはできないというべきである。形成権には種々のものがあるから，個々の形成権の内容に即して，実体法，既判力の制度の目的およびその他の体系的考慮を正当に評価することが試みられるべきであろう。

(3) **武器対等の原則との関係**　訴え提起の時期を自由に選択できる原告と比べ，被告は訴え提起後に防御の準備をしなければならないため，形成権の成立要件に該当する事実を具体的に主張し，必要に応じてこれを証明することができず，裁判所により形成権行使の実体法上の効果の発生が認められず，その結果形成権が無意味に失われるのと同じ結果が生じることは武器対等の原則に反すると，形成権行使時説＝非失権説が強調していることは，すでに指摘した[99]。この視点も極めて重要であることは疑いを容れない。しかし，この観点も，どのような形成権についても，またどのような状況においても一律に妥当すると見ることはできないであろう。たとえば，取消権や解除権者が初めから原告の主張する法律行為の成立を争い，または法律行為の無効を主張する場合のように，被告が法律行為を維持することを視野に入れていない場合には，取消権や解除権を行使するか否かの熟慮期間を与え形成権者を保護しなければならないという議論は現実性を失う。このような場合には，取消権や解除権の行使を前訴において求められても不合理とはいえず，武器対等の原則に反するとまではいえないであろう。これに対して相殺権については，この形成権が訴求債権と全く異なる事実関係から発生している限り，被告が自己に不利な時点において相殺権の行使を強いられることは不合理であり，不当と評価されなければならない。それゆえ，ここでも個々の形成権の既判力による失権の有無に

---

(99) 前述167頁以下参照。

関して，武器対等の原則を侵害しないような解釈が要請されるというべきであろう。

(4) **私　見**　実体法上の問題としては，形成権は法律上，法定追認や相手方からの行使催告が認められているような場合を除き，除斥期間内は自由に行使できることが認められなければならない。訴えの提起が形成権行使催告と同視できるというような解釈も，形成権の実体権性から見て安易すぎる。確定判決による請求の認容は，将来の出来事（形成権の行使）によって請求が遡及的に除去され得ないということまで含意するものではない。これが出発点である。その上で，形成権の行使が訴訟と関わりをもつとき，何らかの訴訟上の行使の制約が生じるか否かが問われるべきである。この点で考慮すべきは，民事訴訟法が充実した審理と迅速な手続の進行のために定める措置である。民事訴訟法は，当事者に訴訟促進に協力すべき義務を課し（民訴法2条），攻撃防御方法の適時の提出を要求し（同156条），準備的口頭弁論終了後や弁論準備手続終了後に初めて攻撃防御方法の提出があった場合，相手方はこれを提出する当事者に対して説明を求めることができるとし，この場合当事者は相手方に対してこれらの手続の終了前に提出できなかった理由を説明しなければならないとしている（同167条・174条）。

標準時後の形成権の行使による法律関係の変動の主張が後訴において無制限に許されるとすると，訴訟審理の迅速化を図った民事訴訟法の意図に反して，請求異議の訴えによって債権者の権利実現の引延しを図る手段として債務者によって利用され得るほか，不当利得返還請求の訴えによって権利実現の結果の覆滅を図る手段に用いられる危険が生じる。また，一方において係属中の訴訟における形成権の行使効果の主張が時機に後れた防御方法として却下されるが，他方において，標準時後に形成権を行使した場合には既判力によって失権せず，後訴において無制限に主張できるというのは，甚だ不均衡であり，奇異であることは否定できないであろう。前訴における訴訟促進義務は，一般論としては標準時後の形成権行使の場合にも及び得ると解すべきである。

そこで，確定判決が言い渡された前訴手続における訴訟促進義務が形成権行使効果の主張の既判力による失権を要請するか，要請するとすればいかなる理論的根拠によってであるか，かついかなる範囲においてであるかという問題に

ついて，個々の形成権ごとに検討する必要がある。以下では節を代えて，この問題を検討しよう。

V　標準時後に行使された形成権の行使効果の主張と既判力
　　──個別的検討

1　標準時後の相殺権の行使

　(1)　標準時後の相殺権の行使について，多数説は相殺適状が標準時前にすでに発生していた場合にも，標準時後に形成権を行使して債権者の債権の消滅を後訴（たとえば請求異議の訴えや債務不存在確認の訴え）において主張することは適法とする。その理由として，①被告の反対債権は訴求債権の成立原因に付着する「瑕疵」ではなく，また相殺によって被告も自己の債権の消滅という犠牲を被るので標準時前に行使するよう期待することができないといった理由が挙げられている。また，②標準時後の相殺による訴求債権消滅の主張の既判力による失権を認めても，前訴被告（Y）が後に提起する反対債権の履行請求訴訟において前訴原告（X）が相殺の抗弁を提出すれば，Yの債権は消滅し，Yは敗訴することになるが，Yはこの訴訟におけるXの相殺権行使によるXの債権の消滅を標準時後に生じた異議事由としてXを被告として請求異議の訴えを提起することができる。それゆえ，既判力によりYの相殺権行使の効果の主張を遮断しても，結局は以上のように請求異議の訴えの提起が許されるため，Yの相殺権行使を許したのと変らなくなること，また，XがYの提起した訴訟で相殺の抗弁を提出しない場合にはYがXに対して債務名義を取得することになり，その結果，相互に執行手続を残すことになり簡易な決済機能をもつ相殺制度の存在理由に反すること[100]，③標準時後の相殺権の行使による訴求債権消滅の主張は，標準時に訴求債権が存在するという確定判決の判断と全く抵触するものではないから，既判力により遮断されないという理由づけ[101]が主張されている。

　最近では反対に，相殺権行使の効果の主張は既判力によって失権することを

---

[100]　都築弘「既判力の遮断効」法律のひろば295号（1981年）23頁，28頁。
[101]　伊藤484頁（ただし，信義則による相殺の主張の制限の余地を認める）。

肯定する見解も主張されている。この見解は，失権が認められても，反対債権は別訴によって主張できるから，被告にとって必ずしも重大な不利益が生じないことを強調する(102)。

(2) 標準時後の相殺権の行使については，相殺の防御機能だけ見ていると，むしろ形成権成立時説＝失権説も十分成り立つ見解であるように思われる。相殺に供される反対債権が訴求債権との関連性を有しない債権である場合にも，被告は訴求債権の存在を争いつつ，裁判所が訴求債権の存在を肯定する場合のために予備的に相殺の抗弁を提出することは被告にとって容易だからである。このように容易に予備的相殺の抗弁を提出できるのに，これを怠り判決において相殺が顧慮されなかった場合に，標準時後の相殺権行使効果を主張することが既判力により遮断されるとしても，反対債権を行使して相手方に対して給付の訴えを提起することができるから，甚だしい不利益はないということもできる。したがって，多数説の①の理由づけは十分とはいえない。

③の理由づけは，あまりにも形式的である。相殺の抗弁により被告の反対債権が訴訟物となるのではないから，標準時後の相殺の効果を主張する後訴が確定判決の既判力ある判断を否定していないことは当然である。しかし，問題は既判力自体ではなく，既判力の作用としての失権効である。標準時後の相殺による訴求債権消滅の主張が許されると，相殺による対当額での訴求債権の消滅は相殺適状の発生時に遡って生じるので，確定判決が既判力により確定した訴求債権の存在もまた結果として事後的に否定されることになる。

それでは，②の理由づけはどうか。前訴被告が提起した反対債権の弁済を求める訴えに対して被告（前訴原告）が前訴の訴求債権を自働債権とする相殺の抗弁を提出する場合には，たしかに標準時後の相殺権行使効果の主張を許す場合と同じ結果になることがあるかもしれない。しかし，常にそうなるとは限ら

---

(102) 塩崎勤「既判力の標準時後の形成権の行使に関する一試論」司研75号（1985年）1頁，31頁以下；坂原・既判力11頁，33頁。また，古くは，雉本朗造「請求に対する異議の訴え」同『民事訴訟法の諸問題』（1955年・有斐閣）391頁以下；松岡義正『強制執行要論上巻』（第2版，1925年・清水書店）644頁以下が，標準時後の相殺権の行使を請求異議の訴えの原因とすることはできないとしていた（雉本博士は，相殺権についての考えをその他の形成権に推及する）。

ない。前訴原告が先に訴求債権の満足を得ていたような場合には，もはや相殺の可能性はないし，また前訴原告はまだ自己の債権の満足を得ていない場合でも相殺の抗弁を提出しないでおくことができる。そして，前訴原告は自己の権利の迅速な実現を得ることに利益を有する。

相殺権について法律が行使期限を設けていないことは，日本の文献では，債務者がいつでも，したがって既判力の標準時後でも相殺権を自由に行使できる根拠とされるけれども，この点は反対に考えることも可能である。すなわち，相殺権の行使期間を設定していない法律は，相殺権者に熟慮期間も与えていない。債権者が被告に債務の履行を要求する場合，債務者は相殺権を行使するか否かを決断しなければならない。したがって，時間的な固定にとって決定的なのは，専ら相殺の効力であり，相殺の意思表示ではない，と論じることも，論理的には可能である[103]。

(3) 以上のように相殺の防御機能だけを視野に入れると，形成権成立時説＝失権説にも一理あるように見える。しかし，この説にも問題がある。すなわち，この説によると，原告の訴え提起に応じて，相殺権者は十分に訴訟資料，証拠方法を収集する前に相殺権行使を強いられる可能性があり，その結果，相殺をしたものの反対債権の成立を証明できない場合には証明責任法則の適用により相殺の抗弁が排斥され，民訴法114条2項に従い，反対債権の不存在が既判力により確定してしまう危険に晒される[104]。民法は相殺を，弁済，供託，免除とならぶ債務消滅の同等の手段として位置づけているにもかかわらず，口頭弁論終結後の弁済や供託を抗弁として主張することは許されるが，相殺はもはやできない理由は明らかでない[105]。また，債権者の資力がその間に悪化していたなら，相殺権者（債務者）は，自働債権が消滅しないといっても，それに劣らない不利益を受けるので，相殺の権利実現機能や担保的機能が害されることになる。しかし，担保的機能の軽視は許されないであろう[106]。

(4) 問題の解決は，したがって相殺権行使時期の選択についての相殺権者の

---

[103] Henckel, a.a.O. (Fn. 77), S. 172 f.

[104] Lent, a.a.O. (Fn. 69), S. 870 f.; *Otto*, Die Präklusion, Berlin 1970, S. 164; *Stein/Jonas/Münzberg*, 22. Aufl., § 767 Rdnr. 37; *Rosenberg/Gaul/Schilken*, a.a.O. (Fn. 75), S. 471.

利益および相殺の権利実現機能・担保的機能の面を考慮に入れたものでなければならない。

　訴求債権と異なる事実関係から生じる反対債権（関連性のない反対債権）と，訴求債権と同じ事実関係から生じる反対債権（関連性のある反対債権）を区別すべきであろう。後者については原則として前訴において相殺権を行使しておくべきである。同一事実関係から生じる反対債権である以上，反対債権の成立に関する訴訟資料も訴求債権に対する防御活動から得られるので，訴訟資料の収集面において相殺権者に不利益が生じないからである。もっとも，この場合にも，相手方が無資力になったというような特段の事情がその間に発生した場合には，相殺権の担保的機能に鑑み，後訴における相殺の主張もなお許されると解すべきであろう。これに対して，関連性のない反対債権による相殺の場合には，事情は異なる。この場合には，相殺権者には相殺権行使時期の選択が許されるべきであり，それゆえ既判力効により遮断されないと解すべきであろう。

2　標準時後の取消権の行使

　(1)　民法に定められている，いわば古典的な取消権について，すでに見たように今日の判例および学説の支配的見解は，取消権の要件が標準時前に存在する限り，標準時後にこれを行使して後訴（たとえば請求異議の訴え）を提起することは不適法だとする。その理由として，取消原因は法律行為自体に付着する瑕疵であり，より重大な瑕疵である無効事由が既判力によって失権する以上，それより軽い瑕疵である取消事由が既判力によって失権すべきは当然であることが挙げられている。また，訴訟との関連での取消権の実体的消滅の可能性も指摘されている。すなわち，民法が定める追認および法定追認による取消権の

---

(105)　もっとも，ドイツ法について Schilken が指摘するように，相殺は事後的な弁済と直ちに同視することはできない。相殺は2つの債権相互の犠牲によってのみその消滅をもたらすのに対して，弁済は直接支払いによって債権の全面的な満足をもたらすからである。せいぜい反対債権に争いがないか，または直ちに証明できる場合（つまり liquid な場合）に，そのような反対債権による相殺だけが弁済に近いということができる。だが，ある事由が請求異議事由としての適格性を有するか否かは，訴訟における証明可能性に依拠するものではない。

(106)　Stein/Jonas/Münzberg, 22. Aufl., §767 Rdnr. 37.

消滅（民法122条・125条），相手方のイニシアティブによる取消権の消失（民法19条1項・2項）のほか，これと同視できる場合には取消権行使責任を負わせてよいとし[107]，したがって，取消権の行使期間内であっても取消原因のある法律行為に基づき債務の履行を求める訴えが提起され，訴訟が係属すると，原告である取消権者については法定追認（民法125条2項）を認め，取消権者が成年被後見人や未成年者である被告の場合には相手方の履行請求の訴えが取消権行使催告を含み，口頭弁論の終結によって相当期間の経過があると認められれば取消権が実体上消滅することを認めてよいとされる[108]。

このように，取消権について標準時後の権利行使とその効果の訴訟上の主張が既判力によって排斥されないとする見解は，今日の日本の学説では影を潜めたようである。

(2) 詐欺や強迫による取消しは既判力により遮断されるとするが，詐欺や強迫が継続しているため取消権者が取消権の行使を妨げられた場合には，詐欺や強迫が止んだ時が基準となるとする見解も主張されている[109]。すなわち，*Ernst*（エルンスト）は，この場合には，詐欺・強迫のため前訴において取消権を行使できなかった被告が執行に対して防御できなければならないことは疑問の余地のないことであり，問題はその方法にあるとする。判例は，強制執行の差止めを求めるドイツ民法826条による悪意の訴え（Arglistklage）を許すことにより救済を図る[110]。他の方法は，いうまでもなく，請求異議の訴えである。ここでは，被告がもはや強迫のもとになく，または欺罔を発見した場合に，取消原因が発生するとされる。*Ernst* は，請求異議の訴えを許す場合にも，詐欺または強迫が前訴原告に帰せしめられること，およびそれが判決と因果関係にあること，したがって悪意の訴えと同じ要件を要求されるべきだと主張する[111]。また，山本和彦教授は，欺罔または強迫が続いている間は時効も進行

---

(107) 中野・論点Ⅰ259頁；河野・前掲注（62）135頁。
(108) 中野・論点Ⅰ259頁。
(109) 小山・前掲注（14）判評271号49頁；*Ernst*, Gestaltungsrecht im Vollstreckungsverfahren, NJW 1986, 401, 404; *Zöller/Herget*, 25. Aufl., § 767 Rdnr. 12.
(110) RGZ 61, 359（365）; BGHZ 50, 115 ; BGH NJW 1983, 3217 f.
(111) *Ernst*, a.a.O.（Fn. 109), 405.

しないこと（民法 126 条・124 条 1 項）に鑑み，「法律が定型的に権利行使を不能と認めている場合として，既判力が縮小し，例外的に遮断されないものと解すべき」[112]だとする。

(3) 私見は，基本的に形成権成立時説＝失権説に立つ。債務者は実体法上，取消権の行使を差し控え，取消権を行使するか否かをなお熟慮することができる場合であっても，前訴において取消権を行使しなかった合理的な事情を説明できない限り，後訴における取消権行使効果の主張は顧慮され得ないと解すべきである。取消権は訴求債権と同じ事実関係を基礎とする権利であり，訴求債権の存否が争われる場合，訴求債権の成立原因，権利障害的抗弁および権利滅却的抗弁について主張しておくことが求められる以上，前訴において取消権の行使を求められても通常は取消権者に酷とはいえないであろう。

これに対して詐欺が継続しまたは強迫が続いていたため取消権の存在を知らず，または取消権を行使し得なかったときは，取消権者はこのことを弁明できれば，後訴において取消権行使効果の主張を許されなければならないと解すべきである[112a]。山本（和彦）説のように，欺罔または強迫の継続をもって既判力の縮小事情とすることは既判力を不安定ならしめ，既判力制度の根幹を揺るがすものであり，支持することはできない。

(4) 以上の結果は，消費者契約法上の取消権についても妥当する。

消費者契約法は，まず，誤認による消費者の意思表示について次の 3 つの場合に，業者から誤認させられたため契約の申込みまたは承諾の意思表示をした消費者に自己の意思表示を取り消す権利を与えている。すなわち，重要事項の不実告知による，告知内容が事実であるとの誤認（消費者契約法 4 条 1 項 1 号），断定的判断の提供による，断定的判断内容が確実であるとの誤認（同条同項 2 号）および不利益事実の故意の不告による，当該事実が存在しないとの誤認（同条 2 項）である。次に，事業者が消費者契約の勧誘の際に，当該消費者が当該事業者に対してその住居またはその業務を行っている場所（職場）から退去すべき旨の意思を示したのに退去せず（不退去），または勧誘場所から退去する旨の意思を当該消費者が示したのに退去させず（監禁），消費者を困惑さ

---

[112] 山本・基本問題 211 頁注（20）。

せて申込みまたは承諾の意思表示をさせた場合には，消費者は意思表示を取り消すことができる（困惑による意思表示の取消権，同4条3項）。さらに，事業者から消費者との契約締結の媒介の委託を受けた第三者（仲介業者）が消費者を誤認させる行為や困惑させる行為を行った場合，事業者自身が行ったのと同様に，消費者は意思表示を取り消すことができる（同法5条1項）。消費者の代理人，事業者の代理人および仲介業者の代理人は，誤認による取消権や困惑による取消権に関して，それぞれ消費者，事業者または仲介人と見なされる（同法5条2項）。

以上は，消費者と事業者との間の情報の質および量ならびに交渉力の格差の存在を正面から認めて，事業者がこの格差を濫用して消費者と契約を締結した場合に消費者の正当な利益の擁護を図ることを目的とするものである（同法1条参照）。

取消権は，消費者が意思表示を追認することができるとき，したがって誤認させられたことを知ったとき，または困惑状態を脱したときから6ヶ月行使し

(112a) 坂原正夫「既判力の標準時後の形成権の行使について」民訴雑誌52号（2006年）1頁，17頁以下は，このように例外的に取消権行使効果の主張が認められると，実際には標準時前に取消原因を知っており，取消権を行使できた当事者も詐欺や強迫が続いていたため取消権の存在を知らなかったと主張して容易に既判力をかい潜ることができるようになって，失権効の発生に不安定要因を持込むことになり，その結果，既判力による法的安定性の確保の要請が骨抜きになると，私見を批判される。しかし，私見によれば前訴において詐欺や強迫が続いていたため取消権の存在を知らなかったという事情はこの事情を主張する当事者によって具体的に陳述されなければならないのであって，具体的な事実陳述のない限り，裁判所はこれを顧慮することはできないから，指摘されるような事態は生じないと思われる。

なお，形成権成立時説を主張される坂原教授は前訴と後訴の訴訟物が同じであることを重視しなければならないとされるが，旧実体法説によると前訴と形成権の行使によって生じた請求権を主張する後訴は別の訴訟物をもつことになり，取消権成立時説によっても結局は，後訴は別の訴訟物をもつ訴訟として既判力は及ばないので，このような場合に形成権成立時説＝失権説を主張する余地はなくなるであろう。このことは，訴訟物理論として，事実関係をも訴訟物の要素と見るいわゆる二分肢説（松本＝上野〔240〕）の正当性を実証しているように思われる。坂原教授の紹介される，*Heiderhoff*, Der entscheidende Lebenssachverhalt und die Rechtskraftsperre bei klageabweisenden Urteilen, ZZP 118 (2005), 185 ff. 参照。

ないと時効により消滅する。契約締結から5年を経過した場合も同様である（同法7条1項）。取消権は意思表示によって行使される。意思表示が取り消されると，民法上の取消権と同じように，意思表示（契約）は初めに遡って無効となる。取消しによって両当事者に原状回復義務が生じる。したがって，代金の支払いや商品の引渡しがすでに行われている場合には，代金や商品の返還が必要となる。

　前訴である債務の履行請求訴訟において被告たる債務者がこの消費者契約法上の取消権を行使せず，したがって，その行使効果である契約の無効を主張せず，確定した敗訴判決を受けたのち取消権を行使し，債務が消滅したことを主張してたとえば請求異議の訴えを提起して執行力の排除を求めることができるか。消費者保護のために特別に認められた取消権であることから当然に既判力による失権の余地はないとする解釈は，形成権行使時説＝非失権説に立たない限り，民法上の取消権との整合性を欠く。もちろん，消費者契約法上の取消権は，その要件から明らかなように，消費者と事業者との間の情報および交渉力の格差を濫用して事業者が消費者と契約を締結しまたは一方的に有利な契約を締結した場合に消費者の権利を回復するという消費者保護目的を有する。既判力による失権が認められる場合には，この法律の消費者保護目的が容易に挫折してしまうのではないか，それゆえ，既判力にもかかわらず標準時後の取消権行使効果の主張を許すべき必要性が大きく，またこのような取引方法を用いる事業者が相手方の訴訟促進義務に依拠できる基礎を有していないのではないかという疑問もある。しかし，前訴時点では被告が誤認させられたことを知らなかったこと，または困惑状態を脱していなかったことを主張する場合には，私見によっても，消費者契約法上の取消権を標準時後に行使して，その効果を主張する請求異議訴訟において取消しの効果を主張することは既判力の失権効によって遮断されないので，消費者契約法の目的が害されることもない。

3　標準時後の解除権の行使

　(1)　学説を見ると，山本和彦教授は，法定解除権および「事実原因型解除権」について原則として「後訴での解除権の主張」の失権を肯定し，当事者が「状態型の解除権」を合意により創出している場合，または標準時後に新たに

解除権が発生している場合には既判力効を否定する。なお，山本（和彦）説において特徴的なのは，解除権の主張の既判力による失権が酷な場合にも，それは解除権に特有の問題ではなく，「既判力の縮小論」の問題として処理するとされる点である。

伊藤眞教授は，前述のように，契約の解除は標準時における契約上の権利関係の存在を前提としており，その遡及的消滅は解除の実体法上の効果に過ぎないから，解除の意思表示による権利関係の遡及的消滅は既判力に矛盾・抵触するものではないとする。

上田徹一郎教授は，前述のように，標準時前に解除権が発生している場合にも，原告たる債権者には履行請求か，解除による原状回復請求かの選択権があることを根拠に，前訴で履行請求をしたからといって後訴で解除権行使の主張を遮断される実体法上の地位にはないとし，他方，被告たる債務者の方は原告の請求を争う以上，実体上の地位との関係で手続保障は充足されているので，後訴での解除権行使効果の主張は遮断されるとする。

(2) 標準時後の解除権の行使効果の主張の適否は，困難な問題である。これについては，種々の場合を区別して論じるべきであろう。① 債権者側が標準時前に契約を解除できたにもかかわらず解除権を行使せず，相手方に債務の履行を促し，本来の履行請求を選んだ場合，② 他の理由（たとえば契約の不成立，無効の主張や取消，契約期間の満了など）により前訴において物の返還や家屋の明渡しを求めていた原告が，請求棄却判決を受けた後に，契約を解除して後訴において再度物の返還を請求する場合，③ 被告債務者が自己の解除権を行使しないで他の防御方法（契約の取消しや無効の主張）により原告の請求に対して防御したものの，原告の請求を認容する確定判決を受けた後，解除権を行使して請求異議の訴えなどを提起する場合である。

私見によれば，③の場合には，被告は初めから契約を維持する意図を有していないので，熟慮期間を考慮する必要はなく，前訴において解除権の行使を求められても特段の不利益はないので，判決確定後に解除権を行使し，その効果を主張して請求異議の訴えを提起することは既判力の失権効を受ける。当事者間で解除権を留保する合意がなされていた場合についても同じである。この関係で約定解除権と法定解除権を区別する理由はない。

V 標準時後に行使された形成権の行使効果の主張と既判力——個別的検討　191

　同様に，②の場合は訴訟物理論とも関係するが，新訴訟物理論，二分肢説または，旧実体法説に立ちながら賃貸借の終了原因のいかんを問わず賃貸借契約の終了に基づき1つの債権的明渡請求権が発生するとする見解によれば，訴訟物は1つである。そして，原告は，契約の成立を否定しまたは契約を維持する意図を初めから有していないのであるから，解除権を行使するのであれば前訴において行使しておくべきであり，請求棄却判決を受けたのちに更に解除権を行使して，その行使効果を主張することは既判力の失権効を受けると解すべきである。前掲判例［21］最高裁昭和59年1月19日第1小法廷判決（判時1105号48頁＝判タ519号136頁）では新訴訟物理論または二分肢説によれば，前訴と後訴の訴訟物は同一と判断される。したがって前訴の標準時前に行使できた解除権行使効果を後訴において主張することは，既判力の失権効を受ける余地がある。ただし，本件では負担付贈与の負担たる義務の履行遅滞が前訴の標準時前から標準時後まで継続していた。［21］の事案において原告が標準時後に具体化する負担について債務不履行を主張して契約を解除することは，標準時後の新事実による解除権の発生とその行使，行使効果の主張と解することができる。履行遅滞の事実が標準時の前後を通して存在することは，解除権の発生を否定する事情ではない。標準時後の履行遅滞は，標準時前の履行遅滞を補充する事実ではなく，それ自体として新たに解除権を発生させる事実だからである。

　もっとも問題なのは，①の場合である。この場合には，債権者側が本来の履行請求を選んだことは非難されるべきものではない。民法は債務者の債務不履行がある場合，債務の履行を求めるか，解除権を行使するかの選択を債権者に許しており，解除権の行使は義務ではないからである。のみならず，解除のためには債務者の履行遅滞だけでは十分でなく，民法は催告により債務履行の機会を債務者に与えることを要求する。したがって，標準時前に履行遅滞があっても債権者は債務の履行を請求することができるのであり，確定判決で肯定された債務者の債務が履行されない場合，標準時前から継続している履行遅滞に基づき履行を催告し，それでも履行がなされなければ契約を解除することを既判力により排斥されるべき理由はないといえよう。ここでは，③の場合のように有名義債権に対する解除権の行使という状況は存在しない。この解除権の行

使によって発生すべき法律関係が標準時前に成立していた解除権を行使することによっても惹起し得たことは，既判力の失権効の問題ではない。既判力は標準時後の新事実の主張を遮断しないからである。判例［20］の事案においては，たしかに第一審の段階でXは解除権を行使することはできたけれども，Xは解除権を行使する義務を負っていなかったのであり，債務者の履行を期待することができた。建物引渡土地明渡判決の確定後も，抵当権登記の抹消がなされず相手方の債務不履行の状態が継続しており，この事態が土地利用関係に関して当事者間の信頼関係の破壊を増幅させている以上，Xは解除権を行使して再び建物収去土地明渡しを求める訴えを提起することは既判力の失権効によって排斥されないと解される。

4 　標準時後の建物買取請求権の行使

(1)　標準時後の建物買取請求権の行使について，多数説は種々の理由を挙げて形成権行使時説＝非失権説を理由づけようとする。前述のように，最高裁判所は，建物買取請求権は前訴確定判決によって確定された賃貸人の建物収去土地明渡請求権の発生原因に内在する瑕疵に基づく権利ではなく，別個の制度目的および原因に基づいて発生する権利であること，賃借人が前訴の事実審口頭弁論終結時までに建物買取請求権を行使しなかったとしても，実体法上，その事実は同権利の消滅事由に当たらず，訴訟法上も，前訴確定判決の既判力によって同権利の主張が遮断されることはないことを理由に形成権行使時説＝非失権説を採る。また，建物の社会的効用を保護する目的のもとに設けられた権利であるから，標準時後の行使と行使効果の主張が許されるべきものとする見解もある。

(2)　これに対して，建物買取請求権が借地契約の存続期間の満了と契約更新がないという標準時前の一回的事実を形成原因とする形成権であるとして既判力の失権効を肯定するのは，山本和彦教授[113]である。建物の社会的効用の維持という視点に対しては，現在の社会経済情勢のもとでは過度に重視すべきでないと主張する。もっとも山本教授によれば，このことは，建物買取請求権が

---

(113)　山本・基本問題210頁。

実体法上行使できなくなることを意味するものではなく，この権利の行使効果の主張が既判力により遮断されるだけであるとする。したがって，借地人は建物収去義務を負い取壊費用を負担しなければならないが，建物買取請求権の標準時後の行使により建物の売買契約成立の結果として売買代金請求の訴えを提起することは既判力によって阻止されないという(114)。しかし，山本説は，建物の社会的効用の確保をあまりにも軽視するほか，一方で借地人・建物所有者は標準時後の買取請求権の行使により収去義務を終局的に免れることができないとしながら，他方で借地人・建物所有者はみずから土地賃貸人に対し建物の買取りを請求でき，代金請求権を取得できるという実体的に分裂した奇異な結果を招くため，支持を集めることはできないであろう。

「形成権行使責任」説を主張する河野正憲教授は，「建物の社会的効用の維持という一般的なレベルの問題からストレートに判断すべきでなく，建物買取請求権が形成権として構成されていること，建物収去土地明渡請求手続で建物買取請求権を行使することが，どの程度相手方によって期待されているのかという行使のレベルでの事情が考慮されるべきであろう」(115)とする。そして，建物買取請求権の行使は賃借権の消滅を前提とするものであるから，その行使には心理的負担があるにしても，この負担は予備的主張一般に伴うものであり，それ以上の不利益でないのに対して，建物買取請求権が遮断されないとすると建物収去についての争いが第2の訴訟に先送りされるという事情から見て，建物買取請求権の行使責任が生じるとされるようである。この見解は，建物買取請求権の予備的行使が借地人に期待できることを重視するものであるが，建物買取請求権の社会的意義から見て大きな問題を含むように思われる。

(3) 私見は，建物買取請求権は実体法上の形成権として既判力によって消滅させられることはないと解する。建物買取請求権は確定判決によって消滅しないのであるから(116)，建物収去土地明渡請求訴訟で敗訴した被告は，標準時後もこれを行使することができる。問題は，買取請求権の行使の結果を主張して請求異議事由とすることができるかどうかである。その際，請求異議の訴えに

---

(114) 山本・基本問題210頁以下。
(115) 河野・前掲注（27）平成3年度重要判例解説125頁。

よって強制執行の著しい遅延が生じうることが考慮に入れられなければならない。強制執行の遅延は，主として建物代金請求権と建物退去義務との同時履行の抗弁によって生じる。同時履行の抗弁に基づき代金の支払いと引換えに建物退去土地明渡しの限度で強制執行が許される旨宣言するためには，引換給付を命じられる建物代金額について当事者間で争いがある場合には，鑑定人による鑑定などのために相当の時間を要するからである。それゆえ，強制執行の遅滞を避けるための方策が確保される必要がある。

建物買取請求権の行使により建物所有権が土地所有者に移転したことを主張して，債務者が建物収去土地明渡しのための債務名義の執行力の排除を求めて請求異議の訴えを起すことそれ自体は許される。裁判所は，有効に建物買取請求権が行使されていて，請求に理由があると判断する場合には，建物退去土地明渡しの限度でのみ執行が許される旨を宣言する判決を下すべきである。しかし，建物の代金請求権と建物退去義務との間の同時履行の抗弁は，強制執行の遅滞を避けるため認められるべきでないであろう。建物買取請求権の行使によって生じた代金請求権の行使は，請求異議の訴えに併合して，または独立の訴えによって行うべきものと解すべきであろう[117]。この解釈によって請求異議の訴えが執行を麻痺させることを回避することができ，したがって建物の収去を避け得ない山本説と異なり，建物の効用も維持できるという利点がある。

---

(116) 最〔2小〕判昭和52年6月20日金商535号48頁＝金法846号34頁も同じ見解であろう。この判決は，「借地上の建物の譲受人が，地主から提起された右建物の収去及び敷地の明渡を請求する訴訟の事実審口頭弁論終結時までに，借地法10条の建物買取請求権があることを知りながらその行使をしなかったとしても，右事実は実体法上建物買取請求権の消滅事由にあたるものではなく，したがって，建物譲受人はその後においても建物買取請求権を行使して地主に対し建物の代金を請求することができるものと解するのが相当である」と判示し，また，東京高判昭和53年7月26日高裁民集31巻3号484頁も同旨である。これらの判決は，直接には，建物収去土地明渡請求訴訟における建物買取請求権の不行使の効果のみを論じており，既判力効による建物買取請求権の失権，遮断については論じていないが，これを否定することを前提としていると考えられる（同旨，山本克己・百選Ⅱ 325頁参照）。

(117) 同旨，新堂628頁注（1）；浦和地判昭和33年8月14日下民集9巻8号1612頁；東京高判昭和53年7月26日高裁民集31巻3号484頁参照。

5　標準時後の白地手形の白地補充権の行使

(1)　標準時後の白地補充権の行使効果を主張する後訴の適否について，前掲判例［24］は形成権成立時説＝失権説に立っている。

周知のように，この判例について見解は分かれている。標準時後の白地補充は標準時後の履行期の到来と同じく口頭弁論終結時後の新事実として再訴が可能だとする見解[118]，訴求債権に付着する事情である点で前訴において白地補充をしておかないと後訴での白地補充の主張は既判力によって阻止されるという見解[119]，および白地未補充のため要件欠缺手形であることを知りながら標準時までに白地補充をしなかった場合か否かによって失権効の有無を決すべきものとし[120]，または原則として失権するが，原因関係債権を有しない場合や遡及権や利得償還請求権が手形所持人にない場合に例外的に失権効は排除されるとする[121]折衷説がある。白地補充権の性質については，それが形成権であるか否かについても議論があり[122]，標準時後の白地補充権の行使問題一般をここで十分に扱うことはできない。請求の一時的棄却に関連する限度で若干の考察を行うことができるだけである。

(2)　形成権行使時説＝非失権説を力説する竹下守夫教授は，次のように主張

---

(118)　大森忠夫「白地手形」鈴木竹雄ほか編『手形小切手法講座第2巻』(1965年・有斐閣) 57頁, 79頁注(8)；竹下守夫・前掲注(6) 3頁；池田辰夫「形成権遮断と既判力」同『新世代の民事裁判』(1996年・信山社) 171頁, 178頁；同「基準時後の形成権の行使と既判力」同『新世代の民事裁判』232頁注(61)；吉野正三郎・昭和57年重要判例解説 (ジュリ792号, 1983年) 129頁；高見進・判評288号 (1983年) 38頁 (判時1061号192頁)；条解民訴602頁, 638頁［竹下］；中野・論点Ⅰ 265頁；伊藤486頁。なお，上田徹一郎・百選Ⅱ 322頁参照。

(119)　上野㤗男・名城法学29巻3号 (1980年) 59頁, 75頁；高橋宏志・法協100巻11号 (1983年) 2129頁；坂原正夫・法学研究56巻8号 (1983年) 1604頁；永井紀昭・民商89巻2号 (1983年) 199頁；田邊光政・判タ505号 (1983年) 193頁；河野正憲「形成権の機能と既判力」講座民訴(6) 109頁, 132頁；住吉博「民事訴訟による救済と既判力」同『訴訟的救済と判決効』(1985年・弘文堂) 244頁, 313頁；新堂627頁注(1)；高橋・重点講義［上］545頁；小林秀之＝原強『民事訴訟法（論点講義シリーズ）』(2000年・弘文堂) 165頁；松本＝上野〔709〕。

(120)　渋谷光子・判タ411号 (1980年) 229頁。

(121)　前田重行・手形小切手法判例百選〈第5版, 1997年・有斐閣〉82頁。

する。すなわち，標準時前にすでに存在した形成権を標準時後に権利者側が権利発生要件の充足のために行使する場合と，義務者側が防御方法として形成権を行使する場合とは区別されなければならず，前者の場合には既判力の失権効が及ばないが，後者の場合には失権効が及ぶと主張する。その理由は，前者の場合には「基準時前に存在した形成権を基準時後に行使することを認めても，元来一回の訴訟で権利の確定を得られた者が，みずからの落度により二度手間になるだけ」であるが，「一度の訴訟で紛争を解決してもらう」相手方の利益は「基準時後に改めて権利発生の要件を充足し，権利を取得した者の，権利行使を妨げることをも是認させるほど大きくはない」のに対して，後者の場合には，「相手方の権利の発生要件は具備しており，その限りで義務を負うべき者が（そうでなければ，形成権を行使しなくとも，相手方の請求は棄却される筈である）免責を求めようというのであるから，相手方の権利行使をいたずらに妨げることのないよう，一度の訴訟で勝敗をつけさせるのが相当であると解される」ことに求められるとされる(123)。これにより竹下教授は，白地手形の白地補充権を標準時後に行使して再度手形金請求の訴えを提起することは，前訴確定判決の既判力との関係で全く問題がないとされる。さらに，竹下教授は，確定判決が白地未補充だから請求し得ないと判断しているのに，白地を補充しても請求し得ないという効果を結び付けるのは前訴判決の趣旨に反するとされる(124)。吉野正三郎教授は，履行期未到来による請求棄却の考え方を援用して，前訴確定判決は請求権を根拠づける法律要件要素の１つを欠くため請求を棄却

---

(122) Vgl. *Hueck/Canaris*, Recht der Wertpapiere, 12. Aufl., München 1986, S. 119 ff. *Canaris* は，形成権行使の効果は形成権者と相手方の間で生じるのが常であるのに対し，補充者は少なくとも第１次的にはしばしば補充者自身と白地手形交付者（Blankettgeber）との間で法律効果を妥当させるのではなく，第三者と白地手形交付者との間で，たとえば最初の受取人と白地引受人との間で法律効果を生じることは形成権と解することに不利な事情だと指摘し（S. 119），原則としていわゆる自益的代理権と同視すべきであるとする（S. 120）。これに対して，*Baumbach/Hefermehl*, Wechselgesetz und Scheckgesetz, 18. Aufl., München 1993, Art. 10 WG Rdnr. 3 は，補充権を授権（Ermächtigung）と解している。

(123) 竹下・前掲注（6）5頁。

(124) 竹下・前掲注（6）10頁。

しているのだから，すなわち手形金請求権それ自体の不存在を既判力によって確定しているのではないから，具体的事情により再訴が信義則違反として不適法とされることがあることを別とすると，再訴は適法だとする(125)。

　しかし，いずれの理由づけについても疑問がある。竹下説は形成権の攻撃的利用と防御的利用で失権効の取扱いを全く変えるのであるが，攻撃的利用を優遇する法律上の根拠が全く明らかでなく，それは当事者間の武器対等の原則に明白に反するように思われるからである(126)。のみならず，相手方を訴訟に巻き込んで自己の請求権を訴訟上追求しようとする以上，被告よりも原告に慎重な行為が要求されるのはむしろ当然であり，加えて，権利者側が形成権，とくに本件の白地補充権を行使するのは極めて容易であることも看過されてはならない(127)。吉野教授の見解については，未完成手形による請求であるため手形金請求権の成立が認められない場合と，期限未到来による請求の一時的棄却とをなぜ同視することができるのかという疑問がある。白地手形は未完成手形であり，履行期未到来の手形金請求権を発生させ得るものではない。白地手形に基づき手形金請求を行う原告は，手形金請求権の成立原因に該当する事実のすべてを陳述しているのではないのである。それゆえ，原告の事実主張が全部正当だと仮定しても請求権が発生しない場合である。たとえば貸金返還請求訴訟において，原告が請求権根拠事実を主張しないために主張責任により事実主張の十分性（Schlüssigkeit）を欠くとして請求棄却判決がなされるのと変わりはない。裁判所は，釈明権の行使によりこの点を原告に注意したにもかかわらず，原告が白地補充をしない限り，請求を終局的に棄却するのが正しい(128)(129)。

---

(125)　吉野・前掲注（118）131頁。
(126)　既判力の点で形成権の攻撃的行使と防御的行使で失権効に差異を設けることに対する疑問は，すでに提出されている。上野・前掲注（119）75頁；高見・前掲注（118）判評41頁以下；都築弘・民事研修295号（1981年）23頁，33頁注（16）；永井・前掲注（119）220頁；梅本891頁。
(127)　他の形成権についてはその成立要件の証明が必要であり，場合によってはこの証明を即時に行うことが困難であるため形成権の行使を留保することも必要と考えられることがあるが，白地補充をするのは全く容易であり，白地補充権の成立とその行使を証明することも格別の困難を伴わないのであるから，白地補充権が形成権であるとしても，その行使につき時期の選択を認める理由は全くない。

履行期未到来の場合は，債権者は自ら独力で履行期を到来させることができないのであり，前訴で履行期未到来を理由に請求が棄却された場合は，後に履行期が到来すれば棄却理由にかかわる標準時後の新事実として既判力がいわば解除されるが[130]，これに対して，白地手形の白地補充権は，所持人自身が白地を補充して完成手形にする権利であるから，履行期未到来による請求棄却と同列に論じることはできない。

折衷説も支持することができない。当事者の単なる知・不知によって既判力の失権効が左右されるべきでないことは当然であるし，他に手形所持人の救済方法があるか否かによって既判力の失権効が左右されるという議論は，争訟の蒸返しを排除し法的安定性に資する既判力の制度目的に相応しくないからである。

VI　むすび

標準時後の形成権行使および行使効果の後訴における主張の適否について，法律は明確に定めていない。このため問題の解決に迫られる裁判所は，ここでも利益考量により解決を見出そうとする傾向にある[131]。また文献においても，このような方向を方法論として積極的に主張する見解も存在する。しかしドグマーティシュな理由づけを伴わない裸の利益考量が説得力のある解釈論を提示

---

(128)　非失権説に立つ池田・前掲注（118）『新世代の民事裁判』232頁注（61）は，失権効が生じるかどうかは，相手方の信頼の程度の問題だとし，通常は，相手方は白地部分の補充権不行使の趣旨とは受け取らないし，また受け取るべきではないという。しかし，失権効の発生の有無をこのように信頼保護の問題に取り替えることは根拠がないし，また個々の相手方の受け止め方を問題にすることなく補充権が行使されないと信頼するものでないと，どうして措定することができるのであろうか。

(129)　判例は口頭弁論終結までに白地補充権を行使し得ない特段の事情がある場合には例外的に失権効を否定する旨の判示をしている。調査官解説はそのような特段の事情は極めて例外的な事情をいうとされるが（伊藤榮子・前掲注（25）ジュリ773号85頁），前述の期待可能性による失権効の否定の議論と同様に疑問である。

(130)　詳しくは，松本・前掲注（2）大阪市立大学法学雑誌49巻3号491頁以下〔本書99頁以下〕。

VI むすび

することができるかどうか，甚だ疑問である。いわゆる利益考量論は，考量される利益のいずれもが保護に値することから出発する以上，いずれか一方が重大な結果の差異をもって保護され，他方は保護されないという結論を明瞭な判断基準をもって示すことができないからである。また，利益考量論による個別的解決によって法的安定性が失われるほか，解釈者の主観的意図が利益考量の名において持ち込まれる危険の存することも看過しえない[132]。

現代の民事訴訟は，権利主張者に対し自力救済を禁止して裁判所の裁判を受けるべきことを指示し，これに対応して当事者に裁判を受ける権利を保障する（憲32条）憲法秩序の支配のもとに実施される。憲法は，法治国家原則と平等原則のもと裁判所の公正な手続を保障していると解される[133]。民事訴訟法の解釈としては，①憲法適合性，②武器対等の原則（der Grundsatz der Waffengleichheit）などの一般的訴訟原則の顧慮，③親実体権的解釈（die materiellrechtsfreundliche Auslegung），④実効的な権利保護（der effektive Rechtsschutz），⑤訴訟経済の原則など，民事訴訟法に特有の観点の考慮を必要とする[134]。このような観点からすると，まず明確にされなければならないことは，既判力は形成権自体を消滅させる原因でないことである。したがって，既判力発生後も，形成権自体は既判力によって影響を受けないで存続する。本章の課題と武器対等の原則や親実体権的解釈の関係は，すでに論じた。もちろん，親実体権的解釈を無制限に貫けば，既判力や訴訟内の失権というような訴訟法上の制度は存在を許されなくなる。それゆえ，民事訴訟法はいかなる犠牲を払ってでも実体権の実現を追及しているとはいえず，これは個々の訴訟法規の解釈の際，十分考慮されなければならないファクターであること，および，親実体権的解釈原則が他の訴訟上の解釈基準との関係でどのような重みをもつかは個々の場合に

---

(131) このことをはっきり述べる裁判例として，浦和地判昭和33年8月14日下民集9巻8号1612頁（前掲［19］）がある。曰く，「建物収去土地明渡事件の口頭弁論の終結後に買取請求権を行使し得るか否かは買取請求権制度が認められた法意と，これを許容することによって生ずる当事者の利害等を較量して決する外はないと考える」。

(132) 松本＝上野〔48c〕。

(133) 憲法と民事訴訟法の関係については，中野貞一郎「民事訴訟と憲法」同『民事手続の現在問題』（1989年・判例タイムズ社）1頁以下を参照。

(134) 松本＝上野〔48d〕。

評価的考察によって明らかにされるべきであり，既判力による形成権行使効果の後訴における主張の失権に対する実体法上の疑念が体系的，目的論的考量を飛び越え得るほど重大かどうかが検討されなければならないことを指摘した。もっとも，訴訟経済の原則を重視して形成権成立時説＝失権説を主張することは，親実体権的解釈に真っ向から対立する。武器対等の原則に関しては，この原則は訴訟法規の解釈上十分な考慮を要することは当然であるが，取消権者や解除権者が初めから原告の主張する法律行為の成立を争い，または法律行為の無効を主張する場合に見られるように，当事者自身が初めから法律行為を維持することを視野に入れていない場合があり，このような場合には取消権や解除権を行使するか否かの熟慮期間を与え形成権者の意思決定を重視しなければならないという議論はその前提や合理性・現実性を欠き，この意味で，そしてその限りで形成権行使時説＝非失権説の主張に疑問があることを指摘した。

　決定的に重要なのは，標準時後に形成権が行使され，行使効果が後訴において標準時後の権利変動として主張される場合に，訴訟上の観点が阻止的に作用するか否かである。本章は，このような観点から当該形成権の内容，存在理由および訴訟状況を考慮に入れて個々の形成権ごとに失権の有無を検討した。その結論はかなりの点において多数説とは異なっている。

第3章 一部請求訴訟後の残部請求訴訟と既判力・信義則

I 問題の所在

1 一部請求訴訟の概念

　金銭債権や代替物の一定数量の給付を目的とする給付請求権のように，一個の可分な請求権の任意の一部を残部と切り離して別個に訴求する訴訟は，「一部請求」または「一部請求訴訟」と呼ばれている。債権者は一部請求訴訟を提起することによって敗訴の場合に負担することになる費用危険を軽減することができる。裁判所に納付すべき手数料は訴額を基準にして決まるし，訴訟代理人たる弁護士の費用を決定する際にも訴訟の経済的価値が基準とされるからである。また，証明が困難な場合に少なくとも即時に証明できる損害の賠償を迅速に獲得するため，原告は一部請求訴訟を提起することに利益を有する。もちろん，一部請求訴訟において原告が勝訴しても，原告は債権の残部について債務名義が得られるわけではない。しかし，一部請求を認容する判決があると，敗訴した相手方が判決を重視して任意に残部を履行することや，残部につき真剣に和解交渉に応じることも期待できる。なぜなら，後に残部請求の訴えの提起を受けた裁判所は，通常，確定判決と一致する判決を下すと期待できるからである(1)。

　実体法上，債権の分割譲渡や，譲渡された一部債権の行使は問題なく許されているから，これに応じて，私的自治に対応する処分権主義の妥当する民事訴訟においても，一部請求訴訟を許すのが自然である。しかし日本では，債権が

（1）　詳しくは，松本博之「一部請求訴訟の趣旨」民訴雑誌46号（2001年）1頁，24頁以下参照。

一個であれば，争訟の集中的解決の要請から一回の訴訟でこれを主張すべきであるとする，政策的見地に基づく種々の見解（残部請求原則不適法説）がかなり長期にわたって有力な学者によって主張され，今日においても，（少なくとも次に述べる「公然の一部請求」については）残部請求を許すべきであるとする見解との間に対立が続いている。私見は一部請求訴訟の訴訟物は当該債権の一部によって画され，また残部債権の同時主張義務は債権者には存在しないと解している(2)。

いずれにせよ，裁判所が原告の求める範囲において請求認容判決をすることは，問題なく適法と認められる(3)。この意味で，一部請求の問題は，一部請求訴訟がそれ自体適法か否か，言い換えれば，一部請求訴訟が提起されると，請求の趣旨が全部請求に改められなければ，裁判所は訴え却下判決をすべきか否かという問題ではない。問題の中心は，依然として一部請求訴訟において本案判決が確定した後，前訴原告が前訴で行使しなかった残部債権につき給付を命じる判決を求めて改めて後訴を提起することが，前訴確定判決の既判力に妨げられずに許されるか否かという点にある。この意味で，従来，一部請求訴訟の「可否」として論じられた一部請求問題の議論は，この訴えの適否それ自体ではなく，この訴訟において下された確定判決の効力の問題，つまり，前訴で主張された請求権部分と実際の請求権の範囲との差額を主張する残部請求訴訟に対して確定判決がいかなる効力を及ぼすか，すなわちこの残部請求訴訟は適法か，適法だとすると裁判所は請求権の発生原因および額につき改めて審理判断しなければならないか，またはこの点において前訴確定判決の既判力に拘束されるかという問題をめぐって展開してきたのであった。

（2） 残部請求訴訟を原則不適法とする種々の見解の内容とそれに対する批判，および私見については，松本・前掲注（1）9頁以下参照。

（3） 今日，殆どすべての学説は，一部請求訴訟それ自体は不適法と解しておらず，一部請求訴訟だからという理由で訴えを不適法却下すべきものとする見解は文献には見られないことにつき，中野貞一郎「一部請求論の展開（上）」判タ1006号（1999年）4頁以下（同・論点Ⅱ87頁，89頁以下）参照。

2 「公然の一部請求訴訟」と「隠れた一部請求訴訟」

　ところで，一部請求訴訟には，大別して2つの態様がある。原告が一部請求訴訟であることを明示して予め残部請求をすることを留保しているか，または一部請求訴訟であることが事情から明らかになる場合である。この場合は通常，「明示的一部請求」と呼ばれている。しかし，事情から一部請求訴訟であることが明らかになれば足りるから，残部請求訴訟の留保の明示を要求する響きのある「明示的一部請求訴訟」の呼称よりも，「公然の一部請求訴訟」の呼称がより適切である。これに対して，前訴において申立ては数量的に特定されているが，原告による残部請求の留保がなく，かつ事情から一部請求訴訟であることが明らかにならない場合があり，これは「隠れた一部請求訴訟」と呼ぶべきであろう。この場合には，債権者が後に残部債権を訴求する場合に，前訴が一部請求訴訟であったことが事後的に明らかになるという特徴がある。

　また，公然の一部請求訴訟にも，1つの一体的法律関係から，ある部分に違った履行期，履行地が合意されていること，ある部分に担保権が設定されていること，ある部分について期限の猶予が与えられていること等，一定の法的基準によって区別される複数の請求権または請求権部分が生じ，その一部が訴求される「特定的一部請求訴訟」と，原因と法的内容の点で一体的な請求権の単なる数量的一部が訴求される「非特定的一部請求訴訟」とを区別し，前者は請求の特定があるから適法であり，一部請求訴訟の問題は後者に限られるとする見解(4)がある。しかし，これらの法的基準は債権のどの部分の履行期が他の部分と異なり，また担保権の対象になっているかを確定できないので，継続的債権関係のある期の債権というような特定が存在する場合を除き，特定基準として不適切である(5)。

　公然の一部請求訴訟と隠れた一部請求訴訟とに共通するのは，前訴において主張された額を超えて請求することができるという原告の訴訟上の主張である。原告は，隠れた一部請求訴訟の場合には，残部請求訴訟において，一定額の支

（4）　兼子一「確定判決後の残部請求」同・研究Ⅰ391頁；三ケ月・双書114頁以下。

（5）　井上・百選154頁，155頁；*Lindacher*, Individualisierte und nichtindividualisierte Teilklagen, ZZP 76 (1963), 451, 459; *Friedrich*, Probleme der Teilklage, Diss. Köln 1995, S. 21.

払いを求めた前訴を一部請求訴訟と称することになる。この意味では，あらゆる訴えは一部請求訴訟の可能性を含む。そこで一部請求訴訟というためには，請求額が客観的に存在している実体法上の請求権に達していないことに照準を合わせることで足りるか（「客観的一部請求概念」），それとも場合によればより額の大きい実体法上の請求権の，「最初の」または「最下位の」一部額を訴求しようとする原告の，申立てや訴訟経過の解釈によって確定される意思が重要なのか（「主観的一部請求概念」）が問題となる(6)。この点は隠れた一部請求訴訟に関して問題となる。

3 訴訟物理論との関係

一部請求問題は，すでに指摘されているように，対立する訴訟物理論のいずれの立場に立つかとは直接関わりのない問題であり，訴訟物理論による影響を受けないものである。訴訟物は後訴の訴訟上の請求と既判力の生じた前訴の訴訟上の請求とがいかなる範囲で全部または一部質的に同一であるかの問題にとっては重要であるが，ここでは同一の訴訟上の請求についてその量的一部が問題となるからである(7)。

4 本章の課題

もちろん一部請求訴訟の問題は，この訴訟において下された判決の既判力の問題に尽きるものではない。訴訟係属が生じるのは債権全部についてであるか，それとも債権の訴求部分に限られるのか，一部請求訴訟係属中に残部債権の履行を求める別訴の提起は適法か，過失相殺や相殺は債権の全部を対象とするのか，訴求部分たる債権の一部にのみ関するのかといった種々の問題が存在する。

---

(6) Vgl. *Batsch*, Zur materiellen Rechtskraft bei »Teilklagen« und zur Repräsentationswirkung des Klageantrags, ZZP 86 (1973), 254, 256; *D. Eckardt*, Die „Teilklage" — Nachforderungsmöglichkeit und Rechtskraftbindungen bei Klagen auf einmalige und wiederkehrende Leistungen, Jura 1996, 624.

(7) *Batsch*, a.a.O. (Fn. 6), S. 256；小室直人「一部請求の訴訟上の取扱い」同・訴訟物93頁，97頁。もっとも小室直人「一部請求と過失相殺」同・訴訟物103頁，107頁は，「新訴訟物論」と一部請求論との「理念的連関」を強調する。

これらはいずれも解決困難な問題である(8)。

　本章はこれらの問題のうち，一部請求訴訟の本案判決確定後に残部請求訴訟を提起することは確定判決の既判力によって排斥されるか否かの問題，したがって，一部請求訴訟において下された確定判決の既判力が残部請求訴訟を不適法ならしめるかという問題，および，既判力の拡張が否定される場合に残部請求の後訴が信義則によって排斥されることがあるかという問題に限って検討しようとするものである。その際，公然の一部請求訴訟か隠れた一部請求訴訟か，また一部請求訴訟において請求認容判決が確定しているか，請求棄却判決（一部認容判決を含む）が確定しているかを区別して論じるのが適切であろう。

　なお，定期金賠償を命じる判決の確定後に賠償金の増額を求めて残部請求訴訟を提起することができるかという問題も一部請求の問題に属するけれども，この問題は本章の範囲外とさせていただく(9)。

II　請求認容判決確定後の残部請求の後訴と既判力・信義則

1　公然の一部請求訴訟の場合

　公然の一部請求を全部認容する判決が確定した後に残部請求訴訟が提起された場合，この訴訟が適法であることは，判例上承認されている。「一個の債権の数量的な一部についてのみ判決を求める旨明示して訴が提起された場合は，訴訟物となるのは右債権の一部の存否のみであって，全部の存否ではなく，従って右一部の請求についての確定判決の既判力は残部の請求には及ばないと解するのが相当である」(10)からである。判例が，「一個の債権の数量的な一部についてのみ判決を求める」ことを明示的表示として原告に要求するのであれば，

（8）　一部請求訴訟における相殺の抗弁および過失相殺の抗弁については，松本博之「反対相殺の適否について」佐々木追悼183頁，199頁以下；松本・前掲注（1）19頁以下；松本＝上野〔392〕以下を参照。

（9）　ドイツでは，この問題は第一次世界大戦後の増額評価訴訟に続く，一部請求論争の山場をなした。Vgl. *D. Eckardt*, a.a.O. (Fn. 6), S. 624 ff.

（10）　最〔2小〕判昭和37年8月10日民集16巻8号1720頁。批評として，伊東乾・民商48巻5号（1963年）765頁；石川明・法学研究36巻11号（1963年）1283頁；佐上善和百選II 330頁がある。なお，大判昭和18年5月3日法学12巻999頁。

やや狭すぎるので，一部請求訴訟であることが事情から明らかになりさえすれば足りると解すべきであるが，その点を除けば，この判例に異論はないであろう。また，被告は，請求額を超えて（も）原告主張の債権が存在しないことを主張するのであれば，その確認を求めて債務不存在確認の反訴を提起することができるのであり，この点でも原告に残部請求の可能性を否定する理由はないからである[11]。

　一般に既判力が後訴に及ぶのは，前訴と後訴の訴訟物が同一の場合と，前訴請求が後訴請求の先決的法律関係をなす場合である。前訴において確定的に判断された請求と後訴請求との同一性がいつ存在するかという問題にとって決定的な意味をもつのは，訴訟物の概念である。前訴の訴訟物が債権の一部に限られる以上，前訴において残部債権には訴訟係属が生じなかったのであり，したがって裁判されなかったのである。それゆえ，どのような訴訟物理論を採用するかに関わりなく，前訴の一部請求と残部請求の後訴では訴訟物が異なることは明らかであり，既判力が残部請求訴訟を不適法にすることはない。

　なお，非特定的一部請求訴訟においては，債権の全体が「潜在的訴訟物」をなすと見る立場から，請求認容判決の既判力が残部請求訴訟に対して先決関係として作用することを肯定する見解[12]も主張されているが，賛成することができない。なぜなら，一部請求訴訟において原告は債権の一部についてのみ裁判所の判決を求めているのであるから，請求権の全部を「潜在的訴訟物」として既判力ある裁判をすることは民訴法246条に違反する。また，たとえ裁判所が，残部債権が存在する旨の判断をしても，それは判決理由中の判断に過ぎないから，これに既判力を与えることはできないからである[13]。したがって，

---

(11) *Batsch*, a.a.O. (Fn. 6), S. 261; *Eckardt*, a.a.O. (Fn. 6), S. 626; *Marburger*, Rechtskraft und Präklusion bei der Teilklage im Zivilprozeß, in: Gedächtnisschrift für Knobbe-Keuk, Köln 1997, S. 187, 189.

(12) 三ケ月・双書116頁；伊藤188頁以下（ただし，「一部請求で足りるとの意思を前訴において明らかにした以上，原告は，なお後訴による残部請求を行うことについて，それを正当化するに足る訴えの利益を主張しなければならない。」とする）。

(13) 木川・重要問題（中）306頁，316頁以下；新堂幸司「審理方式からみた一部請求論の展開——最高裁平成10年6月12日判決の分析と展望——」佐々木追悼3頁，20頁注（16）も，伊藤説は処分権主義違反の批判に答える必要があると指摘する。

後訴裁判所は，この場合，残部請求の範囲において請求権根拠事実，請求権滅却事実等の存否について改めて審理判断をすることができ，前訴と異なる認定をすることもできる。

2 隠れた一部請求訴訟の場合

(1) 問題は，一部請求訴訟の訴訟物は原告の主張する債権の一部額に限られ，したがって，その請求認容判決の既判力もこの債権の一部額に限って生じるという考え方が，隠れた一部請求訴訟の場合に否定されるかどうか，否定されるとすればいかなる理由からかということである。具体的には，一部請求訴訟であることを被告が認識できないことが，既判力問題を判断する上で被告の利益状態を考慮して，公然の一部請求訴訟の場合と異なる判断を必要ならしめるかどうかという問題である。被告は隠れた一部請求訴訟の場合には消極的確認の反訴を提起することによって係争法律関係の包括的な解明を図る機会を有しなかったという事情があり，また被告は原告による残部請求の留保がなかったのに残部請求の後訴の提起があると，それによって不意打ちを受ける危険も否定できない。この点をどう評価するかが問題となる。

(2) (a) ドイツでは，この問題について長年にわたる学説上の激しい見解の対立[14]を経て，今日では残部請求訴訟への既判力の拡張を原則として否定する支配的見解[15]が確立している。連邦通常裁判所の判例も，最近明確に原則として否定説に立つことを表明した。

事案は保険金請求事件である。原告は，地下駐車場に停めてあった原告の乗用車（クラシックカー）が被害に遭い，多数の部品が取り外されて壊され，ま

---

(14) 残部請求訴訟を不適法としたものとして，*Wach/Laband*, Zur Lehre von der Rechtskraft, Drei Rechtsgutachten, 1899, S. 75 ff.; *Hellwig*, System des Deutschen Zivilprozeßrechts, Teil I, Leipzig 1912, § 231 IV 3 (S. 800); *Pagenstecher*, Rechtskraftwirkung gegen den siegreichen Kläger?, JW 1925, 712 ff.; *Lent*, Erhöhung von Unterhaltsrenten, NJW 1955, 1865, 1866.

(15) *Kuschmann*, Die materielle Rechtskraft bei verdeckten Teilklagen in der Rechtsprechung des Bundesgerichtshofs, in: Festschrift für Schiedermair, München 1976, S. 351 ff.; *Rosenberg/Schwab/Gottwald*, 16. Aufl., § 153 Rdnr. 13; MünchKommZPO/*Gottwald*, 2. Aufl., § 322 Rdnr. 120.

たは分解されたと主張し、被告保険会社と締結している部分車体＝休業保険 (Teilkasko-Ruhe-Versicherung) に基づき10万マルクの内金の支払いを受けた後、前訴において約13万マルクの保険金を請求し請求を全部認容する判決を受けた。その後、原告は、さらに被告が窃盗により生じた他の損害すべての賠償義務を負う旨の確認を求めて訴えを提起し、前訴終結後もまだ終わっていなかった自動車の修復作業を継続し、かつ希少かつ高価な部品の調達をしなければならず、被告はそのために生じる費用の賠償義務をも負っていると主張した。被告は、前訴では一部請求訴訟であることが示されず、原告が陳述した損害費目からも一部請求訴訟であることが明らかにならなかったと主張した。第一審も第二審も訴えを却下した。連邦通常裁判所 (BGHZ 135, 178) は、次のように判示して原判決を取り消し、事件を原裁判所に差し戻した。

「同一の請求に関する新たな弁論および裁判をすべて排除する判決の既判力は、民訴法322条1項によれば、訴えによって提起された請求について裁判された限りでのみ及ぶ。原告が前訴で請求権の一部 (Teilanspruch) のみを主張した場合、判決の既判力は請求権のこの部分のみを捉え、訴求されなかった残部請求権には及ばない (BGHZ 34, 337, 339；36, 365, 367；93, 330, 334；BGH, Urteile vom 28. Juni 1985-V ZR 43/84 - LM BGB § 1011 Nr. 3 unter I 2 b bb；vom 15. Juni 1994 aaO)。このことは、原則として、原告が——本件のように——前訴においていわゆる隠れた一部請求訴訟を追行し、それ以上の請求権を留保しなかった場合にも当てはまる (BGH Urteil vom 28. Juni 1985 aaO)。訴訟上の理由からも実体法上の理由からも、形式的な留保は必要でない。原則として、金額を特定した請求権を主張する原告は、これを超える請求権を留保する旨表示することを要しない。なぜなら、留保がなされていることは、既判力が、訴訟において主張され、民訴法308条に従い訴えの申立てによって限定された請求だけを捉えることから明らかになるからである。判決の既判力は1つの可分な請求権の訴求されていない残部、または同一事実関係から生じる他の請求権には及ばないのであり、判決がこれについて述べていても同じである (BGH, Urteil vom 15. Juni 1994 aaO, unter I 2 a mit zahlr. Nachw.)」[16]。

(b) これに対して、日本では——残部請求訴訟不適法説に立たない見解のう

ちでは——むしろ明示のない一部請求訴訟は全部請求訴訟として扱うべきで，前訴が客観的には一部請求訴訟であった場合にも，残部請求の後訴は不適法と見る見解がはるかに優勢である[17]。原告が前訴で全部請求をしなかったことに特別正当な事由がない限り，紛争の全面的決着への被告の信頼が申立手数料や費用の節減についての原告の利益よりも優先的保護に値するとして，信義則に基礎を置く残部請求訴訟の遮断（失権）を肯定する見解[18]も有力に主張されている。もちろん，隠れた一部請求訴訟の判決の既判力は残部請求訴訟を排除しないという少数説[19]も存在する。

判例においては，最高裁判所昭和32年6月7日第2小法廷判決（民集11巻6号948頁）[20]が，前掲最高裁判所昭和37年8月10日第2小法廷判決（民集16巻8号1720頁）と相俟って，隠れた一部請求訴訟では確定判決の既判力は残部請求の後訴を排除すると見るのが判例の立場であることを明らかにしていると解されているが，この点は若干検討を要する[21]。

昭和32年判決の事案は，原告の被告2名に対する45万円の損害賠償の支払

---

(16) BGHZ 135, 178 (181 f.) = NJW 1997, 1990 = JR 1997, 1126 mit Anm. von *Jauernig* = MDR 1997, 778 = LM § 322 ZPO I Nr. 148 mit Anm. von *Leipold* = ZIP 1997, 1042 (1043). 他に，BGH NJW 1985, 2825 (2826) = LM § 1011 BGB Nr. 3; NJW 1997, 3019 (3021) = LM H. 2/1998 § 397 BGB Nr. 13 = ZIP 1997, 1803 (1805) がある。

(17) 小山396頁；斎藤393頁；菊井＝村松・全訂Ⅰ〔補訂版〕1280頁；江藤价泰「一部請求と残部請求」争点〔新版〕186頁；上田徹一郎「既判力の客観的範囲と一回的紛争解決要求・手続保障要求」同・判決効306頁；上田192頁；佐上善和『民事訴訟法〔第2版〕』（1998年・法律文化社）232頁；林屋67頁。

(18) 条解民訴614頁以下［竹下］；中野貞一郎「一部請求論について」染野義信博士古稀記念『民事訴訟法の現代的構築』（1989年・勁草書房）45頁，64頁以下（同『民事手続の現在問題』〔1989年・判例タイムズ社〕85頁，107頁以下）；山本弘・百選Ⅱ332頁，333頁。

(19) 伊東乾「一部請求」同『民事訴訟法研究』（1968年・酒井書店）521頁；木川・重要問題（中）306頁以下；松本＝上野〔679〕（ただし，請求認容判決に限定）。

(20) 解説，評釈として，青山義武・判解民昭和32年度113頁；山口友吉・民商36巻6号（1958年）829頁；中村宗雄・判評11号（1958年）17頁（判時134号附録）；井上正三・百選154頁；小室直人・百選〔2版〕228頁；山本弘・百選Ⅱ332頁；木川・重要問題（中），320頁以下。

いを求める訴訟である。前訴において被告両名が商人であるため連帯債務を負担する場合であったにもかかわらず，原告は被告両名に対して連帯して45万円の支払いを求める旨の本案の申立てをしなかったため，裁判所は分割債務の主張と解して被告2名において45万円（すなわち各自22万5千円）の支払いをなすべき旨命じる判決をし，この判決が確定した。その後，原告は右45万円の債権は連帯債務であるから，前訴は一部請求訴訟であると主張して，被告両名に対してさらに連帯して22万5千円を支払うよう命じる判決を求める後訴を提起した。前訴判決およびに前訴における原告の主張を解釈して，最高裁判所は，前訴は一部請求訴訟ではなく，全部請求訴訟であったとする。すなわち，最高裁は「原告は，前訴において，分割債務たる45万円の債権を主張し，被告らに対し各自22万5千円の支払を求めたのであって，連帯債務たる45万円の債権を主張してその内の22万5千円の部分（連帯債務）につき履行を求めたものでないことは疑がないから，前訴請求をもって本訴の訴訟物たる45万円の連帯債務の一部請求と解することはできない」と判示して，請求を認容した原判決を破棄したのである。ここから明らかなように，この判例は隠れた一部請求訴訟が前訴判決および原告の主張の解釈から全部請求と認められる場合に，その確定判決の既判力は残部請求の後訴に及ぶことを判示しているに止まり，隠れた一部請求訴訟は一般的に債権の全体を訴訟物とするとか，既判力は前訴と訴訟物を異にする残部請求訴訟に拡張されると判示しているのではないことに注意しなければならない。もっとも，このように述べることは，本件において前訴を全部請求訴訟と解釈することが正当であったということを直ちに意味するものではない。したがって，前訴判決と当事者の陳述の解釈から全部請求訴訟であることが明らかにならない場合に，残部請求の後訴をどう扱うべきかという問題はこの判例によって解決されていないことに注意しなければならない。

(3) (a) 隠れた一部請求訴訟を全部請求訴訟と解すべしとする多数説は，

---

(21) 越山和広「一部請求後の残部請求と既判力・信義則」伊東乾教授喜寿記念『現時法学の理論と実践』(2000年・慶応義塾大学出版会) 307頁，309頁注 (2)；谷口170頁参照。

客観的には債権の一部について履行を求める訴訟であるのに、なぜ全部請求訴訟と解すべきなのか、その理由を必ずしも明確にしていない。請求の特定の必要上、原告は一部請求訴訟である旨明示すべきことを理由に、明示がないと全部訴訟になるとする見解(22)があるが、原告が特定した額以上の請求認容判決をすることは裁判所に許されず、かつ請求認容判決の既判力が訴求部分にしか生じないとすれば、既判力の範囲によって訴訟物は特定され、被告敗訴の場合のリスクは訴求額によって明らかにされている以上、請求の特定はそれで足りるということができる。

　多くの見解は、隠れた一部請求訴訟は原告の意思の解釈として全部請求訴訟と見るべきだと主張しており、それを根拠に、(客観的な)一部請求訴訟の確定判決の既判力が残部請求訴訟に及ぶと構成されてきたと見ることができる。しかし、この見解は次の理由から支持することができない。まず、残部請求を留保することなく一部請求訴訟が提起されている場合、そこでは原告が訴求額のみが原告に帰属しているとの主張をしていると見るのは、通常単なる仮定に過ぎないということである。原告が一定金額を掲げた申立てを行うのは、単にその金額の給付を求めるというだけである。具体的な訴訟における原告の意思の確定を経ることなしに全部請求訴訟と見るのは擬制であり、訴訟物が擬制によって決まるのは処分権主義と相容れず、これを骨抜きにするものである。第2に、原告が実体法上の請求権の全額を主張しようとしていることが個別事案において確定できる場合にも、訴訟物は申立てにおいて金額をもって示された請求権範囲に限られ、裁判が行われるのも、この請求権範囲であり、請求認容判決の場合に判決の既判力もこの範囲において生じることに変わりはない(23)。したがって、隠れた一部請求訴訟を原告の意思解釈の方法で全部請求訴訟と見ることにより、その訴訟の請求認容判決の既判力が残部請求訴訟を不適法ならしめると解することはできない。

---

(22) 小山 396 頁。

(23) 以上、*Batsch*, a.a.O. (Fn. 6), S. 270 ff., 275; *Pohle*, Erstreckung der Rechtskraft auf nicht vorbehaltene Nachforderungen des siegreichen Klägers? ZZP 77 (1964), 98, 103 ff.; *Marburger*, a.a.O. (Fn. 11), S. 192; *Eckardt*, a.a.O. (Fn. 6), S. 627; *Friedrich*, a.a.O. (Fn. 5), S. 141.

（b）　問題となるのは，隠れた一部請求訴訟においては，全部請求訴訟だと認識して防御を行った被告が——債務不存在確認の反訴を提起する機縁がなく，また消極的確認の訴えの利益がないにもかかわらず——請求認容判決後の残部請求訴訟によって不意打ちを受け，後訴の防御のために費用と労力を消費しなければならない不利益を回避するため，前訴一部請求訴訟の判決の既判力が原告の不利に残部請求訴訟に及ぶと解することができるか否かである。換言すれば，このような被告の不利益が当事者間の訴訟上の武器対等を害することを理由に，残部請求訴訟への既判力の拡張を根拠づけることができるかどうかという問題である。ドイツにおいて，これを肯定する見解がかつて主張された[24]。この見解は，請求権の一部についてのみ判決を求める原告の権利は，そのことが手続中に明確になっており，それゆえ被告が消極的確認反訴によって自ら請求権全体についての判決を得る機会が与えられた限りでのみ肯定できるとするものである。

　しかし，この既判力拡張理由は根拠に乏しいと考えられる。訴訟上の武器対等の原則は，攻撃防御方法の提出における平等扱いの要請のみならず，訴訟結果に関してチャンスとリスクが釣り合っていることをも要求する[25]。しかし，残部請求訴訟に既判力が拡張されると，原告は前訴では残部債権について裁判所の認容判決を受けるチャンスがないにもかかわらず，残部債権は既判力によって排斥されることになる。これではチャンスとリスクは釣り合っているとは

---

(24)　*Bötticher*, Urteilsanmerkung, MDR 1962, 724, 725; *Zeiss*, Rechtskrafterstreckung bei Teilklagen, NJW 1968, 1305, 1306；井上正三「『一部請求』の許否をめぐる利益考量と理論構成」法教〔第2期〕8号（1975年）80頁；井上治典「確定判決後の残部請求」争点〔旧版〕182頁；高橋・重点講義〔上〕93頁以下も参照。

(25)　Vgl. *Baur*, Der Anspruch auf rechtliches Gehör, AcP 153（1954）, 393, 403; *A. Blomeyer*, S. 71 ff.; *Habscheid*, Vermutungen im neuen Scheidungsrecht, Festschrift für Bosch, Bielefeld 1976, S. 355, 375; *Bötticher*, Gleichbehandlung und Waffengleichheit, Heidelberg/Hamburg/Karlsruhe 1979, S. 12, 16; *Schwab/Gottwald*, Verfassung und Zivilprozeß, Bielefeld 1984, S. 65（カール・ハインツ・シュワーブほか著〔石川明＝出口雅久編訳〕『憲法と民事手続法』〔1988年・慶應義塾大学法学会〕95頁以下）; *Stein/Jonas/Leipold*, 22. Aufl., vor § 128 Rdnr.115 ; *Zöller/Vollkommer*, 25. Aufl., Einleitung Rdnr. 102 ; *Fenge*, Über Chancen und Risiken einer Teilklage im Zivilprozeß, Festschrift für Pieper, Hamburg 1998, S. 31, 44 f.

いえない。被告の武器対等は，既判力の拡張によって原告の武器対等を犠牲にして保護されることになる。しかし，一部請求訴訟であることが明らかにならないため被告が消極的確認反訴を提起して残部債権につき確定判決を取得し，併せて残部債権に関して法律関係を明確にする機会を失う場合，被告は残部請求への既判力拡張がなくても不当に不利益を受けるわけではない。なぜなら，一部請求訴訟における請求認容判決の既判力の範囲は，両当事者にとって同じであり（訴訟物でない残部請求権について裁判は全く行われておらず，したがって，請求額を超えて債権が原告に帰属するとの判断は含まれていない），また，被告は残部請求訴訟に応訴することを余儀なくされる不利益を受ける反面，前訴確定判決は残部請求訴訟に対して先決的効果をもたないという利点を有するからである(26)。このように見れば，当事者間の武器対等の観点からの既判力拡張の根拠づけは，理由に乏しいことが明らかになる。

さらに，既判力拡張肯定説は，他の困難をも伴う。すでに Zeuner（ツォイナー）が指摘しているように，この見解では，2つの別々の申立てがある場合に，それが同一の権利の表現なのか，異なる権利が問題になっているのかを，いかなる基準によって判断するかが問題となる。とくに損害賠償訴訟で，1つの損害項目について判決を得た原告（被害者）は次の手続で他の損害項目の賠償を求めて訴えを提起することができるかという問題が生じるからである(27)。

(c) 次に，一部請求訴訟であることの明示がなければ，被告が全部請求訴訟だと認識するため，債務不存在確認の反訴を提起することに思い至らず，その結果，債務不存在確認反訴を提起しないため，その訴訟で紛争が決着するとの被告の期待が裏切られることになるが，この期待は保護されなければならないとする見解（紛争決着期待保護説）が検討されなければならない。

---

(26) *Kuschmann*, a.a.O. (Fn. 15), S. 366; *Eckardt*, a.a.O. (Fn. 6), S. 628; *Friedrich*, a.a.O. (Fn. 5), S. 46 ff., S. 142; *Tischner*, Urteilsanmerkung, JR 1998, 154. Vgl. auch *Jauernig*, Urteilsanmerkung, JZ 1997, 1127, 1128.

(27) *Zeuner*, Urteilsanmerkung, MDR 1972, 83, 85. 日本でも，兼子・前掲注（4）415頁は，同一不法行為による損害でも被侵害権利・利益が異なれば別個の損害賠償請求権が発生するとし，そこから，数個の物の被害につき被害物件ごとに，また，人身損害について財産的損害と精神的損害につき，別個の損害賠償請求権の成立を認める。その結果，訴訟集中の目標はその限りで挫折する。

この見解は公然の一部請求訴訟の判決について既判力は残部請求に及ばないことを認めつつ、隠れた一部請求訴訟の場合には残部請求を「留保したことにつき正当の事由のあったこと」(28)の証明を要求し、正当事由の証明がない限り、残部請求の後訴が遮断されるという意味で一部請求の制限を目指している。そのため、公然の一部請求の取扱いと隠れた一部請求の取扱いが一貫していない憾みがある。争訟の全面決着のために被告が債務不存在確認の反訴を提起するチャンスが奪われることに対する配慮が重要なのであれば、原告に残部請求の留保の表示を要求し、原告が期待可能であるにもかかわらず留保表示を怠った場合に残部請求の後訴を遮断すれば足りるはずだからである。また、紛争決着期待保護説には、当事者間の訴訟上の武器対等確保を根拠に残部請求訴訟への既判力の拡張を説く見解と同じ難点がある。すなわち、この説によれば、原告は前訴の勝訴、敗訴を問わずつねに残部債権を訴求する可能性を信義則により失うが、勝訴の場合にも残部債権については請求認容判決を受けることができないので、訴訟結果についてのチャンスとリスクが均衡していないことにな

---

(28) 条解民訴614頁［竹下］は、「原告が後訴において残部債権を主張する」旨の表示をしていない場合にも「留保」があると見る。しかし、同所の叙述の内容から見れば、原告が一部請求訴訟で残部を主張しないことの正当事由が問題にされているように見える。

(29) 公然の一部請求訴訟において請求認容の場合と請求棄却の場合とを区別することなく、一部請求訴訟では裁判所は一個の債権全体の成立要件、消滅要件を審理して請求の当否に関する判断をしなければならないから、一部請求棄却後の残部請求訴訟は実質的には前訴で認められなかった請求および主張を蒸し返すものであり、信義則に反するとする、後述の判例（最〔２小〕判平成10年６月12日民集52巻４号1147頁）の見解を一部請求認容判決の場合にも類推すれば、当事者は一部請求訴訟において債権の全体について真剣に争うべきで、そうした当事者の訴訟追行に基づき裁判所が債権の全体が存在するとの判断を示した以上、残部請求の後訴において被告が債権の残部部分を争うことは信義則に反するという議論もありうる（新堂・前掲注（13）参照）。この議論を基礎にすると、ここで問題にしたような当事者間の武器対等の原則違反というような事態は生じないかもしれない。しかし、裁判所は、一部請求訴訟の訴訟額以上に債権が存在することを確信すれば、請求を認容することができるのであって、当事者が求めていないところまで審理判断をして、それを信義則の適用対象とすべきでないと考える。判例のいう信義則には後述のような疑問があるからである。後述Ⅲ１(３)参照。

り，紛争決着期待保護説は逆に当事者間の武器対等の原則に反する結果をもたらすからである(29)。また，被告が残部債権について消極的確認反訴を提起していたとしても，（隠れた）一部請求訴訟が全部認容される状況では，請求認容判決を受け得るとは限らない（むしろ消極的確認反訴が棄却される蓋然性がある）。このことは，原告が残部請求の留保表示を怠ったことに残部請求訴訟の遮断を結びつけることが妥当でないことを強く示唆するものである。一般に訴訟行為の懈怠に対しては，しばしば補正や追完の機会が与えられており，残部請求訴訟の遮断は厳しすぎる(30)。

　(d)　原告が過失なしに残部債権部分を前訴で主張することができなかったこと，少なくとも公然の一部請求訴訟により残部債権を留保することができなかったことを証明する場合に限り残部請求訴訟を適法と見る見解も主張されている。すなわち，Marburger（マールブルガー）は，隠れた一部請求訴訟後の残部請求訴訟を無制限に許容するドイツの判例および支配的見解は，被告の訴訟上の地位を決定的に弱めるため満足のいくものでないとする。申立てと訴訟行為によって訴訟経過を操縦する権能は両当事者に帰属するところ，消極的確認反訴によって原告の残部請求権を予め同時に裁判所の裁判に供し得ないことは当事者の一方に不利な訴訟上の権能の制限であり，訴訟上の平等原則の違反であること，分割請求によって，被告が重ねて敗訴する場合，最初から全部請求訴訟が提起された場合と比べ被告にとって訴訟費用が増大すること，比較的訴額の小さい一部請求訴訟に対する被告の防御は，しばしば，被告がもっと大きな額の残部請求訴訟が提起されることを知っている場合ほど慎重には行われないことによって，被告の訴訟上の地位は決定的に弱められると見るのである(31)。Marburger は，自己の提案する解決方法のための法解釈上の根拠として，ドイツ民訴法767条3項およびドイツ特許法145条の類推適用を主張する。前者は請求異議の訴えについて，「債務者は自分の提起すべき訴えにおいて，訴え提起時点で主張することができたすべての抗弁を主張しなければならない」と規定する。後者は，「第139条（差止請求権および損害賠償請求権に関する

---

(30)　Vgl. *Friedrich*, a.a.O. (Fn. 5), S. 143.
(31)　*Marburger*, a.a.O. (Fn. 11), S. 194 ff. なお，*W. Lüke*, 8. Aufl., Rdnr. 360 も参照。

規定——引用者）により訴えを提起した者は，前訴において他の特許をも主張することができなかった場合にのみ，同一又は同種の行為を理由に他の特許に基づきさらに訴えを提起することができる」と規定する。これらの規定では，帰責事由の有無が失権効（既判力を超えた失権効）の限界とされている。*Marburger* は，隠れた一部請求訴訟への，これらの規定の類推適用は「民事訴訟法の規範的規制プラン内部における欠缺補充」だとする。重視されるのは，「両規定において具体化された法思想が，双方的に釣り合った当事者の処分自由と訴訟上のチャンスと武器の対等という一般的訴訟原則から引き出された評価と一致すること」だという(32)。

　Marburger の見解は，既判力拡張説とは異なり，原告が一部請求訴訟において過失なしに残部債権を主張できず，または少なくとも公然の一部請求訴訟の形で残部債権を留保しなかったときは，原告がこの点を証明すれば残部請求の後訴を許す点で，より柔軟で注目される。しかし，公然の一部請求訴訟はつねに適法であるので，ドイツ民訴法767条3項およびドイツ特許法145条の類推適用により前訴における残部請求の主張を要求するのは適切ではない。せいぜい残部債権の留保の表示を要求するのが限度であろう。また，この説に対しても，信義則説に対する批判がほぼそのまま当てはまる。被告の処分自由が確保され，被告が残部債権について消極的確認の反訴を提起していたとしても，一部請求が全部認容される状況では，被告は反訴請求認容判決を受け得るとは限らないのであり，被告の処分自由の観点を武器対等原則との関係で過大評価することはできない。被告が分割訴訟に重ねて敗訴することにより訴訟費用が一回限りの訴訟の場合よりも増加するとの指摘は一部請求訴訟の問題点としてすでに古くから行われたことであるが(33)，それは被告の抗争が理由を有しなかった結果であるから，被告の武器対等を左右する決定的な事情ではないであろう(34)。また，請求異議事由の同時主張強制は強制執行の遅滞を避け迅速化を図るという目的のために，またドイツ特許法145条も特許紛争の迅速な解決

---

(32) *Marburger*, a.a.O. (Fn. 11), S. 198.
(33) たとえば，*Muskat*, Der Rechtsschutz des Beklagten gegen Teilklagen, ZZP 12 (1888), 336 f.

のため法律上定められたものであり，一部請求訴訟とは利益状態が異なることに注意すべきである(35)。ドイツ民訴法は，一部請求訴訟を禁止していないし，また一部請求訴訟であることの明示を義務づける規定を定めていない。このことは日本法でも同じである。さらに日本法では，請求異議事由の同時主張強制については，過失の有無が考慮されないので(36)，法律状態がドイツ法とは異なるという事情も存在する。

(4) 以上のとおり，隠れた一部請求訴訟は全部請求訴訟であるとする従来の議論は，いずれも説得力に乏しいように思われる。民事訴訟法は留保を表示すべき原告の義務を明示的に定めてはいないので，隠れた一部請求訴訟を全部請求と見なすことはできない。それゆえ，処分権主義の妥当のもとで，隠れた一部請求訴訟においても原告の請求する債権の一部が訴訟物をなすと見るのが原則として正しいと考えられる(37)。もちろん，この点には，例外の余地がある。前訴の性質から，前訴が全部訴訟であったと認めるべき特別の事情がある場合である。たとえば，裁判所が相当と認める損害賠償を命じる判決を求める，いわゆる金額不特定請求は，残部請求不適法説の論者によって適法と主張されることがある(38)。これが適法と解される場合にも一部請求訴訟は不要となるものではないが，このような訴えが適法であるとすると，これを認容する判決は原告には判決の認容する額でのみ請求権が帰属していることを内容とするので，性質上，それは全部請求訴訟である(39)。

前訴において原告が残部請求を留保しないのみならず，自ら請求額が債権の全額であると陳述し，裁判所が請求認容判決をしたところが，それは客観的には債権の一部を請求するものであることが後に明らかになる場合にも，前訴は当然に全部請求訴訟とはならない。むしろ前訴の訴訟物は訴求された債権部分であり，それを超える部分は訴訟物とならないと解すべきである。隠れた一部請求認容判決は，残部請求の後訴を既判力によって遮断しない。もちろん，請

---

(34) すでに *Schollmeyer*, Kritische Bemerkungen zur Lehre von dem Umfang der Rechtskraft bei Theilansprüchen, AcP 76 (1890), 439, 482 が次のように指摘している。「どうして被告は適時に債務を履行しなかったのか」と。

(35) 松本・前掲注 (1) 14 頁も参照。

(36) 中野・民事執行法 243 頁。

求額が債権の全額であるという原告の陳述は請求権の一部の放棄または債務免除の意思表示と解され得，相手方の承諾の意思表示（黙示の意思表示も可）によって放棄契約または債務免除契約が成立する可能性がある[40]。この点で，

---

(37) 三木浩一「一部請求論について——手続運営論の観点から——」民訴雑誌47号（2001年）30頁以下は，従来の通説と異なり一部請求訴訟一般について訴訟物は債権の一部に限られるという前提のもとで，残部請求部分も前訴である一部請求訴訟の中で裁判されることを「手続運営論的な処理」によって実現しようとする。すなわち，原告には一部請求訴訟であることを明示する「責任」，一部請求訴訟を提起した理由を明らかにすべき「責任」，一部請求とすることの目的が達成されたり一部請求の必要がなくなったときは請求を拡張すべき「責任」があり，また，この原告の請求拡張責任に対応して裁判所にも請求拡張を促す釈明義務があると主張する。

この見解は残部請求訴訟が残るのを前訴の審理の工夫によって回避しようとするものであるが，一部請求訴訟は正当な存在理由を有するのであるから（松本・前掲注(1) 25頁以下参照），賛成することはできない。具体的に見ていこう。第1に，一部請求訴訟であることを明示する義務または責任は，法律上定められていない。事情から明らかになる場合のほかは，原告が一部請求訴訟であることを明示することが望ましいとはいえても，処分権主義のもとで，これを義務や責任と見ることはできない。被告が訴え提起に至る過程で原告主張の債権総額が訴求額より多いことを知っていることは，むしろ少なくないであろう。被告は，残部債権を留保するつもりであるか否か陳述するよう原告に催告することができる。このようにして，被告は債務不存在確認反訴を提起して，複次応訴の問題をみずからのイニシアティブで排除することができる（松本・前掲注(1) 16頁参照）。第2に，同論文は一部請求訴訟には，「試験訴訟型」「総額不明型」「資力考慮型」「費目限定型」「一律一部請求型」および「相殺考慮型」があるとし，前5者の一部請求訴訟においては，「理由明示責任」は考え難いが，「相殺考慮型」の一部請求訴訟では，理由明示責任があるとする。訴訟費用の負担回避等の利益を得る以上，理由明示の結果，被告の相殺の抗弁を先行自白することになるのも止むを得ないとする。まず，試験訴訟型と総額不明型を明確に区別することができるかどうか疑問である。相殺との関連で一部請求訴訟が提起されるのは，訴え提起前に原告による相殺がある場合や当事者間に争いのない額を請求額とする場合であろうが，被告の訴訟上相殺の抗弁を予期して一部請求訴訟を提起するというのは現実離れした仮定に過ぎないと思われる（松本・前掲注(1) 19頁以下；松本＝上野〔393〕参照）。この類型を根拠づけるために最高裁判所平成6年11月22日第3小法廷判決（民集48巻7号1355頁）を援用するのも問題である。第3に，最も違和感があるのは，原告の請求拡張責任と，裁判所の請求拡張を促すべき釈明義務である。論者は，請求拡張責任はすべての一部請求類型について生じるのでなく（たとえば，試験訴訟型では，訴訟の途中で債権の存否および額についての裁判所の心証を推測する

前掲最高裁昭和32年6月7日判決において，最高裁判所は「記録中の乙3号証（請求の趣旨拡張の申立と題する書面）によれば，被上告人等先代は，前訴において，上告人等に対する前記45万円の請求を訴訟物の全部として訴求したものであることをうかがうに難くないから，その請求の全部につき勝訴の確定判決をえた後において，今さら右請求が訴訟物の一部の請求にすぎなかった旨を主張することは，とうてい許されないものと解すべきである。」としたが，この事件の前訴における請求拡張とは単に従来の「42万円の請求」を「45万円全部」に拡張するというものに過ぎず，残部請求権が存在しないとか，残部債権部分を放棄するという意思を推測させるものではなかった(41)。

ことは困難であるから，請求拡張義務はないとする。費目限定型では一部請求訴訟と残部請求訴訟とでは証拠の種類や立証の内容が異なるため，原則として請求拡張義務はないとする。前掲47頁），総額不明型の一部請求訴訟では審理の途中で債権総額の見定めが可能になった時点で請求拡張責任が生じるとする。相殺考慮型では，相殺が一部請求の部分に充当された場合に，原告が反対債権を争っている場合を除き，請求拡張責任が発生すると主張する。だが，総額が不明でも試験訴訟をする利益は認められるべきであるから，総額不明型だとして請求拡張責任を承認することはできないであろうし，根本的には，処分権主義のもとで，残部債権を前訴で同時主張するか，後訴で主張するかは原告の任意であるのに，原告はなぜ請求拡張責任を負うかである。この点の理由づけがなされていない。加えて，請求拡張を促す釈明義務は，釈明義務の範囲を逸脱するように思われるほか，原告の請求拡張義務が理由づけられていない以上，問題にならないと思われる。最後に，「手続運営論」が民事訴訟法の規範内容を明らかにするための解釈方法論となり得るか，そもそも疑問があることを指摘することができる。

(38) 五十部豊久「一部請求と残部請求」実務民訴講座 (1) 75頁, 83頁；小室直人「一部請求と上訴」山木戸還暦（下）269頁（同・上訴・再審53頁）。
(39) *Rosenberg/Schwab/Gottwald*, 16. Aufl., § 153 Rdnr. 13; *Thomas/Putzo/Reichold*, 27. Aufl., § 322 Rdnr. 23; *Leipold*, Urteilsanmerkung, BGH LM § 322 ZPO I Nr. 148; *Eckardt*, a.a.O. (Fn. 6), S. 627 f.
(40) Vgl. *Pohle*, a.a.O. (Fn. 23), S. 109.
(41) 青山義武調査官の解説（判解民昭和32年度113頁, 117頁）は，「前訴において全部請求であるとの陳述とは，上記のように，従来の『45万円の内40万円』の請求を『45万円全部』に拡張するとの趣旨にすぎなかったのだから，これを直ちに前記のような法律効果（禁反言の法律効果——引用者）を伴うところの全部請求の主張と解しうるかは若干疑問である。」と述べる。

III 請求棄却判決確定後の残部請求の後訴と既判力・信義則

1 公然の一部請求訴訟

　一部請求訴訟の結果が全部または一部，請求を棄却する判決である場合については，近時，学説と判例において大きな展開が見られる。

　(1) 判例と学説　残部請求訴訟を一般に不適法とする見解を除き，学説は，公然の一部請求訴訟において請求を全部または一部棄却する確定判決の既判力は，前訴一部請求訴訟とは訴訟物を異にする残部請求の後訴を不適法ならしめないとする(42)。判例も，前述のように，明示的一部請求訴訟の訴訟物は請求された請求権の一部に限定され，判決の既判力は残部債権部分に及ばないとの立場に立つ(43)。

　このように学説の一部および判例においては，既判力は残部請求訴訟に及ばないとされるが，この立場に立ちつつ，この場合の残部請求訴訟を信義則の適用により排除しようとする見解が有力な論者によって主張され，判例もこの見解を採用するに至った。

　すなわち，最高裁判所平成10年6月12日第2小法廷判決(44)は，一部請求を全部または一部棄却する判決が確定した後の残部請求訴訟について，次のよ

---

(42)　小山396頁；斎藤378頁。

(43)　最〔2小〕判昭和37年8月10日民集16巻8号1720頁。

(44)　民集52巻4号1147頁＝判時1644号126頁＝判タ980号90頁。評釈・解説として，山下郁夫・ジュリ1141号（1999年）172頁；酒井一・判評483号（1999年）30頁（判時1667号192頁）；佐上善和・法教220条（1999年）132頁；上野泰男・平成10年度重要判例解説（ジュリ1157号，1999年）122頁；井上治典・リマークス19号（1999年）123頁；山本和彦・民商120巻6号（1999年）1025；川島貞一・成城法学59号（1999年）189頁；奈良次郎・法の支配113号（1999年）90頁などがある。また，この判例を契機として，越山・前掲注（21）307頁以下；勅使川原和彦「一部請求と隠れた訴訟対象——判例によるルール設定と信義則による後訴遮断についての覚え書」早稲田法学75巻3号（2000年）25頁以下；松村和徳「一部請求論考（1）」山形大学法政論集17号（2000年）39頁以下；新堂・前掲注（14）などの論文が公にされている。

III 請求棄却判決確定後の残部請求の後訴と既判力・信義則　　221

うに判示して，前訴被告の紛争解決期待の観点からこれを不適法とした。

　「一個の金銭債権の数量的一部請求は，当該債権が存在しその額は一定額を下回らないことを主張して右額の限度でこれを請求するものであり，債権の特定の一部を請求するものではないから，このような請求の当否を判断するためには，おのずから債権の全部について審理判断することが必要になる。すなわち，裁判所は，当該債権の全部について当事者の主張する発生，消滅の原因事実の存否を判断し，債権の一部の消滅が認められるときは債権の総額からこれを控除して口頭弁論終結時における債権の現存額を確定し（最高裁平成2年（オ）第1146号同6年11月22日第3小法廷判決・民集48巻7号1355頁参照），現存額が一部請求の額以上であるときは右請求を認容し，現存額が請求額に満たないときは現存額の限度でこれを認容し，債権が全く存しないときは右請求を棄却するのであって，当事者双方の主張立証の範囲，程度も，通常は債権の全部が請求されている場合と変わるところはない。数量的一部請求を全部又は一部棄却する旨の判決は，このように債権の全部について行われた審理の結果に基づいて，当該債権が全く存在しないか又は一部として請求された額に満たない額しか現存しないとの判断を示すものであって，言い換えれば，後に残部として請求し得る部分が存在しないとの判断を示すものにほかならない。したがって，右判決が確定した後に原告が残部請求の訴えを提起することは，実質的には前訴で認められなかった請求及び主張を蒸し返すものであり，前訴の確定判決によって当該債権の全部について紛争が解決されたとの被告の合理的期待に反し，被告に二重の応訴の負担を強いるものというべきである。以上の点に照らすと，金銭債権の数量的一部請求訴訟で敗訴した原告が残部請求の訴えを提起することは，特段の事情がない限り，信義則に反して許されないと解するのが相当である」（下線引用者）。

　この判例は，被告がもつ「紛争決着期待」の保護と，原告に与えられた手続保障の観点から，残部請求の後訴を不適法とする竹下守夫教授の見解を採用したものであろう。竹下教授は明確に，「請求棄却判決（一部棄却も同じ）は，一部を残部と切り離して審理の対象としえない場合には，当然に債権全体を審理し，債権全体につき弁論を尽くしたことを前提とするはずである。そこでこの

場合には，一方で，債権全体が存在しないとの裁判所の判断を基準として紛争の決着がつくはずだとの被告の信頼ないし期待的利益を保護する合理的必要があり，他方原告に対しては，債権全体についての手続権が保障されたといえるから，この裁判所の判断に拘束力を認め，原告はもはや残額の存在を主張して別訴を提起することはできないとするのが，当事者間の公平に合致する」と主張していた[45]。

中野貞一郎教授は，判例の展開を受け，次のように論じ，「禁反言の法理」の観点から問題解決を図るべきだと主張する。すなわち，公然の一部請求訴訟においては，一部請求と残部請求に行為矛盾はなく，残部請求の後訴を許容できるし，前訴が特定的一部請求の場合も残部請求は許容できることを承認しつつ，「例外的に，前訴で債権の全体としての存否が争われ，当該紛争の具体的内容や前訴における訴訟追行の経過に基づき，被告が紛争は前訴判決により全面的に決着をみたものと信じており，原告に残部請求の後訴を認めて被告に複次応訴を強いることが不当に原告を利すると認められるときは，禁反言の法理により残部請求の後訴を却下すべきである。」と主張するのである[46]。そして，「前訴における一部請求の『明示』を残部訴求の前提とする判例理論の基礎をなすものは，原告に対して，全部訴求まで進まず一部訴求にとどめる実際的必要への対応を図るとともに，被告に対して，複次応訴の煩を予見しそれを避けるために残部債務不存在確認の訴えまたは反訴を提起する機会を保障する，という考慮にあったとみなければならない。」とする。その上で，「もし，前述のとおり，従来の最高裁の裁判例を統一的にみて，『被告に複次応訴の負担をかけるのが不当と認められる場合には，残部訴求を許さない』というのが判例理論の基調であるとすれば，平成10年6月12日判決も，軌を一にするものであり，同じ趣旨の新しい1つの具体化を示したものにほかならない。ここでは，前訴が『明示の一部請求』であったため，前記昭和37年判決の趣旨をそのまま移せば残部請求は遮断されないはずのケースであった。しかし，一部請求の

---

(45) 条解民訴613頁以下［竹下］。
(46) 中野貞一郎「一部請求論の展開（下）」判タ1008号（1999年）48頁，51頁（同・論点Ⅱ107頁，114頁以下）。

『明示』があるにもかかわらず紛争の蒸返しによる被告の二重応訴の負担を容認できない事案であったために，残部訴求を許さず，その手段として信義則の枠組みを利用したのである。…… 私としては，やはり，信義則説により，『被告に複次応訴の負担をかけるのが不当』であるかどうかの規準を統一的・総括的に『信義則』に求める方が理論的に一貫するのではないかと考える。……」という[47]。

　これに対して，最近では，信義則による残部請求訴訟の阻止の主張を受け再び既判力論に立ち返って，一部請求訴訟を全部または一部棄却する確定判決の既判力が残部請求訴訟を排斥するという見解が主張されている。これには，立場の異なる2つの見解がある。1つは，前訴の訴訟物をなすのは債権全部であると見て，請求棄却判決は債権全体に関する判決であるから，残部請求訴訟は同一訴訟物に関する後訴であるため，これに前訴判決の既判力が及ぶと捉える見解である[48]。他の見解（私見）は，一部請求訴訟においては原告の主張する債権の一部によって訴訟物が限界づけられ，したがって，残部請求訴訟とは訴訟物を異にするが，残部請求訴訟は前訴一部請求訴訟と矛盾関係に立つので，一部請求訴訟を棄却する確定判決は残部請求の後訴に対して既判力を及ぼすと見る[49]。すなわち，残部請求訴訟は，確定判決における確定と「正反対のもの（das genaue unvereinbare (kontradiktorische) Gegenteil）」を請求する訴訟と評価するのである。

　この問題については，ドイツ法の展開に非常に興味深いものがある。先ず，ドイツの議論の展開を概観することから始めよう。

　(2)　**ドイツ法の歩み**　(a)　一部請求を（全部または一部）棄却する判決については——相殺の抗弁を排斥する判決の既判力は反対債権の全部に及ぶか，それとも訴求債権の額の限度でのみ反対債権の不存在につき既判力が生じるかという問題とも関連して——見解の対立があった。すなわち，残部請求の後訴に既判力が及ぶため残部請求訴訟は不適法と解する *Fitting*（フィッティング）ら

---

(47)　中野・前掲注(46) 54頁（同・論点II 123頁）以下。
(48)　伊藤 187頁。
(49)　松本＝上野〔680〕。

224　第3章　一部請求訴訟後の残部請求訴訟と既判力・信義則

の見解(50)と，請求認容判決の場合と同様に残部請求訴訟に既判力は及ばないとする Herzog（ヘルツォーク），Schwalbach（シュヴァールバッハ），Schollmeyer（ショルマイアー）らの見解(51)の対立である。また，特定的一部請求と非特定的一部請求を区別し，後者の場合には一部請求を全部または一部棄却する判決の既判力は残部請求に及ぶとする Zitelmann（ツィーテルマン），Muskat（ムスカート）らの中間説(52)も主張された。ライヒ裁判所は，既判力否定説に立った(53)。

　(b)　裁判所が一部請求訴訟を全部または一部棄却する判決をする場合について，既判力肯定説を主唱した Fitting は，この場合には，原告の請求権の全体が請求であるとし，これを原告の意思に帰せしめた(54)。Fitting は，原告が

---

(50)　Fitting, Bemerkungen zur Reichs-Civilprocessordnung, ZZP 2 (1880), 266, 269 ff.; Loening, Die Widerklage im Reichs-Civilprozess, ZZP 4 (1882), 1, 51 Anm. 51; Wach, Handbuch des deutschen Civilprozessrechts, Bd. I , Leipzig 1885, S. 371; Immler, ZZP 11 (1887), 322 f.; Linckelmann, Zur Rechtsstellung der Parteien bei Theilklagen, ZZP 17 (1892), 447 f.; von Seuffert, Kommentar zur Civilprozeßordnung, 11. Aufl., München 1910, § 322 Anm. 3b; R. Schmidt, Lehrbuch des deutschen Zivilprozessrechts, 2. Aufl., Leipzig, 1906, S. 754.

(51)　Herzog, Zur Lehre von der Rechtskraft der Urtheile nach § 293 der Reichs-Civilprozessordnung, ZZP 1 (1878), 416 ff.; ders., Ueber den Umfang der Rechtskraft der Entscheidung über die Kompensationseinrede im Falle der Verwerfung der letzteren aus materiellen Gründen, JW 1886, 343, 377 ff.; Schwalbach, Ist mit dem geltend gemachten Theil einer Forderung die ganze Forderung aberkannt ? GruchBeitr. 26 (1882), 514 ff.; Planck, Lehrbuch des deutschen Zivilprozeßrechts, Bd. 1, Nördlingen 1887, S. 260; Schollmeyer, a.a.O. (Fn. 34), 439 ff.; Kohler, Ueber die Abweisung der Kompensationseinrede und über die Ausdehnung der Rechtskraft, ZZP 14 (1890), 397 ff.; Wilmowski=Levy, Civilprozeßordnung, Bd.1, 7. Aufl., Berlin 1895, S. 524; Förster=Eccius, Preußisches Privatrecht, Bd. 1, 7. Aufl., Berlin 1896, § 56 Anm. 50; Struckmann=Koch, Die Civilprozeßordnung für das Deutsche Reich, Bd. 1, 8. Aufl., Berlin 1901, S.436.

(52)　Zitelmann, Rechtskraft bei Theilforderungen, ZZP 8 (1885), 254 ff.; Muscat, a. a.O. (Fn. 33), 335 ff.

(53)　RG JW 1894, 11 Nr. 18; 1899, 93 Nr. 19; RGZ 16, 355, 357; 69, 388; 79, 232; 94, 236, 239; 120, 317, 319.

(54)　Fitting, a.a.O. (Fn. 50), S. 270.

2000の債権を主張して1000の支払いを請求している場合に,「裁判所が主張された原告の債権は全体で1000の額しか理由を有しないと判断する場合,この訴訟では被告にたとえば500だけの支払いを命じるのではなく,1000全部の支払いを命じなければならない。裁判所がその債権は全体で900または800,または700である等と認定する場合,裁判所は過大請求の取扱いに関する今日の承認された原則に従い,少なくとも900または800,または700等の額でのみ被告に支払いを命じなければならない。しかし,ここから,これらの場合の1つにつき,原告は自己の債権をすでにこの訴訟において単に一部だけでなく,全範囲において主張し投入したのであり,その結果,裁判所もその判決のために債権の単なる一部でなく,債権全部を裁判したのであり,しかも単に間接的に,結果としてではなく,全く直接にそうしたということが明らかになる。これらの場合につき1000を求める訴えによって提起された請求は,原告の債権の単なる一部ではなく,債権全体であった。したがって,民訴法(CPO)293条1項によりこの債権の全体が既判力的に裁判されたのであり,そして,まだ審判されておらず棄却されていないとされる債権残部を求めるあらゆる訴えに対して,既判事項の抗弁(exceptio rei iudicatae)が対抗しなければならない。」[55]と論じた。また,*Fitting* は,被告が1000の債権に対して2000の反対債権をもって相殺の抗弁を提出する場合,「裁判所が反対債権は訴求債権以上の額において理由を有すると判断する場合については,被告は反対債権の一部だけを主張しようとしたのである。しかし,逆の場合については,そうではない。この後者の場合については,被告はむしろ反対債権を全範囲において主張し,したがって裁判の対象にしようとした。なぜなら,この場合には請求の棄却を獲得するためには,そうすることが必要であったからである。したがって,判決もまた明らかに反対債権全体につき宣言し,裁判する。相殺の抗弁が反対債権の原因欠缺により排斥される場合も,また同じ。」と論じた[56]。*Seuffert*(ゾイフェルト)も同じ見解を主張した[57]。

---

(55) *Fitting*, a.a.O. (Fn. 50), S. 271.
(56) *Fitting*, a.a.O. (Fn. 50), S. 271 f.
(57) *Seuffert*, a.a.O. (Fn. 50), § 322 Anm.4.

Fitting の見解は，種々の理由をもって批判された。批判は，第1に，原告が債権の一部を主張する場合，債権全体についての既判力ある確定を求めているという *Fitting* の主張に向けられる。*Schwalbach* は，CPO 293 条（ZPO 322 条）によれば，訴えによって提起された請求，すなわち訴求部分にのみ既判力が及ぶので，判決理由が訴求部分にのみ関するか，債権全額に関するかは重要でないと，*Fitting* の見解を批判する。原告が訴訟係属中に請求を放棄し，口頭弁論に欠席し，または，被告が弁済する場合，請求棄却判決が下されるが，この判決は訴求部分にのみ既判力をもつのに対して，裁判所が債権の全部について審理し一部請求を棄却する場合には既判力が債権全体に及ぶとすると，どのような経過で判決が下されたかによって既判力の範囲が異なることになるが，これは判決理由中の判断に既判力が与えられているからだという(58)。

　第2に，請求棄却判決の場合，訴訟物は債権全体であるとする見解を *Fitting* が原告の意思（相殺の抗弁については被告の意思）に基礎づける点について，*Schalbach* は，裁判所が一部請求を理由ありと認める場合には訴訟物が債権の訴求部分であるのに，訴求部分が理由を有しないと判断される場合には債権の全体が訴訟物をなすことになり，請求認容か請求棄却かによって訴訟物が異なることになると批判した。曰く，「原告は1000 マルクの債権のうち100 マルクだけを獲得したいが，それが成功しない場合には1000 マルク失いたいという申立てを提起した」という奇妙なことが生じる，と(59)。

　第3に，主張された一部の棄却から主張されなかった部分の不存在が必然的に生じるということは，正しくないと批判された。弁済や免除を理由に一部請求が棄却された場合，原告に残部債権が帰属しないことは，ここからは生じない。もちろん一部請求の棄却が請求基礎をなす法律関係の不存在を理由とする場合には，残部債権不存在の推論は正しいが，法律関係それ自体が裁判されるのではなく，主張された請求基礎としてのみ裁判されるので，残部債権不存在の推論は許されない，と批判された(60)。

---

(58) *Schwalbach*, a.a.O. (Fn. 51), S. 518; *Schollmeyer*, a.a.O. (Fn. 34), S. 479.

(59) *Schwalbach*, a.a.O. (Fn. 51), S. 519 ff.; ferner vgl. *Schollmeyer*, a.a.O. (Fn. 34), S. 459 ff.

(60) *Schollmeyer*, a.a.O. (Fn. 34), S. 479.

第4に，新たな証拠が発見される場合，一部請求訴訟の棄却にもかかわらず残部請求訴訟を認める必要があり，既判力を一部請求訴訟に限定することはこのような事態に適応できるメリットがある，と主張された(61)。

　第5に，相殺の抗弁に対する判断について既判力が生じるのは，ドイツ民事訴訟法（CPO 293条2項，ZPO 322条2項）が「相殺が主張された数額まで」と規定しており，Fitting や Seuffert の見解はこの条文に書かれた一般原則と一致しないと批判された。すなわち，原告の訴求債権 1000 に対して被告が 1500 の反対債権により相殺の抗弁を提出し，裁判所が被告の反対債権は存在しないとして相殺の抗弁を排斥する場合，被告が既判力によって否定されるのは 1500 の債権のうち 1000 であり，残りの 500 は既判力を受けず，いつでも行使できる，と指摘された。「この場合，帝国民事訴訟法の採択した原則によれば，小（1000）とともに大（1500）も否定され，したがって被告の反対債権全体の棄却が既判力をもって行われたとは述べることができない」のであり，被告の相殺の抗弁が 500 につき理由を有すると認められ，500 の支払いを命じる判決がなされた場合にも，被告の債権全体が既判力によって否定されるのではなく，500 の部分は既判力を受けない，と批判された(62)。

　第6に，債権が 1000 の額で存在しないという既判力ある裁判から必然的に，債権はいずれにせよもっと高額においても存在しないことが生じるという Fitting の見解は，裁判された事項についてのみ既判力が生じると定めるドイツ民事訴訟法（CPO）が退けた普通法上の既判力理論の一定の帰結との混同を基礎にしているとの批判も行われた(63)。

　第7に，事物管轄と審級の問題が指摘された。区裁判所の管轄に属する一部請求訴訟を棄却する確定判決の既判力が残部請求を排斥するとすれば，債権全体については事物管轄権を有しない区裁判所が債権全体について既判力を有する判決をすることになり，かつ，区裁判所事件は金額制限により上告できないため上告審が失われるが，この結果の誤りは既判力肯定説の誤りを示すものだという批判である(64)。

---

(61) Schollmeyer, a.a.O. (Fn. 34), S. 475.
(62) Herzog, a.a.O. (Fn. 51), S. 419 ff. Kohler, a.a.O. (Fn. 51) は問題を比較法的にも論じている。

このように Fitting らの既判力肯定説に対する批判は詳細を極め，徹底的な

---

(63) *Herzog*, a.a.O. (Fn. 51), S. 422 ff. 普通法時代にも一部請求訴訟の判決の既判力について争いがあったようであるが，*Savigny*（サヴィニー）は一部請求棄却の場合に残部請求につき既判力の抗弁が承認されなければならない程断固たる理由はないとし，個々の場合に第2の訴訟において前訴と同じ法律問題が存在するかどうかを検討すべきだとする。そして，一部についての訴えが基礎をなす法律関係の不存在を理由に棄却されたときは，判決要素について生じる既判力が同一の法律問題に基づく後訴に及ぶとする（*Savigny*, System des heutigen Römischen Rechts, Bd.6, 1847, S. 445 Fn. b, S. 451）。*Windscheid*（ヴィントシャイト）は，部分は部分としてそれ自体存在するものではなく，全体の現象形態であることを理由に，一部（たとえば個々の相続財産に属する権利）に関する消極的裁判は全体（相続権）または他の部分に関する裁判であるとし，また，全体と一部の関係ではなく，大（Mehr）または小（Minder）だけが問題になる場合には，小の否定（Aberkennung）は大の否定をも含み，したがって既判力は大の不存在をも確定するとした（*Windscheid*, Lehrbuch des Pandektenrechts, Bd. 1, 8. Aufl., 1900, § 130 3）。Vgl. *Just*, Die Zulässigkeit der Nachforderungsklage, Diss. Köln, 1978, S. 3 f.

(64) *Fitting*, a.a.O. (Fn. 50), S. 273 において紹介されているプロイセン Obertribunal の批判である。この批判に対する *Fitting* の反論は奇妙である。*Fitting* は，原告がその主張の 1000 マルクの債権のうち 100 マルクを少額裁判官（Bagatellrichter）に訴求し，裁判官が 80 マルクだけ被告に対し給付を命じたという例を挙げ，「上述の説明によれば債権全体は実際には 80 マルクを数えるに過ぎなかったことが既判力をもって確定されよう。しかし結局，債権全体が少額裁判官の管轄権内（150 マルクまで）にあったのであり，したがって，その裁判が債権全体に既判力を創出することは全く正しい帰結であった。彼が訴えを理由なしとして棄却した場合も同じ」と説明した。しかし，この説明からは，*Fitting* が管轄権を訴訟物，つまり主張された債権によってではなく実際の権利によって決めていることが明らかになる。その結果，本案の裁判後でなければ管轄問題が決まらないことになり，それはそれ自体矛盾である，と批判された（*Schwalbach*, a.a.O. (Fn. 51), S. 520; *Schollmeyer*, a.a.O. (Fn. 34), S. 460 f.

(65) 松本・前掲注 (1) 22 頁以下参照。

(66) *Hellwig*, a.a.O. (Fn. 14), § 231 Ⅲ 1 (S.794); *Gaupp*=*Stein*, Die Zivilprozeßordnung für das Deutsche Reich, Bd.1, 11. Aufl., Tübingen 1913, § 322 V2c (S.811); *Förster*=*Kann*, Die Zivilprozeßordnung für das Deutsche Reich, 3. Aufl., Bd.1, Berlin 1913, § 322 3b; *Rosenberg*, Lehrbuch des Deutschen Zivilprozeßrechts, 3. Aufl., Berlin 1931, § 156 Ⅰ 3a (S. 527); *Seuffert*=*Walsmann*, Kommentar zur Zivilprozeßordnung, Bd. 1, 12. Aufl., München 1932, § 322 Anm. 3b.

ものであった。また，折衷説を主張した Zitelmann らの見解に対しても，類似の厳しい批判が加えられた[65]。この論争に加わった学者は多く，それはかなり長期にわたって続いたが，最終的には Hellwig（ヘリヴィヒ），Stein（シュタイン），Kann（カン），Rosenberg（ローゼンベルグ）などの有力学説が否定説に与するに至って終息した[66]。以上の既判力肯定説に対する批判のうち，請求された請求権の一部が理由を有しない場合に残部債権の部分も訴訟物を構成すると理論構成しようとする試みが成功しなかったこと，および，訴訟係属後の弁済や免除を理由に一部請求が棄却された場合には，判決の既判力は残部債権の不存在を判断していないこと，したがってこの点を考慮せずに請求棄却判決が残部債権の不存在を既判力により確定するとすることはできないので，その限りで反対説の批判には理由があったことを確認することができる。

（c）　以上のような展開をたどって既判力否定説が支配的になったが，今日では再び残部請求への既判力の拡張が——もちろん以前の理由とは必ずしも同じでないけれども——文献の一部においてであるが，有力に主張されている。その際，かつての既判力肯定説とは異なり，一部請求訴訟の訴訟物は原告の請求額によって画され，残部請求訴訟の訴訟物とは異なることを前提とする。その上で，Bruns（ブルンス）は，一部請求を棄却する判決は，これを認容する判決と異なり，債権の全部について審理判断をした上で請求棄却をせざるを得ないことに鑑み，請求棄却判決は債権全体に関する確定を行っているので，残部請求訴訟は前訴判決の既判力に抵触すると見る[67]。Zeiss は，残部請求訴訟は前訴と矛盾した請求であり，それゆえ，訴訟物の同一の場合と同じく既判力により不適法であるとする[68]。Leipold は，既判力肯定説を支持する。そして，立法者が判決理由中の判断の既判力に関する Savigny（サヴィニー）理論を否定したのは，この広い既判力効を初めから望ましくないと見たからではなく，同一の法律問題に関する当事者間の矛盾した裁判を防ぐというこの理論の

---

(67)　*Bruns*, Zivilprozeßrecht, 2. Aufl., München 1979, Rdnr. 235.
(68)　*Zeiss*, Zivilprozeßrecht, 9. Aufl.,Tübingen 1997, Rdnr. 581. 同旨，*A. Schulte*, Zur Rechtskrafterstreckung bei Teilklagen, Hagen 1999, S. 83 ff.——残部請求を適法とする支配的見解によって，申立てと事実関係という訴訟物の 2 つの要素の等価値性が否定されていることを指摘する。

利点を認めた上で，判決は当事者の意図するもの以上に及んではならないこと，当事者が訴訟中に意識しなかった効果を生み出してはならないという理由からであったことを指摘する。そして，この目的思考は，一部請求訴訟の棄却判決の既判力を，その裁判の内容およびドイツ民訴法322条1項から明らかになるものよりも狭く，訴求された額に限定することを要求しないこと，むしろ，一個の請求権の一部が棄却された場合残部請求の余地のないことは各当事者にとって判っているに違いないと主張する[69]。ごく最近，Musielak（ムジーラーク）も，一部請求を棄却する判決は，一部請求認容判決の場合と異なり，「原告が主張された請求権を超えてさらに被告に対する債権を有するか否かを正に未定にしているのではない。なぜなら，訴訟物の範囲において被告の原告に対する給付義務が存在しないことが，請求棄却により既判力的に確定されている。……第2の一部請求訴訟を裁判しなければならない裁判官は，その裁判に当たり，原告が第1の一部請求訴訟を基礎づけた生活事実関係に基づき原告には被告に対する債権が帰属していないとの既判力のある確定に拘束される。この判決（Erkenntnis）は不可分であり，それによって請求認容判決の場合と区別される。」と述べ，また，一部請求棄却判決は残部請求に対して先決関係として作用するので，同一の法的原因に基づく訴えは理由がなしとして棄却されるべきだと主張する[70]。このように，ドイツでは一部請求を棄却する判決の既判力が残部請求訴訟に及ぶとする見解が新たに主張されていることは，日本法についても改めてこの問題を再考する必要性を示唆するに十分であろう。

(3) **検　討**　　(a)　一部請求訴訟において確定判決が出された後に残部請求の後訴が許されるか否かは，前述のように，一部請求訴訟論の中心課題であ

---

(69) *Leipold*, Teilklage und Rechtskraft, in: Festschrift für Zeuner, Tübingen 1994, S. 431, 441 ff.（この論文は，越山和広「一部請求と既判力の範囲」山形法学6号〔1996年〕91頁以下において詳細に紹介されている。）; *Stein/Jonas/Leipold*, 21. Aufl., § 322 Rdnr. 153. Alternativ-Kommentar zur Zivilprozeßordnung/*Fenge*, Neuwied und Darmstadt 1987, § 322 Rdnr.21; *Fenge*, a.a.O. (Fn. 25), S. 41 ff. も残部請求の既判力による遮断を肯定する。

(70) *Musielak/Musielak*, 4. Aufl., § 322 Rdnr. 71 ff. 同旨，*Oberhammer*, Wieder einmal: Rechtskraft bei Teilklagen, Festschrift für Helmut Kollhosser zum 70. Geburtstag, Bd. II, Karlsruhe 2004, S. 501 ff.

ったし，今日でもその重要性は失われていない。判例は，明示的一部請求訴訟の場合には，訴訟物は請求額によって画され，確定判決が一部請求訴訟の請求を全部認容するものであれ，全部または一部棄却するものであれ，残部請求訴訟は確定判決の既判力によって排斥されないという見解を採ってきた。

しかし，残部請求訴訟を許すことは，前訴である一部請求訴訟において裁判所が残部債権の不存在の判断を基礎に請求棄却判決をしている場合には，耐え難いことは異論のないところであろう。なぜなら，前掲最高裁平成10年6月12日第2小法廷判決が詳述するように，一部請求訴訟を全部または一部棄却するためには，後述の例外を除けば，通常債権の全体を審理の対象として残部の不存在を判断しなければならないからである。そのため，この場合に，残部請求訴訟を排斥するという結論については，比較的見解が一致しやすいであろう(71)。問題は，その法的構成である。大別して，既判力による残部請求訴訟の排斥と信義則の適用が考慮される。

請求棄却判決の場合に，一方において残部請求訴訟への既判力の拡張を否定し，他方において信義則により残部請求訴訟を排斥しようとする判例および学説の一部の立場は，具体的に妥当な結果を指向する点で大いに注目されるけれども，それは逆に既判力の存在意義を疑わしめ，その軽視に繋がるものであり，説得力を有するかどうか疑わしい。既判力という確定判決の通用性を確保することを本来の目的とする効力が否定されるのであれば，いくら前訴判決が残部の存否について審理を経た上で請求棄却の判断に到達していたとしても，それは原告の一部請求の当否を判断する単なる前提問題としての判断であることに変わりはない。この単なる前提問題に対する裁判所の判断に被告が紛争決着期待を寄せたとしても，これを信義則によって保護すべきか否か，それ自体問題である(72)。すなわち，被告が一部請求訴訟において債権全体をめぐる争いに決着をつけたいのであれば，自ら原告の請求額を超える債務の不存在確認を求

---

(71) しかし，ドイツの支配的見解は，訴訟物は訴求された債権の一部に限定されていることを重視して，残部債権への既判力効を認めない。

(72) 判例は信義則の適用による確定判決の遮断効を認め，これを支持する文献も多い。河野正憲「信義則による確定判決の遮断効——争点形成の責任と遮断効」法学57巻6号（1994年）745頁参照。

める反訴を提起し，請求認容判決を得れば足りるからである。被告にとって反訴を提起するのは容易であるのに，これを怠った場合に，一部請求棄却判決での紛争決着の期待保護を信義則に求めることは理由を欠く。のみならず，被告が債務不存在確認の反訴を提起していたとすれば，一部請求訴訟が全部認容される事案では——原告の債権がこの認容額限りで存在するのでない限り——被告は一部請求の額を超える請求権の存在を確定する敗訴判決を受けざるを得ない（この場合には，残部債権の存在が既判力によって確定する。）[73] はずであるから，被告がこのリスクを負わず，債務不存在確認の反訴を提起しないで信義則を理由に残部請求から保護されるのは，被告に一方的に有利な取扱いであり，民事訴訟における武器対等の原則に反する。

　（b）　信義則による紛争決着期待保護説は，例外的に残部請求訴訟の余地があることを認めるものの，ここでは信義則の個別具体的適用が問題とされているのではない。殆ど一般的に紛争の蒸返しの阻止を重視するものであり，これはまさに既判力の担うべき課題に他ならない。しかも，信義則適用態様のどれに当たるかも，必ずしも明らかでない。権利失効または禁反言が問題とされている。

　信義則の一態様としての権利失効の原則が残部請求訴訟の失効を根拠づけ得るかどうか，甚だ疑問である。訴権が公権であり，裁判を受ける権利であるので，信義則による訴権の失効が認められてよいかどうか，それ自体重大な疑義がある。その上，権利の失効は権利の長期間にわたる不行使がその権利はもはや行使されないとの信頼を相手方に生ぜしめることを要件とするものであるので，単に一部請求棄却判決が確定しているだけでは，この要件を充足しないであろう。また訴権の失効を安易に認めると，実体法上の時効規定が骨抜きになる危険があるので，この長期間の権利不行使の要件を認める際にも慎重さが要求される[74]。ましてや，このような長期間の権利の不行使を要件とすること

　（73）　消極的確認訴訟の請求棄却判決の既判力については，松本博之「消極的確認訴訟における請求棄却判決の既判力の範囲」原井古稀683頁以下（本書第4章）参照。
　（74）　BGH NJW-RR 1990, 886（887）は，訴えの権能の失効は認められないとする。*Baumbach/Lauterbach/Allers/Hartmann*, 64. Aufl., Einl. III Rdnr. 65.; *Pohle*, a.a.O.（Fn. 23), 109 f.; *Marburger*, a.a.O.（Fn. 11), S. 194. なお，松本＝上野〔685〕も参照。

なく，裁判による権利失効を認めることは権利失効の考え方に馴染まないであろう。

他方，禁反言を説く中野説にも疑問がある。残部請求訴訟を提起する原告には，論者自身認められるように，行為矛盾はない。原告は一貫して自分に請求権が帰属すると主張して行動を起こしているからである。禁反言をいうのであれば，公然の一部請求訴訟の場合には，一部請求額を超えて（も）債務が存在しないことを主張して債務不存在確認の反訴を容易に提起することができたにもかかわらず，これを提起しなかった被告が，信義則に依拠しようとするのは，逆に信義に悖るのではなかろうか[75]。被告が数次応訴の負担を回避する可能な手段を自ら用いないで，確定判決が一部請求訴訟を棄却したからといって残部請求訴訟を禁反言に抵触するものと主張するのは失当だからである。論者は一部請求訴訟において債権全部の存在について審理判断が行われ請求を全部または一部棄却する判決が確定している以上，被告に複次応訴の負担を掛けるのが「不当」だという点では，消極的確認反訴の提起がなかったことを問題にするまでもないという考えかもしれない。しかし，被告の応訴の負担が消極的確認の反訴を提起しなかったことに起因することは否定できない[76]。このように見ると，判例をはじめ信義則による残部請求不適法を説く学説は，表面上は被告の数次応訴の負担を問題としつつも，実質的には数次にわたる裁判所の審理負担を問題としていると見られる[77]。もしそうだとしたら，それは一部請求訴訟を適法と見る基本的態度と相容れない。

一部請求訴訟が棄却されたならば残部請求権は放棄するとか，もはや債務を免除する旨の原告による（黙示の）意思表示があり，一部請求を争うことによって被告がこれを承諾する意思表示をしたと認められるような特段の事情がある場合には，残部債権の放棄または債務免除の合意が成立する余地があろう。しかし，最高裁判所平成10年6月12日第2小法廷判決の事案では，裁判所はこのような合意の成立を認定していない。

(c) (aa) 問題解決はやはり既判力に求められるべきであろう。残部請求訴訟への既判力の拡張を承認する見解のうち，一部請求訴訟の訴訟物を債権全

---

(75) 同様の疑問を述べるものに，奈良・前掲注(44) 97頁以下がある。

体と解する伊藤説は，原告の審判対象指定権を認める処分権主義と相容れないので，すでにこの理由から支持することができない。

　(bb)　既判力は，前訴と後訴の訴訟物が同一の場合にのみ作用するのではない。筆者は，一部請求訴訟を全部または一部棄却する確定判決は，前訴と訴訟物を異にする残部請求の後訴に対して，後者が一部請求の前訴と矛盾関係に立つことを理由に既判力を及ぼすという見解を維持したいと考える。一部請求訴訟の請求が棄却されるのは，①裁判所が審理の結果，債権の成立原因の存在を否定する場合，②裁判所が債権の成立原因は肯定するけれども，原告主張の請求額においては債権が当初から存在しないこと，または債務消滅事由によって事後的に消滅したことが明らかになる場合，および，③訴訟上相殺の抗弁が提出された場合にいわゆる「内側説」によって請求部分から優先的に相殺をす

---

(76)　勅使川原・前掲注(44)29頁以下は，一部請求棄却判決の場合の残部後訴の遮断を，「後訴からの回顧的な信義則適用」によってではなく，金銭債権の数量的一部請求では，①「当該債権全部を必ず審理対象とする」というルール，および②「当該一部請求に対する消極的判断に際しては『判決主文としては表明されなくても，残部請求が存在しないことも必ず判断する』」というルールの「2つのルール設定」とこれを前提とした信頼保護の要請から根拠づけようとする。その際，同論文は，このルール設定により，一部請求棄却の場合について残部の審理の任意性が「前訴訟的に」排除されている場合には，被告が消極的確認反訴を提起して残部債権について既判力取得を怠ることを「一概に懈怠とまでは評価できない」のであり，また，「ルール設定」自体の根拠・正当性は当事者間の公平に求められるという。しかし，筆者はこの論旨に賛成することができない。言うところの①ルールは，私見によれば，当事者間の公平によって根拠づけられることはできない。たとえば相殺の抗弁や訴訟係属中の弁済の場合には，原告の請求の拡張がない限り，残部債権の審理は行われるべきでないからである。判例は，原告が「債権の当該一部だけは確実に給付判決を得ようとしている」という原告の意思を根拠に，過失相殺および相殺の抗弁の場合に「外側説」を採り債権全体の審理の必要性を導き出す。そして，過失相殺や相殺以外の場合にも，判例は債権全体の審理の必要性と原告の意思とを結合しているように思われる。しかし，別稿で論じたように相殺の抗弁の場合について，外側説は被告の相殺権を極めて軽視するものであり，支持することができない。したがって，①ルールは基礎づけられていない。また，本文で述べたように，被告は中間確認反訴を提起しないことによって一方で自己のリスクを最小限にとどめ，他方でチャンスは最大化できるというのは，当事者間の武器対等の原則（公平原則）に反するからである。

(77)　同旨の指摘は，松村・前掲(44)63頁にも見られる。

る結果，一部請求が事後的に理由を欠くに至る場合[78]などである。前二者の場合，原告の請求を全部棄却する判決は通常，原告の一部請求が原告主張の債権のどの部分からも（したがって残部部分からも）認容できないことを明らかにしており，一部請求訴訟の請求棄却と残部債権の不存在の判断は密接不可分の関係にある。一部請求訴訟の一部認容の場合にも，同じく，請求棄却と認容額を超える債権の不存在の判断とは密接不可分の関係にある。残部請求訴訟が適法とされ，これが認容されうるならば，確定判決の判断と正反対の判断（確定判決の判断が正しくないとの判断）がなされることになる。たとえば，原告が1000万円の債権のうち，500万円の支払いを訴求し，原告には被告に対する債権が存在しないという理由で請求棄却判決が確定した後，原告が残部債権のうち250万円をさらに訴求し，後訴裁判所が後訴請求の当否を判断するために債権全体の成立および額を調査して，たとえば550万円の債権が存在するとの結論に達した場合，250万円の支払いを命じる判決をすることができるとすると，後訴裁判所は必然的に前訴裁判所の判断が間違っていたことを宣言しなければならない。250万円の支払いを命じる判決は明らかに前訴裁判所の判断と相容れない裁判である[79]。なぜなら，前訴裁判所は一部請求額を超えて債権が存在しないことをも確定して請求棄却の判決をしており，しかも，それは一部請求棄却の裁判にとって必要不可欠の判断だからである。

　これに対して，相殺の抗弁に基づき請求を棄却する場合にも，訴求債権の存在の認定が必要であるが[80]，原告が相殺の抗弁に直面して請求を拡張しない

---

(78) 一部請求訴訟における相殺の抗弁の取扱いについて，松本・前掲注（8）佐々木追悼201頁以下参照。

(79) RGZ 172, 118, 125 f. は，前訴において一部請求と一部請求を超える請求権部分に関し債務不存在確認反訴が提起され，一部請求棄却，反訴請求認容の判決が確定していた増額請求訴訟の事案であるが，後訴において訴求された残部債権のうちの一部の請求は前訴において請求され棄却された部分を超えて債権が存在することを裁判所が確定する場合に，そしてその限りで認容できると判示する。この判例によると本文の例では，後訴裁判所は50万円のみ認容することができることになる。*Leipold*, a.a.O. (Fn. 69), S. 443 は，支配的見解のドイツ民訴法322条1項との抵触がこの点に現われているとする。

(80) 松本＝上野〔390〕。

限り，裁判所は訴求部分の存在を確定すれば，──判例および支配的見解とは異なり──反対債権の存否・額につき審理を行い，相殺の効力が認められれば，請求棄却の判決を行うべきであるから（内側説），原告の債権額の全体を確定する必要はない(81)。したがって，相殺の抗弁を容れて一部請求を棄却する判決の既判力は残部債権の不存在につき既判力を及ぼすことができない（これに対して，裁判所が訴求債権は原告の請求額以下でしか存在しないという結論に達し，相殺により請求棄却となる場合には，一部請求棄却判決は残部債権の不存在を既判力により確定する）。訴訟係属発生後に弁済がなされ，訴求部分への充当により一部請求が棄却される場合も，同じである。これらの場合は，請求棄却といっても実質は原告勝訴である(82)。また，継続的法律関係に基づくある特定の履行期の請求権というように，一部が法律上明確に特定できる場合の一部請求訴訟（特定的一部請求訴訟）が棄却される場合にも，既判力は他の履行期にかかる債権部分には及ばない。要するに，裁判所が残部債権の存在を否定して一部請求を棄却している限りで，判決の既判力は残部請求の後訴に及ぶと解すべきである。

（cc）　私見のような見解に対する次のような批判，すなわち，一部請求訴訟においては，訴訟物である一部請求の範囲においてのみ一個の債権の全体が判断され得たので，訴訟物は主張された債権の一部に限られ，既判力も訴訟物となった（一部）債権額の限りで債権が存在しないということだけを確定してお

---

(81) 最〔3小〕判平成6年11月22日民集48巻7号1355頁は，相殺の抗弁につき，不訴求部分から優先的に相殺をすべきであるとするいわゆる外側説に立つ。外側説は被告の受働債権指定権を否定し，相殺権を骨抜きないし制限するものであり，支持することができない。松本・前掲注（8）佐々木追悼201頁以下；同・前掲注（1）19頁以下；松本＝上野〔393〕参照。

(82) ドイツでは，訴訟係属後の弁済の場合，原告は訴訟費用の負担を免れるため一方的にでも本案終了表示をすることができ，これが認められると敗訴判決を免れることができる。本案終了表示については，松本博之「本案終了の表示（Erledigungserklärung in der Hauptsache）について」大阪市立大学法学雑誌19巻2号（1972年）249頁，257頁以下参照。最近では，坂原正夫「民事訴訟法第73条の沿革と訴訟終了宣言（1）〜（3）」法学研究72巻8号1頁以下，9号20頁以下，10号29頁以下（いずれも1999年）がある。

り，それを超えて債権が存在しないことは既判力の生じない判決理由中の判断であるという批判(83)がなされている。また，一部請求訴訟において請求を棄却する判決と残部請求の後訴との間には既判力の作用する先決関係は存在しないし，その他，法上類似の既判力拡張の基礎として考慮できる同様の内容上の関連も存在しないという批判も行われている(84)。これらの批判は，矛盾関係による既判力の作用の法的構造の検討を必要ならしめる。前訴確定判決の判断と矛盾する後訴請求への既判力の作用は，ある物の所有権の帰属をめぐってAとBが争い，まずAがBを被告として所有権の確認訴訟を提起し，請求認容判決が確定した後，Bが同一物が自己の所有に属することの確認を求める後訴を——前訴と同じ事実関係のもとに——提起する場合のように，通常，前訴請求と後訴請求とが択一的関係にある場合に肯定されてきた。一部請求訴訟と残部債権の後訴との間には，前者が認容されれば後者が否定されるというような論理的択一関係は存在しない。したがって，択一関係の存在を基準とする限り，一部請求訴訟と残部請求の後訴との間に矛盾関係を認めることはできないことになる。しかし，矛盾関係を択一関係の場合に限定しなければならない必然性があるかどうか疑わしい。前述のように，債権全体を審理して初めて一部請求棄却の結論を導くことができる場合，残部債権も一部請求訴訟の判決対象となっていると解する必要がある。一般に矛盾関係が肯定されている前述の所有権確認の例において，Aの所有権とBの所有権とは別の訴訟物を構成するので，前訴と後訴とは訴訟物を異にする。だが，Bの所有権は前訴において——訴訟物ではないが——判決対象とされ，裁判所により不存在の判断がなされている。それゆえ，Bの所有権確認の後訴は前訴確定判決の既判力に抵触す

---

(83) MünchKommZPO/*Gottwald*, 2. Aufl., § 322 Rdnr. 119; *Kuschmann*, a.a.O. (Fn. 15), S. 368 f.; *Marburger*, a.a.O. (Fn. 11), S. 199; *Zöller/Vollkommer*, 25. Aufl., § 322 Rdnr. 47; *Zeuner*, Beobachtungen und Gedanken zur Behandlung von Fragen der Rechtskraft in der Rechtsprechung des Bundesgerichtshofes, 50 Jahre Bundesgerichtshof, Festgabe aus der Wissenschaft III, München 2000, S. 337, 350；中野・前掲注（18）「一部請求論について」55頁（同・前掲注（18）『民事手続の現在問題』95〜96頁）；越山・前掲注（21）320頁。

(84) *Zeuner*, a.a.O. (Fn. 83), S. 350.

るのである[85]。このように解して初めて，Aの所有権確認訴訟の係属中にBが反訴として自己の所有権確認の訴えを提起することは重複訴訟にならないという結論を理由づけることができる[86]。このように矛盾関係事項に既判力が及ぶことが前訴において矛盾関係事項が判決対象とされていることに基づくことを承認すれば，一部請求訴訟の場合にも，残部債権は訴訟物ではないが，判決対象になり得るのであり，まさに残部債権不存在の判断に基づき請求棄却判決がなされ得るのである。この場合には，たしかに通常の矛盾関係のように，a—非aのような関係や，aまたはbのような二者択一の関係は存在しない。一部請求の認容と残部債権不存在はこのような二者択一の関係にはないからで

---

[85] *Jauernig*, Teilurteil und Teilklage, 50 Jahre Bundesgerichtshof, in: Festgabe aus der Wissenschaft III, München 2000, S. 311; *ders.*, Urteilsanmerkung, JZ 1997, 1127, 1128 はこのことを強調する。

[86] ドイツ連邦通常裁判所は，1994年11月11日の判決（BGH NJW 1995, 967）において，矛盾関係の場合には，前訴と後訴の訴訟物は同一だという理由で，既判力が矛盾関係にある後請求に及ぶと判示する。被相続人が1983年12月6日の相続契約によって明示的に指定された土地を終局的に譲与するとして本訴原告（X）を単独相続人に選任し，「法定相続人」には明示的に単独相続人が取得しない土地所有権を与えた。本件で争われた2つの土地は相続契約において言及されていない。被相続人はこの2つの土地を1979年/1980年と1983年に原告に譲渡した。被相続人の死後，原告および原告と法定夫婦財産制のもとで暮らしているXの妻は「遺産土地（Nachlaßgrundstücke）」の全部の所有者として登記を受けた。Xおよびその妻は，前訴被告として1990年6月22日の確定判決によって，本件で争われた2つの土地を前訴原告（Y，本訴被告）の遺贈請求権（Vermächtnisanspruch）に基づきYに所有権移転をするよう命じられた。被相続人の生前になされた右の譲渡は，前訴において当事者から主張されなかった。本訴においてXはYに対して被相続人との譲渡契約に基づき2つの土地の所有権返還合意（Rückauflassung）を請求した。このような事案について，連邦通常裁判所は「本件において，少なくとも申立てに関して『矛盾的反対』の意味での同一性が存在することから出発すべきである。なぜなら，両手続において2つの係争土地につき各々当事者によってAuflassungが請求された法律効果として具体化され，申し立てられている。訴訟物の同一性は，しかし，前訴被告が今度は争いを，逆に改めて係属させ，前訴において宣言された法律効果の『矛盾的反対（ein kontradiktorisches Gegenteil）』を要求する場合にも存在する。なぜなら，法律効果の既判力的確定は同時に『矛盾的反対』が存在しないとの確定を含むからである。所有権のような一人の人にのみ帰属し得る権利が原告に是認される場合，それ

III 請求棄却判決確定後の残部請求の後訴と既判力・信義則 239

ある。しかし，このことは一部請求訴訟の請求棄却判決の場合に残部債権との間で矛盾関係の否定を強いるものではないと思われる。残部債権についての判断が一部請求についての判断に含まれているので，残部債権の後訴の提起は前訴裁判所の判断を否定して，これと異なる判断を求めるものであり，矛盾関係事項と捉えることに障害はないからである(87)。ドイツの多数説はこの結論を認めないが，それは，「判決は訴えまたは反訴によって提起された請求について判断された限りでのみ既判力を有する」と規定するドイツ民訴法322条1項を極めて重視することによる。公然の一部請求訴訟においては，債権の一部のみが「請求」（訴訟物）であり，残部債権は請求でないことが強調される(88)。ドイツの理論はそうであっても，日本の民訴法114条1項は「確定判決は主文に包含するものに限り，既判力を有する」と定めており，請求または反訴請求に対する判断とは定めていないので，残部債権が判決対象となる限り，判決主文における残部債権についての判断に既判力を認めることの妨げとはならないと見ることができる。

によって同時に，被告が権利の所有者でないことが確定される（BGH, NJW 1993, 2684 m.w. Nachw. = LM H.12/1993 § 322 ZPO Nr. 135＝WM 1993, 1809 [1810]）。同じことは，所有権移転請求権（Anspruch auf Übertragung des Eigentums）について当てはまる」と判示した。しかし，請求とその矛盾関係事項が同一の訴訟物をなすという見解によれば，Aの所有権確認訴訟の係属中にBが提起した同一物の所有権確認の反訴は重複訴訟とならざるを得ない。BGHZ 35, 165 において，連邦通常裁判所は類似の事案において供託金支払いへの同意を求める原告の請求と被告の反訴請求とが同一の訴訟物をもつとは考えず，したがって反訴を不適法とはしなかった。このように原告の所有権（権利）と被告の所有権（権利）とは異なる訴訟物をなす。Vgl. *Jauernig*, a.a.O. (Fn. 85), S. 334.

(87) のみならず，同一物の所有権確認の前訴と後訴の場合にも，一方の否定から他方の肯定が必然的に生じるという最厳格な意味での矛盾関係は存在しない。しかし，この場合にも既判力の拡張が認められるのは，矛盾関係事項が前訴において裁判所の判決対象とされていることによると考えられる。

(88) *Zeuner*, a.a.O. (Fn. 83), S. 350 は，このことは一部請求認容の場合には申立てを超えて被告敗訴判決をすることができない点に現われているという。*Jauernig*, a.a.O. (Fn. 85), 50 Jahre Bundesgerichtshof, S. 332 は，隠れた一部請求訴訟については，請求棄却判決の場合，残部債権への既判力の作用を力説するが，公然の一部請求訴訟については請求認容判決の場合と同様，既判力は請求額に限定されるとする。

（dd） 矛盾関係を根拠とする残部請求訴訟への既判力の拡張に対する別の批判は，次のようにFriedrich（フリートリッヒ）によってなされている。すなわち，ある訴訟の結果は実体法状態にのみ依存しているのでなく，係争事実の確定，したがって一定事実の証明可能性がしばしば重要である。受訴裁判所の法的見解および訴訟代理人の技量にも，手続結果は依存する。後訴において残部請求権を主張することが既判力により原告に禁止されると，原告は事実上および法律上の新主張によって確定判決とは異なる裁判所の判断を得る可能性を奪われる。しかし，一部請求訴訟が無証明を理由に棄却された後，判決確定後に証拠方法が発見されたとき，残部請求訴訟が成功する見込みがはるかに良好であるにもかかわらず，残部請求訴訟を許さないのは原告に極めて酷である。事情によってはまさに確実な勝訴が見込めないために一部請求訴訟を選んだ原告には，この結果は理解し難いものである，と主張されている(89)。また予備的相殺の抗弁を容れて一部請求が棄却された場合，原告主張の請求権が請求原因のレベルで否定されたのでなく，訴求債権の存在は当初積極的に確定されているので，請求棄却判決からは残部請求権について何ら逆推できないため，矛盾関係による既判力拡張はこの場合にも根拠薄弱だと批判される(90)。このように，Friedrichは矛盾関係による既判力の作用は一部請求訴訟に関して一般化できる考え方でないことを論証しようとする。しかし，この見解にも従うことはできない。一部請求訴訟は勝訴の見込みが確実でない原告に債権の一部訴求を可能にすることによって訴訟リスク軽減などにより権利行使を容易にしようとするものであるが，問題になっているのは，被告が消極的確認反訴を提起しておけば当然に残部債権の不存在確認判決が得られる場合であるから，新たに発見された訴訟資料や証拠方法を残部訴訟で利用する利益はもはや保護に値するものではないといってよい。また新たな事実や新発見の証拠方法の問題は，一部請求訴訟だけでなく，一般的に検討されるべき問題であろう(91)。すでに述べたように相殺の抗弁に関しては，確かに，相殺の抗弁に基づく原告の敗訴

---

(89) Friedrich, a.a.O. (Fn. 5), S. 27 ff.

(90) Friedrich, a.a.O. (Fn. 5), S. 28 f. （ドイツの判例は一部請求訴訟に対する相殺の抗弁をいわゆる内側説によって扱う。Friedrichの議論はこれを前提とするものである。）

は，訴求債権に関しては実質的に原告の勝訴であり，矛盾関係に基づく残部請求訴訟の排斥をもたらさない。これは，この防御方法の特性の結果であって，矛盾関係による既判力の作用を否定する理由とはならない[92]。

(ee) 最後に，相殺の抗弁に対する裁判所の判断に生じる既判力の範囲の問題に触れておきたい。一部請求訴訟において裁判所が原告主張の債権の全体が存在せず，または訴求額に満たない額しか存在しないことを認定して，請求を全部または一部棄却している場合に，残部債権の不存在にも既判力が生じるという立論に対しては，この見解は民訴法114条2項によって否定されているという批判が当然存在する。民訴法114条2項は，反対債権についての既判力は相殺をもって対抗した額に限定されると規定する。通説はこの条文に忠実に，裁判所が反対債権の全部の不存在を認定していても，既判力は相殺に供された額に限定され，これを超える部分については，既判力は生じないとする。しかし，この解釈は決して論理必然的ではない。なぜなら，相殺に供された額の債権部分の存在が直ちに認められない場合，裁判所は反対債権の全体または相殺に供された数個の反対債権の存否について審理判断を行い，これを否定しなければ，相殺が理由を有するか否かの判断に到達できないからである。

被告が前に別訴で債権の一部を訴求しており，本訴において被告が残部債権をもって相殺の抗弁を提出する場合[93]に，相殺に供された残部債権が請求原因の不存在を理由に否定され，相殺の抗弁が排斥される場合にも，既判力は債権全体に及ぶと解すべきである。形式的には別訴に係属している債権部分を除く残部債権という形で債権が法律上特定しているように見えるにしても，実際

---

(91) この問題については，鈴木正裕「既判力の遮断効（失権効）について」判タ674号（1988年）4頁以下参照。

(92) このような相殺の抗弁の特殊性は，相殺の抗弁を容れて請求を棄却した判決に対して被告の上訴の利益が認められることにも現われており，決して異とするに足りない。

(93) このような相殺について，最〔3小〕判平成10年6月30日民集52巻4号1225頁は，債権の分割行使が訴訟上の権利濫用に当たるなど特段の事情のない限り適法とする。この判例の解説・批評として，越山和広・法教219号（1998年）128頁；上野泰男・平成10年度重要判例解説（ジュリ1157号〔1999年〕）122頁；高橋宏志・リマークス19号（1999年）127頁；村上正敏・平成10年度民事主要判例解説（判タ1005号〔1999年〕）214頁；坂田宏・民商121巻1号（1999年）62頁などがある。

には一部請求訴訟の係属によって一部額として債権が具体的に特定するわけではないので，反対債権の存在を否定する判決の既判力を相殺に供された残部債権に限定する見解(94)は根拠を有しないからである(95)。

　信義則の適用を疑問とする本章の立場では，ここでも，裁判所が相殺に供された反対債権の存在を全面的に否定し，または相殺に供された残部債権の一部しか反対債権の存在を認めない場合，反対債権の全体の不存在または認容部分を除く反対債権の不存在が既判力により確定すると解することになる(96)。このように解すると，一部請求訴訟の確定判決と相殺の抗弁に対する確定判決との間で既判力が衝突する危険が生じうる。一部請求訴訟を審理する裁判所は，——別訴訴求中の債権による相殺の場合と同様に——残部債権による相殺の抗弁を知れば訴訟手続を事実上中止することができ，このような方法で既判力の衝突を避けることができる(97)。

---

(94) *Leipold*, a.a.O. (Fn. 69), S. 443 f.

(95) 前掲注 (93) 最〔3小〕判平成10年6月30日が，前掲注 (44) 最〔2小〕判平成10年6月12日を念頭に，当該事件において残部債権による相殺の主張が権利濫用にならないと解する理由を，残部債権（違法仮処分による弁護士報酬相当額の損害賠償請求権）と一部請求訴訟において訴求された債権部分（違法仮処分により売買代金が低落したことによる損害賠償請求権）とはいずれも違法仮処分による損害賠償請求権という一個の債権を構成するが，前者は後者とは「実質的な発生事由を異にする別種の損害」であること，したがって前者は法律的特定性を有することに求めていることは問題である。この理由づけが，相殺の防御的機能および反対債権の実現機能を強調することと調和するかは疑問である。反対債権が法律的特定性を有しない，債権の単なる数量的一部である場合にも，相殺のこれらの機能は実現されなければならないからである。さらにいえば，もともと別訴訴求中の債権による相殺の抗弁を，一般的に重複起訴禁止の類推適用により不適法と解する判例（最〔3小〕判平成3年12月17日民集45巻9号1435頁；最〔3小〕判昭和63年3月15日民集42巻3号170頁）が相殺の防御的機能と権利実現機能を軽視していることにこそ問題の根源があるのである。松本博之「相殺の抗弁と重複起訴」福永古稀507頁以下参照。

(96) *Leipold*, a.a.O. (Fn. 69), S.444 ff.; *Schilken*, 5. Aufl., Rdnr. 442；松本＝上野〔675〕参照。

(97) 中野貞一郎「相殺の抗弁（下）」判タ893号（1996年）4頁，9頁（同・論点Ⅰ136頁，164頁）；松本＝上野〔391〕参照。

2 隠れた一部請求訴訟

　隠れた一部請求認容判決の場合は，既判力は残部請求訴訟に及ばないことは前章で明らかにされたが，請求棄却判決の場合には，公然の一部請求訴訟を棄却する判決の場合と同じく，既判力は残部請求の後訴に及ぶと解すべきである。公然の一部請求を棄却する判決の既判力についての熟慮は，隠れた一部請求訴訟により一層当てはまるからである[98]。残部請求の後訴が前述の意味で一部請求棄却判決と矛盾関係に立つことは，前訴が隠れた一部請求訴訟であったことによって影響を受けない[99]。

IV 結 び

　本章は，一部請求訴訟の判決確定後の残部請求訴訟に確定判決の既判力が及ぶか，また信義則による残部請求訴訟の遮断は認められるかという問題について，判例学説を検討した。その結果，一部請求訴訟の判決が請求認容の場合には，既判力は残部請求の後訴には及ばないが，請求の全部または一部棄却の場合には，裁判所が前訴において一部請求の理由の有無を判断する上で残部債権部分について必要不可欠な形で判断し，これを否定して請求棄却の結論を導いている限り，既判力は残部請求訴訟に及び，後訴は不適法として却下されなければならないという結論に達した。また，被告が一個の債権の一部を訴訟上相殺に供する場合にも，裁判所が反対債権は成立原因を欠くとか，裁判所が認める一部を超えては存在しないという理由で相殺の抗弁を全部または一部排斥する裁判所の判断には債権全体について既判力が生じると解すべきことを主張した。

---

(98) *Musielak/Musielak*, 4. Aufl., § 322 Rdnr. 73.
(99) Zeiss, a.a.O. (Fn. 68), Rdnr. 581. これに対して，*Jauernig*, 28. Aufl., S. 255; *ders.*, a.a.O. (Fn. 85) 50 Jahre Bundesgerishtshof, S. 332 ff. は，隠れた一部請求訴訟を棄却する判決についてのみ矛盾関係を理由に残部請求訴訟を既判力により不適法とする。

第 4 章　消極的確認訴訟における請求棄却判決の既判力の範囲

I　はじめに

1　真偽不明判決

　民事訴訟において判決の基礎とすべき事実が存在するとも存在しないとも，いずれとも確定することができない場合，すなわち事実が存否不明の場合，裁判所はその事実が充足すべき法律要件要素が実現しなかったもの，または実現したものと仮定して，裁判しなければならない（客観的証明責任）(1)。このような判決は，証明責任に基づく判決という意味で証明責任判決（Beweislastentscheidung）または真偽不明判決（Non-liquet-Entscheidung）と呼ばれる(2)。

　後に詳しく見るように，証明責任判決も確定すると，事実の存否を確定した判決と同様に，既判力を生じるのが原則である。たとえば，原告が被告に対して売買代金の支払いを求めた訴訟において，売買契約が成立しなかったという理由で請求が棄却された場合と，裁判所が売買契約の締結があったともなかったとも，いずれとも心証を得ることができなかったことにより証明責任法則に基づき売買契約が締結されなかったものと仮定して原告の請求を棄却する判決をした場合とで，既判力の範囲に変りはない。いずれの場合にも，この確定判決は，原告の売買代金請求権の不存在を既判力によって確定する(3)。売買代金請求権の不存在が既判力によって確定されず，敗訴当事者が後訴において再び同一事実関係のもとで売買代金請求権の存在を主張して前訴確定判決におけ

　（1）　松本・証明責任 19 頁以下。
　（2）　*Baumgärtel*, Beweislastpraxis im Privatrecht, Köln/Berlin/Bonn/München 1996, Rdnr. 10, 13.

る裁判所の判断を争うことができるならば，売買代金請求権の存否をめぐる当事者間の争いは一向に解決を見ず，法的不安定は解消されないからである。

2 消極的確認訴訟

　確認の訴えは，原告が裁判所に対して一定の権利または法律関係が存在すること，または存在しないことの確認を求める訴えである。この訴訟の本案の確定判決は，当該権利または法律関係の存否を確定判決の既判力により確定することによって，争いとなっている法律関係を明確にし，当事者間の法律関係に法的安定をもたらすことができる。

　ところで，金銭債務不存在確認の訴えには，2つの態様がある。1つは金額明示の支払請求権に対するものであり，他は金額不明示の支払請求権に対するものである(4)。前者の消極的確認訴訟において審理の結果，債務は一部存在することが明らかになったときは，裁判所はその額を確定したうえで判決をしなければならない。原告が被告に対して，被告が原告に対して有すると主張する債権額のうち一定額を超えて債務を負担していない旨確認を求める消極的確認訴訟において，審理の結果，原告がその額を超えて債務を負担していることが明らかになった場合には，原則として，裁判所は直ちに請求を棄却すべきでなく，残債務額を積極的に確定したうえ，それに応じた判決をすべきである(5)。

　後者は，いわば原因判決（民訴法245条後段）の意味での請求原因について

（3）　給付訴訟の請求棄却判決の既判力が原告主張の具体的給付請求権の不存在を既判力によって確定するか否かについては，訴訟物の把握いかんによって異なる結論になり得る。私見はいわゆる二分肢説に立つが，既判力は具体的給付請求権の存否を確定すると解する。松本＝上野〔672〕。

（4）　小室直人「訴訟上の請求」新実務民訴講座(1) 339頁，356頁（同・訴訟物19頁，39頁）。

（5）　最〔2小〕判昭和40年9月17日民集19巻6号1533頁。解説・評釈として，奈良次郎・曹時17巻11号（1965年）1836頁；井上正三・民商54巻4号（1966年）528頁；青山善充・法協83巻4号（1966年）593頁；白川和雄・続百選173頁；木川統一郎・百選〔2版〕226頁；坂田宏・百選Ⅱ314頁；栗田隆・百選〔3版〕174頁などがある。

のみ裁判を求める訴えであり，したがって，請求権が何らかの額であれ存在する場合には，請求は棄却されるべきである[6]。金額不特定の債務不存在確認の訴えに対して，被告が終局的に金額を明示して自己の金銭債権を主張すれば，被告の請求権が一部存在する場合には，裁判所は請求を全部棄却するのではなく，被告の有する請求権の額を確定したうえで請求の一部認容・一部棄却の判決をしなければならない[7]。

3　問題の所在と本章の課題

　いま，たとえば債務者が一定額の貸金返還債務の不存在を主張して自称債権者を被告として債務不存在確認の訴えを提起したところ，貸金の交付を受けなかった事実の証明を原告（債務者）がしなかったという（もちろん誤った）理由で請求棄却判決を受けたとしよう。この判決が確定したのち，前訴被告が貸金の返還を求めて提起した後訴たる給付訴訟において，裁判所は前訴確定判決の既判力により，被告（前訴原告）の貸金返還債務の存在を自己の判決の基礎にすることを強いられるのであろうか。それとも，前訴確定判決は前訴原告の貸金返還債務の存在を積極的に確定したのではないから，前訴確定判決の既判力は前訴原告の貸金返還債務の存在については生じず，被告（前訴原告）は本訴では消費貸借契約の成立を再び争うことができるのであろうか。

　この問題は，前述の証明責任判決の既判力に関する原則を適用すると，本訴被告（前訴原告）はもはや貸金返還債務の存在を争うことは例外なくできず，後訴裁判所は被告の貸金返還債務の存在を判決の基礎として後訴請求の当否に対して判決をしなければならない（先決関係における既判力）というように答えられることになる。この結果は後訴裁判所に明らかな不当判決をするよう義務づけるものであり，結果の妥当性に疑いがある。本章では，この問題について最近連邦通常裁判所の判例と学説の間で活発な議論の闘わされたドイツの理論状況を紹介して，問題の所在を考えてみたい[8]。

　（6）　*Schellhammer*, 9. Aufl., Rdnr. 191.
　（7）　*Schellhammer*, 9. Aufl., Rdnr. 191.

II 消極的確認訴訟における証明責任の分配

1 証明責任の分配

　民事訴訟において裁判上重要な事実が存否いずれとも確定できない場合には，裁判所はその事実があてはまるべき法律要件要素が実現しなかったもの，または実現したものと仮定して裁判しなければならない。これが証明責任（客観的証明責任）である。したがって，証明責任は第一次的には，訴訟において誰が証拠を提出しなければならないかという証拠提出責任の問題とは異なる。この場合，問題の法律要件要素は実現しなかったものと仮定されるべきか，それとも実現したものと仮定して裁判されるべきであるかは，証明責任規範によって決まる(9)。明文の証明責任規定や法律上の推定規定が適用にならない限り，事実が存否不明のため実現したか実現しなかったか，いずれとも判断できない法律要件要素は実現しなかったものと仮定して裁判されるべきである（消極的基本法則）(10)。

　証明責任法則の適用の結果，いずれかの当事者に不利益が生じるが，この不利益は当事者の公平の見地から両当事者に分配されなければならない。これが証明責任の分配である。

（8）　消極的確認の訴えについては，次の文献がある。奈良次郎「消極的確認の訴えについて」民訴雑誌 21 号（1975 年）65 頁以下；潮久郎「損害賠償債務不存在確認訴訟に関する一考察」判タ 378 号（1979 年）19 頁以下；浅生重機「債務不存在確認訴訟」新実務民訴講座 (1) 363 頁以下；坂田宏「金銭債務不存在確認訴訟に関する一考察」民商 95 巻 6 号 818 頁以下，96 巻 1 号 66 頁以下（いずれも 1987 年）；藤原弘道＝細井正弘「大阪地裁における交通事故損害賠償請求訴訟の実状と問題点」ジュリ 905 号（1988 年）37 頁以下；木川・重要問題（中）330 頁以下；西理「債務不存在確認訴訟について」判時 1404 号（1993 年）7 頁以下；出口雅久「債務不存在確認訴訟の機能と確認の利益に関する若干の考察」立命館法学 256 号（1997 年）1610 頁以下。

（9）　松本・証明責任 21 頁以下；新堂 511 頁注 (1)。

（10）　松本・証明責任 24 頁以下。

2 消極的確認訴訟における証明責任の分配

消極的確認訴訟においても，一般的な証明責任分配原則が妥当する。したがって，権利の成立要件の証明責任は権利の成立を主張する当事者，それゆえ被告にあり，これに対して，権利の存在を争う相手方（原告）は権利障害要件および権利滅却要件ならびに民法上の抗弁権の成立要件につき証明責任を負う[11]。消極的確認訴訟では，権利主張者が被告，権利の存在を争う当事者が原告となるため，当事者地位は積極的確認訴訟や給付訴訟の場合とは逆になるけれども，実質的には被告が攻撃者であり，原告が防御者の立場に立つのであるから[12]，上の証明責任の分配は正当である。

III 消極的確認訴訟における確定判決の既判力

1 消極的確認訴訟における請求認容判決の既判力

消極的確認訴訟において請求を認容する確定判決は，その不存在の確認が申し立てられた権利または法律関係の不存在を既判力により確定する。敗訴被告が後訴において，口頭弁論終結前に存在していた請求原因事実に基づき給付の訴えを提起する場合，既判力は後訴請求に対して先決関係として作用するので，前訴確定判決における権利または法律関係の不存在の確定は，後訴判決の基礎とされなければならない[13]。

2 消極的確認訴訟における請求棄却判決の既判力

消極的確認訴訟において請求を棄却する判決が確定すると，この判決は既判力をもつ。この判決は，原則として，その不存在の確認が申し立てられた権利または法律関係の存在を既判力により確定すると解される（否定の否定は肯定）。しかし，既判力の範囲は，訴えが金額明示の支払請求権が存在しないことの確認を求めるものであるか，それとも，金額不明示の支払請求権が存在しないこ

---

(11) 兼子・体系261頁；条解民訴940頁［松浦］；木川・重要問題（中）335頁；松本＝上野〔502〕。
(12) *Schellhammer*, 9. Aufl., Rdnr. 190.
(13) 木川・重要問題（中）334頁。

との確定に向けられたものであるかにより異なる。

　消極的確認の訴えが金額明示の支払請求権を対象とする場合には，請求棄却判決は原因および額について請求権の存在を既判力により確定する(14)。

　これに対して，金額を明示しないで，金銭請求権の不存在の確認に消極的確認の訴えが向けられている場合には，請求棄却判決の既判力は原因判決（民訴法245条後段）の意味での請求原因に限られると解される(15)。被告が請求権の金額を明示して請求権を僭称するのでなく，一定の事実に基づき請求権を有すると僭称する場合，原告は請求権自体の不存在の確認を求めることができる。この訴訟において請求が認容されると，被告の請求権自体の不存在が既判力によって確定するから，原告の法的地位の不安定を除去することができ，それゆえ，金額不明示の債務不存在確認の訴えにも確認の利益を認めることができるからである。また，たとえば，不法行為に基づく損害賠償請求の一部請求訴訟(16)が提起され，これに対して，被告が一部請求の棄却を求めるとともに，「原告の一部請求額を超えても損害賠償請求権が原告に帰属しないことを確認する」判決を求める債務不存在確認反訴を提起した場合に，原告が一部請求額を超えて請求権を有することが明らかになれば，裁判所は一部請求を認容する

---

(14)　奈良・前掲注（8）100頁以下；木川・重要問題（中）334頁。

(15)　*Schellhammer*, 9.Aufl., Rdnr. 854; *Stein/Jonas/Leipold*, 21. Aufl., § 322 Rdnr. 119.

(16)　一部請求訴訟の適否については，著しい見解の対立が存在する。判例は数量的一部の請求であることが明示されているか否かによって残部請求の許否を決している（最〔２小〕判昭和37年８月10日民集16巻８号1720頁；最〔２小〕判昭和32年６月７日民集11巻６号948頁参照）。筆者は，一部請求訴訟後の残部請求訴訟は原則として許され，ただ一部請求訴訟を全部または一部棄却する判決は，確定すると，残部請求訴訟を（矛盾関係における）既判力の作用により排斥するとの見解を採っているが（本書第３章；松本＝上野〔679〕以下），この見解では，一部請求訴訟に対して残部債権の不存在確認を求める消極的確認の反訴は適法である。これに対して，いわゆる一部請求否定説（新堂・前掲注（9）294頁以下；小室直人「一部請求の訴訟上の取扱い」法学教室＜第１期＞１号（1961年）62頁以下（同・訴訟物93頁以下）によれば，消極的確認の反訴は不適法であろうが，不法行為による損害賠償請求においては，この説もいわゆる後遺症による追加賠償請求を許すので（新堂・前掲注（9）296頁），その限りでは加害者が請求を超えても損害賠償債務を負わない旨の消極的確認の反訴は許されることになろう。

III 消極的確認訴訟における確定判決の既判力　　251

とともに，単に反訴請求を棄却する判決をすべきである。しかし，この場合，確定した反訴請求棄却判決は原因判決と同じく，請求原因の存在を既判力により確定するだけである[17]。損害賠償請求権の額について，当事者は後訴において争うことができる。このことは，ドイツではライヒ裁判所の判例および連邦通常裁判所の判例を通じて一貫して承認されている[18]。BGH Urteil vom 9. 4. 1986, NJW 1986, 2508 は，そのような内容の比較的新しい判例である。

　本件は離婚した配偶者間での剰余清算請求権（ein Anspruch auf Zahlung eines Zugewinnausgleichs）をめぐる争いである。離婚結合手続（Scheidungsverbundverfahren）において，被告（妻）は原告（夫）の被告に対する剰余清算請求権は存在しないことの確認を求めたが，区裁判所も，上級ラント裁判所もこの申立てを棄却した。上級ラント裁判所は「現時点では夫の債権はいずれにせよ排除されず，したがって消極的確認の訴えは奏効しない」と判示した。その後，本訴において，原告（夫）は被告に対して一部請求として14万マルクの剰余清算を請求した。第一審裁判所は請求を棄却し，控訴裁判所は控訴を棄却した。連邦通常裁判所は次のように判示した。

　　「消極的確認の訴えを実体的理由から棄却する判決は，原則として，消極的確認の訴えによって要求されているものの反対形象を積極的に確定する判決と同じ既判力効を有する。もちろん，既判力の範囲は――あらゆる請求棄却判決の場合と同じく――つねに理由から明らかになるのであり，したがって，個別事案において異なる様相を示しうる。（中略）

　　正確に算定されていない一定の請求権に対して消極的確認の訴えが向けられているような場合には，その棄却は剰余清算請求権が原因上存在するが，まだ終局的に算定されなかったので，額の点ではなお調査を必要とするという積極的確認を意味するに他ならない（vgl. BGH, NJW 1975, 1320＝LM §210 BGB Nr. 4＝JR 1976, 18 [19]）。かかる確認の意義は，後の数額確定手続に対する原因判決の意義に比較できる（vgl. Wieczorek, ZPO, 2.

---

(17)　木川・重要問題（中）343頁。
(18)　RG JW 1894, 361; RGZ 29, 345 (347); 90, 290 (292); 153, 375 (382); BGH NJW 1975, 1320; 1986, 2508; *Stein/Jonas/Leipold*, 21. Aufl., §322 Rdnr. 119.

Aufl., §322 Rdnr. FIal)。それゆえ，給付の訴えに対する本件手続では，上級ラント裁判所は法的過誤なく，夫には全く剰余清算請求権が帰属しないとの結論に到達することができた」。

IV 消極的確認訴訟における証明責任判決の既判力

1 ドイツ連邦通常裁判所の判例

(1) ドイツ連邦通常裁判所は，消極的確認訴訟において請求原因事実の存否不明の場合に，請求原因事実は多分存在しないが，存在するかもしれないとして原告の請求を棄却した判決の既判力は，被告の請求権の存在を確定し，前訴被告が後訴において債務の履行を求めて提起した給付訴訟においては，後訴裁判所は後訴被告の債務の存在を判決の基礎として裁判しなければならないという見解を，次の２つの判例において宣言した。前訴判決は明らかに証明責任に関する誤った法的見解により請求を棄却した不当判決であり，連邦通常裁判所は後訴裁判所に再び不当判決を強制するものとして注目を集めた。

[１] BGH Urteil vom 17. 2. 1983, NJW 1983, 2032 = JZ 1983, 394 [19]

前訴において，ＹはＸに対して，ＸにはＹに対して10万マルクの貸金返還債権が帰属していないことの確認を求めて訴えを提起した。ＸはＹに対して同額の貸金返還債権を有すると主張した。裁判所は貸金の交付または返還に関して証拠調べの後「ＹはＸから貸金を受け取らなかったことを証明しなかったし，ＸもＹに貸金を交付したことを証明しなかった」として，Ｙの請求を棄却する本案判決を下した。この判決は確定した。その後，Ｘ（前訴被告）はＹに対して前訴において争われた問題の10万マルクの貸金返還請求権を主張し，10万マルクの支払いを求めて給付の訴えを提起した。第一審裁判所は金銭の交付または返還に関して証拠調べをし，貸金の交付は証明されなかったという理由で，請求を棄却したが，上級ラント裁判所は，Ｙが10万マルクの

---

(19) この判決には，*Tiedtke*, Zur Rechtskraft eines die negative Festellungsklage abweisenden Urteils, NJW 1983, 2011 ff.; *Waldner*, JR 1983, 372; *Messer*, JZ 1983, 394 の批評がある。

IV 消極的確認訴訟における証明責任判決の既判力   253

貸金返還債務を負っていることは前訴確定判決の既判力によってすでに確定しているとしてXの請求を認容する判決を下した。Yの上告に対して，連邦通常裁判所は直ちにXの請求を認容した。その理由は，前訴である消極的確認訴訟の請求棄却判決によって，裁判所は同時にXがYに対して貸金返還請求権を有することを確定したので，後訴裁判所はこの確認判決の既判力に拘束される，というものであった。連邦通常裁判所は次のように判示した。

「消極的確認の訴えを実質的理由により棄却する判決は，原則として，消極的確認の訴えにより要求されることの反対形象を積極的に確定する判決と同じ既判力効をもつ。このことは，一定の請求に対抗することが消極的確認の訴えの目標かつ内容であった場合にも，いずれにせよ妥当する。
（中略）
　前訴判決の判決理由において，貸金の不交付も交付もいずれも証明されなかったので消極的確認の訴えは棄却されると述べられていることは，以上の妨げとはならない。この説明は判決の既判力に与らない。……既判力は前述のように判決主文（Entscheidungssatz）すなわち，一定の事実関係から裁判官により引き出され，判決において宣言された訴訟上の請求の存否についての結論に限られる。このことは，本件では，前訴においてラント裁判所の引き出した，貸金返還請求権の不存在の確定に向けられた訴えは理由を有せず，棄却されるという結論だけが既判力を生じ，その結果，その反対形象，すなわち，この請求権の存在の積極的確定も既判力に与ることを意味する。それに対して，ラント裁判所が前訴においてその判決を基礎づけた考量は，既判力に与らない。その考量は，本件において既判力の範囲を制限するものでもない。控訴裁判所はすでに適切にも，貸金返還請求権の存在の確認に向けられた積極的確認の訴えが，被告が貸金の不受領を証明しなかったとして認容されるのと，逆に，――本件のように――貸金返還請求権の不存在の確認に向けられた消極的確認の訴えがこの理由で棄却されるのとでは，既判力効にとって，差異はあり得ないと指摘した。いずれの場合にも，理由は既判力に与らない。既判力効にとっては，前訴のラント裁判所が証明責任の分配を適切に判断したか否かは，重要ではない」。

[2] BGH Urteil vom 10. 4. 1986, NJW 1986, 2058 = LM Nr. 144 zu § 256 ZPO [20]

　X（原告）方で設備工事を行ったYが前訴において，Xに対して請負代金債権の残額として5345,08マルクと利息の支払いを求めたところ，XがYに約1万5000マルクを払い過ぎていると主張したので，Y（前訴原告）は前訴手続において消極的確認の訴えを提起し，Xのいう過大計算された1万5000マルクの返還債務を負わない旨の確認を求めた。ラント裁判所は1525,29マルクと利息の限度において支払請求を認容し，その余の請求を（消極的確認の訴えをも含めて）棄却した。その際，判決は次のように述べた。「だが，Y（前訴原告）が実体的に権利を有すること（sachliche Berechtigung）についてのYの陳述が全くないので，（消極的確認の）申立ては理由を欠く。Yは1979年6月30日の他の計算書によるすべての仕事が適切になされ，時間と費用によって正しく計算されていることを，したがって，その点でも法外に高い項目が主張されているというXの主張は正しくないことを，詳細に陳述しなければならなかった。この陳述がないので——そしてこの陳述の正当性は手許にある鑑定によっても疑問である——，訴えはその限りで棄却されるべきであった」[21]と。

　このラント裁判所の判決が確定した後，Xは本訴において消極的確認の訴えを棄却した確定判決を援用して，Yに対して払い過ぎたと主張する1万5000マルクの返還を求めた。ラント裁判所は連邦通常裁判所の判例[1]（BGH NJW 1983, 2023）を援用して請求を認容したが，控訴裁判所はこの連邦通常裁判所の判決に示された法的見解に従わなかった。すなわち，ハム上級ラント裁判所は，消極的確認訴訟の請求棄却判決が請求権の存在を既判力により確定するのは，不存在の確認を求められている請求権が存在するとの判断に基づき判決されている場合に限られるという見解に立って，被告側の補助参加人

---

(20) この判決には多数の批評がある。*Tiedtke*, Rechtskraftwirkungen eines die negative Feststellungsklage abweisenden Urteils, JZ 1986, 1031 ff.; *Künzl*, Zur Rechtskraft von Urteilen über negative Feststellungsklagen, JR 1987, 57 ff.; *Lepp*, Zwang zum Fehlurteil? NJW 1988, 806 ff.; *Kapp*, Kaninchen aus dem Zylinder? - Zum Scheinproblem der materiellen Rechtskraft des abweisenden Urteils bei der negativen Feststellungsklage, MDR 1988, 710 ff.

（前訴における被告の訴訟代理人）の控訴に対して，本件では原告の請求権の存在については前訴確定判決には何らの意味をも認めず，審理の結果，原告の請求の認容額を1758,84マルクに減額した[22]。Xの上告に対して，連邦通常裁判所は次のように判示し，原判決を取り消し，控訴を棄却した。

「判決のための出発点は，消極的確認の訴えを実体的理由から棄却する判決は，原則として，消極的確認の訴えによって要求された事項の反対形象を積極的に確定するという原則である。このような判決の既判力効は，そのことに対応する。

本件では，消極的確認の訴えが実体的な理由から棄却されているので，この法命題は無制限の適用を見出す。控訴裁判所が，それに対して——Tiedtke（NJW 1983, 2012 f.「第2の可能性」）と一致して——前訴を裁判するラント裁判所は自己の——誤った——立場から，当時の被告の積極的確認の訴えをも棄却したであろうゆえに，このことは本件では妥当しないと考える場合，控訴裁判所は前訴判決の既判力の範囲を誤認している。

判決の既判力（§322 I ZPO）は，判決の直接の対象，すなわち，判決主文をなす法律効果に限られる。それに対して，当該判決が依拠する個々の判決要素，事実確定および法的推論には，既判力は生じない。裁判の既判力の内容を把握するのに判決主文だけでは十分でない限り，事実と判決理由が補充的に利用されなければならない（BGH NJW 1983, 2032 m.

---

(21) Vgl. OLG Hamm NJW-RR 1986, 1123. なお，この引用部分は，ラント裁判所が不当利得返還請求権の成立要件である「法律上の原因の欠如」について，（誤りであるが）Yに証明責任があると見て，そこからYがこの法律要件要素について具体的事実陳述責任（Substantiierungslast）を負っていることを述べたものである。ドイツでは，訴訟の具体的な状況に応じて具体的事実陳述責任を負っている当事者がこの責任を果たさない場合には，証拠調べをしないで請求が排斥され，または抗弁が退けられる。この点については，松本博之「ドイツ民事訴訟における証明責任を負わない当事者の具体的事実陳述＝証拠提出義務（1）」大阪市立大学法学雑誌45巻3・4号（1999年）566頁，572頁以下参照。なお，不当利得返還請求権の成立要件である「法律上の原因の欠如」に関する証明責任については，松本・前掲注（1）403頁，406頁以下；同「不当利得返還請求における法律上の原因の欠缺についての証明責任と事実陳述義務」大阪市立大学法学雑誌42巻4号（1996年）621頁以下参照。

(22) OLG Hamm NJW-RR 1986, 1123.

Nach.)。

　本件では，Y は過大に計算された 1 万 5000 マルクを返還する義務を負わないとの確認申立てが理由を有しない旨前訴において確定的に裁判されている。それによって同時に，X には 1 万 5000 マルクの返還請求権が帰属することが積極的に確定的に宣言された。前訴を裁判する裁判所がその判決において，請求原因についての主張＝証明責任が──消極的確認の訴えにおいても──一般的な実体法上の証拠法原則によってではなく，専ら当事者地位によって決まるということから明らかに出発したことは──控訴裁判所の見解に反して──このことを変えるものではない。(中略)

　この結果は利益適合的でもある。その他の訴えにおいて判決の既判力の範囲が誤った実体的考慮によって制限されないのと同様に，消極的確認の訴えにおけるそのような法律上の過誤は何らの役割をも演じてはならない。その点で，ここで問題となるあらゆる訴えの種類の『平等扱い』が，──そうであって初めて既判力に伴う法的機能が果たされ得るので──まさに必然的に要請されるがゆえに，主張＝証明責任は消極的確認の訴えの場合にも，その他の訴えにおいて妥当するのと同じ法則によって決まる。以上のことから，ここでは同じ取扱いがなされなければならない（Das all verbietet es, hier mit „zweierlei Maß" zu messen）。しかし，控訴裁判所の見解は，そうしないことに帰する。すなわち，消極的確認の訴えを棄却する判決の既判力を決定する際は，判決裁判所が自己の誤った見解に基づき，相手方が積極的確認の訴えを提起した場合であればどう裁判したであろうかという（仮定的で，しばしば確実に答えることのできない）問題に余地が残るのに対して，支払請求の訴え（または積極的確認の訴え）に対して下される判決の既判力は，判決理由が実体的に適切か否かとは無関係に決められることになる。このような区々の取扱いは，消極的確認の訴えの領域について，既判力の決定に関する原則を相対化し，したがって明確な法的な理由がないのに，既判力制度の完結性を放棄することになろう」。

(2)　判例［1］の事案および判例［2］の事案のいずれにおいても，連邦通常裁判所は，前訴裁判所が消極的確認請求を棄却することによって，債権者に貸金返還請求権または不当利得返還請求権が帰属しているという確認を行ったと

考えている。その際，連邦通常裁判所によれば，被告が貸金を受け取らなかったことを証明しなかったという理由で，貸金返還請求権の存在の確認を求める積極的確認の訴えが認容された場合と，同じ理由で，貸金返還請求権の不存在確認に向けられた消極的確認の訴えが棄却された場合とで，違いは生じない。連邦通常裁判所は，消極的確認の訴えの請求棄却判決は同訴訟の原告が（存在しないと）主張した額において被告の請求権の存在を積極的に宣言していると見て，そこから被告の請求権の存在について既判力が生じると見るのである。その際，判決文から明らかなように，①権利根拠事実が存否いずれとも証明されないため，債務が存在するかもしれないという理由で消極的確認請求が棄却されても，このことが既判力の範囲を調査する際に考慮されない理由は，判決理由中の判断に既判力が生じないことに求められている。その結果，論理的反対推論の方法で，消極的確認訴訟の請求棄却判決が判決主文をなす法律効果として債権の存在を積極的に確定するという帰結が導かれる。そして，②この結果は「利益適合的」だとする。あらゆる訴えの平等扱いは，受訴裁判所が自己の誤った見解に基づき，相手方が提起したであろう積極的確認の訴えに対してどういう判決をしたかとは無関係に，消極的確認の訴えを実体的理由から棄却する判決の主文中の判断に既判力が生じることを要求する，とされる。

2 文献における見解の対立

しかし，連邦通常裁判所の見解は，多くの論者の批判を招いた。連邦通常裁判所の判例の立場を支持する既判力肯定説もあるが，確定判決が単に債務の存在の可能性を理由に消極的確認の訴えを棄却している場合には債務の存在についての既判力を否定する見解が多い。既判力肯定説には，*P. Arens*（アーレンス），*Kapp*（カップ），*Habscheid*（ハープシャイド），*Baumgärtel*（バウムゲルテル），*Schellhammer*（シェルハマー）などが属し[23]，既判力否定説には

---

(23) *P. Arens*, Zur Problematik von non-liquet-Entscheidung, in: Festschrift für Müller-Freienfels, Baden-Baden 1986, S. 13 ff.; *Kapp*, a.a.O. (Fn. 20), 710 ff.; *Habscheid*, Die materielle Rechtskraft des die negative Feststellungsklage aus Beweislastgründen abweisenden Urteils, NJW 1988, 2641; *Baumgärtel*, a.a.O. (Fn. 2), Rdnr. 13; *Schellhammer*, 9. Aufl., Rdnr. 854.

Tiedtke（ティーツケ），*Lepps*（レップス），*G.Walter*（ヴァルター），*Künzl*（キュンツル），*P. Gottwald*（ゴットヴァルト），*Vollkommer*（フォルコマー），*Leipold*（ライボルド）などが属する(24)。

(1) **既判力否定説** (a) 連邦通常裁判所の判例を批判する見解に共通するのは，確定判決において裁判所が確定しようとしなかったものに既判力は生じないという点である。確定判決を下した裁判所が，消極的確認訴訟の請求棄却は被告の主張する権利の積極的確定を前提としていないと考え，したがって単に請求権が存在する可能性があれば，それだけで原告の請求を棄却できると考えて請求棄却判決を行った場合には，そこには裁判対象の誤認が存在することになる(25)。そして，このような事態は，まさに，この判断対象の誤認を惹起することになる。

そこで，既判力否定説によれば，裁判所が，債務者が消極的確認の訴えの原告であるという理由だけで，原告の争う権利の成立要件の不存在について誤って主張＝証明責任を原告に課したのか，それとも裁判所は一般的に，すなわち，積極的な訴訟形態（積極的確認訴訟や給付訴訟）においても証明責任の分配を誤ったであろう場合なのかを区別する必要が生じ，そして，この区別のための調査を何に基づき行うべきかという問題が生じる。既判力否定説は，確定判決の判決理由を斟酌して解釈によってこれを明らかにすべきものとする。これに対して，既判力肯定説，とくに連邦通常裁判所の判例 [1] [2] は，判決理由中の判断には既判力が生じないことを根拠に理由中の判断を参考にすることを否定する。また，既判力肯定説は，請求棄却の動機の追及は訴訟類型の平等扱いの原則に反すると批判する。以下，これらの点について，両説の対立を詳しく見ていこう。

(b) 判例に対して逸早く批判の矢を放った *Tiedtke* は，上の第1の点につ

---

(24) *Tiedtke*, Zur Rechtskraft eines die negative Feststellungsklage abweisenden Urteils, NJW 1990, 1697；*G. Walter*, Zur Abweisung einer negativen Feststellungsklage, ZdBJV 123（1987），553；*Lepp*, a.a.O.（Fn. 20），806 ff.；*Künzl*, a.a.O.（Fn. 20），57 ff.；MünchKommZPO/*Gottwald*, 2. Aufl., § 322 ZPO Rdnr. 170；*Zöller/Vollkommer*, 25. Aufl.,§ 322 Rdnr. 11；*Stein/Jonas/Leipold*, 21. Aufl., § 322 Rdnr. 118.

(25) *Stein/Jonas/Leipold*, 21. Aufl., § 322 Rdnr. 118.

いて，前訴確定判決の解釈を次のように行っている。彼によれば，前訴確定判決による請求棄却には，2つの場合が考えられるが，いずれの解釈をとるかが問題解決を左右すると見る。第1の場合とは，貸金返還請求を受けた債務者は貸金の交付を受けなかったことにつき一般的に（すなわち，消極的確認訴訟だけでなく，積極的確認訴訟や給付訴訟が提起されていたとしても）証明責任を負っているという見解に確定判決が立っているという解釈である[26]。第2の場合は，前訴の裁判官が，債権者が給付訴訟または積極的確認訴訟を提起するのでなく，債務者が原告として訴えを提起している場合には主張＝証明責任の一般原則は修正され，争いのある債権の存否がいずれとも解明できない場合には，債権者が積極的確認の訴えを提起したとすれば請求棄却となるにもかかわらず消極的確認請求も棄却しなければならないと考える場合である。この第2の場合はさらに，①裁判所が，債権が存在しないと確定できず，ひょっとすると債権は存在するがゆえに消極的確認請求を認容できないと考えるために，請求棄却判決をしている場合[27]と，②債権の存否不明の場合に，前訴裁判所が債権が存在するかもしれないし存在しないかもしれないという認定にとどまってはならないと考え，一歩進めて消極的確認の訴えにおける証明責任の転換をまじめにとって，債務者が請求原因事実を反駁しなければならない場合には債権が存在するかもしれないという状態は「債権は存在する」という意義をもつと考える場合[28]が区別されるという。

　Tiedtke によれば，前訴確定判決が第1の場合に示された見解に立っているのであれば，判例［1］の事案において，債務者が貸金を受領した場合と同じように証明責任によって扱われるべきであるがゆえに，前訴の裁判所は請求の棄却を行ったのであり，その場合には，債務の存在につき既判力を肯定する連邦通常裁判所の見解は正しい。これに対して，債務者が債務者たる資格において返還を求められた貸金の不受領を証明しなければならないと前訴裁判所が考えたのであれば，前訴裁判所は「理性を失っていた」に違いなく，前訴裁判所がそのような馬鹿げた見解を主張したことを出発点とすることはできない。そ

---

(26) *Tiedtke*, NJW 1983, 2012; ders., JZ 1986, 1034.
(27) *Tiedtke*, JZ 1986, 1034 f.
(28) *Tiedtke*, JZ 1986, 1036.

れゆえ，第1の可能性は問題とならない(29)。

　第2の場合のうち，①においては，確定判決を下した裁判所は「多分ひょっとすると債権は存在しているし，ひょっとすると債権は存在していない」という判断に止まっており，そこから裁判所は証明責任の変更に基づき，債務者は貸金を受け取ったとか（判例［1］の事案），法律上の原因なしに給付を得た（判例［2］の事案）というような請求原因事実が存在する場合のように法律状態を債務者の不利に見るべきだという結論に至っていない。「ひょっとすると債権は存在しているし，ひょっとすると債権は存在していない」という事情だけで請求棄却判決ができるとの考えのもとで消極的確認請求を棄却した判決は，債権の存在を積極的に確定するとの内容を含んでいない。このような状況が判例［1］の事案において存在した。ところが連邦通常裁判所は，この判決に貸金返還債権の存在を積極的に確定する内容を与えた。連邦通常裁判所は，判決理由中の判断には既判力が生じないことを根拠に，「ひょっとすると債権は存在しているし，ひょっとすると債権は存在していない」という認定は，債権が存在するという確定が判決に含まれているという連邦通常裁判所の見解の妨げにならないと見る。*Tiedtke* は，これによって連邦通常裁判所は「物事を捻じ曲げた」と非難する。すなわち，「消極的確認の訴えを棄却した判決は，『もともと』内容として積極的確認を有していない。裁判官は債権が存在しないと確定するつもりがなかったゆえに消極的確認の訴えを棄却しているのだ。なぜ，その裁判官は正反対形象（das kontradiktorische Gegenteil）すなわち債権が存在することを確定すべきなのか。そうすべきだとすれば，それは債権の存在または不存在以外の可能性が問題にならない場合だけである。しかし，裁判官は前訴において第3の可能性，すなわち消極的確認の訴えは債権が存在しないとは確定できないが，債権がひょっとしたら存在する場合には，理由のないものとして棄却されるという可能性から出発している。この種の判決を下してはならないことは，裁判官がそのような判決を下し得ること，そして消費貸借事件（判例［1］）において下したことを変えるものではない。しかし，判決の既判力にとっては，どのように判決が下されなければならなかったかが基準となる

---

　(29)　*Tiedtke*, NJW 1983, 2012; *ders.*, JZ 1986, 1034.

のではなく，どのように下されたかだけが決定的である。債権が存在するという反対形象が確定され得るのは，請求棄却判決がそのような推論を許す場合のみである。裁判官が第3の可能性を採用した場合には，そうではない。連邦通常裁判所は前訴の判決がもとうとせず，またもっていない内容を前訴判決に付与している」(30)。

　Tiedtke は，判例［2］の事案（不当利得事案）の前訴において言い渡された判決（確定判決）は消極的確認訴訟の請求棄却のためには「ひょっとすると債権は存在しているし，ひょっとすると債権は存在していない」という認定では不十分であると考え，債権の存在または不存在を判断しなければならないと見，原告たる債務者に証明責任が転換され債務者が権利根拠事実を反駁しなければならないことから，「ひょっとすると債権は存在しているし，ひょっとすると債権は存在していない」ということは債権の存在の意味をもつと，前訴の裁判所は考えていると連邦通常裁判所が解したことは排除されないという(31)。このような判決の理解は，債権の存在の判断に消極的確認請求の棄却を基礎づけており，それゆえ，債権の存否不明だけで消極的確認訴訟を棄却できるという見方とは異なる。しかし，*Tiedtke* によれば，第2の場合の②は，めったに起こらない。第2の場合の②においては，裁判所は，積極的な訴え（給付訴訟，積極的確認の訴え）であれば，債権の成立要件についての証明責任は債権者にあると解しているので，裁判所は消極的確認の訴えの場合と積極的訴訟の場合とで異なる実体法を適用することになる。証明責任は実体法に属するので，積極的訴訟と消極的確認訴訟とで異なる証明責任分配法則を適用することは，異なる実体法を適用することになるからである。裁判官がこのようなことをする蓋然性は，非常に低い。「消極的確認の訴えの枠内では主張＝証明責任が変わるという理由で，裁判官が訴えを棄却した場合には，裁判官は通常，債権は存在しないが，ひょっとすると存在するかもしれないという可能性では，債権は存在しないという要求された確認には至りえない，それゆえ消極的確認の訴えは棄却されなければならないのであって，それによって債権の存在が確定され

---

(30) *Tiedtke*, JZ 1986, 1035.

(31) *Tiedtke*, JZ 1986, 1036.

るわけではない。債権はひょっとすると存在するという事情だけで，訴えの棄却には十分であると考えたのであろう。その際，裁判官は，そこに止まっているのであって，債権が存在するとの推論を行っていない」と指摘する[32]。

結局，*Tiedtke* は，判例 [1] [2] においてラント裁判所は，債権の存在の可能性があるだけで消極的確認の訴えを棄却するのに十分だと考えたがために，法律関係の存否の判断を行わなかった可能性がもっともありそうな解釈だとする。そして，判決がどう解釈されるべきかについて疑いが生じるときは，この解釈を優先させるべきだとする。

判例 [2] を批評した *Künzl* も，裁判所が訴訟上の当事者地位によって証明責任の分配を誤認したことに，実体的に不当な判決が基づいていることから出発すべきだとする。[2] の判決理由には，ラント裁判所が債権の存在から出発したことの手がかりはない。消極的確認の訴えが提起されたという理由だけで証明責任が転換された場合には，積極的確認の訴えの場合には請求が棄却されたことから出発すべきである，という[33]。

Walter も，裁判所が債権者に請求権が帰属するか否かを調査しなかった場合や，消極的確認訴訟の請求棄却判決のためには請求権の存在の可能性で足りると考えて請求棄却判決をした場合には，この判決は争われた請求の存在を積極的に確認する内容をもたないとする。確定判決は，この場合，後訴に対して積極的にも消極的にも影響を与えないと主張し，*Tiedtke* の理由づけを援用する[34]。

(2) 既判力肯定説　*Tiedtke* の見解は，真偽不明判決は他の判決より少ない既判力（eine geringere Rechtskraft）をもつという結果になり，このことは証明責任判決が争訟終結機能を失うこと意味するとの批判[35]があるが，既判力否定説も真偽不明判決の既判力を一般的に否定するのではなく，裁判所が消極的確認訴訟において債務者が原告であるがゆえにたとえば貸金の交付がなかったことにつき債務者が証明責任を負うと誤解している場合に限られるので

---

(32) *Tiedtke*, JZ 1986, 1036.
(33) *Künzl*, a.a.O. (Fn. 20), S. 58.
(34) *Walter*, a.a.O. (Fn. 24), 565.
(35) *Arens*, a.a.O. (Fn. 23), S. 25; *Habscheid*, a.a.O. (Fn. 23), S. 2644.

あるから，この批判は当たらない(36)。

　Kapp は，中心問題を既判力に関して終局判決がどのような内容を有するかの調査の方法について，*Tiedtke* らの見解を批判する。すなわち，既判力の範囲の決定にとって重要なのは判決主文および事実であって，判決理由はそれが不可欠な場合にのみ例外的に利用されるに過ぎないという。判決理由は主文の解釈にとってほとんど役立たないという(37)。判決理由に照準をあわせて既判力の範囲を決定しようとする試みは，既判力の限界を曖昧にすると批判するのである(38)。*Tiedtke* のように，裁判所がなぜ消極的確認の訴えを棄却したかをまず調査し，ついで積極的確認の訴えが提起されたのであれば同じ判決がなされたかを調査すべきだとすると，判決理由の分析から，積極的確認の訴えの場合には裁判所がどう裁判したかが明確にならなければ，解決不能な問題に直面するし，それを超えて，動機の追及は，訴えの類型の平等扱いの原則に反する結果になると指摘する(39)。しかし，この指摘は正しくない。請求棄却判決が何についてなされているかを判断するには，判決理由から明らかになる事実関係が重要な意味を有する。後訴が同一の訴訟物をもつため不適法か否かは，前訴判決の理由から明らかになる事実関係を斟酌しなければならない。また，請求が履行期未到来のため棄却されたときは，その後履行期が到来すると，履行期の到来を主張する再訴が許されることは判決理由から明らかになる(40)。

　Habscheid も既判力否定説を批判するが，彼は判決理由が既判力の範囲の解

---

(36) *Tiedtke*, a.a.O. (Fn. 24), NJW 1990, 1997, 1700.
(37) *Kapp*, a.a.O. (Fn. 20), S. 711.
(38) *Kapp*, a.a.O. (Fn. 20), S. 712.
(39) *Kapp*, a.a.O. (Fn. 20), S. 712.
(40) *Habscheid*, a.a.O. (Fn. 23), S. 2642 f. なお，日本の手形訴訟（民訴法350条以下）では，請求が手形訴訟適格を有していない場合にも，また，一般的訴訟要件の欠缺の場合にも，手形判決によって訴え却下判決がなされる。前者の場合には控訴も異議も提起できないのに対して，後者の場合には控訴を提起することができる。いずれの理由での訴えの却下であるかは，判決主文からは明らかでなく，判決理由に基づき解釈によって明らかにされなければない（小室直人「手形訴訟における不服申立」大阪市立大学法学雑誌13巻3・4号（1967年）380頁，385頁以下（同・上訴・再審229頁，234頁以下）参照。

釈にとって有用なことは認めつつ，消極的確認訴訟を棄却する判決の判決理由の解釈によって判決主文の内容を明らかにすべきだという見解は，「解釈以上のものが問題とされており」，「真偽不明はこれらの論者にあっては，他の請求棄却判決とは異なる性質を含んでいる。しかも，真偽不明による同様の理由づけが既判力に与ることによって。これは，理由を既判力に取り込むことをいずれにせよ，この意味で否定する民訴法322条1項の無視である」と[41]。

(3) **判決理由中の判断への既判力の否定**　判決理由中の判断に既判力が生じないという規律をもって既判力否定説を批判する Habscheid の見解に対して，Tiedtke は，ここでは判決理由中の判断の既判力が問題になっているのでなく，「判決理由から明らかになる裁判所の見解によれば原告が担うべき不利益以上の不利益を，請求の棄却によって原告は被るかどうかが問題となっている。2つの問題は区別されるべきである。民訴法322条1項は，判決理由に既判力があるとすれば存在するであろう危険を原告から取り去っている事実から，民訴法322条1項は，いわばその調整のために，判決主文がそれ自体解釈されることに存する危険，したがって判決主文の解釈のために判決理由が利用される場合以上に原告が劣悪な地位に立ち得ることに存する危険を原告に負わせてはいないのである。これを負わせているとする見解には実質的な理由，内的な正当化は存在しない。……この見解に従うと，民訴法322条において行われた規律は，当事者のリスクを訴訟の対象に限定することに尽きるのではなく，むしろ，それは，裁判官が前訴において判決に与えた意味を判決が取得するのを阻止する任務を有する。裁判官が本訴において判決理由を意識的に無視して判決主文をどのように解釈するかが，専ら決定的となる。このことは，後訴の裁判官が認識するように，判決がそれによって別の意味，逆の意味を獲得する場合，したがって（ひょっとしたら存在するかもしれない）債権の存在を確定することの拒否から，債権の確定が生じる場合にも妥当する。かくて，白であったものが黒となり，慈善が災いとなる。したがって，この見解は自ら自己の見解の誤りを証明している」と主張する[42]。

---

(41) *Habscheid*, a.a.O. (Fn. 23), S. 2643.
(42) *Tiedtke*, a.a.O. (Fn. 24), S. 1700.

3 検討

 以上においてドイツにおける見解の対立の概要を紹介したが，以下ではこの問題について若干の検討を試みたい。
 まず，消極的確認訴訟においても被告の主張する権利または請求権の存否を確定判決の既判力によって確定し，当事者間の法律関係の安定を図ることが重要であることはいうまでもない。したがって，裁判所が債務の存否について心証を得て判決をしている場合はもちろん，事実の存否が不明で証明責任に基づき判決している場合にも，たとえそれが誤った証明責任の分配に基づくため不当判決であっても，消極的確認訴訟の請求棄却判決は原則として債務の存在を既判力によって確定することは疑いない。しかし，Tiedtke らの既判力否定説が主張するように，前訴裁判所が，債務者が原告となっているがゆえに，権利根拠事由に関して証明責任分配の一般原則に反して原告（債務者）に証明責任を負わせて請求棄却判決をした場合であれば，したがって積極的訴訟であれば原則どおりの証明責任分配に基づき判決したであろうと認められる場合には，この証明責任判決は事実の存否不明のみを確定すると解すべきである。この場合には債権の存在の可能性がありさえすれば，それだけで債務不存在確認請求を棄却できるという見解で判決がなされているのであるから，債務の存否についての裁判所の判断は示されていないからである。
 およそ消極的確認訴訟における請求棄却判決の既判力が，原告の債務の存在（したがって被告の請求権の存在）を確定することを正当化し得るのは，証明責任の分配が同一権利関係に関する消極的確認訴訟と積極訴訟（給付訴訟・請求権確認訴訟）とにおいて同一であることである(43)。しかし，債務者が原告であるだけで請求権根拠要件についての証明責任が原告（債務者）にあるとの見解のもとに請求棄却判決がなされる場合には，この判決の既判力が先決関係として後訴たる給付訴訟に拘束力を及ぼすための正当化根拠が存在しない。具体的事件においてこの既判力の正当化根拠が備わっているか否かを判決理由を手がかりに調査することが許されるのみならず，既判力が職権調査事項であることに鑑み当然調査されなければならない。最後に，既判力否定説は訴えの類型の

---

(43) *Waldner*, JR 1983, 374.

平等扱いについての要請を，判決理由の斟酌を否定する根拠としてあげる。しかし，これが根拠薄弱な議論であることは明らかであろう。なぜなら，消極的確認訴訟において，債務者が原告になっているという理由だけで積極訴訟の場合と異なる証明責任分配が行われ，それに基づき請求棄却判決がなされた場合に，その確定判決に既判力が否定されるのは，それが消極的確認訴訟における判決だからではなく，裁判所が判断していない事項に既判力を及ぼすことはできないからである。したがって，それは，訴えの類型による不平等扱いではないからである。結局，Tiedtke らの既判力否定説を正当としなければならない。

V おわりに

　本章は，消極的確認の訴えにおいて事実の存否不明を理由として請求を棄却する証明責任判決の既判力について考察した。ドイツの実務で起こったような証明責任分配の誤解に基づく判決は，日本では生じないという意見もあるかもしれない。第1，日本の裁判実務では，証明責任判決は非常に少ないという事情もある。しかし，消極的確認訴訟における証明責任が，不合理にも債務者が原告になっているという理由だけで転換されないとは限らない。したがって，稀な出来事であれ，このような判決の既判力を検討する意味は失われないであろう。

　消極的確認の訴えにおいては，被告が請求原因につき証明責任を負う。通常の訴訟（積極訴訟）では権利主張者がいつ訴えを提起するかを自由に決めることができるのに対して（これは処分権主義の一内容である），消極的確認の訴えにおいては，権利者はかえって他人から訴訟を強いられることになり（訴訟強制機能），しかも請求原因については主張＝証明責任は被告が負わなければならないのである。このことは，損害賠償債務不存在確認の訴えのように，被害を受けた損害賠償請求権者が治療に服しているなどの事情で十分な訴訟活動が出来ない時点で訴訟を強いられる事態が生じ得ることを意味する。そのことは，かかる訴訟の訴えの利益の判断に一層の慎重さが要求されることをも示唆するものである。交通事故等，不法行為による損害賠償債務不存在確認の訴えが増加している今日，とくに留意すべき点であろう。

第5章　反射的効力論と既判力拡張論

I　問題の所在

1　先決的法律関係に対する確定判決の既判力

　確定判決の既判力は，前訴と後訴の訴訟物が同一である場合のみならず，前訴において既判力をもって確定された法律効果が後訴の訴訟物に対して先決関係に立つ場合にも及ぶ。ある法律関係 B が実体法上他の法律関係 A に依存する場合，法律関係 A は法律関係 B の先決的法律関係をなし，法律関係 B は法律関係 A に対して従属的法律関係の位置にある。いま先決的法律関係 A に関する訴訟において確定判決がなされると，この判決の既判力は同一当事者間の従属的法律関係 B に関する後訴に及ぶ。その結果，後訴裁判所は前訴確定判決の判断を前提として後訴請求について判断をしなければならない。この点は全く明白である。

　たとえば，Y が X の債権のために抵当権を設定しており，X の提起した債務の履行請求訴訟において Y に債務の履行を命じる判決がなされ，この判決が確定している場合[1]，たとえば Y が X に対して被担保債権の不存在を主張して抵当権の抹消登記請求の訴えを提起したとすると，前訴確定判決の既判力は後訴に及び，後訴裁判所は前訴の事実審の最終口頭弁論終結時に X の Y に対する被担保債権が存在したという確定判決の判断と矛盾する判断をすることは許されず，これを前提に後訴請求の当否について裁判をしなければならない。

　（1）　抵当権者は抵当権実行の競売申立てができるから債務の履行を求める訴えを提起することは実際には殆ど行われないが，ここでは理論的な問題を説明するため，この例を用いる。

2 第三者が従属的法律関係の主体である場合

　上記の例において，抵当権を設定したのが債務者Y自身でなく，物上保証人としてのZである場合，XがYに対して取得した債務履行を命じる確定判決の既判力は，ZのXに対する抵当権抹消登記請求訴訟には及ばない。それゆえ，ZはXの被担保債権が前訴の事実審の最終口頭弁論終結時においてすでに存在しなかったことを適法に主張することができる。なぜなら，既判力が及ぶのは，民訴法115条1項により当事者およびその承継人など一定範囲の者に限られるからである。

　問題は，前訴確定判決が債権者（X）に不利な場合にも，同じことが妥当するかどうかである。たとえば，ZがYのXに対する債務のために保証をし（または自己の不動産に抵当権を設定し，または自己の動産に質権を設定し）たところ，後にXのYに対する債務履行請求訴訟においてXの請求を棄却する判決が確定したとしよう。このケースにおいて，比較的多くの文献は，XのZに対する保証債務履行請求訴訟において，ZはX敗訴判決を援用して，Xには被担保債権が存在しないと主張することができるという見解を主張している。この見解は，保証債務の附従性（Akzessorietät）および，XはYとの間の訴訟において被担保債権の存否について十分に当事者権（手続権）を保障されたにもかかわらず，Zとの訴訟において再度被担保債権の存在を主張するのは，紛争の蒸返しであり，勝訴当事者（Y）および第三者（Z）に対して信義に悖る態度であるという考量を基礎とする[2]。もちろん，このような結論を否定する見解も——その理由は様々であるが——存在する[3]。

　ところで，保証人，物上保証人が主たる債務者勝訴の確定判決を自己の有利

（2）　新堂674頁；条解民訴697頁［竹下］；高橋・重点講義〔上〕663頁。

（3）　三ヶ月・全集35頁；同・双書40頁；後藤勇「確定判決の反射的効果」判タ347号（1977年）11頁以下；上村明広「確定判決の反射効と既判力拡張」中村宗雄先生古稀祝賀記念論集『民事訴訟の法理』（1965年・敬文堂）391頁以下；上野泰男「既判力の主観的範囲に関する一考察」関大法学論集41巻3号（1991年）907頁，941頁以下；谷口安平ほか編『新判例コンメンタール・民事訴訟法3』（1994年・三省堂）310頁［上野］；基本法コンメ新民訴(1)241頁［上野］；注釈民訴（4）447頁［伊藤］；伊藤529頁以下。

に援用することができるのであれば，抵当権，質権，譲渡担保権などは当事者間では等価値であるから，非附従性担保である譲渡担保について，譲渡担保設定者にもX敗訴判決の援用が認められなければならないのではないかという問題も生じる(4)。

以上の諸例は第三者に有利に確定判決が作用するとされる場合であるが，第三者に対して前訴の当事者の一方が，自己に有利な，したがって第三者に不利な先決的法律関係に関する判決を援用することが学説上認められている場合がある。その例は，持分会社に対して債務の履行を命じる判決を取得した債権者が，持分会社の社員に対する訴訟において会社に対する勝訴判決を自己の有利に援用する場合である(5)。

このように前訴の当事者の一方と第三者との間の従属的法律関係に関する後訴において，第三者が前訴の確定判決を自己の有利に援用でき，または自己の不利にも承認しなければならないとされる場合，その根拠は何かが問題となる。確定判決の反射的効力が第三者に及ぶという見解と，前訴確定判決の既判力が第三者に拡張されるという見解がある。

3　本章の課題

判決の反射的効力とは，先決的法律関係に関する確定判決が当事者の一方と第三者との間の法律関係に関する後訴において第三者の有利に（または不利にも）拘束力を及ぼすことをいう。この効力は，既判力が訴訟法上の効力であるのに対して（訴訟法説），実体法上の効力とされる。このような把握に対して，後述のように，明文規定を超えた特殊な既判力の拡張であるとする見解（既判力拡張説）が対立している。

本章は，判決の構成要件的効力，反射的効力および既判力の拡張を相互に概念的に正確に区別した上で，従来多数説が反射的効力として承認する，従属的法律関係に対する判決の効力が本当に反射的効力であるのか，少数説のいうよ

---

(4) U. Huber, Rechtskrafterstreckung bei Urteilen über präjudizielle Rechtsverhältnisse, JuS 1972, 621.

(5) 新堂672頁。

うに実体法上の従属関係による既判力の拡張なのか、またそのような既判力の拡張を肯定する必要性と正当化根拠があるのか、これが肯定される場合にいかなる範囲でそのような判決の効力が認められるのかという問題を検討するものである。

このように述べるのは、後に明らかになるように、反射的効力論は少なくとも日本では出発点からその概念規定が明確でなかったという事情があるからである。判決の構成要件的効力の一種とされながら、一定の法律効果のための法律要件として判決の存在を規定する法規または当事者の合意が存在するか否かは全く問題とされなかった。そこでは、第三者の法的地位が前訴当事者間の確定判決によって判断された法律関係（先決的法律関係）に従属していることを理由に——たとえば保証の事案では第三者（保証人）が後訴において債権者敗訴の前訴確定判決を援用すると——後訴裁判所は前訴確定判決の判断を判決の基礎にしなければならないことを「反射的効力」と呼んだからである。そのため、議論の出発点からしてすでに、この反射的効力は第三者の債務（上の例では保証債務）の消滅といった実体法上の効果ではなく、訴訟法上の効力として観念されていた趣きがある。最近では、一部で問題を実体法のレベルで考察すべきだとする「実体的反射効」説[6]も主張されている。

II 第三者への既判力の拡張と判決の構成要件的効力

1 拘束力の法的性質の問題

(1) 先決的法律関係に関する判決が従属的法律関係の主体である第三者を拘束するとされる場合において、それは判決の実体法上の効力（「構成要件的効力（Tatbestandswirkung）」または「反射的効力（Reflexwirkung）」）なのか、それとも、訴訟法上の既判力拡張の一場合なのかが問題となる。しかし、この問題について、学説において見解の一致は見られない。否、拘束力の法的性質決定の実益を疑う見解[7]すら有力である。しかし、法的性質決定の問題は、単に

---

(6) 木川・重要問題（下）550頁以下；同「判決の第三者に及ぼす影響 (3)」法学新報 68巻3号 (1961年) 159頁以下。小山412頁も同じ見解であろう。

理論的な関心事に過ぎないものではない。法的性質は，一連の具体的問題を解決するための統一的基礎を提供する評価に関わるものである。たとえば，いかなる事情のもとで後訴裁判所はこの拘束力を考慮すべきかどうかという問題について，既判力拡張説によれば，既判力は職権調査事項であるから，後訴裁判所は前訴判決の既判力を職権により調査すべきことになる。これに対して構成要件的効力説または反射的効力説を採用すれば，前訴判決の構成要件的効力または反射的効力が後訴において斟酌されるか否かは当事者の意思に委ねられ，当事者が抗弁を提出してその斟酌を求める場合に初めて裁判所はこれを斟酌すべきことになる。そして，この訴訟上の取扱いの差異は，拘束力を受ける第三者が口頭弁論期日に欠席する場合にはっきりと現われる。保証の例でいうと，既判力拡張説によれば，保証人が口頭弁論期日に欠席していても，主たる債務者に対する請求を棄却する確定判決が顧慮され，保証人に対する請求を棄却する判決がなされるべきである。構成要件的効力説によれば，保証人による抗弁を欠くため，裁判所はたとえ前訴確定判決の存在を知っていても，これを斟酌することはできず，擬制自白により請求認容判決をすることができる。さらにまた，既判力拡張説によれば，主たる債務者に対する請求と保証人に対する請求とを併合して訴えが提起された場合，この訴訟は類似必要的共同訴訟であるか否かも問題となる[8]。

(2)　日本の学説では，この実体法上の従属関係による第三者の拘束につき，多数説は反射的効力説を主張し[9]，一部で有力に従属関係による既判力拡張説が主張されている[10]。

兼子一博士は，「確定判決の反射効（Reflexwirkung）若は事実要件的効力（Tatbestandswirkung）」を「当事者間における確定判決の存在が，本来既判力

（7）　新堂 671 頁；高橋・重点講義〔上〕658 頁。反対，山本和彦「反射効」判タ 980 号（1998 年）54 頁，56 頁以下（同・基本問題 179 頁）。

（8）　Vgl. *Fenge*, Rechtskrafterstreckung und Streitgenossenschaft zwischen Hauptschuldner und Bürgen, NJW 1971, 1920, 1921; *Schiller*, Notwendige Streitgenossenschaft bei Klage gegen Gesellschaft und Gesellschafter, NJW 1971, 410 ff.; *Gottwald*, Grundprobleme der Streitgenossenschaft, JA 1982, 64 ff.; MünchKomm-ZPO/*Schilken*, 2. Aufl., §62 Rdnr. 14 ff.

の及ばない第三者に対して，反射的に利益又は不利益な影響を及ぼす現象」(11)と捉え，このような効力を既判力についての権利実在説の立場から肯定する。そして，反射的効力が第三者に及ぶ基準を，「単に論理的に先決関係にあるというだけでは足りず，第三者が当事者間の処分行為の効果を当然に受けなければならない関係に立つこと」(12)に求める。この兼子博士の見解は，既判力の本質についての見解の違いを別にすれば，もともと Hellwig（ヘルヴィヒ）の見解(13)に従ったものであるが，反射的効力説は，ドイツでは Hellwig のほか，Kuttner（クットナー）(14)，Nikisch（ニキッシュ）(15)，Pagenstecher（パーゲンシュテッハー）(16) らによって主張された。Hellwig は，「民法は当事者自身の関係において一定内容の判決の言渡しという単なる事実にすら私法上

---

(9) 細野長良『民事訴訟法要義第 4 巻』(1931 年・巖松堂) 217 頁；兼子一『実体法と訴訟法』(1957 年・有斐閣) 163 頁；同・体系 352 頁；同・法協 74 巻 5・6 号 (1958 年) 655 頁, 657 頁；木川・前掲注 (6) 法学新報 68 巻 3 号 159 頁以下；中田淳一「判決の効力」同『訴と判決の法理』(1972 年・有斐閣) 143 頁以下；奈良次郎「判決効をめぐる最近の理論と実務」新実務民訴講座 (2) 291 頁, 321 頁以下；斎藤 402 頁；谷口 367 頁；小山 412 頁；吉野正三郎『集中講義民事訴訟法』(1990 年・成文堂) 256 頁；注解民訴 (5) 161 頁 [小室＝渡辺＝斎藤]；木川・前掲注 (6) 539 頁以下；小林秀之『プロブレム・メソッド新民事訴訟法』(1997 年・判例タイムズ社) 395 頁；新堂 674 頁以下；高橋・重点講義〔上〕666 頁以下, 663 頁；林屋 483 頁など多数にのぼる。なお，上田 490 頁以下；高田裕成「判決の反射的効力」争点〔新版〕300 頁以下も参照。

(10) 吉村徳重「既判力拡張における依存関係 (3)」法政研究 28 巻 1 号 (1961 年) 49 頁以下；鈴木正裕「判決の反射的効果」判タ 261 号 (1971 年) 2 頁以下；竹下守夫「判決の反射的効果についての覚え書」一橋論叢 95 巻 1 号 (1986 年) 30 頁以下；条解民訴 697 頁以下 [竹下]。

(11) 兼子・前掲注 (9)『実体法と訴訟法』163 頁；同・体系 352 頁；同・前掲注 (9) 法協 74 巻 5・6 号 657 頁。

(12) 兼子・前掲注 (9) 法協 74 巻 5・6 号 657 頁。

(13) K. Hellwig, System des Zivilprozeßrechts, Leipzig 1912, Nachdruck Aalen 1968, § 232 III (S. 802 ff.); ders., Wesen und subjektive Begrenzung der Rechtskraft, Leipzig 1901, S. 21 ff.

(14) Kuttner, Die privatrechtlichen Nebenwirkungen der Zivilurteile, München 1908.

(15) Nikisch, Zivilprozessrecht, 2. Aufl., Tübingen 1952, S. 432.

(16) Pagenstecher, Zur Lehre von der materiellen Rechtskraft, Berlin 1904.

の内容をもつ一定の効力を結び付けている」が，このような効果は「第三者との関係においても生じ得る」とし，これを判決の反射的効力または私法上の付随的効力と呼んだ。彼のいう反射的効力または付随的効力は，「判決が当事者をそこに置く法律状態が直接または間接に第三者の法律状態にも影響を与える法律要件をなす」という効果であり，この点で既判力の拡張とは異なるとする(17)。このような反射的効力または私法上の付随的効力の例として，Hellwig は，とりわけ，保証人は主債務者に対する請求棄却判決を援用できること，賃借人（転貸人）が住居の明渡しを命じる判決を受けたときは，転借人も明渡さなければならないこと，賃借人がその占有権原を認める判決を得たときに賃貸人は転借人に対しても明渡しを求めることができないこと等を挙げた。Hellwig は初め，合名会社の社員が合名会社の受けた判決の効力を承認しなければならないこと（ドイツ商法129条）を反射的効力と解したが(18)，後に，この規定は判決の効力とはいっておらず，これにのみ関係していないので，疑問があることを認めた(19)。既判力拡張説は，ドイツでは Bettermann（ベッターマン）(20)，A. Blomeyer（A. ブロマイアー）(21)，Rosenberg（ローゼンベルグ）(22)，U. Huber（フーバー）(23)，Leipold（ライポルド）(24)，Grunsky（グルンスキー）(25)らによって主張されている。

---

(17) *Hellwig*, a.a.O. (Fn. 13), Wesen und subjektive Begrenzung der Rechtskraft, S. 27 f.

(18) *Hellwig*, a.a.O. (Fn. 13), Wesen und subjektive Begrenzung der Rechtskraft, S. 28.

(19) *Hellwig*, a.a.O. (Fn. 13), System des Zivilprozeßrechts, S. 804. なお，ドイツでは反射的効力説が通説であるといわれることがあるが（たとえば，注解民訴（5）161頁［小室＝渡辺＝斎藤］），今日では反射的効力説を主張する者は少ない。

(20) *Bettermann*, Die Vollstreckung des Zivilurteils in den Grenzen seiner Rechtskraft, Hamburg 1948, S. 79 ff.

(21) *A. Blomeyer*, Rechtskrafterstreckung infolge zivilrechtlicher Abhängigkeit, ZZP 75 (1962), 1, 6 f.

(22) *Rosenberg*, Lehrbuch des deutschen Zivilprozeßrechts, 9. Aufl., München/Berlin 1961, § 151 II 3d.

(23) *U. Huber*, a.a.O. (Fn. 4).

(24) *Stein/Jonas/Leipold*, 21. Aufl., § 325 Rdnrn. 84 ff.

注意を要することは，いずれの陣営においても，第三者に対する拘束力を「法律上特に理由づけられた例外」として狭い範囲において肯定する見解（厳格説，*Hellwig, Nikisch*——反射的効力説，*Rosenberg, Leipold*——既判力拡張説）と，「既判力の相対効に対する不文の例外」としてこれを比較的広く肯定する見解（緩和説，*Pagenstecher*——反射的効力説，*Bettermann, Blomeyer, U. Huber, Grunsky*——既判力拡張説）が存在することである[26]。厳格説は，ドイツ民法768条1項1文（「保証人は主たる債務者に帰属する抗弁権を主張することができる」）やドイツ商法129条1項（「会社の債務につき請求を受ける社員は，会社が提出できる限りでのみ，自分自身に生じているのでない抗弁（Einwendungen）を主張することができる」）のような特別の定めが存在する場合にのみ第三者に対する拘束力を認め，そのような規定が存在しない場合には，反射的効力または既判力拡張を否定する。緩和説によれば，前訴の当事者が判決と同じ内容の法律行為をしたとすれば第三者がそれに拘束されない場合を除き，先決的法律関係に関する判決は従属的法律関係の（前訴で訴訟に関与しなかった）当事者に対しても効力を及ぼすというように，既判力の相対効の原則に対する例外は広く一般的に認められるべきことになる。

2　構成要件的効力と反射的効力

(1)　構成要件的効力とは，通常，ある実体法または訴訟法の規定もしくは当事者間の合意が判決（未確定判決を含む）の存在を，その法規または合意の定める法律効果のための法律要件として定めている場合の判決の効力と定義される[27]。既判力が訴訟物に関わり，形成力が判決主文において宣言される法律関係に直接関係するのと異なり，構成要件的効力は単なる判決の存在を法規または合意が法律効果のための法律要件と定めることによって生じる効力である点で，既判力や形成力とは著しく異なる。また，既判力や形成力は確定判決の効力であるが，構成要件的効力は必ずしも判決の確定を前提とするものではな

---

(25)　*Grunsky*, 2. Aufl., § 47 VI 2c.
(26)　Vgl. *U. Huber*, a.a.O. (Fn. 4), S. 622.
(27)　鈴木正裕「判決の法律要件的効力」山木戸還暦（下）149頁以下；木川・重要問題（下）540頁参照。

く，未確定判決でもその存在が法律要件とされていれば，構成要件的効力は生じる。そして，第三者が構成要件的効力を受ける場合は，反射的効力（Reflexwirkung）とも呼ばれる(28)。

　構成要件的効力の例として種々のものがある。短期消滅時効が定められている請求権も，その存在が確定判決によって確定されると，以後は，普通時効期間が適用になる（民法174条の2第1項）。委託による保証人が保証債務の履行を命じる判決を受けたとき，主たる債務者に対する求償権が現実化する（民法459条1項）。「供託を有効と宣告した判決」の確定により供託物取戻権が消滅する（民法496条1項。もっとも供託有効宣告判決というような特別の判決があるのではなく，それは通常，供託を有効として債務の履行請求を棄却する判決であり，判決理由中で判断が示される）。民訴法338条4号から7号までの再審事由による再審の訴えは，これらの事由につき有罪判決もしくは過料の裁判が確定したとき等に提起できる（民訴法338条2項）。一定内容の判決の存在が当事者の合意により法律効果の法律要件要素とされる場合としては，自動車保険普通保険約款が，損害賠償請求権の額が被保険者（加害者）と損害賠償請求権者（被害者）との間で判決により確定したとき，または裁判上の和解，調停もしくは書面による合意が成立したときに，被保険者の保険者に対する保険金請求権が発生し，これを行使することができると定めることを挙げることができる。ここでは，後述のように，確定判決の存在等が具体的保険金請求権の発生のための停止条件となる。その他，ドイツでは，仮執行宣言付き判決の取消しまたは変更が損害賠償請求権または不当利得返還請求権の発生要件となること（ドイツ民訴法717条2項・3項），占有請求権が本権の既判力的確定により消滅すること（ドイツ民法864条2項），有限責任を負う債務者がある債権者に弁済するよう確定判決により命じられたことがドイツ民法1973条2項3文や1991条3項により他の債権者に対する関係で弁済と同様の効力をもち，他の債権者に対して責任軽減をもたらすこと等が挙げられる。

---

　(28)　Gaul, Die "Bindung" an die Tatbestandswirkung des Urteils, in: Festschrift für Albrecht Zeuner, Tübingen 1994, S. 317；中田・前掲注（9）151頁；木川・重要問題(下)541頁。

(2) 既判力の拡張は，従属的法律関係について審理裁判をする後訴裁判所が先決的法律関係についての前訴確定判決の判断を自己の判決の基礎にしなければならないことを意味する。すなわち，後訴の当事者は，従属的法律関係に関する訴訟において，先決的法律関係に関する確定判決の判断が誤りであると主張することを阻止される。既判力は，当事者の保護のみならず，争いの蒸返しの禁止という公益にも資するものであり，職権調査事項である。

これに対して，構成要件的効力は，前訴の当事者の一方と第三者との間の法律関係が前訴当事者間の法律関係でなく，前訴当事者間の法律関係に関する判決（確定判決に限らない。）の存在に従属している場合である(29)。構成要件的効力が認められ得るのは，法律または当事者間の合意がある法律効果を他の法律関係自体でなく，他の法律関係に関する判決の存在に係らしめている場合だけである。もちろん，法律が明文規定によって判決の存在を法律要件要素として規定する場合のほか，法規の解釈上，そう解される場合も含まれる。構成要件的効力は，判決の確定を前提としないが，確定判決に付与されることが多い。しかし，その場合にも，それは既判力ではなく，裁判所が実体法または訴訟法の当該規範もしくは当事者間の合意に拘束されることの結果である。構成要件的効力を受ける第三者は，馴合訴訟の抗弁または信義則違反を主張できると解すべきである(30)。

(3) 構成要件的効力の一種としての反射的効力説に対しては，既判力の本質についての訴訟法説との関係で批判がある。既判力本質論について訴訟法説に立ちながら判決の反射的効力を認める見解は，反射的効力を認めることによって自己否定を行っているとの批判を受ける。A. Blomeyer は次のように批判を展開した。すなわち，反射的効力と呼ばれている，第三者の法律関係への判決効は，構成要件的効力の通常の例とは異なる場面を扱っている。保証の例でいうと，主たる債務者に対する債権者の敗訴判決はそれによって保証債務が消滅するという反射的効力を有するというような命題は，「要するに訴訟法説の論者の性に合わないに違いない。なぜなら，請求棄却はどのような意味をもつ

---

(29) *U. Huber*, a.a.O. (Fn. 4), S. 623.
(30) *Schilken*, 5. Aufl., Rdnr. 614.

のか。それは，原告が主たる債務者に対して請求権を有していないことを確定する。主たる債務が保証人に対する訴訟において前提問題として調査されるべき場合，問題となっているのはこの確定の正当性である。この場合に，裁判官がこの確定に『拘束される』とされる場合，それゆえ主たる債務の存在が両訴訟において同じように判断され，したがって同じ法律問題において判断の調和が惹起されるべき場合，それは既判力効の問題である」(31)と。

もちろん A. Blomeyer も，立法者が敢えて主たる債務者に対する訴訟の請求棄却判決を保証債務の消滅原因にすることができること，また権利承継人への既判力の拡張を判決の構成要件的効力に転換することができることを認める。ただ，このようなことによって実体的既判力説が法律上の基礎を得ることになると論難する。Blomeyer は，「ドイツ民訴法 325 条は構成要件的効力でなく既判力の拡張を定めているので，訴訟法説は類似の事案において構成要件的効力でなく既判力の拡張だけを許すべきであり，構成要件的効力を，それが判決法状態（Urteilsrechtslage）でなく，判決と結びつく場合に限定すべきである」(32)と主張する。反射的効力論に対する以上の批判は，一般論としては的確であろう。それゆえ，いわゆる反射的効力を一般的に構成要件的効力として説明することは困難を伴う。しかし，このことは，関係人の利益の評価に即した関係実体法規や合意の解釈により構成要件的効力を認めること——それがもっとも適切と考えられる場合に限ってであるが——の妨げとはならないであろう(33)。

日本の反射的効力論は，初めから構成要件的効力を問題にしていなかったように思われる。前述の兼子説は反射的効力の説明に当たり，当事者間の確定判決の存在を，当事者の一方と第三者との間における法律効果の要件にする法規または合意の存在を全く問題にすることなく，単に当事者間の確定判決の存在が第三者に有利または不利な影響を及ぼす現象として反射的効力を捉えており，

---

(31) A. Blomeyer, a.a.O. (Fn. 21), S. 6. Karl Heinz Schwab, Rechtskrafterstreckung auf Dritte und Drittwirkung der Rechtskraft, ZZP 77 (1964), 124, 136 は，反射的効力の理論は既判力の実体法説の「名残り」という。

(32) A. Blomeyer, a.a.O. (Fn. 21), S. 7.

(33) 木川・重要問題(下) 550 頁もこのことを認める。

この点は他の学説も同じである。換言すれば，反射的効力説は前訴当事者による法律関係の処分の結果を承認せざるを得ない，前訴当事者間の法律関係に対する強い従属的地位にある第三者に，前訴当事者間の確定判決の判断は間違っているとの主張を許さないとするものであり，実質は既判力の拡張を説いていると見ることができる(34)。

III 実体法上の従属関係に基づく既判力の拡張

1 既判力拡張の理由づけ

次に，実体法上の従属関係に基づく既判力拡張説の理由づけに目を向けよう。

(1) **既判力の本質に関する実体法説**　既判力の実体法説は，実体法上の従属関係に基づく既判力の拡張を比較的容易に説明する。実体法説は既判力を次のように見る。不当な確定判決，すなわち，実体法状態に合致しない確定判決は実体法状態を判決内容に合致するものに変更する効力を有する（不当判決でない場合には，判決は存在する法律関係を確認する）ので，債権者の債務履行請求訴訟が不当に（実体法状態に反して）棄却された場合には，実体法上の請求権は消滅し，逆に請求が不当に認容された場合には，確定判決によって当該請求権が発生する。したがって，判決は当事者間で締結された確定契約（Feststellungsvertrag，請求認容判決の場合は承認契約，請求棄却判決の場合は「消極的承認」契約）に類する効力を有する，と見る。既判力の実体法説を前提に判決効の拡張（＝反射的効力）を説明しようとする *Pagenstecher*(35)は，従属関係に立つ第三者は，当事者間で締結された確定契約による権利の発生や消滅を承認しなければならない場合には，判決の既判力を承認しなければならず，

---

(34)　日本の学説が反射的効力と既判力拡張の性質決定を重視しない背景は，この辺にあるように思われる。

(35)　*Pagenstecher*, Die praktische Bedeutung des Streits über das Wesen der Rechtskraft, ZZP 37 (1908), 1 ff.; *ders.*, Nochmals: Die praktische Bedeutung des Streits über das Wesen der Rechtskraft, RheinZ 6 (1914), 489 ff. *Pagenstecher* の見解については，鈴木正裕「既判力の拡張と反射的効果（2）」神戸法学雑誌10巻1号（1960年）37頁，58頁以下が詳しい。

これを反射的効力と呼んだ。また，兼子博士は，権利実在説の立場に立ち，当事者が訴訟物である権利関係について判決内容どおりの和解契約を締結したのと同様に見て，実体法上この和解に有利または不利に拘束される者は反射的効力を受けるとする。

Pagenstecher の見解に対しては，既判力を権利の発生・消滅についての実体法上の法律要件と解する実体法説の基本的理解に対する批判[36]とともに，実体法説に賛成するかしないかによって既判力の主観的範囲が決まるものではないとの批判がなされる。既判力の主観的範囲は実定法（ドイツ民訴法325条，日本民訴法115条）によって規定されており，確定判決が仮に実体法上の効力を有するとしても，それは既判力が及ぶ者に対してであるからである。実体法説は，既判力が誰に，いかなる根拠に基づき及ぶかという問題を対象としているものではない[37]。それゆえ，実体法説に依拠しつつ，従属関係による既判力拡張を説明する試みは成功していない。既判力の本質について「権利実在化説」を主張する兼子博士の反射的効力論は，前述のように，その実質は既判力拡張論であるが，兼子説に対しても *Pagenstecher* の見解に対するのと同様の批判が当てはまる。

(2) **実体法上の従属関係に基づく既判力の拡張** （a）ドイツでは，*Bettermann*，*A. Blomeyer* らが，訴訟法説の立場から「従属関係による既判力拡張」を理由づけることを試みた。*Bettermann* は，訴訟法による既判力拡張と「私法による」既判力拡張の区別（この区別は *Hellwig* に由来する。）に依拠し，ドイツ民訴法325条の定める口頭弁論終結後の権利承継人（Rechtsnachfolger）への既判力拡張の基礎を譲渡人の実体法上の処分権能に見出す。そして，口頭弁論終結後の権利承継人は，前主による実体法上の処分を承認しなければならないのと同様，前主の訴訟追行の結果に甘んじなければならないと見る。この口頭弁論終結後の権利承継人への既判力の拡張の根拠が権利承継人の前主への従属性である以上，*Bettermann* にとって，その他の従属的法律関係に立つ第三者についても既判力を及ぼし得ない理由は明らかでない。口頭弁論

---

(36) 松本＝上野〔661〕参照。
(37) Bruns, Zivilprozeßrecht, München 1968, S. 393; U. Huber, a.a.O. (Fn. 4), S. 624.

終結後の権利承継の場合を類推することにより，Bettermann は，両当事者が法律行為により第三者の実体法上の地位に有利または不利に影響を及ぼすことができ，第三者がこれによって生じる自己の法的地位の悪化を実体法上承認しなければならない他のすべての場合に，第三者に対する既判力の拡張が要請されると主張した[38]。

A. Blomeyer は，Bettermann の見解を引き継ぎ，これを発展させた。A. Blomeyer によると，実体法上の従属関係による既判力拡張が生じるのは従属的法律関係についてであるが，従属性だけでは既判力拡張にとって十分でなく，「既判力拡張を正当化する訴訟上の理由」が加わらなければならない。そのような正当化理由として，A. Blomeyer は，既判力の拡張が第三者にとって訴訟上の期待可能性（die prozessuale Zumutbarkeit）を有することを要すると主張する。この期待可能性は，ドイツ民訴法 325 条が裁判された権利の権利承継人につき既判力拡張を定めている理由でもあるとされる。そして，法律は権利承継だけを規定し，他の先決関係の場合を規定しなかったので，法律には明らかに欠缺があり，法律の欠缺は補充されなければならないところ，訴訟上の期待可能性は法律の準用を支えなければならないという。それでは，いかなる場合に期待可能性があるとされるのであろうか。まず，訴訟当事者は自己の見解を訴訟において聴いてもらう機会をもち，裁判された問題を争い，または争うことができたので，第三者の法律状態が判決で確定された法律状態に従属している場合には，A. Blomeyer は判決が第三者の有利に効力を有することを肯定する。既判力の拡張が第三者の不利になる場合について，A. Blomeyer は，①前訴の訴訟物が当事者の処分に服しない場合と，②当事者が実体法上これを処分し得る場合とを区別する。①については，裁判所が前訴において当事者の訴訟上の行為と無関係に裁判しなければならず，職権探知主義が妥当し，これに対世的な既判力拡張が結合される，とする。②については，先決的法律関係についてすでに裁判がなされていた時点で第三者の法律関係が成立した場合（たとえば，第三者が既判力ある債務につき保証し，または担保権を設定する場合），

---

[38] Bettermann, a.a.O. (Fn. 20), S. 88 ff.; ders., Über die Bindung der Verwaltung an zivilrechtliche Urteile, in: Festschrift für Baur, Tübingen, 1981, S. 273, 284.

および，判決確定前に従属的法律関係が成立していた場合でも，当事者が先決的法律関係を法律行為によって変更する場合に生じる第三者の地位の悪化を第三者が甘受しなければならない場合には，第三者は前訴に関与しておらず，それゆえ既判力が及ぶべきでないという議論は妥当せず，第三者の不利にも判決が効力をもつとする(39)。

　U. Huber（フーバー）も，Bettermann および A. Blomeyer と同じように，当事者が確定契約によって第三者の地位を実体法上悪化させることができるということから，訴訟上も第三者の地位を悪化させることができると論ずる。彼によれば，他人から権利を妨害される権利帰属主体は，法の一般原則により妨害除去請求権を有する。権利の不当な抗争によって生じた妨害の場合には，妨害は，相手方が当初争った権利を承認し，提起した抗弁を放棄することによって除去される。判決の既判力が相手方から抗弁を奪い妨害状態を除去するので，実定法は権利者に特別の承認請求権を付与していないのであるが，それは訴訟において勝訴した原告は訴訟外において承認を付与された権利者より劣悪な地位にあることを意味してはならない。被告が訴訟において認諾し認諾判決が言い渡される場合，原告は認諾が判決なしにすでに付与するであろうすべてのメリットを取得する。争訟判決の場合，原告は認諾判決の場合と比較してより劣悪な地位に置かれてはならず，被告が判決の言渡しまで原告の権利を争ったことは原告を害してはならない。以上のように主張し，U. Huber は，争訟判決は少なくとも法律行為による認諾と同じメリットを原告に与えなければならない，と主張する。同じ考慮により U. Huber は，請求棄却判決の場合，この判決の効力は法律行為による放棄の場合に生じる効力より後退してはならないと主張した(40)。

　(b)　日本では，吉村徳重教授(41)，鈴木正裕教授(42)や竹下守夫教授(43)らが，

---

(39) A. Blomeyer, a.a.O. (Fn. 21), S. 10 ff.; A. Blomeyer, § 91 II.
(40) U. Huber, a.a.O. (Fn. 4), S. 626 f.
(41) 吉村・前掲注 (10) 48 頁以下。
(42) 鈴木・前掲注 (10) 2 頁以下。
(43) 条解民訴 697 頁以下［竹下］；竹下・前掲注 (10) 30 頁以下。なお，若林安雄「連帯債務と判決効」同『日仏民事訴訟法研究』(1995 年・信山社) 156 頁以下も参照。

実体法上の従属関係により反射的効力が第三者に及ぶとされる場合，そこでは，反射的効力は既判力と同視されるものだと主張した。

吉村徳重教授は，依存関係（従属関係）から直ちに判決効の拡張を導き出すのではなく，これを基礎に訴訟法上の「当事者適格の依存性」があると評価できる場合に，承継による既判力拡張規定の類推適用が可能な範囲で既判力の拡張を肯定した。その際，既判力の拡張を受ける者は共同訴訟的補助参加ができ，判決確定後は，共謀による馴合訴訟，詐害判決の場合につき再審の訴え（旧民訴法420条1項5号〔現行民訴法338条1項5号〕の類推適用）を提起できると主張した。

鈴木正裕教授は，多数説によって反射的効力が及ぶとされている事例（明文規定なしに反射的効力が認められている事例）では，当事者間の確定判決の判断を第三者が争えないということが問題とされており，それはとりも直さず既判力の問題であることを正当に指摘し，実体法上の反射的効力を「訴訟法的効果とよびかえる」こと，つまり既判力の拡張として位置づけることを提案した。そのために，鈴木教授は，反射的効力と既判力の差異とされているもの，すなわち，(イ)職権調査事項か否か（いうまでもなく，既判力は職権調査事項であるのに対して，反射的効力は抗弁事由であること），(ロ)従属的法律関係の主体である第三者が先決的法律関係の当事者間での訴訟に補助参加する場合の参加の態様（既判力であれば共同訴訟的補助参加になるが，反射的効力ならば通常の補助参加に止まるという点），(ハ)馴合訴訟による無効が認められるか否かが，いずれも，既判力の拡張を認めるための障害になるかどうかを慎重に検討した。そして，(ロ)については，反射的効力の第三者に対する影響から見て反射的効力を受ける第三者にも共同訴訟的補助参加が認められるべきこと，(ハ)については，馴合訴訟に対して事前救済として独立当事者参加があり，事後救済として解釈上肯定すべき詐害再審による救済があることを指摘して既判力の拡張と見て妨げないこと，(イ)については裁判の矛盾抵触を避けるという目的からむしろ職権調査とすることが妥当であること，を強調して，従来，第三者に対して反射的効力が及ぶとされている事例は既判力の拡張と解されるべきことを主張した[44]。

竹下守夫教授は，民事訴訟法が定める既判力拡張規定の類推適用の観点から従属関係に基づく既判力の拡張を根拠づけることを試みた。すなわち，「本条

（民訴法 115 条——引用者）が直接に定める者以外にも，特別の場合に，確定判決の内容的拘束力をその有利または不利に拡張することがのぞましいと考えられる第三者があるのであれば，本条が既判力の拡張を認めている目的およびそれが正当とされる根拠あるいは既判力制度そのものの趣旨・正当性の根拠に照らして，その第三者に既判力を拡張することが是認されるか否かを検討していくのが，正しい問題解決の在り方」だとする[45]。そして，実体法上第三者の法的地位が前訴の一方当事者の係争法律関係上の地位に依存し，かつその当事者が勝訴したという，従来反射的効力が承認されてきた事例において，既判力が敗訴者と第三者との関係において第三者の有利に拡張されることを認め，その理由を次の点に求める。すなわち，敗訴当事者は手続権の保障のもとに相手方に対して訴訟を追行し敗訴判決を受けたのであるから，第三者に対する関係で既判力を受けても不測の不利益を受けるとはいえないこと，および，勝訴当事者である主債務者や合名会社は保証人・社員の有利に既判力が拡張され得なければ，これらの者が敗訴したときに求償請求を受け，自己の勝訴判決によって得た利益を確保し得なくなるほか，このような求償関係が問題にならない場合（たとえば，賃借人と賃貸人の間の賃借権の存在を確認する判決の場合）でも，勝訴者と第三者との間に実体法上の依存（従属）関係がある場合には，敗訴者と第三者との後訴で，前訴判決と矛盾した第三者敗訴判決があると前訴の勝訴者の法的地位の安定が脅かされ，直接・間接に利益が害される危険がある。それゆえ，勝訴当事者の承継人と敗訴者との間に既判力が拡張されることを類推し，既判力の拡張を承認するのが妥当だというのである[46]。次に，先決的地位にある者が受けた敗訴判決は，原則として依存的地位にある第三者の不利に既判力を及ぼさず，このことは合名会社（持分会社）の社員や主債務者敗訴の場合の保証人にも当てはまるとされる[47]。

---

(44) 鈴木・前掲注（10）10 頁以下。
(45) 条解民訴 697 頁［竹下］。なお，判決効が第三者の有利に及ぶ場合に不利益を受ける前訴当事者が手続保障を与えられた上で敗訴したことを前提に，口頭弁論終結後の承継人への既判力拡張の類推が正当化できると説く，高橋・重点講義〔上〕663 頁も参照。
(46) 条解民訴 697 頁［竹下］。
(47) 条解民訴 698 頁［竹下］。

2 既判力拡張説の理由づけに対する疑問

以上述べた実体法上の従属関係に基づく既判力拡張説の種々の理由づけに対しても、様々な疑問がある。

(1) 口頭弁論終結後の承継人への既判力の拡張を類推することにより、実体法上従属関係にある第三者への既判力の拡張を根拠づけることができるであろうか。いうまでもなく、確定判決の既判力は、判決に対する不服申立方法が尽き、判決が形式的に確定している場合に、敗訴当事者が前訴確定判決の判断が誤っていると主張して、直接または間接に同一事件を対象とする後訴を提起し、新たな判決によって前訴判決の是正を図ることを阻止する目的を有する。既判力が認められなければ、当事者間の争いが形を代えて無限に続く危険があるからである。この目的を実現するためには、敗訴当事者が（原告の場合に）請求権を第三者に譲渡し、または（被告の場合に）係争物を第三者に譲渡またはその占有を第三者に移転すること等により、第三者を当事者とする新たな訴訟が行われ、そこで確定判決の判断と矛盾する判断がなされることをも阻止しなければならない。口頭弁論終結後の承継人への既判力の拡張は、この目的を仕える。この場合、口頭弁論終結後の承継人は前訴において当事者となり得ず、したがって当事者権を付与されなかった者ではあるが、既判力による法的安定の確保のため、この者への既判力の拡張が必要不可欠である。

しかし、従属関係の場合における既判力の第三者への拡張は、以上のような考慮によっては正当化することはできない。口頭弁論終結後の承継の場合を除き、従属関係に基づく既判力の拡張が許されなかったとしても、訴訟の終結を実質的にも確保するという既判力の目的に反することにはならないからである。したがって、口頭弁論終結後の承継人への既判力の拡張を、実体法上の従属関係に基づく既判力拡張の典型事例と見て、これを一般化することに対しては、前者における既判力拡張の根拠をもって従属関係の場合の第三者への既判力拡張を正当化することはできないという正当な批判[48]を受けざるを得ない。

(2) 次に、当事者が確定判決の内容と同じ法律行為（確定契約）をすることによって第三者の法的地位に有利または不利に影響を及ぼすことができる場合には、第三者はこの判決効を甘受しなければならないという、実体法上の従属関係に基づく既判力拡張説の論拠の妥当性が問われなければならない。この既

判力拡張説は当事者の法律行為による処分と裁判所の判決の同一視を根拠とするが，果たしてこのような同一視は正当なのであろうか。

当事者は確定判決の内容と同じ法律行為をするのでないことはもちろんのこと，当事者が第三者に影響する処分行為を実体法上行うことができることは，国家（裁判所）が当事者に代わって判決によってこれを行わなければならないことを意味するものではない。判決は，当事者の訴訟追行を基礎とするものであるが，第三者の法的地位を悪化させる当事者の処分行為に代わるものではない。判決は当事者が影響可能性を尽くした場合であっても，当事者の行為意思を基礎とするものではなく，裁判官の裁判行為である。したがって，当事者の法律行為による処分と判決とを同列に置くことは，根拠を有しない[49]。Grunsky は，判決が当事者の私法上の意思表示の結果でないという指摘は正しいが，この点は当面の問題には重要でなく，決定的なのは当事者が判決内容に決定的な影響を及ぼし得ることだとした。そして当事者がこと細かな点まで判決内容を指示することができず，裁判官が独自に行動しなければならないことは，第三者への既判力拡張の妨げとはならず，それによって判決と実体法状態との一致の蓋然性は高まるので，むしろその支えになるとして，批判を退けた[50]。既判力拡張説によると，当事者が請求の放棄や認諾をする場合や，被告が口頭弁論期日に欠席して請求認容判決が言い渡される場合には判決と当事

---

(48) *U. Huber*, a.a.O. (Fn. 4), S. 625. 条解民訴 699 頁 ［竹下］ も，実体法上従属関係にある第三者に不利な既判力の拡張を原則として否定する場合にはこの視点を強調する。しかし，この視点は第三者に有利な既判力拡張が論じられる場合にも当てはまるはずであるが，なぜか，ここでは，敗訴当事者がすでに手続保障を与えられていたことを理由に重視されていない。

(49) *Heim*, Feststellungswirkung des Zivilurteils, München 1912, S.218; *J. Blomeyer*, Die Erinnerungsbefugnis Dritter in der Mobiliarzwangsvollstreckung, Berlin 1966, S. 160; *Schack*, Drittwirkung der Rechtskraft？ NJW 1988, 865, 872; *Gaul*, Der Einwendungsausschluß in bezug auf den Schuldtitel nach § 2 AnfG als Problem der Gläubigeranfechtung und der Urteilswirkungen gegenüber Dritten, in: Festschrift für Karl Heinz Schwab, München 1990, S. 111, 135. *Gaul* は，私法上の従属関係による既判力の拡張の理論が法律行為による第三者への影響可能性を根拠としている限りで，この説と既判力の実体法説の議論との間に類似性が存在することを指摘する。

(50) *Grunsky*, 2. Aufl., § 47 VI 2c（S. 546）.

者の処分との対応関係は認められるにせよ，この場合には判決と実体的法律状態との合致の蓋然性は低いにもかかわらず従属関係に立つ第三者が判決に拘束されることになり，不当である[51]。それ以外の場合には，判決と当事者の処分との対応関係は認められない。したがって，当事者が判決内容に決定的に影響を及ぼすことができるという観点は，まさに既判力の主観的範囲の拡張でなく，逆にその制限を根拠づけると見られる[52]。当事者が弁論主義のもとで判決内容に影響を及ぼすことができることは，既判力の主観的範囲の拡張を根拠づけることはできない。

また，当事者の処分行為と判決との等置を行う見解は，第三者への既判力の拡張を説明するために当事者の処分権能を視野に入れているに過ぎず，既判力に基づき第三者に生じる判決の効力と当事者が法律行為によって惹起しうる効力とが実際に一致するか否かを問題にしてはいない。当事者間の合意は，第三者に対しては全く効力をもたないか，効力をもつ場合にもその第三者の損害賠償請求権を伴うというような調整を要するものであろう。たとえば，賃貸借契約の合意解除の転借人に対する効力について，ドイツ民法536a条は転借人の損害賠償請求権を認めている。確定判決の場合には，このような損害賠償請求権による調整はできない。実体法的評価と訴訟法的評価は異なるのであり，私法上の従属関係による第三者への既判力の拡張は，この点でも正当化できないと批判される[53]。この点については，従属関係説の側から，当事者が拙劣な訴訟追行によって敗訴し，その結果，従属関係にある第三者が不利な既判力拡張を受けた場合には，この第三者には損害賠償請求権が認められるとされている[54]。しかし，損害賠償請求権が認められるとしても，判決が裁判所の誤っ

---

(51) *Stein/Jonas/Münzberg*, 21.Aufl., § 878 Rdnr. 24.

(52) *Calavros*, Urteilswirkungen zu Last Dritter, Bielefeld 1978, S. 92; *Koussoulis*, Beiträge zur modernen Rechtskraftlehre, Köln/Berlin/Bonn/München 1986, S. 113. この批判に対して，*Bürgers*, Rechtskrafterstreckung und materielle Abhängigkeit, Diss. München, 1993, S. 116 が異議を述べている。

(53) *Stein/Jonas/Leipold*, 21. Aufl., § 325 Rdnr. 87.

(54) *Grunsky*, 2. Aufl., § 47 VI 2c (S. 547); *Bettermann*, a.a.O. (Fn. 38), Festschrift für Baur, S. 283 f.

た法適用または事実認定に基づく場合には，当事者に対する第三者の損害賠償請求権は成立せず，また第三者の裁判官に対する損害賠償請求権も成立しない(55)。先決的法律関係と従属的法律関係の矛盾のない裁判の確保は，訴訟法ではなく実体法の課題である。

(3) 実体法上の従属関係に基づく既判力拡張を肯定する論者が第三者に有利な片面的既判力拡張のみを認めることの妥当性も問われる。第三者の有利にのみ既判力が及ぼされると，前訴の当事者が勝訴した場合には，既判力が当事者間にしか及ばないのに，敗訴すると既判力は第三者の有利に及び，敗訴当事者にとって訴訟リスクが倍加する。これは敗訴当事者にとって極めて不公平であり，武器対等の原則に反する(56)。

この批判に対しては，敗訴当事者は，第三者の債務が訴訟で争われた債務の存在を前提とすることを承知しながら当事者権の保障のもとに訴訟を追行し敗訴判決を受けたのであるから，既判力を拡張されても「不測の不利益」を受けるとはいえない，という指摘がなされている(57)。しかし，ここで問題なのは不意打ちではない。前訴において当事者が全力を挙げて闘ったにもかかわらず裁判所がその主張を容れず敗訴判決を受けた場合に，裁判所の判断が実体関係に合致しているという保証がないのに，その敗訴の不利益が二重になるという不公平である。当事者の拙劣な訴訟追行から当事者が敗訴判決を受ける場合はともかく，裁判所による誤った法適用または誤った事実判断によって敗訴判決がなされ得る以上(58)，敗訴当事者の二重危険は看過し得ないであろう。もちろん実体的法律状態と合致しない判決，すなわち不当判決の可能性は，拘束力ある裁判を行う権限が一定の機関に与えられる場合に必然的に伴うものであり，完全に排除することのできない，いわば必要悪であること(59)は，そのとおり

---

(55) *Kousoulis*, a.a.O. (Fn. 52), S. 113.
(56) *Stein/Jonas/Leipold*, 21. Aufl., § 325, Rdnr. 87; *Schack*, a.a.O. (Fn. 48), S. 872; *Stucken*, Einseitige Rechtskraftwirkung von Urteilen im deutschen Zivilprozeß, Frankfurt a.M./Bern/New York/Paris 1990, S. 35 ff.; 松本＝上野〔700 a〕参照。
(57) 竹下・前掲注 (10) 42頁。なお，原強「第三者による判決理由中の判断の援用 (1)」上智法学論集 30巻1号 (1987年) 161頁以下参照。
(58) Vgl. *Kousoulis*, a.a.O. (Fn. 52), S. 113.

である。しかし，これによって，当事者間での既判力の妥当を超えて，従属関係に基づく既判力の拡張を根拠づけることはできない。不当な判決の当事者にとってのリスクも，当事者間に限られているはずだからである。また，勝訴当事者の得たものが後に第三者から求償請求を受けることによって失われること（たとえば，債権者との訴訟で勝訴した主たる債務者が敗訴判決を受けた保証人の求償訴訟で敗訴したため，前訴での債権者に対する主たる債務者の勝訴が無に帰すること）は不合理であるから，避けられなければならず，このことは前訴勝訴者の勝訴を確保するために口頭弁論終結後の承継人への既判力の拡張を正当化する事情と類似するという議論も説得的ではない。求償訴訟で主たる債務者が敗訴したのは，この者の行った訴訟追行の結果であり，口頭弁論終結後の承継人への既判力の拡張の場合とは利益状況を全く異にするので，手続上不当な結果とはいえないからである(60)。

　片面的既判力拡張についての以上の批判に対して，日本の既判力拡張説には，アメリカ合衆国における法発展を示唆するものがある。竹下守夫教授は，二重の危険に曝される敗訴当事者はそのことを認識しているはずで，「相互性を欠いても不公平とはいえない。アメリカ法上も，早くから派生的責任を負う者については相互性の例外（derivative liability exception）が承認されてきた」と指摘する(61)。たしかに，今日のアメリカ合衆国の判例は相互性（mutuality）の原則を否定して，前訴において当事者に十分な主張立証の機会が与えられたという単純な理由で，争点排除効（issue preclusion）が当事者のみならず第三者の有利および不利にも及ぶことまで認める(62)。しかし，第三者に有利な争点排除効，すなわち争点排除効の攻撃的利用についてとくに問題があり，判例

---

(59) *Savigny*, System des heutigen römischen Rechts, Bd. 6, 1847, S. 263; *U.Huber*, a. a.O. (Fn. 4), S. 625.
(60) 伊藤 531 頁参照。
(61) 条解民訴 698 頁 [竹下]。高田・前掲注（9）300 頁も参照。
(62) *Bernhard* 法理の名で呼ばれる，カリフォルニア州最高裁判所の判例（Berhard v. Bank of America, 19 Cal. 2d 807; 122 P. 2d 892 (Cal. 1942)）が嚆矢をなす。この判例は連邦最高裁判所によって支持された。霜島甲一「既判力の相対性について」判タ 307 号（1974 年）31 頁以下参照。

も，具体的ケイスにおいてこれを認めるかどうかは，後訴裁判所の裁量に係らしめているといわれている(63)。第三者に有利な争点排除効が訴訟の洪水に対する抑止手段と位置づけられるアメリカ法の考え方を，個々の訴訟上の請求についての当事者権の保障を基本とする日本法に援用することは，疑問である。

最後に，先決的法律関係に関する判決が原告の請求を一部認容，一部棄却するものである場合に，従属関係に基づく既判力拡張説は，請求棄却部分のみ後訴に既判力を及ぼすことになる。一個の判決の一部のみ既判力が第三者に拡張され，請求認容部分は後訴裁判所が改めて審理できるのは不自然だということも問題となる。

(4) 既判力拡張の必要性があるかという点も問題にされなければならないであろう。もし，他の手段で実体法上の債務の附従性が十分確保され得るならば，敢えて既判力の拡張に依拠する必要性はそれだけ小さくなるからである。この関係で，責任や求償に関する合意の解釈および実体法上の抗弁によって，これが十分確保されるかどうかが検討されなければならない(64)。

IV 個別事案の検討

これまで見てきたように，反射的効力論はその理論構造に基本的な問題があり，また，既判力拡張説にも種々の問題があり，一般的にはこれらを支持することはできない。ただし，当事者の一方と第三者との結びつきや，関係人の利益の評価に即した関係実体法規の解釈および，責任や求償に関する合意の解釈から，例外的に第三者が当事者間の確定判決から法律上影響を受け得ることは常には排除されない。それゆえ，個別事案の検討が必要である。以下では反射的効力または既判力の拡張が議論されている主要な場合について，紙幅の許す限りで若干の検討を試みる。

---

(63) Vgl. *James/Hazard/Leubsdorf*, Civil Procedure, 4thed., Boston/Toronto/London 1992, § 11. 25; *W. Lüke*, Die Beteiligte Dritter im Zivilprozeß, Tübingen 1992, S.165 ff.; *Smith*, Einseitige präjudizielle Rechtskraftwirkung zugunsten Dritter im US-amerikanischen Zivilprozeßrecht, DRiZ 1995, 94 ff.

(64) *Schack*, a.a.O. (Fn. 49), S. 872.

1 他人の債務に対する附従的責任

(1) 他人の債務に対する附従的責任の事案（保証人，物上保証人の責任）は，債権者の主債務者に対する訴えが請求棄却に終わった場合，反射的効力説によれば，周知のように，保証人等の有利にのみ反射的効力が及ぶ典型事例とされている。これに対して既判力拡張説によれば，この判決の既判力が片面的に保証人等に及ぶ。すなわち，主たる債務者勝訴の請求棄却判決の既判力は保証人等の有利に及ぶが，債権者勝訴判決（主たる債務者の敗訴判決）の既判力は保証人等には及ばない[65]。また，保証人等が保証債務の履行を命じられた場合には——保証人等の敗訴判決の既判力は主たる債務に基づく債権者の主債務者に対する訴訟，または，主たる債務者に対する保証人等の求償訴訟には及ばないから——裁判所は主たる債務の存否について改めて審理判断を行うことができる。しかし，既判力の拡張が語られる場合，そこでは実際には，保証人等を実体法上保護することに関心があり，——しかも主たる債務者に対する保証人等の求償訴訟において保証人等の役に立たないものであるから——それは制限的な保護に過ぎないものである[66]。このような制限的な範囲での第三者に対する確定判決の作用は，既判力の拡張として相応しくないと思われる。日本民法にはドイツ民法768条1項1文（「保証人は主たる債務者に帰属する抗弁権（Einrede）を主張することができる」）のような明文規定は存在しないけれども，保証人等は保証債務の附従性の内容として，主たる債務者に帰属する抗弁権（期限猶予の抗弁権，同時履行の抗弁権等）を援用することができると解されており[67]，保証人等が主たる債務者のみに帰属する既判力（の抗弁）を援用することも，この抗弁権の範囲に属すると解釈することができるであろう[68]。

---

(65) BGH NJW 1970, 279; BGHZ 107, 92 (96); *Palandt/Thomas*, Bürgerliches Gesetzbuch, 64. Aufl., München 2005, § 767 Rdnr. 4; *Thomas/Putzo/Reichold*, 25. Aufl., § 325 Rdnr. 5; *Windel*, Der Interventionsgrund des § 66 Abs.1 ZPO, Heidelberg 1992, S.122; vgl. auch MünchKommZPO/*Gottwald*, 2. Aufl., § 325 Rdnr. 59 ff. これに対して，*Staudinger/Horn*, BGB, 13. Aufl., Berlin 1997, § 768 Rdnd. 25 は，既判力拡張か反射的効力かは争いがあるが，重要な問題ではないとする。

(66) *Schack*, a.a.O. (Fn. 49), S. 870.

(67) 我妻栄『新訂債権総論〔民法講義IV〕』（1965年・岩波書店）481頁；於保不二雄『債権総論〔新版〕』（1972年・有斐閣）270頁。

しかし，実体法上の抗弁権の貫徹（Durchgriff）であるものを，既判力の拡張と解することによって職権調査事項に高めなければならない理由は，存在しないように思われる(69)。

　保証人等が自ら当事者となった訴訟において先に保証債務の履行を命じる判決が確定した後，主たる債務者が主たる債務の履行請求訴訟において——保証人等に対する訴訟の事実審の最終口頭弁論終結時前の事情に基づき——請求棄却の確定判決を受けた場合につき，最高裁判所は「一般に保証人が，債権者からの保証債務の履行請求訴訟において，主債務者勝訴の確定判決を援用することにより保証人勝訴の判決を導きうると解せられるにしても」と述べ，主債務者勝訴判決の保証債務履行請求訴訟への法律上の影響（いわゆる反射的効力とは限らない）を否定しない態度を示しつつ，「保証人は右主債務者勝訴の確定判決を保証人敗訴の確定判決に対する請求異議の事由にする余地はない」と判示した(70)。本件では，保証人は判決確定前に主たる債務の不存在または消滅を主張することができたのであり，主債務者勝訴判決の確定は保証人が自らの訴訟において主張できた主たる債務の不存在または消滅に関わる事由と異なる全く新たな事由ではないので，これを請求異議事由として主張することはできない。それゆえ，判旨は正当である。

　(2)　主たる債務の履行を命じる判決の確定後に保証人等と債権者との間で保証契約が締結され，もしくは抵当権または質権が設定された場合，保証人等は

---

(68)　K.-H. Schwab, Die Voraussetzung der notwendigen Streitgenossenschaft, Festschrift für Lent, München/Berlin, 1957, S. 293; ders., ZZP 77 (1964), 152; Gottwald, a.a.O. (Fn. 8), S. 69; MünchKommZPO/Schilken, 2. Aufl., § 62 Rdnr. 15; Jauernig, 28. Aufl., § 63 IV 5; W. Lüke, 8. Aufl., Rdnr. 369; Schilken, 5. Aufl., Rdnr. 1041. 同旨，小山412頁。

(69)　Schack, a.a.O. (Fn. 49), S. 870; MünchKommBGB/Habersack, 3.Aufl., 1997, § 768 Rdnr.11.

(70)　最〔1小〕判昭和51年10月21日民集30巻9号903頁。解説・批評として，吉村德重・判評221号（1977年）22頁（判時850号136頁）；霜島甲一・判タ323号（1975年）90頁；上田徹一郎・民商77巻2号（1977年）83頁；高橋宏志・昭和51年度重要判例解説（ジュリ642号，1977年）142頁；吉野正三郎・百選〔2版〕248頁；松浦馨・百選II 348頁などがある。

主たる債務の存在を争うことを妨げられるか。Bettermann が既判力拡張説を
理由づけた[71]。A. Blomeyer は，保証人等は保証を引き受けた際に主たる債
務の存在を前提としたので，保証を行った際の主たる債務の存在を承認しなけ
ればならない，と見る。彼によれば，保証は担保目的を有し，担保は主たる債
務者に対する請求権が存在する場合にのみ問題になる。債権者の主たる債務者
に対する請求権が確定している場合，保証債務が主たる債務に従属しているに
もかかわらず，既判力ある確定は自分には期待不可能であるので，保証人は判
決を承認しないということが許されるとするような，保証人の権利保護の必要
は認められない。保証人が主たる債務は無効だと思いながら，確定判決によっ
てこの思いが幻想であることが明らかになった点で保護して貰おうとすること
は心裡留保であり，主たる債務の有効性を前提としなければならず，確定判決
はこの有効性を確定しており，したがって既判力拡張は保証人に期待可能だと
する[72]。

　保証人が主たる債務者が敗訴したことを知って保証を引き受けた場合には，
既判力により確定した状態での債権について保証が行われたと解釈するのが妥
当であろう[73]。この拘束力は，しかし既判力自体から生じるのではなく，当
事者間の実体法上の合意から生じると解すべきである[74]。保証は主たる債務
の存在または額について不確かな場合にも行われることがあり，このような場
合には，この問題を独自の訴訟において解決することに保証人は保護に値する
利益を有するので，主たる債務の履行を命じる判決の確定後に保証等がなされ
たというだけでは保証人等に既判力を及ぼすことはできないと解される[75]。

---

(71)　*Bettermann*, a.a.O. (Fn. 20), S. 135, 139, 141, 192, 196.

(72)　*A. Blomeyer*, a.a.O. (Fn. 21), 22 f.；同説：*U. Huber*, a.a.O. (Fn. 4), S. 627;
Stucken, a.a.O. (Fn. 55), S. 158 ff.

(73)　*Stein/Jonas/Leipold*, 21. Aufl., § 322 Rdnr. 90; *Baumgärtel*, Probleme der Rechts-
kraft und Vollstreckbarerklärung im Falle einer Firmenübertragung während
eines schwebenden Zivilprozesses, DB 1990, 1905, 1907.

(74)　MünchKommZPO/*Gottwald*, 2. Aufl., § 325 Rdnr.61; *Stein/Jonas/Leipold*, 21.
Aufl., § 325 Rdnr. 90.

(75)　*Stein/Jonas/Leipold*, 21. Aufl., § 322 Rdnr. 89.

2 無限責任社員の責任

　持分会社の社員は，会社の債務につき責任を負う。社員はその責任に基づき訴えの提起を受けた場合，会社に属する抗弁をもって原告（債権者）に対抗することができる。会社が先に敗訴判決を受け，抗弁権を既判力によって遮断されるようになると，社員も抗弁権を主張することができなくなる。この関係を，日本の通説は反射的効力が社員に及ぶのだと解し，ドイツではかなりの文献において社員に不利な既判力拡張を意味すると解されている[76]。また持分会社に有利な判決については，ドイツ商法129条1項により，社員は会社債権者に対して会社に帰属する抗弁を提出でき，本条にいう抗弁には会社に対する請求棄却判決の既判力も含まれると解されることを理由に，会社債権者の社員に対する訴訟において，既判力が社員の有利にも及ぶと解されている[77]。

　しかし，会社敗訴判決の社員に対する効力を通説の意味での反射的効力と解することができないことはすでに述べた。これを既判力拡張と捉える必要があるかも疑問である。会社法580条1項は会社財産によって会社債務を完済できない場合，債権者の摑取を社員の個人財産にまで拡大し，「法人としての持分会社の外見を取り払う」と見ることができる。会社が抗弁権を失う場合，社員は社員が代表する会社と同じように取り扱われるに過ぎないのであり，社員に不利に既判力が拡張されるのではなく，それは特別の失権効と解すべきである[78]。この場合，社員が会社債務の不存在を主張できなくなっても手続保障の問題は生じない。なぜなら，社員は自ら代表権に基づき会社の訴訟を追行したか，そうでなくても他の社員が代表者として追行した訴訟の結果を会社契約により承認しなければならない地位にあるからである。

　社員が債権者との訴訟において持分会社に有利な判決を援用できるのも，会社の有する抗弁権を会社法581条1項により援用できる結果に過ぎない。

---

(76) *A. Blomeyer*, § 93 2a; *Stein/Jonas/Leipold*, 21. Aufl., § 325 Rdnr. 93; *Rosenberg/Schwab/Gottwald*, 16. Aufl., § 155 Rdnr. 24; *Zöller/Vollkommer*, 25. Aufl., § 325 Rdnr. 35; *U. Huber*, a.a.O. (Fn. 4), S. 624; *Windel*, a.a.O. (Fn. 65), S. 122; BGH NJW 1975, 1280, 1281; RGZ 34, 365; 49, 343; 124, 46.

(77) *Stein/Jonas/Leipold*, 21. Aufl., § 325 Rdnr. 94; *Zöller/Vollkommer*, 25. Aufl., § 325 Rdnr. 35.

3　責任訴訟の判決と保険関係

(1)　XがYに対して損害賠償請求権を有すると主張し，YはZ保険会社とその種の損害賠償義務について保険契約を締結しているとする。XはYを被告とする責任訴訟においてYに対して損害賠償を命じる確定判決を取得し，YがZに対して保険金の支払いを求める「填補訴訟」を提起した場合，Zは，XのYに対する損害賠償請求権の存在を争うことができるか。

この事例において，最も広く既判力の拡張を認める既判力拡張説によっても，XY間の訴訟の判決はZに対して既判力を及ぼすことはできない。Zは法律によって発生する損害賠償請求権についてのみ保険保護を了承したのであり，法律行為によって発生する義務，たとえば認諾によって発生する義務について保険保護を引き受けたのではないからである[79]。それにもかかわらず，Xの請求を認容する判決は契約上の填補引受けにより，かつその効力が及ぶ限りで，保険者に対する填補訴訟において損害賠償責任および損害賠償額につき判決の基礎にされなければならない。Zは保険契約によって，Yが損害賠償請求を受け，これが認容される場合にYのために保険保護を引き受けていると解釈されるべきだからである。ここでは，まさに，瑕疵ある判決による責任危険の増大をもカヴァーすべき責任保険の解釈が問題となっているのであるが，責任訴訟の請求認容判決が填補訴訟へ及ぼす効力は，既判力の拡張でなく，（契約に基礎をもつ）構成要件的効力である[80]。このような構成要件的効力が保険会社

---

(78)　*Schwab*, a.a.O.（Fn. 68）, Festgabe für Lent, S. 293;　*Gottwald*, a.a.O.（Fn. 8）, S.69;　*Schack*, a.a.O.（Fn. 49）, S. 870;　MünchKommZPO/*Schilken*, 2. Aufl., Rdnr.14;　*Schilken*, 5. Aufl., Rdnr. 1041；日本法について，本間靖規「合名会社の受けた判決の社員に及ぼす効力について（4）」北大法学論集34巻1号（1983年）1頁，8頁以下は，社員は商法旧81条により，会社が敗訴判決によってもはや主張できなくなった実体上および手続上の抗弁を主張することができず，また相手方が会社に対して取得した「抗弁」を社員も対抗され得ると解し，このような効力を反射的効力というか，後訴当事者の援用を要する既判力拡張というかは重要でないと主張する。

(79)　*U. Huber*, a.a.O.（Fn. 4）, S. 623.

(80)　小長光馨一「保険関係に対する判決・和解の基準性」判タ268号（1971年）190頁以下；上田・判決効206頁以下；同「判決効の範囲決定と実体関係の基準性」民商93巻3号（1985年）317頁，345頁以下；*Schack*, a.a.O.（Fn. 49）, S. 870 f.

IV 個別事案の検討   295

に及ぶことには，当事者権の保障の面からも問題はない。なぜなら，被保険者は自己に対して係属する訴訟につき保険者に通知する義務を負っており，被保険者がこの義務に違反すれば保険者は保険金支払義務を免れるし，また，保険会社は被保険者に対する責任訴訟を包括的にコントロールしているからである[81]。

(2) 交通事故の被害者が責任保険の契約者である自動車保有者を被告として提起した自賠法3条による損害賠償請求訴訟において原告の請求を棄却する判決が確定した場合，この判決の既判力がその後被害者から保険会社に対して提起された保険金の支払いを求める直接請求訴訟において保険会社の有利に拡張されるか否かも問題になる。東京地裁昭和38年10月19日判決（判時348号28頁）は，この場合，保険会社も被害者に自賠法16条1項の定める保険金支払い義務を負わないとする。文献においては，訴訟当事者の地位を先決関係とする地位を有する者として保険会社を位置づけ，保険会社の有利に既判力拡張を肯定するものがある[82]。

しかし，この保険者に有利な拘束力は，全面的で完全なものではなく，部分的なものである。すなわち，この拘束力は，被害者の加害者に対する損害賠償請求権が否定され，そこから請求棄却の判決がなされる場合についてのみ発生することになる。この点で，この拘束力は，債権者の主たる債務者に対する請求を棄却する判決の，保証人に対する効力の問題と共通性がある[83]。この保証人に対する効力を既判力の拡張と解することができないのと同様に，保険者

---

(81) 自家用自動車総合保険普通保険約款・1997年改定版1章5条1項は，「被保険者が対人事故にかかわる損害賠償の請求を受けた場合，または当会社が損害賠償請求権者から次条［損害賠償請求権者の直接請求権―対人賠償］の規定に基づく損害賠償額の支払の請求を受けた場合には，当会社は，当会社が被保険者に対して支払責任を負う限度において，当会社の費用により，被保険者の同意を得て，被保険者のために，折衝，示談または調停もしくは訴訟の手続（弁護士の選任を含みます。）を行います」と規定している。

(82) 条解民訴697頁［竹下］；竹下・前掲注(10) 42頁。これに対して，上田・判決効199頁は構成要件的効力を想定する。

(83) *W. Gerhard*, Der Haftpflichtprozeß gegen Kraftfahrzeug-Versicherung und Versicherten, Festschrift für Henckel, Berlin/New York 1995, S. 286 Anm. 58.

に有利な効力も，既判力の拡張と解することはできない。法律が直接請求を認めたのは，保険金受取人に対して存在する被害者の請求権をより迅速かつ確実に実現することを可能にするためである。したがって，被害者が被保険者に対する損害賠償請求訴訟で確定的に敗訴した後，さらに保険者との関係でもう一度損害賠償請求権の存在を審理して貰うことができるとするのは，直接請求の制度目的と合致しない。それゆえ，被害者が被保険者に対する損害賠償請求訴訟において敗訴したときは，もはや保険者に対して保険金請求訴訟を提起し得ないと解すべきであるが，それは直接請求を認める制度目的から生じる訴訟上の特殊な拘束力と解すべきであろう(84)。

---

(84) 上田・判決効 209 頁は，この場合も構成要件的効力と解している。しかし，被害者敗訴判決を保険金請求権の発生障害事由または消滅事由とする規定はなく，またその旨の約款規定もないところで構成要件的効力を認めるのは無理であろう。

　ドイツ責任保険法 3 条 8 号は「第三者に損害賠償請求権が帰属しないことが確定判決によって確定されている限り，判決は，それが第三者と保険者との間で下されている場合には保険契約者の有利にも効力を生じ，第三者と保険契約者との間で下されている場合には保険者の有利にも効力を生じる」と規定し，保険者または保険契約者が被告として受けた，被害者に損害賠償請求権が存在しないことを理由とする請求棄却判決（これを理由とする請求棄却判決に限られる）はそれぞれ保険契約者または保険者の有利にも拘束力を及ぼすことを明らかにしている（しかし，被害者の損害賠償請求権の不存在を理由とする請求棄却判決に限られ，たとえば保険者の免責事由による請求棄却判決は含まれない）。直接請求を定めるドイツ責任保険法 3 条 1 号は，保険契約者（保険金受取人）に対して存在する被害者の請求権をより迅速かつ確実に実現することを可能にすることを目的とする。したがって，被害者が保険契約者（保険金受取人）に対する損害賠償請求訴訟で確定的に敗訴した後，さらに保険者との関係でもう一度損害賠償請求権の存在を審理して貰うことができるとするのは，直接請求の制度目的に合致しない。もちろん，拘束力の法的性質について，著しい見解の対立が見られる。既判力拡張を認める見解は，たとえば，BGH NJW 1982, 999; *Prölss/Martin*, Versicherungsvertragsgesetz, 24. Aufl., München 1988, § 3 Nr. 8 PflVersG Anm.1; *Rosenberg/Schwab/Gottwald*, 16. Aufl., § 155 Rdnr. 25 によって主張されている。法律上とくに定められた訴訟上の拘束力と解する見解もある（*Gaul*, Die Erstreckung und Durchbrechung der Urteilswirkung nach §§ 19, 21 ABGB, Festschrift für Beitzke, Berlin/New York, 1979, S. 997, 1028; *Schack*, a.a.O. (Fn. 49), S. 868; *MünchKommZPO/Schilken*, 2. Aufl., § 62 Rdnr. 16; *MünchKommZPO/Gottwald*, 2. Aufl., § 325 Rdnr. 52; *Gerhard*, a.a.O. (Fn. 83), S. 282）。

IV 個別事案の検討

4 連帯債務者——求償事例

　連帯債務者の1人に対して債権者が相殺を理由に敗訴判決を受け，これが確定したとき，他の連帯債務者は債権者との訴訟においてこの判決を自己の有利に援用することができるかという問題について，従来から見解の対立がある。この場合，相殺の抗弁に対する裁判所の判断に既判力が生じることを重視し，他の抗弁とは異なり相殺を理由に請求を棄却した確定判決は他の連帯債務者の有利に反射的効力を及ぼすとする見解があり[85]，また，相殺のみならず絶対的効力を有する抗弁が認められて請求が棄却された場合に信義則の適用により判決理由中の判断の拘束力が他の連帯債務者の有利に及ぶとする見解[86]，さらに判決効の拡張を否定する見解もある。

　前二者の見解は，判決の効力が他の連帯債務者に拡張されないと，先に勝訴した連帯債務者が後に敗訴した連帯債務者からの求償訴訟において，相殺等によって獲得した勝訴判決の利益を確保できなくなる危険に対処しようとするものである。しかし，連帯債務はまさに債権の担保の確保を目的とする実体法上の制度であるので，ドイツ民法425条2項（確定判決も相対的効力を生じる事実に属することを定める。）のような明文規定のない日本法についても，反射的効力や既判力の拡張を否定するのが正しいと思われる[87]。

5 賃借人と転借人間の従属関係

　賃借人と賃貸人間の賃借権の存在を確定する判決は転借人の有利に反射的効力を及ぼすとする見解[88]や，勝訴した賃借人と転借人間に従属関係が存在す

　　　ただし，被害者の自動車保有者に対する損害賠償請求を棄却する判決の既判力は，被害者と自動車保有者・責任保険者との間において既判力を及ぼすのであって，被害者と運転者・運転者の責任保険者との関係には及ばない（BGH JZ 1985, 342）。
(85)　兼子一「連帯債務者の一人の受けた判決の効果」同・研究 I 376頁以下；同『判例民事訴訟法』（1950年・弘文堂）309頁；小山昇「連帯債務と判決効」同・著作集(2) 274頁以下。
(86)　条解民訴700頁［竹下］。
(87)　鈴木正裕「連帯債務と反射効」判タ391号（1979年）4頁；吉村・前掲注（10）78頁；木川・前掲注（6）法学新報68巻3号167頁以下；伊藤532頁参照。

ることを理由に転借人の有利に既判力の拡張を認める見解[89]があるが，疑問である。反射的効力なるものは実質的に既判力の拡張であることはすでに明らかにされていることであるし，この場合に既判力の拡張を認めることは片面的既判力の拡張であり，武器対等の原則から見て支持することができない。

　既判力拡張論者は，賃貸人と転借人間の後訴で前訴判決と矛盾する転借人敗訴判決がなされると，前訴の勝訴者の法的地位が脅かされ，実際上直接または間接にその利益が害される危険があるので，勝訴当事者の口頭弁論終結後の承継人への既判力拡張を類推して転借人の有利に既判力の拡張を肯定しようとする[90]。しかし，後訴において転借人が賃借人の賃借権の不存在を理由に敗訴判決を受けたとしても，それは転借人自身の訴訟追行の結果であり，口頭弁論終結後の承継人への既判力拡張の場合とは利益状況を異にするから，決して不当とはいえないであろう。また，既判力拡張説によれば，転借人はすでに賃貸人によってその転借権を争われている場合にも，賃借人の提起する訴訟の結果を待つことができることとなり，転借人が賃借人とともに訴えを提起するインセンティブを失わせることになる。

6　債務者と第三者間における第三者の権利を確認する判決の，債務者の一般債権者に対する拘束力

　一般債権者は，債務者が第三者との間で受けた判決の効力を自己の有利または不利に受けるか。反射的効力を肯定する見解は，債務者が弁済や新たな債務負担によって責任財産を減少させても，一般債権者はこれを甘受しなければならず，債務者が財産を取得した場合はこれを享受できる地位にあり，一般債権者は債務者に対して実体法上従属していることを理由に，反射的効力が第三者に及ぶとする[91]。これに対して，既判力拡張説は，一般債権者は債務者について破産手続が開始されたり，債権者代位権・債権者取消権の要件を具備する

---

(88)　鈴木・前掲注（35）526頁以下参照。
(89)　条解民訴697頁［竹下］。
(90)　条解民訴697頁［竹下］。
(91)　鈴木正裕「既判力の拡張と反射的効果（1）」神戸法学雑誌9巻4号（1960年）508頁，515頁参照。

のでない限り，通常債務者の総財産から満足を得る地位しか有しないことを理由に，既判力の拡張を（論者によっては争点効の拡張をも）肯定する(92)。しかし，債務者の一般債権者が債務者・第三者間の確定判決を争うことができないのは，そのための手段が破産の場合や債権者代位権・債権者取消権の場合を除き，法律上，一般債権者に認められていないことを意味するに過ぎず，これを確定判決の効力と見なければならない理由は存在しない(93)。

7 執行法上の自称債権者訴訟

　配当異議訴訟の被告の債権が確定判決によって確定されたものである場合，配当異議訴訟の原告は被告の債権の存在を無条件で争うことができるか，それとも，債務者自身と同じ要件でのみ被告の債権の不存在を主張することができるに過ぎないかが問題となる。ドイツの従属関係説は，債務者がドイツ民訴法767条2項（「異議は，異議の依拠する原因が本法の規定により遅くとも異議の主張をしなければならなかった口頭弁論の終結後にはじめて生じ，かつ故障によりもはや主張できなかった限りでのみ許される」）によって失権した異議事由を配当異議訴訟の原告も主張することができないとの見解に立つ(94)。これに対して日本の有力説は，債権者・債務者間で生じた債務名義の既判力を配当異議訴訟の当事者間に拡張する法定の根拠がないこと，執行債権者が執行債務者との関係で債務名義に表示された債権をどの範囲で執行できるかという執行関係上の問題と債権者相互間の配当関係上の問題は異なる問題であること，配当異議債権者と債務者（前訴の敗訴当事者）との間には実体上の従属関係が存在しないこと，および，債務者が特定の債権者に馴合いで既判力のある債務名義を取得させることは容易なことを理由に，配当異議訴訟の原告は被告の債権を確定する判決

---

(92) 新堂672頁；山本・前掲注（7）60頁。

(93) この問題はアメリカ法においても論じられている。*James/Hazard/Leubsdorf*, a.a.O. (Fn. 63), §11.24は，これは判決の既判力（res judicata）ではなく，変形効（transformational effects）の問題だとする。

(94) *Bettermann*, a.a.O. (Fn. 20), S. 177 ff.; *A. Blomeyer*, a.a.O. (Fn. 21), S. 7; *ders.*, §93 I2;*Thomas/Putzo*, 27. Aufl., §878 Rdnr. 5; *Baur/Stürner*, Zwangsvollstreckungs-Konkurs- und Vergleichsrecht, Bd.1, 12. Aufl., Heidelberg 1995, Rdnr. 33.6.

の既判力の標準時前に生じた実体上の事由をも主張することができると主張する(95)。

　なるほど，配当異議訴訟は異議者と債権者間の配当表の当否をめぐる争いであるが，有名義債権者に対して配当異議の申立てをした債務者は請求異議の訴えを提起し執行停止の仮の処分を得なければならず（民執法90条5項・6項），この場合には確定判決を有する債権者に対しては既判力の標準時後の請求異議事由しか主張できない。それにもかかわらず債権者が配当異議訴訟を提起する場合には被告が配当表記載の配当額を受けることができず，より多くの配当が原告に与えられるべきことを明らかにする一切の事由を主張できるというのは，妥当性を欠く。異議債権者が主張する実体上の異議事由は債務者に帰属するものであるから，異議債権者は債務者の地位に立って異議を主張するのであり，異議債権者は債務者が民執法35条により失権しているのでない異議事由および再審事由に当たる事由のみ主張できると解すべきであろう(96)。これは既判力の拡張ではなく，執行法上の特別の失権効と解すべきである。被告が執行債務者と馴合いで債務名義を取得した場合には，異議債権者は配当異議訴訟にお

---

(95) 秋山光明「執行妨害と配当異議の訴」司法研修所創立十五周年記念論文集（上）（1962年）406頁以下；中野貞一郎「配当手続の性格」同『強制執行・破産の研究』（1971年・有斐閣）185頁以下；同・民事執行法526頁以下；宮脇幸彦『強制執行法各論』（1978年・有斐閣）484頁；香川保一監修『注釈民事執行法（4）』（1983年・きんざい）337頁［近藤］；鈴木忠一＝三ヶ月章編『注解民事執行法（3）』（1983年・第一法規）400頁［中野］；条解民訴699頁［竹下］；注釈民訴（4）457頁［伊藤眞］。

(96) Vgl. *Rosenberg/Gaul/Schilken*, Zwangsvollstreckungsrecht, 10. Aufl., München 1987, § 59 IV 4 a.E. (S. 692); *Brox/Walker*, Zwangsvollstreckungsrecht, 2. Aufl., Köln/Berlin/Bonn/München 1988, Rdnr. 494; *Rosenberg/Schwab/Gottwald*, 16. Aufl., § 155 Rdnr. 30; MünchKommZPO/*Gottwald*, 2. Aufl., § 325 Rdnr. 65;*Schuschke/Walker*, Vollstreckung und Vorläufiger Rechtsschutz, Bd.1, Zwangsvollstreckung, 2. Aufl., Köln/Berlin/Bonn/München 1997, § 878 Rdnr. 7; *Musielak/Musielak*, 4. Aufl., § 325 Rdnr. 15; *Zöller/Vollkommer*, 25. Aufl., § 325 Rdnr. 32. これに対して，*Stein/Jonas/Münzberg*, 22. Aufl., § 878 Rdnr. 24 は，債権者は債務者の地位に立つという「あまり明瞭でない理由づけ」は，異議債権者の債務者の地位への実体的従属を理由とするのと同様，せいぜい，既判力的確定が債務を成立させるという既判力の実体法説の見方から理解できるものだ，と批判する。

いてこれを主張することができると解すべきである(97)。

　破産手続における債権確定訴訟についても同じように解すべきである。破産手続において他の破産債権者の有名義債権に対して異議を述べる破産債権者はこの有名義債権者に対して債権確定訴訟を起こさなければならないが，この訴訟において異議債権者が主張できるのは破産者の有する攻撃防御方法に限られる。これは既判力の作用ではなく，破産法上の特別の失権効と解すべきである。もっとも，通説は，「異議等のある破産債権のうち執行力ある債務名義又は終局判決のあるものについては，異議者等は，破産者がすることのできる訴訟手続によってのみ，異議を主張することができる」と定める破産法129条1項の解釈上，異議者は届出債権者が破産者に対して得た確定判決の既判力を受けると解している(98)。再生債権者，更生債権者および更生担保権者についても同様である（民再法109条1項；会更法158条1項）。

V 結　語

　本章は，当事者間の法律関係と従属関係に立つ，当事者の一方と第三者との間の法律関係に関する訴訟に対して，当事者間の確定判決がいかなる影響を及ぼすかという問題について，反射的効力説と既判力拡張説の主張とその問題点を整理・分析し，反射的効力説は支持できず，また従属関係を根拠に民訴法115条1項3号の類推適用により第三者への既判力の拡張を肯定する見解も妥当でないという結論に到達した。

　次いで，当事者の一方と第三者との結びつきや，関係人の利益の評価に即した関係実体法規の解釈から例外的に第三者が当事者間の判決から法律上の影響を受ける可能性を検討した。そして，保証人・物上保証人が主債務者に対する債権者敗訴判決（請求棄却判決）を援用できるのは主債務者に属する抗弁権の援用としてであること，債権者の持分会社に対する債務履行請求を認容する確

---

(97)　MünchKommZPO/*Gottwald*, 2. Aufl., § 325 Rdnr. 65.
(98)　条解民訴699頁［竹下］; *Zöller/Vollkommer*, 25. Aufl., § 325 Rdnr. 31. *Koussoulis*, a.a.O. (Fn. 52), S. 184 f. は，「既判力の第三者効（Drittwirkung）」を認める。

定判決は，持分会社の社員に対する債権者の訴訟において社員が会社の債務をもはや争うことができないという意味において特別の失権効を及ぼすこと，持分会社の社員は債権者との訴訟において持分会社に有利な判決を援用できるが，これは社員が会社に属する抗弁を援用できる結果であること等を主張した。

第6章　国際民事訴訟法における既判力問題

I　はじめに

1　外国判決の承認の必要性

　渉外的性質をもつ民事事件について外国の裁判所がした判決は，その国の裁判権の行使としてなされたものであり，その効力は本来判決国の主権の及ぶ範囲に限定されるのが原則である。しかし，渉外的法律関係の当事者がある国の裁判所の判決を取得した場合に，その判決の内容を他の国において実現するにはさらにその国の裁判所の判決を得なければならないとすれば，権利の迅速な実現が妨げられるのみならず，国際的法取引の円滑な進展の障害となる。他方，外国裁判所の判決の効力を承認することによって，承認国は当然にその国家利益を害されることにはならず，かえって自国の裁判所の負担を軽減することにもなる。このような見地から，外国裁判所の裁判を一定の要件のもとで承認する，外国判決の承認の制度が多くの国の訴訟法に採用されている。外国判決の承認と執行は，主権によって限界づけられる判決の利用可能性の制約を克服し，国境を越えた法取引の安定に役立つ制度である[1]。

2　法　状　態

　日本では，明治23年（1890年）制定の民事訴訟法（以下では明治23年民訴法という）514条・515条が外国判決の執行に関して規定しただけで，外国判決の承認についての一般規定は存在しなかった。その後，大正15年に民事訴訟法が改正された際（以下では旧民訴法という），外国判決の執行の前提として判

（1）　鈴木忠一＝三ケ月章編『注釈民事執行法（1）』（1975年・第一法規）364頁［青山善充］参照。

決の承認が先行すべきであり，また外国判決の承認の問題は執行判決に限られないという理由から，外国判決の承認要件を定める旧民訴法200条が新設された(2)。ここでは，旧民訴法200条が定める承認要件を具備しておれば，当該外国判決は日本でも当然にその効力を認めるという，いわゆる自動的承認（autonome Anerkennung）の原則が採用された。すなわち，外国判決は，特別の承認手続を要することなく日本の判決と同様に効力を有し，日本の裁判所はそれに拘束され，その内容の当否について審理することは許されない。

日本では旧民訴法200条を引き継ぐ現行民訴法118条および同条の特則である油濁損害賠償法12条1項(3)以外に，外国判決の承認について定める一般的な法規定は存在しない。個々的にこれを規制する条約も，今のところ存在しない。

3 テーマの限定

外国判決の承認は，外国判決の存在を承認することではない。それは，当該外国判決の効力を内国において承認することである。ところで，判決の効力には，日本の民事訴訟法上，ドイツの民事訴訟法と同様，既判力，執行力，形成力，訴訟告知の効果，参加的効力，構成要件的効力等種々のものがある。このうち，構成要件的効力は，たとえば，短期消滅時効の定めのある債権が判決の確定によって普通時効と同様に扱われる（民法174条の2）というように，実

---

(2) 『民事訴訟法改正調査委員会速記録』(1927年・法曹会) 721頁（松本博之ほか編『日本立法資料全集12・民事訴訟法〔大正改正編〕(3)』(1993年・信山社) 379頁）参照。なお，大正15年の民事訴訟法の改正のさい，相互保証に関し，「国際条約ニ於テ相互ヲ証セサルトキ」は執行判決を求める訴えを却下すべきことを定めた明治23年民事訴訟法515条5号が改正されたことも重要である。

(3) 油濁損害賠償法12条1項は次のように規定する。

「責任条約第9条第1項の規定により管轄権を有する外国裁判所がタンカー油濁損害の賠償の請求の訴えについてした確定判決は，次に掲げる場合を除き，その効力を有する。

1 当該判決が詐欺によって取得された場合

2 被告が訴訟の開始に必要な呼出し又は命令の送達を受けず，かつ，自己の主張を陳述するための衡平な機会が与えられなかった場合」

体法の規定が確定判決の存在に付与する効果である。この効果は実体法上の効果であるので，適用される準拠法によって，ある判決が構成要件的効力を有するか，また，いかなる構成要件的効力を有するかが決まるのであり，民訴法200条は適用されない。以下の検討では執行力の問題も除外される。外国判決の執行については，民執法24条によって特別に規定されているからである。家族法の領域における判決効，とくに形成力の承認の問題は今後ますます増加することが予想されるけれども，ここではこの問題にも立ち入ることができない。形成力は，訴訟法上の効力であるが，外国形成判決の承認については，準拠法との関係で問題があるからである(4)。

本章においては，外国判決の既判力を中心に，その承認の意義，外国判決と内国判決の抵触の問題および確定判決の衝突の予防のための措置にテーマを限定して検討したいと考える。

II 外国判決の承認の意義（概念と範囲）

1 承認の概念に関する諸説

外国判決の承認は，その外国判決の効力を承認国において通用させることであるので，いかなる範囲において外国判決が承認国において効力を有するかは，著しく承認国の利害に関わる。そこで，外国判決の承認とはいかなる意味を有するかという問題と，いかなる範囲で外国判決は承認国において効力を有するかということが先ず問題となる。これらの問題は，これまで日本の文献ではあまり論じられてこなかったものであり，最近になってようやく取り上げられ始めたものである。それゆえ遺憾ながら，日本における見解は，諸説を十分論じた上で形成されたものということはできない。

外国判決の承認の意味については，基本的に3つの見解の対立が考えられる。効力拡張説（Wirkungserstreckungstheorie），等置説（Gleichstellungstheorie）

---

(4) 形成力と準拠法との関係については，さし当たり，渡辺惺之「形成判決の承認と民訴法200条」国際私法の争点（1980年）157頁；徳岡卓樹「身分関係事件に関する外国裁判の承認」沢木敬郎＝青山善充編『国際民事訴訟法の理論』（1987年・有斐閣）403頁参照。

および重畳説（Kummulationstheorie）の3つである。

(1) **効力拡張説**　これは，外国判決は判決国の法により有するのと同じ効力を承認国により認められることを意味するという見解である。この見解によれば，承認される判決の効力の種類，内容，それが及ぶ範囲は，必然的に，それぞれ判決国の法によって決まることになる。したがって，外国の裁判の既判力および既判力の失権効も承認によって内国において外国におけると同様に顧慮される(5)。内国の法がその種の判決効を知らないのでない限り，内国の判決の効力によって制限されることはない。たとえば，日本法においても争点効の考え方は知られているので，効力拡張説によれば，アメリカ合衆国の判決がもつ争点排除効も内国において承認されることになるであろう。

(2) **等置説**　これは，当該外国判決が内国判決であったならば，その判決がもつであろうと同じ効力が判決の承認によって与えられるという見解である(6)。外国判決と内国判決を平等に取り扱おうとするものである。この出発点は健全であるが，この見解には内在的な限界がある。すなわち等値できるのは，実際に同一内容をもつ判決だけだからである。外国判決が内国の法とは異なる内容または効力を有する場合には，この理論を全く技術的に扱う限り，外国判決は承認できないからである(7)。これは望ましい結果ではない。

(3) **重畳説**　これは，外国判決の効力の拡張から出発するが，承認国と同様の行為（entsprechende Akte）の効力によって効力拡張の上限が画されるという見解である。効力拡張と等置を結合する見解である。この見解によれば，外国判決の効力は，同様の内国判決の効力の範囲において内国に及ぶことになる(8)。

---

(5)　Vgl. *Kegel,* Internationales Privatrecht, 5. Aufl., München 1985, § 22 V 1a; *Martiny,* Handbuch des Internationalen Zivilprozessrechts, Bd.III/1, Tübingen 1984, Rdnr. 362 ff.; *Rosenberg/Schwab/Gottwald,* 16. Aufl., § 156 Rdnr. 8.

(6)　*Matscher,* Zur Theorie der Anerkennung ausländischer Entscheidungen nach österreichischem Recht, in: Festschrift für Hans Schima, 1969, S. 277 ff.; *ders.,* Einige Probleme der internationalen Urteilsanerkennung und -vollstreckung, ZZP 86 (1973), 407, 408.

(7)　MünchKommZPO/*Gottwald,* 2. Aufl., § 328 Rdnr. 3.

(8)　*Schack,* Internationales Zivilverfahrensrecht, 2. Aufl., München 1996, Rdnr. 796.

II 外国判決の承認の意義（概念と範囲）

　日本のこれまでの議論では，効力拡張説が当然のこととされ，承認される効力の範囲も判決国の法によって全面的に決まるのでなければならないとされ，ごく少数の文献(9)を除き，何らの疑問も抱かれてこなかった(10)。しかし，外国判決が判決国の法によって有する効力が承認国の法には知られていない場合に問題が生じる。たとえば，外国判決が判決法国の法秩序によれば先決的法律関係に関する判断に既判力を有する場合，この判決は承認国たる日本においても先決的法律関係に関する判断に既判力を有するかが問題となる。効力拡張説によれば，この帰結が認められるべきであろう(11)。この見解に対しては，内国訴訟法が先決的法律関係に関する裁判所の判断に既判力を与えていない場合には，このことは外国判決に対しても貫徹されなければならないという見解(12)もあり得る。

　近時日本において，外国判決の承認の効果について詳細な検討ないし問題提起を行ったのは，石黒一憲教授と高田裕成教授である。石黒教授は比較法的に見て効力拡張説が唯一の見方でないことを指摘するとともに，「個々の判決効の及ぶ範囲を，承認国手続法の側から個別的に検討し，一体当該の者（あるいは事項）につき外国判決の効力（確定力・遮断効）を外国での扱いに従いストレートに及ぼしてしまうことが，わが憲法上の裁判を受ける権利に裏打ちされたわが民訴法プロパーの利益考量からして妥当なのか否かを，事案ごとに検討すべきである」と注目すべき指摘を行った(13)。ここでは，承認国の憲法上の裁判を受ける権利が強調されていることが重要である。高田教授は，内国裁判所が「各国法制の手続観の違いを尊重しつつもその手続（権）保障観に従って，

---

(9) たとえば，細野長良『民事訴訟法要義第4巻』（1934年・巌松堂書店）231頁がそうである。

(10) 兼子一『条解民事訴訟法（上）』（1955年・弘文堂）522頁；条解民訴641頁［竹下］；矢ヶ崎武勝「外国判決の承認並びにその条件に関する一考察(1)」国際法外交雑誌60巻1号（1961年）40頁，47頁；池原季雄「国際私法」『経営法学全集第20巻・国際取引』（1967年・ダイヤモンド社）386頁

(11) 菊井＝村松・全訂Ⅰ〔補訂版〕1310頁参照。

(12) So *Geimer*, Internationales Zivilprozessrecht, Köln 1987, Rdnr. 2196.

(13) 石黒一憲『現代国際私法［上］』（1986年・東京大学出版会）425頁。なお，中野・民事執行法198頁注5参照。

前訴手続（すなわち外国裁判所での手続）のもとで生まれた判決にいかなる拘束力を賦与することができ，かつ賦与することが望ましいかという考慮をすればよいとも考えられる」[14]と指摘する。

2　問題解決の視点と私見

(1)　法律は問題解決の手がかりを与えていないので，この問題は，いずれの解決が正当で，また日本の民事訴訟法の基本的な観念と調和するかという観点から解決されなければならない[15]。

　具体的に問題になるのは，判決国法による当該外国判決の既判力の範囲が承認国の法により当該判決に生じ得る既判力のそれより狭い場合と広い場合である。判決国法による既判力の範囲と承認国法によるそれとが同じである場合には，いずれの法によっても結論は同じであるから，問題は生じない。

　(2)　判決国法による既判力の範囲が狭い場合として，相殺の抗弁についての判断がある。外国判決が被告の相殺の抗弁を理由ありとして請求棄却の判決を下した場合に，判決国法によれば相殺によって主張された反対債権の存否の判断には既判力が生じないが（このような国は多いようである），承認国たる日本の民事訴訟法によれば（ドイツの民事訴訟法と同様）相殺の主張に対する実体判断についても既判力が肯定される（民訴法114条2項）。また，判決国法によれば既判力は原則として当事者間に限られるが，承認国の法によれば一定範囲の第三者にも既判力が拡張されることがある。このような場合，承認される既判力の範囲を無制限に判決国法によって決めてよいのかどうかが問題となる。ドイツでは，この場合，判決国の法が規定していない効力は，承認によって生じないとするのが支配的見解である。日本では，この問題に触れる文献は極めて少ない。一部では，無用の紛争の蒸返しを避けるための承認国の「訴訟政策上の考慮」に基づく調整の必要性が説かれているが[16]，具体的な理論展開はさ

---

(14)　高田裕成「財産関係事件に関する外国判決の承認」沢木＝青山編・前掲（注4）365頁，377頁。

(15)　Vgl. *K. Müller*, Zum Begriff der „Anerkennung" von Urteilen in § 328 ZPO, ZZP 79 (1966), 199, 203.

ほど見られない。

　判決国法の訴訟手続のあり方は，判決の既判力の内容と範囲によって規定されている。既判力が原則として判決の主文中の判断に限定される場合においては，当事者は訴訟上の請求に対する裁判所の判断の結論部分のみを考慮に入れて訴訟を追行し，争点を最小限に絞り込むことができ，また裁判所の方も実体法適用の論理的順序にこだわらず結論に到達しやすい順序で争点を審理することが可能になる[17]。このように判決主文中の判断にのみ既判力が生じることを念頭に置いて外国裁判所において訴訟を追行してきた当事者が内国における判決の承認により，それ以外の判断についても既判力を受けるならば，これによって不意打ちを受けることは明らかである。承認国の立場から「無用な紛争の蒸返し」と捉え，判決国法が与える以上の効力を付与するのは，このような既判力の範囲と手続のありかたとの関係を軽視するものであり，賛成できない[18]。承認国の法によれば既判力が一定範囲の第三者に拡張されるが，判決国の法によれば当事者に限定される場合にも，同様に解すべきである。

　(3)　次に，外国判決の既判力または失権効の範囲が，承認国の法により生じる既判力の範囲より広い場合が，もっと問題である。たとえば判決理由中の判断にも既判力または拘束力が生じ，後訴の裁判官を拘束する訴訟法がある。とくにイギリス法上の争点エストッペル (issue estoppel)[19]やアメリカ法上の争点排除効 (issue preclusion) との関係が重要である。この争点排除効は，前訴において裁判所が判断したのと同じ争点が請求を異にする同一当事者間の後訴において生じる場合に，前訴において事実上または法律上の争点として争われ，その判断に基づいて認定または評決がなされた事項につき前訴判決が後訴に対

---

(16)　石黒・前掲注 (13) 415 頁；同『国際私法〔補訂版〕』(1987 年・有斐閣) 167 頁以下；高田・前掲注 (14) 376 頁がそのような見解である。

(17)　新堂 632 頁以下。

(18)　*Müller*, a.a.O. (Fn. 15), 204 ff.

(19)　Vgl. *Cohn*, Die materielle Rechtskraft im englischen Recht, in: Festschrift für Hanns Carl Nipperdey, München 1965, S. 875 ff.; *Ritter*, Die Bestimmung der objektiven Rechtskraftsgrenzen in rechtsvergleichender Sicht, ZZP 87 (1974), 138, 166 ff.; *Spencer-Bower and Turner*, The Doctrine of Res Judicata, London 1969, S. 149 ff.

して及ぼす禁反言効である(20)。日本の民事訴訟法によれば，本来，ドイツ法と同じく，判決理由中の判断には既判力は生じない。しかし日本の文献では，既判力とは異なるが，いわゆる争点効を承認するものがある。争点効の理論とは，「前訴で当事者が主要な争点として争い，かつ，裁判所がこれを審理して下したその争点についての判断に生じる通用力で，同一争点を主要な先決問題とした異別の後訴請求の審理において，その判断に反する主張立証を許さず，これと矛盾する判断を禁止する効力」としての争点効を承認する学説(21)である。判例は争点効を拒否したが(22)，一定の場合には判例によっても，信義則の個別的適用により前訴判決理由中の判断に反する陳述を後訴において不適法として排斥する途が開かれている(23)。

　上の問題については，効力拡張説の内部においても，見解は分かれるであろう。1つは，判決理由中の判断の拘束力が立法者によって否定された理由が誤った判断の永久化を避けることにあることを強調して，理由中の判断の既判力の承認を否定する見解(24)である。この見解によれば，法的前提問題についての外国裁判所の既判力ある判断も，その承認が拒否され，また，確定された事実についての判断の拘束力の承認は問題とならない。第2の見解は，承認国の法（日本法）がこの種の判決効を一般的に知っている限り，承認を受ける既判力の範囲は承認国の判決の効力の範囲によって制限されないという見解(25)である。この見解によれば，いずれにせよ，当事者間における先決的法律関係に

---

(20) *James/Hazard/Leubusdorf*, Civil Procedure, 4. ed., Boston/Tronto 1992, §17（S. 607). なお，争点排除効はかつて付随的禁反言（collateral estoppel）と呼ばれていた。
(21) 新堂 644 頁以下。
(22) 最〔3小〕判昭和44年6月24日判時569号48頁＝判タ239号143頁。この判例については，新堂・訴訟物（上）269頁以下参照。
(23) 最〔1小〕判昭和51年9月30日民集30巻8号799頁。最近の下級審裁判例において，前訴確定判決との関係で信義則を根拠に後訴を不適法として却下するものが増えている。東京地判昭和52年5月30日下民集28巻5〜8号566頁；東京地判昭和63年12月20日判時1324号75頁；東京地判平成2年4月16日判時1368号74頁；仙台地判平成2年7月27日判時1373号101頁など。
(24) たとえば，*Geimer*, a.a.O.（Fn. 12), Rdnr. 2196; *Müller*, a.a.O.（Fn. 15), 205 ff.
(25) *Stein/Jonas/Schumann*, Kommentar zur zivilprozeßordnung, 20. Aufl., 1988, §328 Rdnr. 3.

対する判断の拘束力は，内国において承認（顧慮）されるであろう。なぜなら，日本法においても先決的法律関係に関する中間確認の訴えが許されており（民訴法145条），この方法によって先決的法律関係につき既判力ある判断を得ることができるからである。第2の見解が支持されるべきである。

しかし，判決理由中で示された事実判断が内国において拘束力を有するかという問題については，見解が分かれうる。日本法では事実判断に対する拘束力は（証書真否確認の訴えの場合を除き）認められていないこと，および，当事者間で何が主たる争点として争われたかを確定することがしばしば困難なことは，拘束力を否定する方向に作用するであろう。しかし，争点効理論や，信義則に基づき判決理由中の判断にも拘束力を及ぼすことを認める判例の立場からは，争点排除効を内国において承認する余地がある。いずれの見解が正当で，日本の民事訴訟法の基本観念と合致するのであろうか。ここでは，誤った判断の永久化の回避が問題解決にとって決定的でないことを指摘しなければならない。当事者間での争点排除効の承認は当事者の手続保障の不当な制限を意味せず，したがって日本の公序に反しない。なぜなら，同一の当事者が，外国判決が争点排除効を有するという前提で，外国において訴訟を追行して攻撃防御方法を提出する機会を有していたからである。したがって，当事者間における争点排除効は日本においても承認されるべきである[26]。

外国判決の既判力または失権効の主観的（人的）範囲が承認国の判決のそれより広い場合にも，基本的に既判力の客観的範囲の場合と同様に考えることができる。日本の民事訴訟法も既判力の主観的範囲を直接の訴訟当事者に限定しているわけではない。外国訴訟法が，日本の訴訟法によれば既判力を受けない第三者に既判力を及ぼしていることは，それだけでは外国判決の承認の妨げとはならない。たとえば，ドイツでは訴訟係属中に係争物の譲渡がある場合，当事者恒定主義が採用され，もとの当事者間で訴訟が続行され，判決は係争物の譲受人の有利および不利に効力を有するが（ドイツ民訴法265条2項・322条1

---

(26) ドイツで，当事者間での争点排除効の承認を肯定するのは，Gottwald, Grundfragen der Anerkennung und Vollstreckung in Zivilsachen, ZZP 103 (1990), 257, 262 である。

項），日本では訴訟物たる権利義務またはこれに関する一定の地位を承継した者は，訴訟に当事者として参加でき，または当事者によって訴訟に引き入れられることができる（民訴法49条～51条）。しかし参加または引受けがない限り，この者は既判力を受けない。しかし，ドイツの当事者恒定は法定訴訟担当の一場合であり，法定訴訟担当は日本法においても知られている。したがって，ドイツ判決の承継人に対する既判力も，問題なく日本で承認される。これに対し，アメリカ法上の争点排除効の第三者への拡張は非常に問題である。第三者（non-party）が不利に争点排除効を受ける場合には[27]，この第三者の手続保障が問題となる。第三者が当事者の一方との後訴において争点排除効を援用する場合（争点排除効の攻撃的使用）[28]には，この効力がいかなる範囲で及ぶかを事前に確定することは容易ではないし，当事者は第三者が当事者の一方との後訴において争点排除効を援用することを計算に入れておかなければならなくなる。それによって敗訴当事者のリスクは著しく増大し，見通しの利かないものとなる。このような広い争点排除効が手続保障との関係で内国民事訴訟法の基本的観念に合致するかどうか疑わしい。それゆえ，第三者に対する争点排除効の拡張は，内国において承認されるべきではないというべきであろう[29]。

なお，判決効の主観的拡張の場合とは異なるが，フランス法の担保の訴えやアメリカ法の第三当事者訴訟（impleader, third party practice）のように，外国の訴訟法が係属中の訴訟において，被告が第三者に対して求償請求について併合審判を求める訴えを提起することを許していることがあるが，この訴えにより第三者に対して下された判決の日本における承認には原則として問題はないであろう。なぜなら，第三者は当事者として訴えに対して防御することができるからである[30]。もちろん，判決承認の要件が具備することが必要である。その際，当該外国裁判所の第三者に対する国際裁判管轄が問題となる[31]。

---

(27) *James/Hazard/Leubsdorf*, a.a.O. (Fn. 20), § 11. 29.
(28) Vgl. *James/Hazard/Leubsdorf*, a.a.O. (Fn. 20), § 11. 25 (S. 621 ff.).
(29) Vgl. *Gottwald*, a.a.O. (Fn. 26); *Scoles/Hay*, Conflict of Laws, 1982, § 24. 37.
(30) *Stein/Jonas/Schumann*, a.a.O. (Fn. 25), § 328 Rdnr. 4.
(31) この場合の国際裁判管轄の問題につき，*Martiny*, a.a.O. (Fn. 5), Rdnr. 703 ff.

3 既判力の承認と準拠法

　国際民事訴訟法における既判力の問題には，外国判決の既判力の承認が適用準拠法によって影響を受けるかどうかという問題がある。たとえば，ある生活事実関係上の法的争訟について外国（A国）の裁判所に訴えが提起され，A国の国際私法の指定するB国法を準拠法として判決が下されたとする。その後，同一生活事実関係についてA国の裁判所の判決において確定された事項を先決関係とする訴訟が日本の裁判所に提起されたとき，日本の国際私法によればB国法ではなくC国法が準拠法として適用される場合に，A国裁判所の判決が民訴法118条の規定する判決承認要件を具備していても，A国裁判所の判決の承認は準拠法の違いによって妨げられるかが問題となる。ここでは，A国訴訟の訴訟物が適用準拠上の具体的な権利または請求権の主張であり，日本での訴訟の訴訟物は，C国法上の具体的な権利または請求権の主張であるならば，訴訟物が異なり，したがってA国判決の既判力は承認要件を満たしていても日本に及ばないとも考えられ得るからである。

　この国際民事訴訟法上の基本的で困難な問題について，判例もなく，文献においても十分な議論が展開されているとは言い難いが，見解を表明するもののうちでは，「準拠法による既判力の相対化（die kollisionsrechtliche Relativität der Rechtskraft）」[32]を認めることによる国際的私法関係の不安定を避けるため，承認要件を具備している限り準拠法の違いを問題としないで外国判決を承認する見解[33]が有力である。準拠法による既判力の相対化を認めると，各国の国際私法が統一されていないため，C国法を適用した日本の判決がA国裁判所の確定判決と抵触する内容となる場合があり，それは既判力制度の根底をなす法律関係の安定の要請と相容れない[34]。

　このような，準拠法の問題は外国判決の承認に影響を与えないという考え方は，訴訟物を訴訟法的に解すべきであるという意味において訴訟物と適用実体法との関係を切断している，いわゆる新訴訟物理論においては，訴訟物との関

---

(32) Vgl. *Martiny*, a.a.O. (Fn. 5), 385 ff.
(33) 道垣内正人「国際的訴訟競合（5）」法協100巻4号（1983年）715頁。
(34) Vgl. *Müller*, a.a.O. (Fn. 15), 209 ff.

係をめぐる問題をとくに生ぜしめない(35)。問題は，給付訴訟につき実体法上の個々の請求権の主張を訴訟物と捉える，日本の判例が採っている訴訟物理論（旧訴訟物理論）との関係である。この旧訴訟物理論によれば，準拠法による既判力の相対化が避けられないかのように見えるからである。道垣内正人教授は，日本の国際私法によって指定される準拠法とは異なる準拠法に基づく外国判決の判断内容を日本で問題になっている生活関係にそのまま当てはめるという扱いをすべきものとする(36)。私見も，具体的な実体法上の請求権によって訴訟物の異同を決めるか（旧訴訟物理論），原告の被告に対する一定の給付を求める法的地位を訴訟物と構成するか（新訴訟物理論）という訴訟物理論の違いが外国判決の承認の可否を決定することは合理的ではない，と考える。外国判決の承認の領域では，訴訟物と判決の拘束力の範囲は必ずしも一致するとは限らない（既判力の範囲は訴訟物によってのみ画されるのではない）ことに鑑み，日本の判例が実体法上の請求権ごとに訴訟物を限界づけていることをもって，準拠法による既判力の相対化が不可避だということにはならない。

III　裁判の抵触

1　問題提起

　外国判決と内国判決とが矛盾衝突することがある。これは同一事件について国際的に訴訟が競合した場合に起こりうる。とくに，外国裁判所で一定の給付を命じる判決を求められた被告が，この外国訴訟に対抗するために同一当事者間で，同一の権利関係に基づく債務不存在確認の訴え，または，当該法律関係の不存在の確認を求める訴えを内国裁判所に提起し，外国判決も内国判決もともに請求認容判決がなされる場合に，判決の抵触は顕著になる。
　まず，いかなる場合に両判決は抵触するのか，判決主文における裁判所の判断が抵触する場合にのみ判決の抵触が認められるのか，それとも判決理由中の判断と抵触する場合にすでに判決の抵触が存在するのかが問題となる。次に，

---

(35)　*Martiny*, a.a.O.（Fn. 5), Rdnr. 386.
(36)　道垣内・前掲注（33）365〜6頁。

判決の抵触が存在する場合に，いずれの判決の効力が優先されるのかという問題が生じる。

2　判決の衝突が存在する場合にいずれの判決が優先されるか

判決の衝突がある場合に外国判決は承認され得るか，またいずれの判決が優先されるかという問題については，日本では法律に規定がなく，解釈は激しく対立する。内外判決の抵触を外国判決の承認要件の問題と見て公序の観点から問題を解決しようとする見解と，判決の抵触に関する一般法理により解決しようとする見解があるが，両者はつねに対立するわけではない。

(1)　**裁判例**　日本では従来，この問題が顕在化することは殆どなかったが，昭和50年代に初めて現われた。大阪地方裁判所昭和52年12月22日判決（判タ361号127頁）[37]がそれである。この判決は手続的公序を理由に，外国判決と抵触する内国の確定判決が存在する場合にはつねに内国判決が優先するという内国判決優先説を採っている。事案は，輸出されたY社製工作機械の欠陥によって被害を受けたと主張して損害賠償を請求する訴訟（「米国第1訴訟」）の被告とされたB社，X社，Y社のうち，X社がこの訴訟で敗訴した場合を慮ってY社に対して27万5000ドルの損害賠償を訴求する旨を予告する訴訟をこの訴訟の係属している裁判所に提起した（「米国第2訴訟」）。これに対して，YはX（およびA）を被告として大阪地裁に求償債務不存在確認等を求める訴えを提起した。米国第2訴訟では「YはXに対し金8万6000ドルを支払え」との判決があり，この判決は昭和49年10月17日に確定した。他方，大阪地裁は「Xが米国ワシントン州キング郡管轄上級裁判所事件番号第713245号事件において敗訴した場合に，Xが行使を受ける右損害賠償債務についてのYのXに対し負担すべき金9,900万円の求償債務が存在しないことを確認する」との判決を言い渡し，同判決は昭和49年12月5日に確定した。本件は米国第2訴訟の判決について，XがYに対し執行判決を申し立てた事件である。

---

(37)　批評として，海老沢美広・ジュリ670号（1978年）171頁；三ツ木正次・昭和53年度重要判例解説（ジュリ693号，1979年）282頁；越川純吉・判評186号（1974年）22頁（判時743号144頁）；澤木敬郎・渉外判例百選（第2版）（1986年）218頁がある。

大阪地裁は「同一司法制度内において相互に矛盾抵触する判決の併存を認めることは法体制全体の秩序をみだすものであるから訴えの提起，判決の言渡，確定の前後に関係なく，既に日本裁判所の確定判決がある場合に，それと同一当事者間で，同一事実について矛盾抵触する外国判決を承認することは，日本裁判法の秩序に反し，民訴法200条3号（現行民訴法118条3号に対応——引用者）の『外国裁判所の判決が日本における公の秩序に反する』ものと解するのが相当である」と判示した。

(2) 学　説　　上の大阪地裁判決を契機として，内外判決の抵触の問題がにわかに脚光を浴びるようになった。今日，文献においては種々の見解が主張されている。

(a) 公序の観点から論ずるもの　　内国判決が先に確定していた場合には，それと抵触する外国判決は，内国の確定判決を無視して成立したものであるから，日本の民事訴訟法の基本原則である既判力の法理に反するという意味で手続法的公序に反するとして，日本では承認されないとするのが多数説であると考えられる[38]。この見解は従来，外国判決が先に確定している場合にどのように扱うべきであるかという点については，明確に論じていなかったが，最近では，外国判決が先に確定している場合には内国裁判所も外国判決の既判力に拘束されるとし，判決の確定時期を重視する立場を一貫させるものが見られる[39]。この見解によれば，重要なのは判決確定の先後であって，訴え提起時期，判決の言渡時期の先後は問わないとされる[40]。

同じく内国確定判決が存在する場合に外国判決を承認することは公序に反するが，内外判決の確定時期の先後を問題にするのではなく，外国判決が内国裁判所において顧慮を求められた時点——内国訴訟の前提問題につき外国裁判所の判決の顧慮が求められ，または執行判決が請求されたとき——を基準にすべ

---

(38) 条解民訴651頁［竹下］参照。なお，訴えの提起や判決の確定時期いかんを問わず外国判決と抵触する内国判決が存在する限り，外国判決の承認は公序に反するとする見解（岩野徹ほか編『注解強制執行法（1）』（1974年・第一法規）145頁［三井哲夫］）もある。
(39) 条解民訴651頁［竹下］。
(40) 条解民訴651頁［竹下］。

きであるとする見解(41)もある。この見解によれば，この時点に内国の確定判決が存在すれば，これと抵触する外国判決を承認し，または執行判決をすることは内国の司法秩序を乱し公序に反するとされ，逆にこの時点に内国の確定判決が存在しない限り，外国判決が承認されるということになる。

(b) 判決の抵触に関する一般法理によるもの　以上の見解は専ら公序の観点から内外判決の抵触問題を解決しようとする試みであるが，問題を専ら「判決の抵触に関する一般法理」により解決しようとするものがある。この見解は，この一般法理の理解により2つに分かれる。1つは，確定判決が抵触する場合には後に確定した判決が再審の訴えにより取り消されない限り，後の判決がより新しい判決として優先するという内国判決の抵触の場合の考え方を(42)，内外判決の抵触の場合に当てはめ，日本の判決が後に確定したときは，それが再審の訴えにより取り消されない限り，後に確定した判決として尊重されると説く(43)。問題は，逆に，日本の判決が先に確定している場合に生じる。この場合には，この見解を貫徹すれば，外国判決の方が優先されるはずである。しかし，この見解を主張する論者は，外国判決に対する内国の再審の訴えが存在しないことを考慮して，日本判決の「既判力により（民訴法338条1項10号の趣旨により後行する外国判決を取り消す効果を認めて）執行判決を許すべきでない」と説く見解(44)もある。他の見解は，民訴法338条1項10号は先に確定した判決を優先させる意味であると見る。この見解によれば，内外判決の抵触の場合にも，先に確定した外国判決を優先すべきであり，この場合，外国判決が内国判決より先に確定しておれば後に確定した内国判決を再審の訴えにより取り消すまでもなく，外国判決の効力が優先する，という(45)。

---

(41) 宮脇幸彦「訴訟」『貿易実務講座(8)』(1962年・有斐閣) 517頁以下，549頁；鈴木＝三ヶ月編・前掲注(1) 404頁〔青山〕。
(42) 菊井＝村松・全訂II 158頁；小山388頁。
(43) 菊井＝村松・全訂II 769頁；注解民訴〔第1版〕(7) 26頁〔小室〕；海老沢・前掲注(37) 173頁。
(44) 三ツ木・前掲注(37) 284頁。
(45) 高桑昭「外国判決の承認及び執行」新実務民訴講座(7) 143頁；同「内国判決と抵触する外国判決の承認の可否」NBL 155号(1978年) 6頁；中野・民事執行法189頁注8b。

（c）　国際的訴訟競合の問題を視野に入れて類型的に考察するもの　　以上の見解は主として判決確定の先後に照準を合わせるものであるが，最近では訴訟係属の発生時期の先後をも考慮に入れて類型的に問題解決にアプローチする見解もある。道垣内教授は大略次のような見解を提示する。

（ⅰ）　日本の裁判所の確定判決が存在するにもかかわらず，外国訴訟が開始され外国確定判決の成立に至った場合には，手続上の公序違反により内国判決が優先する[46]。

（ⅱ）　内国訴訟の訴訟係属の発生時点は外国訴訟のそれより早いけれども，外国訴訟の開始時点では内国訴訟が確定判決に至っていない場合には，外国裁判所が先行する日本の訴訟係属を顧慮しないで訴訟を進行させた点に外国判決成立上の公序違反があり，外国判決の承認は拒否される[47]。

（ⅲ）　外国訴訟の係属が先行している場合には，公序を理由に外国判決の承認を拒否することは許されず，この場合には，国内での判決効および再審制度による処理と同じように処理されるべきであるという。当該判決の承認が問題になっている時点で内国訴訟が進行しているときは，外国判決と抵触する判断はできなくなり，内国判決が確定しておれば，内国訴訟は再審の訴えにより取り消され得る[48]。外国訴訟係属後その判決の確定前に日本で訴訟が開始され，日本の確定判決成立前に外国判決が確定した場合も以上と同様の処理がなされるべきであるという[49]。これに対して，外国訴訟係属後，確定判決成立前に日本で訴訟が開始され，しかも日本の確定判決が先行し，その後に確定した外国判決の承認が問題になる場合には，外国判決は民事訴訟法118条の要件を具備するが，再審制度の趣旨から，本来なら取り消されるはずの判決であるが，外国判決に対しては再審の訴えを提起することできないため，はじめから日本での効力は認められないものと扱うべきであるという[50]。

---

[46]　道垣内・前掲注（33）795頁。
[47]　道垣内・前掲注（33）795頁以下。
[48]　道垣内・前掲注（33）797頁。
[49]　道垣内・前掲注（33）798頁。
[50]　道垣内・前掲注（33）798頁以下。

3 検討

　第1に，問題を専ら判決抵触に関する一般法理で解決しようとする見解には疑問がある。そもそもそのような一般法理が存在するかどうかが問題であるからである。再審事由を規定する民事訴訟法338条1項10号からこのような一般法理を導きだそうとしても，外国確定判決に対して内国で再審の訴えを提起することができない以上，再審の規定は問題にならない[51]。前述のように，この隘路を乗り越えるために，先に確定している内国確定判決の既判力に，後に確定した外国確定判決を取り消す効力を認める見解があるが，再審の制度は再審判決によって確定判決の既判力を消滅させる制度であり，当然に外国確定判決の効力を消滅させることと馴染むものではない。

　第2に，日本の確定判決が成立した後に提起された外国訴訟において下された外国確定判決の承認の問題に端的に現われるように，日本の国際民事訴訟法として手続的公序を放棄することはできないことが指摘されなければならない[52]。また内国訴訟が先に係属しているのに外国において提起された訴訟で下された判決が内国訴訟より先に確定したからといって，その外国判決を承認しなければならないというのは正当でないであろう[53]。また実際的にも内外判決のいずれが先に確定し得るかは，その国における訴訟遅延の程度，上訴制限[54]の有無・上訴要件等（因みに日本法には上訴制限は基本的に存在しない）に左右されるのであるから，専ら判決の確定時期を問題とする見解は妥当性を欠

---

[51]　条解民訴651頁［竹下］。

[52]　外国の裁判所が内国の確定判決を無視している場合，判決の成立が日本の公序に反することを認めるのが多数説である。菊井＝村松全訂Ⅰ〔補訂版〕1312頁；注解民訴〔第2版〕(5) 125頁［小室＝渡辺＝斎藤］；宮脇・前掲注(41) 555頁；細野・前掲注(9) 227頁など。

[53]　1986年にヨーロッパ管轄・執行条約との関連で改正されたドイツ民訴法328条3号が「（外国）判決がここで言い渡された判決または承認されるべき先の外国判決と抵触し，若しくは先にここで訴訟係属した手続と抵触するとき」承認が排除される，と規定していることが参考になる。

[54]　上訴制限についての比較法的研究として，三ケ月章「上訴制度の目的」小室＝小山還暦（上）198頁以下（同『民事訴訟法研究(8)』〔1981年・有斐閣〕所収）が詳しい。その他，伊東乾「上訴制度の目的」新実務民訴講座(3) 186頁；桜井孝一「上訴制限」講座民訴(7) 79頁参照。

くというべきである。

　以上の考察から，内国判決確定後に外国訴訟が提起され，その訴訟において成立した外国確定判決，および，内国訴訟の訴訟係属発生後に提起された外国訴訟において下された確定判決は，民訴法118条3号の定める公序違反により，日本においてその承認は拒否されなければならない。問題なのは，外国訴訟が先行し，かつ外国判決が先に確定した場合である。この場合には外国判決の既判力は，外国判決の承認要件が具備している以上，内国訴訟がまだ終結していない限り顧慮されるべきであろう。外国判決が訴訟上問題になる前に内国判決が確定した場合，外国判決の承認は拒否されるべきであろうか，それとも外国判決の方が優先されるべきであろうか。判決の確定時点に重きを置く見解は，なるほど，承認に好意的である。しかし，この見解には従うことができない。場合によっては，原告は外国手続が進行中のときでも内国訴訟を提起し得なければないであろう[(55)]。外国訴訟係属は，後述のように一定の要件のもとに内国において顧慮されることがあるにせよ，いずれにせよ，つねに内国訴訟を不適法ならしめるわけではない。内国訴訟が適法である場合には，外国判決が先に確定した場合にも，内国判決が優先されなければならない。この場合に，外国判決を優先させることは公序に反するであろう。また，この場合に再審の訴えによる内国判決取消しの可能性を認めることもできない。さらに，外国訴訟係属後に提起された内国訴訟において下された内国判決が外国判決より先に確定した場合にも，同じ理由から内国判決を優先すべきである。

4　どのような場合に判決の抵触・衝突が存在するか

　次に，判決の抵触が存在すると認められるのは，内外判決の既判力が相互に抵触する場合に限られるか，それとも既判力効から切り離し，より広く抵触を観念すべきなのかが問題となる。前述のように，前掲大阪地裁判決は，「既に日本裁判所の確定判決がある場合，それと同一当事者間で，同一事実について矛盾抵触する外国判決を承認することは，日本裁判法の秩序に反し，民訴法200条3号（現行民訴法118条3号に対応——引用者）の『外国裁判所の判決が

---

(55)　後述323頁参照。

日本における公の秩序に反する』ものと解するのが相当である」(56)としているが，この事案では外国給付判決と内国の債務不存在確認判決との抵触が問題になったこともあり，抵触の範囲についての一般的な基準を明らかにすることはしていないし，またその必要もなかった。なぜなら，両者が既判力のレベルで衝突することは明らかであったからである。

　理由中の判断を含めて広く判決の抵触を観念すると，抵触の範囲が広がりすぎ，それだけ外国判決が承認されなくなる範囲が大きくなり，国際的私法生活の安定が害されることに注意しなければならない。また民訴法338条1項10号の解釈としても，前に確定した判決の既判力が再審を申し立てられた判決の当事者および訴訟物または，その前提問題との関係で及ぶことが要求される(57)。それゆえ，判決の抵触の判断基準は既判力の衝突が生じるかどうかに求めるべきものと考える。

5　抵触の防止

　判決の矛盾抵触が望ましくないことは，いうまでもない。内外判決の衝突を避けるために国際的訴訟競合の適切な規律が求められるのは，当然の成り行きである。ことに外国での訴訟に対して内国において対抗訴訟が提起される場合はそうである。

　外国訴訟と日本の裁判所での訴訟の競合が生じた場合，どのような措置が執られるべきかという国際的訴訟競合の問題についても，日本では明確な方向が定まっているとは言い難い。

　(1)　**裁判例**　日本では，民訴法142条は，当事者は裁判所に係属する事件についてはさらに訴えを提起することができないと規定しているが，国際的訴訟競合についてこの規定が適用されるかどうかという点が争われてきた。この問題について最高裁判所の判例は存在しない。下級裁判所は，完全には一致していない。従来，民訴法142条にいう裁判所には，外国裁判所は含まれないという理由で，外国裁判所に係属している事件について再び訴えが日本の裁判所

---

(56)　判タ361号127頁。
(57)　条解民訴1276頁［松浦］。

に提起された場合に，重複起訴に当たらないとされていた(58)。しかし，最近では，別の方向も考慮されつつある。すなわち，同条の類推適用である。

たとえば，東京地裁は平成元年5月30日の中間判決において，他の裁判例と同様，民訴法142条にいう裁判所は内国裁判所をいうとするが，「先行する外国訴訟において本案判決がされてそれが確定に至ることが相当の確実性をもって予測され，かつその判決がわが国で承認される可能性があるときは」，後訴を規制する余地があるとする(59)。その他，アメリカ合衆国の裁判所に係属している製造物責任者間での求償訴訟に関し，日本で債務不存在確認の訴えが提起された事件で，国際的訴訟競合の問題を国際裁判管轄の有無の判断の際の利益考量の一要素と捉え，民事訴訟法の定める不法行為地の裁判籍が日本にある場合であっても，これにより日本の国際裁判管轄権を認めることは条理に反するとした裁判例(60)もある。

(2) **学説** 学説においては，まさに種々の見解が主張されており，帰一するところを知らない。かつては，外国訴訟係属を考慮しない見解が，少なくとも民事訴訟法に関する文献においては多数を占めていた(61)。しかし，最近では，被告の二重応訴の負担の回避，国際的な既判力の衝突・判決の抵触の回避，および訴訟経済の促進の観点から一定の要件のもと，外国訴訟係属を顧慮する新たな方向が文献には見られる。いわゆる承認予測説(62)は，外国判決に関して積極的な承認が予測される場合には外国訴訟係属を内国においても顧慮しようとするものである。しかし，この見解は，承認予測が非常に困難であるとの批判を受ける。承認予測が実際に当たらない場合が起こり得る。さらに，

---

(58) 最近の裁判例としては，東京地（中間）判平成元年5月30日判時1348号91頁＝判タ703号240頁（その評釈として・出口耕自・平成元年度重要判例解説（ジュリ957号）271頁；石黒一憲・判評382号46頁；不破茂・ジュリ959号122頁）；東京地（中間）判平成元年6月19日判タ703号246頁（その評釈として，道垣内正人・ジュリ956号125頁）がある。

(59) 判時1348号91頁＝判タ703号240頁。

(60) 東京地判平成3年1月29日判時1390号98頁＝判タ764号256頁。

(61) 兼子・体系173頁；菊井＝村松・全訂Ⅱ149頁；注解民訴〔1版〕(4) 133頁［斎藤］；加藤哲夫「二重起訴の禁止」三ケ月章ほか編『新版民事訴訟法演習（Ⅰ）』（1983年・有斐閣）141頁，152頁以下。

承認予測説によっては，当該外国裁判所が争訟の公正な解決にとって適切な裁判所であるか否かが考慮できないという問題もある(63)。このような考慮に鑑み，将来外国判決が内国において承認される蓋然性の外に，外国裁判所が適切な裁判所であるかどうか，当事者のための手続保障のような要素を考量すべしとする見解(64)も存する。この見解は，利益考量の際に後訴において原告被告の地位が前訴のそれと同じであるか，あるいは逆であるかどうかによって区別すべきであり，各々の類型によって重視される利益は異なるとする。とくに注目されるのは，前訴と比べ原告と被告が入れ替わっている場合にいずれの裁判所が適切な裁判所であるか，および不適切な外国裁判所において防禦しなければならないことによって被告の実質的な手続保障が奪われないかどうかを重視する(65)。それに対して，原告被告の立場が前訴と後訴とにおいて変わっていない場合，権利保護の実効性と被告の二重負担が考慮されるべきであるとする。その他，国際的な訴訟競合の問題を国際裁判管轄の有無の判断や訴えの利益の判断の枠内で考慮しようとする見解(66)，具体的には日本と外国のいずれがより適切な訴訟地か等の事情を考慮する見解(67)がある。以上のような学説の展開は，外国訴訟係属は一定の要件のもとに内国において顧慮されることがあるにせよ，いずれにせよ，つねには内国訴訟を不適法ならしめるべきでないことを示している。このように，外国訴訟係属をめぐる議論は現在進行中である。今後の展開が注目される(68)。

---

(62) 海老沢美広「外国裁判所における訴訟係属と二重起訴の禁止」青山法学8巻4号（1969年）1頁以下；沢木敬郎「既判力の国際的抵触」ジュリ661号（1978年）92頁，94頁；矢吹徹雄「国際的な重複訴訟に関する一考察」北大法学論集31巻3・4号（1981年）1204頁，1216頁；沢木敬郎「国際的訴訟競合」新実務民訴講座(7) 16頁；道垣内・前掲注(33) 752頁以下。

(63) 石黒一憲「国際民事訴訟法上の諸問題」ジュリ681号（1979年）197頁，202頁。

(64) 小林秀之＝原強「国際取引紛争の今日的問題点」法律のひろば41巻4号（1988年）4頁以下；なお，不破茂「国際的訴訟競合の規律」愛媛法学会雑誌17巻1号（1990年）135頁，151頁以下参照。

(65) 小林＝原・前掲注(64) 7頁。

(66) 石黒一憲「外国における訴訟係属の国内的効果」沢木＝青山編・前掲注(4) 323頁，361頁。

(67) 石黒・前掲注(63) 203頁。

ところで，重複起訴の成立要件として，裁判所に係属する「同一事件」について重ねて訴えが提起されることが必要であるが（民訴法142条），民訴法142条の解釈として，この「同一事件」という概念が最近では訴訟物の同一を基準としてではなく，主として裁判所の判断の矛盾抵触の回避の観点から判断すべきものとする見解が多いことを指摘しておかなければならない。たとえば債務不存在確認訴訟係属中に，被告が別訴として，同一権利関係について給付の訴えを提起することや，同一物の所有権確認訴訟の係属中にその訴訟の被告が別訴として，その物が自己の所有物であることの確認を求める訴えを提起することも，民訴法142条を類推適用して重複起訴の禁止に触れるとされている。このような場合には，判決の矛盾は避けられるべきであるから，前訴被告は反訴を提起すべきであり，もし別訴を提起した場合にはそれは不適法であるとされる(69)。この見解にはそれ自体疑問がある(70)。もし，このような見解が国際民事訴訟に持ち込まれるならば，外国訴訟係属は，——その他の問題を別にすれば——内国においてより広く顧慮されることになろう。だが，この見解を国際民事訴訟に持ち込むことには，大いに疑問がある。なぜなら，たとえば外国での債務不存在確認訴訟の被告に，自己の請求権を行使するために外国において給付の反訴を提起することを期待することはできないからである(71)。

---

(68) なお，井上康一「国際的二重訴訟をめぐる最近の判例の動向（上）（下）」国際商事法務21巻4号（1993年）403頁，6号534頁参照。

(69) 三ヶ月・全集120頁；新堂205頁；中野貞一郎ほか編『民事訴訟法講義〔補訂版〕』（1980年・有斐閣）184頁［坂口裕英］；条解民訴845頁［竹下］。

(70) 松本＝上野〔275〕参照。

(71) 道垣内・前掲注（33）789頁は，このような場合，当該外国裁判所において訴えの変更や反訴が許されるのであれば，日本における後訴は権利保護の利益を欠くという理由で却下されるべきであるというが，賛成できない。内国裁判所相互間での消極的確認訴訟と同一法律関係に基づく給付訴訟との関係と，外国裁判所と内国裁判所との間でのそれを同じ平面で扱うことはできないからである。石黒・前掲注（66）349頁（注30）をも参照。

第7章　日本の民事法・民事訴訟法における先例効の問題

I　はじめに

　日本はドイツと同じく制定法国であり，主たる法源は立法者により制定される法律である。権力分立の原則により，立法は議会の責務であるのに対して，司法権の行使は裁判所に委ねられている。議会の活動はしばしば鈍重であり，しばしば社会の必要に応じてこなかった。もっとも，最近では司法制度改革という政策目標が掲げられ，種々の法律の改変や新たな法律の制定が盛んに行われている。しかし，議会の立法活動が活発になっても，今日だれも，裁判所による法の適用にとって先例も重要な役割を果たしていることを争うことはできない(1)。たいていの場合，下級審の裁判所は，種々の法律問題について，最高裁判所が具体的な事件において表明した原則的な法的見解を調査する。権利を追求する当事者も，権利の実現を求めて同様の態度をとる。通常の法取引においても，先例は通常，現行法のように見られている。法律の欠缺が存在する場合には，それは判例により塞がれる。

　先例が少なくとも事実上このような重大な意味を有する場合，先例は他の裁判官に対する拘束力をもち得るかという問題が生じる。もし，この問題が肯定に答えられるならば，この拘束力は判決の効力に数えられ得るか。このテーマは，日本の民事訴訟法の文献においては，これまで殆ど扱われてこなかった(2)。しかし最近，日本ではこれと関連する別の観点，すなわち訴訟が法生

（1）　中野次雄『判例とその読み方』（1986年・日本評論社）参照。なお，*Larenz*, Über die Bindungswirkung von Präjudizien, Festschrift für Hans Schima, Wien 1969, S. 247 も参照。

活全般に対して，とくに同種の訴訟における判決に対して及ぼす影響が論じられている（「訴訟機能の拡大」）(3)。新たな，多くの人々に影響を及ぼす重要な法律問題が発生し，それが法律に規定されておらず，または不十分にしか規定されていない場合，若干のまたはある範囲の関係人が訴えを提起し，この問題を解明しようと試みる。この場合，彼らに有利な裁判を取得することに成功すれば，このような裁判は同種の事案における将来の訴訟に有利な影響を与えることができる。また，訴えを提起し訴訟を通じて法律の不備を明らかにすることによって，立法者の法政策に影響を与えることが試みられることもある。

　日本の民事法における先例効の具体的な展開について概観する代わりに，時間的な理由から，私は直ちに先例効の問題に入りたい。

　まず，先例の拘束力の問題を考察したい。具体的にいえば，先例は具体的な事件を超えて一般的にすべての裁判官に対して拘束力をもち得るかという問題である。これに続くのは，判決のいかなる部分が先例としての効力を有し得るかという問題である。ここでは，とくに主論（ratio decidendi）と傍論（obiter dictum）の区別が重要である。先例効を判決効として捉える試みの検討がこれに続く。最後に，法形成が問題になる場合の手続改革の必要性を論じよう。

II　先例の拘束力の問題

1　問題提起

　かつて裁判所の裁判が学問的研究の対象にされ始めたとき，当該裁判において述べられた裁判所の法的見解が学説のように問題とされ，その当否が論じられた。この種の研究が「判例研究」と呼ばれた。これに対し，若干の法学者はこの方法の誤りを指摘し，次のように主張した。すなわち，裁判が当該事件において何を判断したかを，まず確定しなければならず，この目的のために，裁

（2）　ドイツでこの問題を取り扱っている例外は，Rosenberg/Schwab, Zivilprozeßrecht, 14. Aufl., München 1986, § 151 IV（S. 966）である。

（3）　1980年の民事訴訟法学会大会において「訴訟機能と手続保障」のテーマでシンポジウムが開かれ，判決や訴訟の社会生活への影響および手続保障の問題が議論された（民訴雑誌27号（1981年）133頁以下）。

判において述べられた裁判所の法的見解は事案の事実関係と関連づけられなければならない。この意味における裁判の内容を解明することが，まさに判例研究の任務である，と(4)。これは「生ける法」を発見する試みである。このような方法論上の立場からは，「判例」の拘束力の問題を提起することは尤もなことである。

他方，訴訟における先例の意味に関して，若干の法律に「判例」「裁判」「判決」という言葉が見られる。日本の刑訴法 405 条は，高等裁判所がした第一審または第二審の判決が最高裁判所の「判例」と反するとき（2 号），最高裁判所の「判例」がない場合に大審院もしくは上告審たる高等裁判所の「判例」またはこの刑事訴訟法施行後の控訴裁判所たる高等裁判所の「判例」と相反するとき（3 号），上告理由があると定めている。民事訴訟に関しては，旧民訴法 394 条は，判例違反がある場合に上告の理由があるとは，なるほど直接には定めていなかった。しかし旧民訴規則 48 条は，「判決に法令の違背があることを上告の理由とするについて，判決が最高裁判所又は大審院若しくは上告裁判所である高等裁判所の判例と相反する判断をしたことを主張するときは，その判例を具体的に示さなければならない」と定めていた。さらに，旧民訴法 406 条の 2 は，上告裁判所としての高等裁判所は最高裁判所が定める事由があるときは決定をもって事件を最高裁判所に移送しなければならないと規定していた（現行民訴法 324 条に対応）。旧民訴規則 58 条によれば，かかる事由は，憲法その他の法令の解釈について，「意見が前に最高裁判所のした裁判に反するとき」（1 号），および，憲法その他の法令の解釈について，「意見が前に上告裁判所である高等裁判所又は大審院若しくは上告裁判所である控訴院のした判決に反するとき」（2 号）に存在する（現行民訴規則 203 条は，「憲法その他の法令の解釈について，その高等裁判所の意見が最高裁判所の判例（これがない場合にあっては，大審院又は上告裁判所又は控訴裁判所である高等裁判所の判例）に相反するとき」と定める）。また，最高裁判所内部における判例の統一のための定めもある。すなわち，最高裁判所の各小法廷は，憲法その他の法令の解釈適用についてそ

---

(4) *T. Kawashima*, The Concept of Judicial Precedents in Japanese Law, in: Festschrift für Max Rheinstein zum 70. Gevurtstag, Bd. 1, Tübingen 1969, S. 85 ff.

の意見が前に最高裁判所のした「裁判」に反するときには，大法廷に事件を送付しなければならない（裁判所法10条3号）。1998年に施行された現行民事訴訟法によれば，最高裁判所が上告裁判所であるときは，原判決に憲法違反または絶対的上告理由があるときに限り最高裁判所に上告する権利を与えられるが（民訴法312条），原判決の法令違反を主張して上告を提起することはできず，「原判決に最高裁判所の判例（これがない場合にあっては，大審院又は上告裁判所若しくは控訴裁判所である高等裁判所の判例）と相反する判断がある事件その他の法令の解釈に関する重要な事項を含むものと認められる事件について」最高裁判所に上告受理の申立てをすることができるにとどまる。この場合には最高裁判所が，原判決が判例に違反しまたは法令解釈にとって重要な事項を含むと認めて上告受理の決定をすれば（民訴法318条1項），上告があったものと見なされ（同条4項），上告受理申立理由のうち重要でないとして最高裁判所により排除されたもの以外のものが上告理由と見なされる（同条3項，4項後段）。

かくて，これらの規定において用いられている「判例」「裁判」「判決」という用語が何を意味するかという問題が生じる。ここにいう「判例」「裁判」「判決」はたとえば確定判決の既判力とは異なるものを意味すると確実に述べることができる。これらの規定は，種々の裁判所による法令解釈の統一に奉仕すべきものである。「判例」「裁判」「判決」の意味は，これらの規定の意義・目的，すなわち法令解釈の統一という目的に従って決まるべきものである。この観点から，具体的な訴訟における裁判所の終局的な判断で，法律の解釈を含み，かつ具体的な訴訟を超えて一般的な意味をもち得るものに照準を合わせることができる[5]。

2　拘束力に関する諸説

(1)　**事実上の拘束力説**　日本では先例は裁判官を拘束する「法」ではないが，多くの場合に法律と比較しうる事実上の拘束力を有するという見解が支配的である[6]。その際，最高裁判所の先例が下級裁判所の法実務に及ぼす影響

（5）　高田卓爾『刑事訴訟法』（1957年・青林書院）566頁以下。
（6）　中野・前掲注（1）15頁。

が出発点になっている。この見解は，下級裁判所は具体的な事案において先例とくに最高裁判所の固定判例から法適用の指針を得るのであり，しかも最高裁判所の固定判例は上述の法統一の制度によって確保されている，という。この見解の理由づけは，個々の点では常に同一というわけではない。共通しているのは，法的安定性の要請が先例の拘束性を必要ならしめるということである。ある論者は，裁判所の面前における平等原則から出発する。それによれば，すべての当事者は事案の内容が同じであれば同じ内容の裁判を与えられるべきであり，どの裁判所に訴えが提起されるかによって差異があってはならない。だが司法においては上訴手続以外に法統一の可能性がないから，裁判官は最高裁判所が下すであろう判決を追及する義務を負っている[7]。その他，最高裁判所の判例の変更には特別の手続を必要とするから，最高裁判所の判例は変更されない高度の蓋然性を有する。翻って，このことから高度の蓋然性をもって，従来と同じ判断が繰り返されるであろうと推測できる。かくて下級裁判所は，最高裁判所が当該事件において従来と同じ判断を繰り返すであろうという仮定に立って，最高裁判所の判例を自らの裁判の基礎にするのである，と。

　この理由づけは，最高裁判所の判例が将来の最高裁判所の判断の推定基礎としての意味を有するという点に特徴を有している。

(2) **法律上の拘束力説**　　先例が裁判所を法的に拘束することを正面から承認する，法律上の拘束力説もある。この見解の理由づけも同様に種々である。日本における指導的な法学者である末弘嚴太郎氏[8]はこの見解を主張し，次のように理由づけた。すなわち，氏はまず法の欠缺から出発する。法秩序は決して無欠缺ではないのであって，裁判官は多かれ少なかれ事案の性質に応じて必然的にある程度まで，当該事件に適用すべき法規を自ら創造する。判決は具体的な社会関係において妥当すべき，このようにして創造された法規範の適用である，と。しかし，氏は裁判官によって創造される法規範の拘束力に先例の

---

(7)　中野・前掲注 (1) 19頁。
(8)　末弘嚴太郎「判例の法源性と判例の研究」同『民法雑記帳（上巻）』(1948年・日本評論社) 22頁，29頁以下，31頁以下。四宮和夫『民法総則（第4版）』(1986年・弘文堂) 9頁も同旨である。

拘束力の根拠を見出そうとはしなかった。氏は次のように主張する。すなわち，裁判官による法の創造は先例拘束力の決定的な根拠ではない。裁判官が法を創造しなければならない場合，裁判官は司法全体との調和をも考慮しなければならない。裁判官はなるほど制度的には訴訟において独立して裁判することができるのであるが，裁判官は司法の一員であるので，できるだけ全体との調和を保持しなければならない。それゆえ，裁判官が先例を考慮し，濫りに先例に対し異を唱えないことは裁判官の職務上の義務に属する。法的安定を図ることは司法の任務であり，裁判官が原則として先例に従い，司法全体の傾向を理解し，この傾向との調和を保持する義務はこの要請に基づくのだ，と。

斎藤秀夫博士も裁判官の法形成を適法と認め，次のように主張する[9]。裁判所はひとたび具体的な社会関係を規律する法規範を創造するや否や，これを将来の事案にも適用して同種の判決を下すべきである。これは法的安定の保持をその最も重要な使命とする司法政策の帰結である。裁判が統一的な社会秩序を形成し保持する手段である以上，国民の側には将来の同種の訴訟も同じように裁判されるという期待が存在する。それゆえ，判決は具体的な訴訟を超えて将来の同種の訴訟に対する抽象的な法的価値判断を包含する法規範である，と。

また法の欠缺がある場合の，裁判官による法創造に先例の拘束力の根拠を求める見解もある。この見解は，立法後に立法者が予測しなかった事態が生じうるものであり，実際にも最高裁判所の判例は人々の生活関係を規律する法規範を創造していることを強調する[10]。

最後に，先例の拘束力は法的安定性，将来の裁判の予測可能性ならびに同種の事案の平等扱いの要請に基づくとする見解がある。この見解によれば，訴えに基づきある判決が下されると，判決の推論を正当化するための一般的な基準が，同種の事案において裁判の指針を提供する先例として規範化される。社会も，十分な反対の理由のない限り，かかる同種の事案において同一内容の判決が下されることを期待している[11]，という。

---

(9) 斎藤秀夫「裁判予測と判例研究」法時34巻1号（1962年）15頁，19頁以下（同『裁判官論』〔1963年・一粒社〕119頁，132頁以下）。

(10) 谷口正孝「裁判の拘束力と裁判による法創造」天野和夫/P. アーレンス/J.L.ジョーウェル/王叔文編『裁判による法創造』（1989年・晃洋書房）17頁，20頁以下。

(3) 慣習法説 さらに，先例の拘束力を慣習法への拘束から引き出す見解(12)もある。先例が繰り返され，社会の法的確信が生じると，法律と同等の拘束力を有する慣習法が成立する，とされる。この見解によれば，先例の拘束力は慣習法に依拠するのであって，先例それ自体によるのではない。この見解に対して，先例の場合には個々の判決が問題なのだとの批判がなされた(13)。その他，この見解は裁判所の慣習になった判例の変更の可能性を正当化し得ないと指摘された。もちろん，先例が慣習法の形成のきっかけを与えるという考えは，たしかに正しい。

(4) 私 見 上述のように，法的拘束力説は，裁判官がある程度具体的な事件においてつねに新たな法規範を形成するということを出発点の１つにする。だが，私には，判決のこのような基本的理解がそもそも問題なように思われる。なるほど裁判官には，法律の欠缺が存する場合に裁判を拒否することは許されない。この場合には法の創造または形成が行われなければならない。しかし，このことは，裁判官が具体的な訴訟においてつねに法を創造していることを意味するものではない。裁判が一義的な法律の文言の適用を超えて下される場合，つねに法の創造があると考えることは適切でないように思われる。法律が不特定概念を用い，裁判所がこれを具体化しなければならない場合にも，裁判官は法を適用するのである(14)。裁判官が法を形成する場合ですら，それが拘束力をもつものとして通用するためには社会の法的確信または社会的承認を必要とするから，そのようにして形成された法は直ちに他の裁判官を法的に拘束すべ

---

(11) 田中成明「裁判による法形成」新実務民訴講座 (1) 49 頁, 65 頁；同旨, 浦部法穂「最高裁判所の判例」『憲法学 (6)』(1977 年・有斐閣) 51 頁。

(12) 古くは, 松本烝治『人法人及物』(1920 年) 17 頁。四宮・前掲注 (8) 8 頁は, 判例の繰返しが慣習法の意義をもち得ることを承認する。

(13) 慣習法説に対する批判として, 川島武宜「判例研究の方法」法時 34 巻 1 号 (1962 年) 7 頁以下；浦部・前掲注 (11) 48 頁以下。

(14) なるほど日本では, 裁判官が不特定概念を具体化し, 具体化された法概念に, 確定された事実を当てはめる場合, 裁判所は法を創造するという見解が圧倒的である（たとえば, 四宮・前掲注 (8) 8 頁以下参照）。しかし, 不特定概念の場合には, 裁判官がこれを具体化することは初めから立法者によって予定されている。それゆえ, それは法の適用と解することができる。

きではない。

　さらに，法的拘束力説の主張者である末弘嚴太郎氏自身，別の箇所において判例からの離反の必要性を承認していたことが指摘されなければならない。裁判官は必要な場合には正義の要請を優先させ，判例を無視しなければならないというのである(15)。そこから，氏も法律と同等の判例の「絶対的」拘束力を主張しているのではないと結論づけることができる。むしろ氏の見解の重点は，実際には，裁判官は関係判例を十分に評価し裁判において考慮しなければならないという点にあるように思われる(16)。判例の拘束力は善良な裁判官の注意義務に基づくという氏の説明も，このような理解を支持するであろう。

　拘束力の基礎を平等原則に求めることは，尤もなことであろう。しかし，平等原則は裁判官が先例，とりわけ最高裁判所の先例から離反することを禁ずるものか否かという問題が生じる。司法に関して平等原則が意味することは，法的評価にとって本質的な点で同じ事実は同じように裁判され，異なる判断は事実関係の差異によって正当化されなければならないということである(17)。平等原則は，必然的に判例の統一の要請をもたらす。法の解釈と適用が裁判所ごとに違えば，平等原則が侵害される。上述のように，上告およびその他の諸制度は，判例統一に役立つ。なるほど，先例の厳格な拘束性は，平等原則の完全な実現を可能にする。しかし，最高裁判所による法律解釈が後に不当であるか，または，変更を要することが明らかになった場合，正義は解釈の変更を要求する。だが，厳格な先例拘束性はこれを妨げるであろう。それゆえ，厳格な先例拘束性の承認が適切でないことは明らかである。下級審の裁判が最高裁判所に判例変更の機縁を与え得ることは，否定し得ないことである。種々の法律問題が当事者によって提出される下級裁判所は，先例について熟慮し，先例が正当な理由をもって正しくないと判断する場合には，先例から離反し得なければならない。これは先例法（判例法）のよりいっそうの発展のためにも必要である。下級審裁判所が違法に先例に違反する場合にのみ先例法の発展に寄与すること

---

(15) 末弘「解釈法学における法源論について」前掲注（8）『民法雑記帳（上巻）』295頁以下，317頁。
(16) 中野・前掲注（1）14頁以下。
(17) Larenz, a.a.O. (Fn. 1), S. 255.

ができると主張することは，全く誤りである(18)。

　最後に，裁判官が先例に法律上拘束されることを認める法律規定が存するか否か，なお検討すべきである。すでに言及したように，最高裁判所の各小法廷は裁判所法 10 条 3 号により，憲法その他の法令の解釈適用に関するその見解が最高裁判所の従来の「裁判」に反するときは，係属している事件を大法廷に送付しなければならない。この場合，大法廷が事件全体を裁判しなければならない。この規制は，大法廷または連合大法廷が当該訴訟の全体についてではなく，一定の法律問題についてのみ裁判するドイツ裁判所構成法 138 条(19)とは異なる。このことは当然，各小法廷が判例と異なる判断をすることを手続上困難ならしめる。しかし，この規制からは先例が裁判官を法的に拘束することを，引き出すことはできない。逆に，そこからは，各小法廷は大法廷または他の小法廷の先例に拘束されないということが生じるのである。もし法的に拘束されるのであれば，当該事件を大法廷に送付する必要性は存しない。なぜなら，小法廷は直ちに先例を裁判の基礎にしなければならないからである(20)。裁判所法 10 条 3 号は，先例の法的拘束力を定めるものではなく，判例を変更し得ることを前提としながら，これを慎重ならしめ，判例の不統一を避け，法的安定を図ることを目的とする規定に過ぎない。同じことは，上告裁判所である高等裁判所は一定の場合に決定で事件を最高裁判所に移送しなければならない旨定める，民訴法 324 条にも当てはまる。

　事実上の拘束力説に関しては，「事実上の」拘束力が何を意味するか明確でないように思われる。「事実上の」拘束が規範的拘束をも意味するのであるならば，「事実上」という言葉は矛盾であろう。また事実上の拘束の意味が不明確であれば，下級裁判所が不必要に広い範囲で先例に拘束されていると感じる

---

(18)　団藤重光『法学入門』（1973 年・筑摩書房）166 頁。
(19)　ドイツの裁判所構成法 138 条については，Larenz, a.a.O. (Fn. 1), S. 256 f.；ハンス・ブリュッティング（佐上善和訳）「ドイツにおける裁判官の法形成の訴訟的局面」天野和夫／P. アーレンス／J. L. ジョーウェル／王叔文編・前掲注 (10) 207 頁以下，217 頁参照。
(20)　甲斐道太郎「判例の比較法的研究　日本」比較法研究 26 号（1965 年）17 頁（同『法の解釈と実践』〔1977 年・法律文化社〕169 頁）参照。

危険がある[21]。事実上の拘束力説の，上訴制度は先例からの離反を無意味にし，それは当事者に無用な負担を負わせるものに過ぎないという指摘は，説得力がない。先例からの離反は，場合によっては先例法の発展にとって必要かつ有益であり得るからである。

　平等原則は，広く，事実面で同じ事案は同じように扱われることを要求する。したがって，裁判所が先例から離反しようとする場合，平等原則は十分な理由づけを要求する。私見によれば，先例の特別な効力は，裁判官が現存する判例原則から離反する場合に十分な理由づけを強制される点にある[22]。十分な理由づけを伴う，判例原則からの離反は，先例法の発展に大いに資するであろう。

III　主論（ratio decidendi）と傍論（obiter dictum）の区別
　　　――先例価値の範囲

　先例事案における裁判所のいかなる法的見解に先例価値が生じ，先例価値の範囲はどのようにして確定されるべきかは，重要でかつ困難な課題である。この問題に関して英米法に従い，主論と傍論を区別するのが一般的である。一般には，主論だけが先例価値を有し，それに対して傍論には先例価値はないという見解が主張されている[23]。主論とは特定の事案において判決を担っている理由をいうとされる。それに対して，傍論は先例事案における裁判上重要でない法的見解の叙述とされている。

　しかし，裁判所の必要な法的見解の叙述と，必要でない法的見解の叙述との境界がどこにあるかは，つねには明確ではない。ここで私はこの問題の詳細に立ち入ることはできない。ここでは，次のことだけを指摘したい。裁判においては，時として当該事案の判断に必要でない裁判所の法的見解が述べられる。たとえば，裁判所は当該事案と類似しているが異なる事実関係に基づく法的見

---

(21)　佐藤幸治『憲法訴訟と司法権』（1984年・日本評論社）272頁参照。

(22)　Vgl. *Kirchhof*, Der Auftrag des Grundgesetzes an die rechtsprechende Gewalt, in: Festschrift der juristischen Fakultät zur 600-Jahr-Feier der Ruprecht-Karls-Universität Heidelberg, Heidelberg 1986, S. 11 ff. 彼は，裁判官が先例に反する裁判をしようとする場合，Argumentationslast（論拠責任）を負うという。

(23)　中野・前掲注（1）29頁以下。

III 主論 (ratio decidendi) と傍論 (obiter dictum) の区別——先例価値の範囲　　335

解を述べることがある。それは疑いなく傍論である。また，裁判所が必要な範囲を超えて，広く法的見解を述べる裁判もある。最高裁判所は，国営化学工場が多量の窒素を含む工場廃液を川（山王川）に放出していたところ（もっとも，この川には町からの下水や他の工場からの排水も流入していた），ある年，旱魃のため全面的に山王川の流水を灌漑のために利用しなければならなかった下流の水田に被害が生じたとして，水稲耕作をしている原告らが被告国に対して提起した損害賠償請求事件を裁判しなければならなかった（山王川事件）。この事件において，原告らは，流水中に含まれていた多量の窒素のため窒素過剰となり，それによって稲が徒長し，そこに台風が襲来して倒伏し冠水して結実せず，大幅な減収になったと主張した。この事案において最高裁判所は，請求を認容した原判決を支持し，上告を棄却した。その際，最高裁判所は，共同不法行為の要件（民法 719 条）について次のように判示した。「共同行為者各自の行為が客観的に関連し共同して違法に損害を加えた場合において，各自の行為がそれぞれ独立に不法行為の要件を備えるときは，各自が右違法な加害行為と相当因果関係にある損害についてその賠償の責に任ずべきであり，この理は，本件の如き流水汚染により惹起された損害の賠償についても，同様であると解するのが相当である。これを本件についていえば，原判示の本件工場排水を山王川に放出した被告は，右排水放出により惹起された損害のうち，右排水放出と相当因果関係の範囲内にある全損害について，その賠償の責に任ずべきである」[24]と。しかし，この共同不法行為の成立要件に関する最高裁判所の判示は，事案の解決のために必要なものではなかった。本件では第一審以来共同不法行為の成否が争われてはおらず，上告理由においてはじめて，被告が他にも共同不法行為者がいると主張して損害賠償責任を争ったにすぎない。本件上告審において問題となったのは，ある加害者は他の加害者の共同責任を援用して，彼だけに対して提起された訴えについて請求棄却を求めることができるかどうかであった。本件は，被告に過失があり，排水によって原告に被害を生じさせた以上，他にも共同不法行為者がいるという事情は被告の損害賠償責任に影響を与えないことを述べたに過ぎない[25]。

---

　(24)　最〔3 小〕判昭和 43 年 4 月 23 日民集 22 巻 4 号 964 頁。

判決の理由づけのために裁判所によって述べられ判決の結果にとって意味もあるところの，一般的抽象的な形式での裁判所の法律上の見解が，この問題との関連でいかなる法的意味を有するかという問題については争いがある。そのような法律上の見解は，その一般的表現のゆえに，広い射程距離を有する。なるほど，それは法的争点の解決にとって必要な法的説明を含んでいるが，その他の法的判断をも含んでいる。たとえば，ある法律概念の定義は，要件の1つを欠く場合には，ある事実関係はその概念に包摂され得ないという判断を含んでいる。その際，この消極的な判断はしばしば将来の事件においてのみ意味を有する。そこから，このような裁判所の法的見解の表明は主論と扱われるべきか，それとも傍論にすぎないのか，という問題が生じる。肯定説[26]は，主論の射程距離が広い方が法律解釈の統一にとって有益である，と強調する。この見解を主張する一人の論者は次のように論じている[27]。すなわち，裁判所法10条3号は，最高裁判所によるすべての原則的で重要な法律解釈をすでに先例と見なしている。同条は判例変更を最高裁判所の大法廷に委ねているからである。法律違反一般でなく，判例（先例）違反を上告理由として定めている刑訴法405条は，下級裁判所による法律解釈をコントロールし，指導するという目的を有する。この目的のためには，先例価値を事実関係の法的判断に限定することは適切でない。加えて，後訴の裁判官は先例事案において展開された準則を他の事実関係について検証するのであり，それゆえ，この検証の際にはその裁判官は控え目であることが可能であり，主論を広く認めることによる弊害は生じない，と。

　これに対して，反対説は次の点を強調する。最高裁判所も具体的な事件を裁判できるだけであり，それ以上の権限を有していない。最高裁判所による判例の統一は事後的なものである。そうでなければ，最高裁判所は一般的に下級審

---

(25) 森島昭夫「複数原因による公害と共同不法行為」民法の判例（第2版，1971年）184頁以下；川井健・公害・環境判例（別冊ジュリ43号，1974年）43頁；品川孝次・判評120号136頁以下，139頁；東孝行「判例の法源的機能序説」民商99巻3号（1988年）279頁以下，287頁参照。

(26) 金築誠志「主論と傍論――刑事判例について」司研52号（1973年）125頁以下。

(27) 金築・前掲注（26）158頁以下。

裁判所に対して一定の法律解釈について指図を与えることとなるが，それは裁判官の独立と合致しない(28)，と。さらに，反対説は次の点をも指摘する。すなわち，裁判所の一般的な法的見解はもっぱら具体的な事件の法的な理由づけに向けられており，またそれで十分である。裁判所が自己の一般的な法的見解が関係し得るすべての事案を予め熟慮することは不可能であり，必要でもない(29)。先例違反を上告理由の1つに掲げる刑訴法405条は，法律違反の上告理由をさらに制限するものであるにすぎない，と。

学説に対して，実務においては先例を広く解する傾向がある(30)。裁判所は判決の結論にとって必要ではない新たな法的見解を判決において掲げることがある。また，「内縁」の保護に関する判例(31)が示すように，明白な傍論が後に先例として扱われたケースもある。もちろん，このような傾向をどのように評価すべきかについては，見解の対立が見られる。なるほど，傍論の関係から判例の傾向を引き出すことができ，それは実務家にとって好都合で，また重要ともいえる。しかし，具体的な事案において判決の結果を規定しなかったこのような一般的な法命題が先例として扱われるならば，それは司法の権限を超えるのではないかという疑問が生じる。ある法律問題が判決の結論にとって決定的ではなく，単に付随的である場合，裁判所がその法律問題に関して十分に熟慮することができるかも疑問である。

IV　判決効としての先例価値か

確定判決は，その内容に応じて種々の効力をもち得る。既判力，形成力，執行力および構成要件的効力等である。しかし，これらの効力はすべて具体的な事件に関するものである。判決は具体的な事件において権利または法律関係の存否を判断するのである。それに対して，判決の先例としての効力の問題では，具体的な事件を超えた，後訴裁判官を一般的に拘束しうる効力が問題となって

---

(28)　中野・前掲注(1)56頁。
(29)　田中・前掲注(11)67頁。
(30)　田中・前掲注(11)67頁参照。

いる。

　この関連で,「抽象的判決力（die abstrakte Urteilskraft）の概念を承認すべきだという Leipold 教授の提案[32]は大いに注目に値する。彼は判決における法的見解の表明の中に「将来の事件においても同様にこの抽象的，規範的出発点を基礎にするという裁判所の告知」を見いだす。そして次のように説く。それは「裁判所，正確には裁判体の一定の自己拘束」である。この抽象的，規範的法的言明の通用力は，より多くの裁判体が同じ法的見解を自己のものとするならば，それだけ一層強くなるであろう。このようにして裁判所により宣言さ

---

(31) 家族法の領域では，判例は内縁の保護を発展させた。裁判所はしばしば，内縁の一方の当事者に法律上の婚姻と同一または類似の保護を与え得るかという問題について判断しなければならなかった。まず，大審院は，内縁を婚姻予約と見たため，初めこの問題を否定に解した。内縁は両当事者を拘束せず，したがって一方が予約を履行しない場合にも損害賠償を請求し得ないと判示した（大判明治44年3月25日民録17輯169頁）。その4年後，大審院は連合部判決において見解を変更した。そこでは，内縁の当事者の一方は不法行為法による保護を受けることができるかが争われた。大審院は「婚姻ノ予約ハ将来ニ於テ適法ナル婚姻ヲ爲スヘキコトヲ目的トスル契約ニシテ其契約ハ亦適法ニシテ有効ナリトス。法律上之ニ依リ当事者ヲシテ其約旨ニ從ヒ婚姻ヲ爲サシムルコトヲ強制スルコトヲ得サルモ当事者ノ一方カ正当ノ理由ナクシテ其契約ニ違反シ婚姻ヲ爲スコトヲ拒絶シタル場合ニ於テ其一方ハ相手方カ其約ヲ信シタルカ為メニ被リタル有形無形ノ損害ヲ賠償スル責ニ任スヘキモノトス」と判示した（大判大正4年1月26日民録21輯49頁）。この命題は実際には傍論であった。なぜなら，原審では婚姻予約の効力は問題になっておらず，上告理由においてはじめて取り上げられ，しかも名誉毀損に基づく損害賠償請求を認容した原判決に対してそれを否定する根拠として提起されたのである。大審院は不法行為による損害賠償請求を認容した原判決を違法として破棄し，自ら請求棄却の判決をした。したがって，上記の大審院連合部判決は，予約を履行しない当事者による過失による名誉毀損に基づく損害賠償請求を棄却したに過ぎない（唄孝一「『婚姻予約有効判決』の再検討（1）（2）」法時31巻（1959年）3号320頁以下，4号478頁以下，とくに325頁，485頁以下参照）。しかし，判決の一般論は実務に大きな影響を与えた。早くも大正8年4月23日の大審院判決（民録25輯693頁）において，右の命題は先例として援用された。最高裁判所が内縁を準婚関係と捉え，内縁の当事者を保護したのは，ようやく1958年になってからである（最〔2小〕判昭和33年4月11日民集12巻5号789頁）。

(32) Leipold, Urteilswirkungen und Rechtsforbildung, Ritsumeikan Law Review, 1989, 161 ff., 170 ff.

れた法は，その通用性において徐々に制定法，慣習法に近づき得る，と。

　個別事案を超えた判決の効力の問題を民事訴訟法の観点からも論じべきであるという点では，Leipold 教授に同意すべきである。日本ではこれまで，法形成を民事訴訟の目的として承認すべきかどうかという点について，殆ど論じられてこなかった(33)。理論的には先例の拘束力——法的拘束であれ，事実上の拘束であれ——を判決効の側から見て訴訟上の効果と捉えることも可能であろう。

　しかし，抽象的判決力説には多くの問題が内在しているように思われる。第1に，抽象的判決力の概念は必ずしも明確ではない。私の見るところ，「抽象的判決力」は裁判官の単純な法的見解と慣習法の中間に位置しているように思われる。抽象的判決力説は先例の拘束力にではなく，判決を行う裁判体の意思に照準を合わせている。抽象的判決力は慣習法の前段階であろう。しかし，自己の法的言明に対する裁判官の拘束は，その裁判官の意思によって根拠づけられることはできない。さらに，判決における裁判所のいかなる法的言明に抽象的判決力が生じるかという問題が生じる。すでに述べたように，先例の法的拘束力を承認する説によっても，先例の拘束力は主論に限定されなければならないであろう(34)。加えて抽象的な法的言明にあっては，抽象的判決力の範囲が無制限に広がることになろう。最後に，抽象的判決力の基礎に疑問がある。Leipold 教授は裁判官の権威を重視するのであるが，他の裁判所がその法的見解に従うかどうかは，結局のところ判決理由における法的見解の説得力にかかるのではなかろうか。

V　法形成と手続

　立法者が一定領域の法規制の必要を適時に満たさない場合，司法の役割は増大するであろう。また，事情によっては，立法者が立法に必要な資料を収集し評価し得るためには，この生活領域における事態の推移を見なければならない

---

(33)　裁判官による法形成の構造と限界を論じる，谷口 11 頁以下は例外である。
(34)　上述第 3 節参照。

こともある。したがって，法律によって全くまたは不十分にしか規定されていない新たな法律問題が発生するとき，裁判所による助けが求められざるを得ないであろう。その場合，裁判所が一定の解決を与えると，それは先例として作用しうる。譲渡担保や仮登記担保に関する判例の発展は，このことを明瞭に示している。裁判所による法形成に対する期待は大きい。

　形成された法は，後訴手続の当事者がその法が形成された訴訟に全く関与していなかったにもかかわらず，後訴において指針または「手引き」として機能し得る。ここから，いかに法形成の正統性を確保し得るか，そして，確保すべきであるかという問題が生じる。従来は当事者の法的陳述は裁判所を拘束するものでなく，必ずしも訴訟上重要なものとは見られなかった。しかし，法秩序における先例の重要性に鑑み，手続がいかに形成されるべきか，そして受容できる先例を獲得できるためには，当事者および場合によっては第三者は訴訟にいかなる影響を及ぼすことができるべきかという問題を検討すべきであろう。最近，法律文献において，この問題が論じられ始めた。手続の改善により法形成の正統性を確保し，併せて実体的正義を実現するという目的がその背後にある。ここでは例として，非喫煙者が鉄道会社に対して損害賠償訴訟を提起し，非喫煙者席のない列車で旅行しなければならなかったため，他人が吐きだした煙に曝されたとして請求を理由づけるようなケースを取り上げよう。かかる訴訟では，原告は実際には被告から損害賠償を要求しているだけでなく，非喫煙者のための損害防止措置をも要求しているのである。このような損害賠償請求の背後には，訴訟の結果によって著しく影響を受ける多数の利害関係人が存在する[35]。それゆえ，これらの者の利益を十分に考慮することなしに正当に法を形成することができるか，という問題が生じる。第三者の利害が問題になる場合，法形成にとって重要な情報（訴訟資料）をどのように訴訟に導入するか，また，どのようにして訴訟に関与していない利害関係人の要求や意見を訴訟に提出するかは，重要な問題である。この問題は理論的にも実際的にも非常に重要である。私自身には，法が裁判官の権威に基づく判決によって形成されると

---

(35)　小島武司「公共訴訟の法理」民訴雑誌23号（1977年）1頁，15頁以下（同『民事訴訟の基礎法理』（1988年・有斐閣）127頁以下）参照。

指摘するだけでは不十分なように思われる。

しかし，当事者支配を基礎とする民事訴訟において法形成に必要な関連情報が十分に収集され，提出されること，とくに他の利害関係人の意見が訴訟に提出されることは，非常に困難であろう[36]。民事訴訟においては通常，当事者が自由に処分することのできる私法上の権利および義務が争われる。訴訟の結果は本来第三者の利益に影響を与えない。それゆえ，民事訴訟は通常，弁論主義に立脚する。ここでは，裁判所は職権によって必要な事実を収集し訴訟に提出してはならない。

裁判所は法形成のために個別事案の具体的な事実の他に，いわゆる立法事実をも必要とする。裁判所は一連の同種の争いの背後にある事実関係や，法形成が将来惹起するであろう結果をも考慮に入れる必要がある。しかし，立法事実の陳述を単に当事者に任せておくのでは適切ではないであろう。この場合，裁判所が職権によって必要な立法事実を収集し考慮することが必要となろう[37]。ここでも同様に，民事訴訟における当事者支配から障害が生じうる。

以上のことから，手続改革の必要性が明らかになる。ここでは，私は現行民事訴訟法の枠内における手続の柔軟な形成の可能性に限定したい。第1に，法形成が問題なのだという点を明確に認識する必要がある。法律の欠缺が存在する場合，当事者は判決に至るまで，法が法律効果を結びつける法律要件を正確に知ることができないので，当事者は訴訟を適切に追行できない虞がある。したがって，裁判所と当事者が当面の事件に適用になる法規について十分に議論することが，この場合とくに必要である。その際，裁判所は釈明義務[38]の範囲内において当事者に，法形成に必要な資料を訴訟に提出するよう働きかけるべきであろう[39]。裁判所は証人尋問や鑑定をも指示すべきであろう[40]。

---

(36) 田中・前掲(11)71頁以下。なお，ブリュッティング・前掲注(19)220頁以下も参照。

(37) 田中・前掲注(11)79頁；原竹裕『裁判による法創造と事実審理』(2000年・弘文堂)255頁以下参照。

(38) 民訴法149条1項は「裁判長は，口頭弁論の期日又は期日外において，訴訟関係を明瞭にするため事実上及び法律上の事項に関し，当事者に対して問いを発し，又は立証を促すことができる」と規定する。

第三者の訴訟関与の可能性に関しては，文献の一部で論じられている，個々の争点に限定された補助参加の可能性が注目される。旧民訴法 64 条（現行民訴法 42 条）(41)によればドイツにおけると同様，補助参加は第三者が訴訟の結果につき一定の利害関係を有する場合に許される。補助参加の利益は，支配的見解によれば，第三者の法的地位が当事者間の法律関係に依存している場合に肯定される(42)。この規制によれば第三者は，上述の例においては訴訟の結果につき法律上保護される利益を有していない。これに対して，少数説は，とくに法形成のための手続を論じたものではないが，少なくとも決定的な法的争点の判断につき利益を有する第三者は，影響を受ける訴訟外の訴訟関係に関与していることに鑑み，正当に訴訟に関与し得べきであると主張する(43)。判決は事実上，第三者が当事者となり得る後訴に対し著しい影響を及ぼし得るので，第三者が判決の確定前に係属中の訴訟に参加し，訴訟の結果に影響を及ぼし，

---

(39) この関係でとくに注目されるのは，仮登記担保に関する最高裁判所の判例である。最〔1小〕判昭和 42 年 11 月 16 日民集 21 巻 9 号 2430 頁は，停止条件付き代物弁済契約を認定した原判決を破棄したが，原審において，当事者は停止条件付き代物弁済契約を締結したことを一致して陳述していた。最高裁判所は，まず「上告人は，原審において，本件物件につき停止条件付代物弁済契約が結ばれたことを認めているが，ここで取り上げているのは契約の解釈についての法律上の問題であり，かりにその点についてまで当事者間で見解の合致があるとしても，裁判所がこれと異なる法律判断をすることの妨げとなるものではない」と判示したうえ，停止条件付代物弁済契約の債権担保契約化を推し進める同裁判所の見解に基づき，原裁判所の釈明権の不行使を非難した。

(40) それ以上に職権による鑑定をも適法と解するものに，三ケ月・全集 418 頁以下；中野貞一郎「医療過誤訴訟の手続的課題」同『過失の推認』（1987 年・弘文堂）147 頁；畔柳達雄『医療事故訴訟の研究』（1987 年・日本評論社）97 頁以下；栂善夫「科学と鑑定」中野貞一郎編『科学裁判と鑑定』（1988 年・日本評論社）97 頁；吉野正三郎『民事訴訟における裁判官の役割』（1990 年・成文堂）127 頁がある。

(41) 民訴法 43 条は「訴訟の結果について利害関係を有する第三者は，当事者の一方を補助するため，その訴訟に参加することができる」と規定する。

(42) 兼子・体系 399 頁以下。

(43) 井上治典「補助参加の利益」民訴雑誌 16 号（1970 年）137 頁以下（同『多数当事者訴訟の法理』〔1981 年・弘文堂〕65 頁以下）；新堂幸司『民事訴訟法〔第 2 版〕』（1974 年・筑摩書房）495 頁。

それによって自己の利益を擁護する機会を得ることが必要である，と主張するのである⁽⁴⁴⁾。この見解は大いに民事訴訟法学者の注目を集めたが，多数説とはならなかった。いま説明された少数説は，補助参加の伝統的な理解からあまりにもかけ離れている。伝統的な理解は当事者の一方と補助参加人との関係に照準を合わせており，そして参加的効力はこれらの者の間においてのみ生じるからである。それに対して，われわれのケイスにおいては当事者の一方と第三者のとの間での参加的効力は殆ど問題にならない。それゆえ，判例は法形成に適切な手続を自ら形成し，そのさい補助参加の要件をも新たに熟慮し得べきである⁽⁴⁵⁾。

---

(44) 井上治典「第三者の参加，引込み」民訴雑誌27号（1981年）168頁以下，171頁以下（同『多数当事者の訴訟』〔1992年・信山社〕158頁以下）。

(45) なお，小島・前掲注（35）23頁以下（同・前掲注（35）『民事訴訟の基礎法理』135頁以下）も参照。この論文はアメリカ合衆国の訴訟に存在するamicus curiae（裁判所の友）の導入に賛成する。

事項・人名索引

あ 行

Arens（アーレンス）　257
Assmann（アスマン）　61
アメリカ法上の争点排除効　312
池田辰夫　165
石黒一憲　307
一時的棄却と終局的棄却の峻別説　58
一時的棄却判決　39
一事不再理説　2, 101, 103, 115
一部請求訴訟　5, 201, 250
一般債権者　298
伊藤眞　155
Weinzierl（ヴァインツィール）　150, 174, 175
Walter（ヴァルター）　258
Windscheid（ヴィントシャイト）　228
上田徹一郎　161, 190

か 行

外国判決　303
　──の既判力の範囲　308
　──の既判力または失権効の主観的（人的）範囲　311
　──の承認　305
　──の承認の意味　305
　──の承認の必要性　303
Gaul（ガウル）　170
確定契約　278
隠れた一部請求訴訟　203, 207, 243
柏木邦良　64
Kapp（カップ）　257
Kappel（カッペル）　58, 88
兼子一　18, 153, 271
河野正憲　163
期待可能性　104
既判力　1
　──に内在する失権効（遮断効）　13
　──の拡張　276
　──の作用態様　1
　──の失権効　2, 111, 148
　──の承認と準拠法　313
　──の標準時　13
　──の本質に関する実体法説　278
旧実体法説（訴訟物理論）　95, 188
Künzl（キュンツル）　258
金額不特定請求　217
金銭債務不存在確認の訴え　246
禁反言の法理　222, 233
具体的事実陳述責任　46
Kuttner（クットナー）　272
Grunsky（グルンスキー）　52, 273
形成権行使時説＝非失権説　159
「形成権行使責任」説　163
形成権成立時説＝失権説　152
欠席判決に対する新事実に基づく再訴　30
原因判決　250
限定承認　105
権利失効の原則　232
権利失効の法理　7, 37
構成要件的効力　274, 276
公然の一部請求訴訟　5, 203, 205, 220
控訴の利益（不服）　39, 96
口頭弁論終結後の承継人　284
効力拡張説（外国判決の承認）　306
国際的訴訟競合　321

さ 行

再訴の理由具備性　42
　　——についての前訴判決の拘束力　42
　　　　拘束力否定説　47
　　　　制限的拘束力説　47
　　　　相対的既判力肯定説　51
斎藤秀夫　330
債務不存在確認（の）反訴　213, 232
Savigny（サヴィニー）　228
坂原正夫　188
詐欺・強迫による取消し　186
山王川事件　335
Schellhammer（シェルハマー）　257
執行法上の自称債権者訴訟　299
実体法上の従属関係に基づく既判力の拡張　278, 279
私法上の付随的効力　273
終局的棄却　94
重畳説（外国判決の承認）　306
Schwalbach（シュヴァールバッハ）　224
Schmidt, K.（シュミット）　171
主　論　334
消極的確認訴訟　246
　　——における証明責任の分配　249
　　——における証明責任判決の既判力　252
　　——における請求棄却判決の既判力　249
　　——における請求認容判決の既判力　249
消極的確認（の）反訴　212, 213, 215, 250
承認予測説　322
消費者契約法上の取消権　187
証明責任の分配　248
証明責任判決　245
剰余清算請求権　251
職権調査事項　101, 271, 276, 282
Schollmeyer（ショルマイアー）　224
信義則　7

　　——による後訴の遮断　5
真偽不明判決　245
新事実を主張する再訴　4
親実体権的解釈　178
新訴訟物理論　9, 24
新堂幸司　7, 43, 153
末弘嚴太郎　329
鈴木正裕　281, 282
請求異議事由　149
請求棄却説　2, 19
請求棄却説の批判　97
請求の一時的棄却判決　16, 68
責任訴訟の判決と保険関係　294
選択的棄却理由説　32
先例価値　334, 337
先例の拘束力　326
　　事実上の拘束力説　328
　　法律上の拘束力説　329
　　慣習法説　331
Seuffert（ゾイフェルト）　225
相殺の権利実現機能・担保的機能　185
相殺の抗弁　234
　　——に対する判断に生じる既判力の範囲　241
争点エストッペル　309
争点効理論　43
争点排除効　288, 309
訴訟機能の拡大　326
訴訟経済　97
　　——の原則　10
訴訟判決の既判力　103

た 行

第三者の訴訟関与　342
高田裕成　307
竹下守夫　7, 196, 221, 281, 282
他人の債務に対する附従的責任　290
Tiedtke（ティーツケ）　258, 259

中間確認反訴　8
仲裁鑑定契約　70, 92
仲裁鑑定書　90
抽象的判決力　338
賃借人と転借人間の従属関係　297
Zitelmann（ツィーテルマン）　224
Zeuner（ツォイナー）　28, 29, 30, 48, 213
「提出責任」説　161
勅使川原和彦　234
手続保障　9
同一訴訟物の後訴に対する既判力の作用に関する請求棄却説　18
道垣内正人　314
当事者の審理順序の指定権　95
v. Tuhr　167
等置説（外国判決の承認）　306
特定的一部請求訴訟　203

な 行

中野貞一郎　65, 160, 222
Nikisch（ニキッシュ）　272
二分肢説（訴訟物理論）　9, 20, 24, 25, 95

は 行

Pagenstecher（パーゲンシュテッハー）　272, 279
Habscheid（ハープシャイド）　49, 257
配当異議訴訟　300
Baumgärtel（バウムゲルテル）　257
判決の衝突　315
判決の抵触　314
判決理由中の判断　310
反射的効力（Reflexwirkung）説　271, 275, 276
判例研究　326
非特定的一部請求訴訟　203

標準時後の形成権の行使　112
　　解除権　189
　　相殺権　182
　　建物買取請求権　192
　　取消権　185
　　白地手形の白地補充権　195
標準時後の新事実　14, 27
　　──と訴訟物との関係　23
平等原則　332
Fitting（フィティング）　223, 224
Huber（フーバー）　273, 281
武器対等の原則　52, 56, 180, 212, 215, 232, 287
Friedrich（フリートリッヒ）　240
不利益変更禁止の原則　40
Bruns（ブルンス）　229
Blomeyer, A.（ブロマイアー）　273, 276, 277, 280, 292
Blomeyer, J.（ブロマイアー）　37, 47
紛争決着期待　7, 221
　　──保護説　213, 232
Bettermann（ベッターマン）　53, 273, 279, 292
Herzog（ヘルツォーク）　224
Hellwig（ヘルヴィヒ）　272
Bernhard 法理　288
Henckel（ヘンケル）　32, 33, 35, 164, 169
法形成と手続　339
法定単純承認事由　107
傍論　334
保証債務の附従性　268
補助参加　342

ま 行

Marburger（マールブルガー）　215
三木浩一　218
無限責任社員の責任　293

Musielak（ムジーラーク） 58
Muskat（ムスカート） 224
矛盾関係 223, 234
　——による既判力の作用 237
矛盾禁止説（既判力） 115

や　行

山本和彦 157, 187, 190, 192
「要件プログラム」説 165
吉野正三郎 196
吉村徳重 281, 282

ら　行

Leipold（ライポルド） 53, 229, 258, 273, 338

立法事実 341
理由説 28
　——に対する批判的見解 32
Rimmelspacher（リムメルスパッハー） 32
Lepps（レップス） 258
連帯債務者 297
Lent（レント） 167
Rosenberg（ローゼンベルグ） 273

判例索引

大判明治 39 年 11 月 26 日民録 12 輯 1582 頁　　117
大判明治 40 年 7 月 19 日民録 13 輯 827 頁　　117
大判明治 42 年 4 月 17 日民録 15 輯 360 頁　　118
大判明治 42 年 5 月 28 日民録 15 輯 528 頁　　123
大民事連合部判明治 43 年 11 月 26 日民録 16 輯 764 頁　　116, 119
大判明治 44 年 3 月 25 日民録 17 輯 169 頁　　338
大判大正 4 年 1 月 26 日民録 21 輯 49 頁　　338
大判大正 8 年 4 月 23 日民録 25 輯 693 頁　　338
大判大正 11 年 7 月 15 日新聞 2033 号 20 頁　　116
大判大正 14 年 3 月 20 日民集 4 巻 141 頁　　124
大判昭和 3 年 6 月 23 日民集 7 巻 483 頁　　123
大判昭和 4 年 11 月 22 日評論 19 巻民訴 4 頁　　123
大判昭和 5 年 11 月 5 日新聞 3204 号 16 頁　　116
大判昭和 7 年 2 月 17 日新聞 3378 号 17 頁　　123
大判昭和 8 年 9 月 29 日民集 12 巻 2408 頁　　123
東京地判昭和 25 年 12 月 28 日下民集 1 巻 12 号 2129 頁　　139
最〔2 小〕判昭和 32 年 6 月 7 日民集 11 巻 6 号 948 頁　　209, 219, 250
最〔2 小〕判昭和 33 年 4 月 11 日民集 12 巻 5 号 789 頁　　338
浦和地判昭和 33 年 8 月 14 日下民集 9 巻 8 号 1612 頁　　142, 194, 199
甲府地判昭和 33 年 10 月 28 日下民集 9 巻 10 号 2160 頁　　142
最〔3 小〕判昭和 36 年 12 月 12 日民集 15 巻 11 号 2778 頁　　123, 125, 134
最〔2 小〕判昭和 37 年 8 月 10 日民集 16 巻 8 号 1720 頁　　205, 209, 250
東京地判昭和 38 年 10 月 19 日判時 348 号 28 頁　　295
最〔2 小〕判昭和 40 年 4 月 2 日民集 19 巻 3 号 539 頁　　116, 120, 135
最〔2 小〕判昭和 40 年 9 月 17 日民集 19 巻 6 号 1533 頁　　246
旭川地判昭和 41 年 1 月 26 日判時 453 号 60 頁　　128
最〔1 小〕判昭和 42 年 11 月 16 日民集 21 巻 9 号 2430 頁　　342
東京地判昭和 42 年 12 月 4 日判時 516 号 55 頁　　139
最〔3 小〕判昭和 43 年 4 月 23 日民集 22 巻 4 号 964 頁　　335
東京地判昭和 43 年 12 月 25 日判時 555 号 58 頁　　143
最〔3 小〕判昭和 44 年 6 月 24 日判時 569 号 48 頁＝判タ 239 号 143 頁　　310
最〔2 小〕判昭和 49 年 4 月 26 日民集 28 巻 3 号 503 頁　　105
大阪地判昭和 49 年 10 月 30 日判時 764 号 89 頁＝判タ 320 号 288 頁　　141

判例索引

最〔1小〕判昭和51年9月30日民集30巻8号799頁　　5, 98, 310
最〔1小〕判昭和51年10月21日民集30巻9号903頁　　291
最〔1小〕判昭和52年3月24日金商548号39頁　　98
大阪高判昭和52年3月30日判時873号42頁　　128, 135
東京地判昭和52年5月30日下民集28巻5〜8号566頁　　310
最〔2小〕判昭和52年6月20日金商535号48頁＝金法846号34頁　　194
大阪地判昭和52年12月22日判タ361号127頁　　315
東京高判昭和53年7月26日高裁民集31巻3号484頁　　194
東京高判昭和53年10月27日高裁民集31巻3号533頁　　141
最〔3小〕判昭和54年4月17日判時931号62頁＝金商578号17頁＝金法898号83頁　　128, 133
最〔1小〕判昭和55年10月23日民集34巻5号747頁　　112, 123, 126
最〔3小〕判昭和57年3月30日民集36巻3号501頁　　141
最〔1小〕判昭和59年1月19日判時1105号48頁＝判タ519号136頁　　7, 98, 128, 136, 191
札幌地判昭和59年2月27日判時1126号96頁　　121
最〔3小〕判昭和63年3月15日民集42巻3号170頁　　242
東京地判昭和63年12月20日判時1324号75頁　　310
東京地（中間）判平成元年5月30日判時1348号91頁＝判タ703号240頁　　322
東京地（中間）判平成元年6月19日判タ703号246頁　　322
東京地判平成元年9月29日判タ730号240頁　　128, 130
東京地判平成2年4月16日判時1368号74頁　　310
仙台地判平成2年7月27日判時1373号101頁　　310
東京高判平成2年10月30日判時1379号83頁＝判タ763号277頁　　143
東京地判平成3年1月29日判時1390号98頁＝判タ764号256頁　　322
最〔3小〕判平成3年12月17日民集45巻9号1435頁　　242
最〔3小〕判平成6年11月22日民集48巻7号1355頁　　236
最〔2小〕判平成7年12月15日民集49巻10号3051頁　　143
最〔2小〕判平成9年3月14日判時1600号89頁①事件　　19, 112
東京地判平成9年11月12日判タ979号239頁　　152
最〔2小〕判平成10年6月12日民集52巻4号1147頁　　9, 98, 214, 220, 233
最〔3小〕判平成10年6月30日民集52巻4号1225頁　　241

〈著者紹介〉

松本博之（まつもと・ひろゆき）

1946年　大阪府に生れる
1968年　大阪市立大学法学部卒業
現　在　大阪市立大学大学院法学研究科教授，法学博士（大阪市立大学），フライブルグ大学名誉法学博士

〈主要著書〉

民事自白法（1994年・弘文堂）；証明責任の分配〔新版〕（1996年・信山社）；民事訴訟法〔第4版補正版〕（共著，2006年・弘文堂）；人事訴訟法（2006年・弘文堂）；日本立法資料全集10～14巻，43～46巻，62～66巻（共編著，1993～1999年・信山社）；法の実現と手続（共編著，1993年・信山社）；法の国際化への道（共編著，1994年・信山社）；現代社会と自己決定権（共編著，1997年・信山社）；環境保護と法（共編著，2000年・信山社）；インターネット・情報社会と法（共編著，2002年・信山社）；団体・組織と法（共編，2006年・信山社）；ペーター・アーレンス・ドイツ民事訴訟の理論と実務（共編訳，1991年・信山社）；ハンス・F・ガウル・ドイツ既判力理論（編訳，2003年・信山社）

既判力理論の再検討
2006年（平成18年）12月12日　初版第1刷発行

著　者　松本博之
発行者　今井　貴
　　　　渡辺左近
発行所　信山社出版株式会社
〒113-0033　東京都文京区本郷6-2-9-102
電　話　03(3818)1019
FAX　03(3818)0344

Printed in Japan

©松本博之，2006．

印刷・製本／暁印刷・大三製本

ISBN 4-7972-2466-5 C3332